MÉXICO ENTRA EN LA ZONA

Dr. Gustavo Orozco Aviña
Dra. Silvia de Lourdes Orozco Aviña

Prólogo del Dr. Barry Sears

México entra en
La Zona

Un estilo de vida 100% saludable

URANO

Argentina - Chile - Colombia - España
Estados Unidos - México - Uruguay - Venezuela

Reservados todos los derechos. Queda rigurosamente prohibida, sin la autorización escrita de los titulares del *copyright*, bajo las sanciones establecidas en las leyes, la reproducción parcial o total de esta obra por cualquier medio o procedimiento, incluidos la reprografía y el tratamiento informático, así como la distribución de ejemplares mediante alquiler o préstamo públicos.

© 2008 *by* Dra. Silvia de Lourdes Orozco Aviña y Dr. Gustavo Orozco Aviña
© 2008 *by* EDICIONES URANO, S.A.
   Aribau, 142, pral. - 08036 Barcelona
   www.mundourano.com
   www.edicionesurano.com

ISBN: 978-607-7835-08-0

3a reimpresión: Noviembre 2013.

Impreso por Quad/Graphics Querétaro, S.A. de C.V.
Fracc. Agro Industrial La Cruz El Marqués, Querétaro México

Impreso en México - *Printed in Mexico*

Índice

Agradecimientos Dra. Silvia de Lourdes Orozco Aviña	9
Agradecimientos Dr. Gustavo Orozco Aviña	11
Prólogo del Dr. Barry Sears	13
Introducción	15

PRIMERA PARTE
Los cinco pasos para entrar en La Zona

1. Paso uno: El examen que puede salvar tu vida	27
2. Paso dos: Suplementación antiinflamatoria	37
3. Paso tres: Comiendo conforme al diseño	47
4. Paso cuatro: El ejercicio en La Zona	63
5. Paso cinco: Control del estrés	87

SEGUNDA PARTE
Historias de vida

1. La Zona y la mujer	95
2. El hombre y La Zona	103
3. El corazón y La Zona	111
4. La Zona y el dolor	119
5. La Zona y los niños	125
6. El atleta y La Zona	135
7. Obesidad, diabetes y La Zona	145
8. El bajo peso y La Zona	155
9. La Zona y el cerebro	161

TERCERA PARTE
Los menús

Introducción a los menús de La Zona	175
Menús Oro para hombres	178
Menús Plata para hombres	248
Menús Bronce para hombres	284
Menús Oro para mujeres	314
Menús Plata para mujeres	384
Menús Bronce para mujeres	419

Apéndice 1
¿Quiénes somos? 449
Apéndice 2
Cómo distinguir a un profesional de la salud en La Zona 451
Apéndice 3
El bajo peso, el bajo mundo, la publicidad y cosas peores 455
Apéndice 4
Cálculo de la masa corporal magra 459

Datos de contacto 477

Agradecimientos

A pesar de la gran confusión que han generado *algunos* en su afán de protagonismo, desalentando a la gente sobre el concepto de vivir en **La Zona**... Muy por encima de muchos intereses personales y de algunas empresas que se sostienen, a través de promover la venta de productos, servicios y alimentos que dañan la salud de la gente —aunque aseguren todo lo contrario—... Con toda una nube de charlatanes que engañan a las personas y que venden su concepto *barato* y distorsionado de **La Zona**... Acompañados de un sistema de salud que recomienda *el plato del buen comer* y una pirámide nutricional, que lo único que ha generado —aun con buenas intenciones— son generaciones de gente más obesa o de muy bajo peso, con una calidad muy pobre de vida y un sin número de pacientes jóvenes con enfermedades crónico degenerativas... Muy a pesar de todo esto...

La Zona, este estilo de vida, sigue salvando vidas y cambiando futuros de quienes ya habían perdido toda esperanza; aliviando el dolor físico y mental que aqueja a aquellos que padecen enfermedades crónico degenerativas como artritis, lupus, fibromialgia, cáncer, depresión y obesidad.

Por ello quiero dar gracias a Dios, por este maravilloso regalo —**La Zona**— y por darme la oportunidad y haberme tomado en cuenta en este plan increíble de llevarla a todo mi México querido y por no haberme dejado sola en esta travesía.

Quiero también, dar gracias a Dios por la vida de mi esposo Javier, a quien amo con todo mi corazón y por mis hijos, J. Abdiel, David y el pequeño Rafael quienes siempre me han brindado su apoyo incondicional para este proyecto de vida.

Doy gracias a mis padres, Lupita y Heriberto, quienes me enseñaron a ser una gran guerrera y a no darme por vencida ante los obstáculos de la vida.

Agradezco a mi bella y enorme familia: Lupita, Raúl, Heriberto, Gustavo, Gaby, Ady, Claudia, Mario, Octavio, Sergio, Pancho y la peque Rocío. No tengo palabras para agradecerles el haber creído en mi hace 10 años cuando comencé con este maravilloso sueño de introducir **La Zona** a México y por haberse inscrito junto conmigo en esta gran misión.

En especial, quiero agradecer a mi maravilloso hermano y colega, a quien admiro, respeto y agradezco todas sus enseñanzas en el camino de la investigación científica: Doctor en cardiología, Gustavo Orozco Aviña, Director Médico del IINVI.

Al Dr. Marcos García, mil gracias.

A mis suegros, mis segundos padres; a la Dra. Hetty, mi amiga del alma y compañera de batalla en **La Zona**.

Al Dr. Barry Sears y a su esposa Lynn, por su gran investigación y por haberla compartido con tantos de nosotros, así como por brindarnos su amistad.

A todos los médicos y profesionales de la salud, certificados en el concepto de **La Zona** en México, también les agradezco con todo mi corazón.

Y a ti señor Jesucristo, hijo de Dios, por haber llenado mi corazón y haberme dado vida eterna.

¡Y ahora sí, no hay excusa!

México entra en **La Zona**

¡YA!

DRA. SILVIA DE LOURDES OROZCO A.

Agradecimientos

A mi esposa Miriam, por su paciencia, apoyo y amor en los tiempos robados a la vida en pareja para dedicarlos a la realización de este libro y, por enseñarme con su trato a cada minuto de mi existencia, cuan feliz y completo puede ser un hombre.

A mis padres, por haberme dado la oportunidad de vivir y por enseñarme a luchar por mis convicciones con todo y contra todo.

A mis hijos, Italivi, Gustavo Adolfo y Estefanía por haberme cedido tiempo de su desarrollo infantil en aras de mi preparación profesional y por enseñarme cada día lo perfectible que soy como padre.

A mi hija Carolina, la bebé más recientemente incorporada a la familia, por iluminar mis días con tan sólo esbozar una sonrisa y exclamar un titubeante *pa-pá*, y por enseñarme que nunca es tarde para aprender a ser un mejor ser humano.

A mis pacientes, por ofrecerme el reto de hurgar en su interior para descubrir el origen de su enfermedad y encontrar algo mucho más que un cuerpo, por enseñarme que me hace falta mucho más para lograr ser *El mejor médico del mundo*.

A Dios Nuestro Señor, gracias por ser mi inspiración y aspiración máxima, por enseñarme, a través de su palabra, cuan grande es su amor derramado sobre mi vida.

DR. GUSTAVO OROZCO AVIÑA

Prólogo

Recuerdo vívidamente cuando la doctora Silvia Orozco entró en mi laboratorio hace ya casi una década. Me dijo que había leído mis libros y que estaba convencida de que el programa de **La Zona** era la mejor medicina posible para tratar a sus pacientes, también que le gustaría enseñar a los mexicanos esta nueva tecnología nutricional, y que ella y su familia querían ser los representantes en México.

Yo, obviamente, estaba impresionado por su determinación y le pregunté si sabía cuán difícil sería llevar a cabo su meta. Asimismo le comenté que necesitaría un gran capital y personal preparado para enfrentar las mismas frustraciones que yo ya había experimentado en Estados Unidos. Me contestó que no tenía mucho dinero, pero que sí tenía una familia que estaba tan dedicada como ella a hacer realidad ese sueño y, en contra de todo lo que mi juicio de negocios me dictaba, respondí que sí.

Diez años después la doctora Silvia y su familia me han demostrado lo que parecía imposible, y yo no puedo estar más feliz al admitir que estaba equivocado.

Este libro, escrito por la doctora Silvia Orozco y por su hermano el doctor Gustavo Orozco, indica cómo el poder de una creencia apasionada puede, virtualmente, superar cualquier obstáculo. Han hecho de **La Zona** algo fácil y práctico para millones de mexicanos. A ambos los considero mis amigos cercanos, mis mejores estudiantes y sin duda los más entusiastas comunicadores de este concepto en todo el mundo.

Este libro expandirá el conocimiento de lo que es **La Zona** a un sin número de mexicanos para demostrarles que tienen el potencial para cambiar por completo sus vidas, simplemente, a través de su alimentación.

En la comunidad médica mundial lo que muchos todavía no entienden es el poder que tiene la comida para cambiar las respuestas hormonales y alterar la expresión de nuestros genes. Este concepto convierte a la comida en el medicamento más poderoso que pudieras tomar. Hipócrates, el padre de la medicina moderna, dijo hace más de 2.500 años: *"Deja que la comida sea tu medicina, deja que tu medicina sea tu comida"*. **La Zona** es, absolutamente, la actualización de esta sabiduría básica en el siglo XXI.

Las recetas que aparecen en este libro están basadas en alimentos tradicionalmente mexicanos que han sido modificados para convertirse en alimentos de **La Zona.** Se buscó mantener su delicioso sabor y representan el mayor avance en cómo la medicina debería ser practicada hoy en día, comenzando por la alimentación.

Los invito a leer este libro, los animo a seguir los consejos de mis dos mejores estudiantes y de mis dos mejores maestros. Dentro de pocos días comenzarán a entender el poder de **La Zona** y, si deciden cambiar su estilo de vida, les aseguro que su salud cambiará también.

Dr. Barry Sears

Introducción

Por fin... hace años que sabía que tenía que hacerlo —el primer libro de **La Zona** escrito en México—. Sin embargo toda esta maravillosa aventura ha sido como un gran remolino que me ha mantenido en extremo ocupada, tanto, que fui postergando dejar por escrito este testimonio que quiero compartir con ustedes, pero que, sobre todas las cosas, espero que pueda otorgarles una idea clara y veraz de lo que realmente es **La Zona**, y con este concepto pueda cambiar tu vida para bien y drásticamente.

Una vez que entres a este estado físico donde tu cuerpo funciona al máximo nivel de rendimiento, donde tus sentidos se agudizan, donde empiezas a sentir el control de ti mismo en tus emociones, en tu apetito, donde tu mente es más clara y te conviertes en un ser creativo y, sobre todo, productivo, pero si tienes exceso de grasa verás cómo se esfuma día a día, sin que esto te represente gran dificultad, donde la palabra **dieta** se olvida y aprendes un **nuevo estilo de vida,** donde tu vida sexual mejora, donde estás previniendo la aparición de enfermedades que aún no tienes, las cuales están programadas en tus genes y, además de estar controlando las que ya tienes, si es que las padeces, es aquí, en este estado físico, donde no necesitarás un despertador en la mañana para levantarte y, mucho menos, una taza de café para comenzar el día; donde te olvidarás de la depresión, si sufres de este mal, y comenzarás a sentir una alegría inexplicable por vivir; donde los síntomas de la menopausia y andropausia desaparecerán, desde luego mejorarás tu memoria, concentración e inteligencia, un estado físico y mental en el que tu estilo de vida se convertirá en tu mejor medicamento, un estado donde la vida es más sencilla y más feliz, menos complicada. A este estado físico se le denomina **La Zona**, y no quiero que me mal interpretes cuando te digo que **La Zona** es lo que es. No creas que es un lugar mágico o el sueño de la lámpara de Aladino hecho realidad. Confía en mí, este estado es posible de alcanzar —yo, personalmente, sé de lo que te hablo—, el secreto es que una vez que llegues a él permanezcas allí la mayor parte del tiempo posible.

No es difícil de lograr, no importa la edad que tengas, está más alcanzable de lo que te puedes imaginar. Yo, mi querido lector, te recomendaría, simplemente, quedarte allí el resto de tu vida.

Para empezar, si eres un lector que por vez primera lee este concepto de **La Zona**, permíteme decirte que es un concepto científico desarrollado hace casi 20 años por el investigador y especialista en lípidos , doctor Barry Sears, del Instituto Tecnológico de Massachussets (EUA); él, queriendo encontrar en sus investigaciones un medicamento que frenara su propia muerte por enfermedad del corazón —su padre, su abuelo y sus tíos al cumplir 50 años o un poco más, han muerto por infarto cardiaco sin haber factores de riesgo que pudieran predecir tal evento, es más, su padre era deportista y se mantenía en peso adecuado a su estatura y edad; se puede decir que llevaba un estilo de vida saludable, como muchos de nosotros.

Cuando el doctor Sears publicó su primer libro en 1995 *Dieta para estar en La Zona*, ya casi llegaba a los 50 años; es por ello que hoy cuando alguien le pregunta cuántos años tiene, responde: tengo la edad en la que debería estar muerto.

¿Es entonces posible cambiar los genes con los que nacemos? La respuesta es no, sin embargo, lo que sí está demostrado y es posible, es que podemos cambiar o modificar nuestra *expresión genética* —es decir, apagar el motor de nuestros genes de la enfermedad crónica, por ejemplo: obesidad, diabetes, hipertensión, muerte prematura por infarto cardiaco, cáncer, Alzheimer, etcétera.

Pero ¿qué fue lo que descubrió el doctor Sears en sus investigaciones de quince años? Encontró que ese medicamento, el cual él quería hallar, estaba en lo que Hipócrates dijo hace 2.500 años: la comida puede ser tu mejor medicamento, pero mejor aún, se dio cuenta del por qué las proteínas, los carbohidratos y las grasas, una vez absorbidas en el torrente sanguíneo pueden tener efectos tan o más potentes que cualquier fármaco, por sus grandes efectos en el control hormonal —es decir, cómo la comida afecta a nuestras hormonas— y cómo el alimento tiene un efecto sobre nuestros genes y cómo la combinación, cantidad y calidad de ella, cada vez que comemos, tiene un efecto que activa o desactiva los genes que marcan las futuras enfermedades crónicas que padeceremos el día de mañana, y cómo será nuestra calidad de vida. A esto se le denominó el efecto *nutrigenómico de los alimentos*.

Este descubrimiento nos obliga a no sólo pensar en el clásico pensamiento calórico de los alimentos donde nos encontrábamos tremendamente preocupados contando cuántas calorías tenían, esta nueva visión

Introducción

nos dice que es más importante conocer el efecto hormonal de la comida que estamos comiendo, ya que de este efecto, y su perfecto balance en la sangre, dependerá si nuestros genes de obesidad, diabetes, cáncer, enfermedad cardiaca se activarán o desactivarán.

¡Qué increíble! ¿No lo crees? Cada vez que nos echamos un bocado de comida, estamos decidiendo gran parte de nuestro futuro, quizá con este conocimiento, entonces, empecemos a entender la gran importancia del alimento y el estilo de vida —más adelante está la explicación— que llevaremos, tanto en el presente, pero sobre todo el día de mañana. Pero ¿cuál es el mecanismo por el que el alimento y el estilo de vida —que también afecta a nuestros genes— pueden activar o desactivar la expresión genética?

La inflamación crónica celular… el enemigo silencioso. (Etapa uno o invisible de la enfermedad crónica)

Todos conocemos la inflamación clásica que se produce cuando tenemos un traumatismo o golpe, rápidamente el sistema inmunológico —nuestro sistema de defensa— se activa y la inflamación que se produce en el sitio por dicha agresión termina por formar una hinchazón que causa calor y dolor en el sitio afectado, esto con el fin —sabiduría del organismo— de reparar el daño producido. Esta es una inflamación fisiológica *buena* que es evidente por los síntomas mencionados, sobre todo el dolor. El agente agresor ante esta contestación inflamatoria y curativa puede ser un virus o una bacteria, y lo que conocemos como colitis, faringitis o bronquitis es la respuesta. Todas estas respuestas del cuerpo ante el ataque, son transitorias, es decir, no se cronifican, y se resolverán después de algunos días. No cabe duda que el organismo es sabio, ya que sin dicha respuesta de nuestro sistema inmunológico moriríamos. En algunos otros casos el agresor puede ser una herida quirúrgica o un traumatismo por accidente o golpe fallido.

Sin embargo, es hasta hace apenas algunos años que investigadores de todas partes del mundo empezaron a entender que existe otro tipo de inflamación que se produce en el cuerpo. El año pasado la revista *Time* en su portada anunció una aseveración muy impactante en la que refería que los científicos de diferentes universidades habían encontrado un común denominador años antes de que una persona sufriera obesidad o sobrepeso, diabetes, cáncer, hipertensión, artritis, infarto cardiaco, Alzheimer, fibromialgia, etc., y descubrieron que toda enfermedad crónica comenzaba silenciosamente y, quizá, décadas antes de que pudiera ser detectada por un examen de laboratorio, con un fenómeno molecular e invisible llamado **inflamación celular crónica de bajo nivel**, o sea una inflamación no tan benéfica.

En nuestras 60 millones de células, microscópicamente y, sin sentir, se teje lo que será la futura enfermedad crónico-degenerativa; por desgracia, cuando la enfermedad ya es visible en un examen de sangre, tomemos como ejemplo la diabetes, para que la glucosa en sangre marque en ayunas más de 126, ya han transcurrido mínimo diez años de etapa silenciosa, y dicha enfermedad ha producido severos daños en los tejidos, algunos irreversibles.

Años antes de que comenzaras a subir de peso o tuvieras presión alta, todas las células de tu cuerpo sufrían inflamación crónica de bajo nivel; es por ello que algunos pacientes acabando de ser examinados por el cardiólogo, y con pruebas de esfuerzo y ecocardiogramas *normales* sufren un paro cardiaco, o cuando apenas se detecta cáncer, a veces resulta que el cuerpo está ya invadido —metástasis—. Esta es la etapa invisible de la enfermedad crónica y de la inflamación celular.

Si bien es cierto que la mayoría de las enfermedades crónicas se transmiten en los genes —por la herencia— lo que las activa o enciende para que se produzcan las enfermedades crónicas es precisamente la inflamación crónica de bajo nivel. Ésta se ha descrito como el común denominador precoz y causa de origen en todas y cada una de las enfermedades crónico-degenerativas, incluyendo la obesidad.

Es por ello que el paciente que sufre sobrepeso u obesidad no puede mantenerse delgado, ya que con una dieta baja en calorías tal vez baje de peso temporalmente, sin embargo, como no ha sido tratada la inflamación crónica de bajo nivel —la causa de raíz de su obesidad en el ámbito molecular— cada día le será más difícil permanecer delgado y sano pues sus genes de obesidad seguirán activos.

Existen personas delgadas que comen demasiado —el *flaco suertudo* y tragón— quienes se caracterizan por comer una dieta desfavorable y llevar un estilo de vida poco sano, sin embargo nunca engordan o sufren obesidad. No te has preguntado ¿por qué?, ¿conoces a alguien así? Comen y comen y, simplemente, nunca suben de peso, pero esto no quiere decir que se encuentren sanos, lo que sucede es que a pesar de que su estilo de vida les produce inflamación celular no tienen genes de obesidad sino de delgadez. Con el paso de los años, al llegar a la edad madura, su abdomen podría empezar a crecer y esto sería el primer síntoma de inflamación celular.

Introducción 19

Tal vez esto te explique el porqué tanto el *flaquito* como el *gordito* tienen las mismas enfermedades o padecimientos. Ésta es la razón por la cual el paciente delgado con inflamación celular será cada día más flaco y pobre en masa muscular, aunque pase horas en el gimnasio; y el gordo con inflamación celular no tratada cada día será más obeso, aunque también se ejercite y haga todas las dietas del mundo.

Y... ¿qué es lo que produce esta inflamación patológica?

El fenómeno del tanque vacío, primer eslabón de la inflamación celular

Antes de que ocurra la inflamación crónica de bajo nivel perdemos nuestra propia capacidad natural antiinflamatoria en la célula. Las células de nuestros abuelos tenían más protección antiinflamatoria natural y silenciadora de genes para enfermedades crónicas degenerativas, ¿cómo lo sé?

Resulta que los ácidos grasos esenciales —que el cuerpo no puede producir— Omega 3 de cadena larga proveniente del pescado —EPA y DHA— son nuestra primer arma de defensa contra *la inflamación silenciosa*. Hace 100 años el consumo de pescado en América era un 80% más alto y, años atrás, nuestras abuelas acostumbraban dar el aceite de hígado de bacalao a sus hijos y nietos —rico en EPA y DHA—, lo mismo que se dejó de dar por dos razones: una porque se demostró su alta contaminación con metales pesados y tóxicos provenientes del mar —mercurio, DDT, dioxinas, petróleo, y dos, por el sabor tan desagradable que tenía. Por ende pensamos lo siguiente: ¿tendrá esto que ver con la epidemia de obesidad en jóvenes así como con las enfermedades crónicas en los niños de hoy?

El cuerpo funciona como un gran tanque de gasolina, y cuando los nutrientes se agotan, que naturalmente son los que nos defienden de la inflamación crónica en nuestras células, —nutrientes antiinflamatorios— quedamos desprotegidos ante los genes malos heredados de nuestros padres.

Actualmente se sabe que otro ácido graso derivado del EPA (DPA), junto con el DHA y sus metabolitos en el cerebro —todos antiinflamatorios— tienen todo que ver en la regularización y el perfecto balance de los más importantes neuroquímicos cerebrales moduladores de la saciedad, el apetito y el comportamiento —neuropéptido, leptina, serotonina, dopamina, etc.—; cuando estos ácidos grasos bajan sus niveles en las neuronas, no sólo cambia nuestro comportamiento y nos volvemos más irritables,

20 MÉXICO ENTRA EN LA ZONA

ansiosos, depresivos, comedores compulsivos o inapetentes, inclusive nos falta la memoria y la creatividad, sino además nos aficionamos a comer alimentos que, *casualmente,* nos generan más inflamación, ¿qué tal?

Es como una trampa en la que el ratón siempre cae en la ratonera y, a un lado del antídoto, está el veneno. Entonces, la gente no se vuelve adicta a los carbohidratos de alta carga glucémica —los más inflamatorios— de la noche a la mañana. Los ácidos grasos deben mantenerse en una zona o rango exacto, no muy elevados y no muy bajos, para que todos estos mensajeros químicos y hormonales del cerebro puedan actuar normalmente y puedan tener un cerebro funcionando a su mayor eficiencia posible —control de saciedad, apetito, buen manejo de emociones, memoria IQ, atención, calidad de sueño, entre otros.

Es aquí donde el primer síntoma de inflamación se deja ver. El deseo por comer carbohidratos de alta carga glucémica —pan, pasta, cereales, harinas…— en el 95% de los pacientes. Otro síntoma visible de la inflamación celular es la inapetencia, nada más claro de ejemplificar: cuando pensamos en una chica con anorexia o en el paciente con depresión, ambos tienen inflamación celular y, por tanto, no tienen ganas de comer.

Cuando la inflamación celular deja de ser silenciosa y empieza a ser evidente (Etapa 2 de la enfermedad crónico-degenerativa)

Esta es la etapa donde el paciente ya *se siente mal*, pero sus exámenes de laboratorio de rutina resultan *normales* y muchos de los médicos, al no encontrar ningún dato que justifique los síntomas que aquejan al paciente, lo envían con un psiquiatra o un psicólogo.

Signos y síntomas de la inflamación crónica de bajo nivel:

1. Antojo irresistible por comer carbohidratos, lácteos o más calorías, así como en el otro extremo y, en el menor de los casos, **inapetencia.**
2. Aumento de grasa, especialmente en la cintura —o donde estuvo una vez la cintura— más de 90 cms. ya es peligroso.
3. Fatiga física —falta de energía durante el día.
4. Dolor muscular intenso o fatiga intensa después de hacer ejercicio.
5. Estreñimiento crónico o inflamación intestinal crónica.
6. Falta de concentración o memoria.
7. Alteraciones en la calidad del sueño, sueño poco reparador o insomnio.

Introducción 21

8. Aturdimiento mental al levantarse.
9. Uñas frágiles o quebradizas.
10. Cabello reseco o caída exagerada del mismo.
11. Depresión o tendencia a la melancolía.
12. Piel reseca.
13. Dolores de cabeza.

Enfermedad crónico-degenerativa evidente (Etapa 3)

A veces ya es demasiado tarde y, en un momento, aquel que siempre había sido *sano* es detectado con cáncer o de repente sufrió un infarto cardiaco o un evento vascular —embolia— sorpresivo. Quizá nadie se explique porqué de la noche a la mañana y, sin que nada lo hubiera avisado antes, esto sucede y sucede todos los días.

Creemos que tenemos salud, pero nuestro concepto no es más que subjetivo: *la ausencia de enfermedad*. Este concepto debe cambiar desde el punto de vista de la inflamación celular, y la propuesta más atinada sería: *el control de la inflamación celular*; el resto de nuestra vida deberíamos permanecer en una zona de inflamación no muy arriba y no muy abajo si nuestra meta es la salud y esto ya se puede medir en el laboratorio.

Si ya eres un enfermo crónico, por ejemplo si sufres de diabetes, obesidad, cáncer, presión alta o artritis, controlar la inflamación celular será vital, puesto que te ayudará a reducir tu medicación para el control de tu enfermedad y, por ende, frenarás la causa molecular que produce las complicaciones y la muerte prematura en tu padecimiento. Si eres diabético evitarás el glaucoma, la ceguera, las cataratas, la amputación de miembros y la insuficiencia renal; vivirás sin dolor, sin obesidad y podrás, al controlar la inflamación, vivir una vida más digna y feliz.

Para añadir un insulto al daño, nosotros, sin saber, seguimos provocando más inflamación celular con nuestro estilo de vida

El estilo de vida incluye todo en nuestra existencia diaria: lo que comemos, lo que no; nuestros horarios de alimentos —si es que los tenemos— los suplementos que tomamos, los que no; la actividad física que realizamos y la que no, la constancia y la intensidad del ejercicio; nuestro horario de sueño —dormir es antiinflamatorio—; el control de nuestras emociones, el estrés en nuestra vida, los pensamientos positivos o los negativos, los estados de angustia o en los que sentimos paz interior, felicidad o tristeza, etcétera. Todo lo que va llenando nuestra mente, cuerpo y espíritu en el ámbito bioquímico celular repercutirá en inflamación o antiinflamación. Esto es el *estilo de vida*.

La comida, el segundo eslabón de la inflamación celular

Sólo después de que nuestras células han perdido su propia capacidad natural antiinflamatoria, —nutrientes especiales— que a veces es desde la infancia o desde el vientre materno, únicamente hasta entonces nuestro cerebro será incapaz de regular químicamente la ansiedad de comer, el antojo, el apetito y la saciedad; es por ello que en el 95% de los casos, tanto en delgados como en obesos, uno de los primeros síntomas de inflamación celular es ese antojo o hambre por comer más calorías, más carbohidratos y lácteos que, curiosamente, más tarde provocarán falta de saciedad.

Lo anteriormente dicho quiere decir que los alimentos que se nos antoja comer cuando tenemos inflamación celular son los que nos provocarán **más inflamación celular**, y podemos estar seguros de que no pararemos de injerirlos en nuestra siguiente comida y en las sucesivas, desencadenando así un círculo vicioso que resultará sumamente peligroso.

Y dime, ¿quién crees que pueda seguir una dieta en estas condiciones? Aquí te presentamos una de las razones más importantes por la cual se garantiza el fracaso en cualquier dieta *saludable* que, aunque con buenas intenciones, no contemple el tratamiento antiinflamatorio celular —natural— antes de pretender tratar de modificar la conducta alimentaria del paciente.

El ejercicio (tercer eslabón de la inflamación celular)

Otro factor que influye también en la inflamación crónica de bajo nivel es el ejercicio, sin embargo éste puede ser un arma de doble filo ya que puede producir un efecto de inflamación o antiinflamación en nuestras células; por ello, en mi opinión, éste debería ser prescrito por un médico o profesional de la salud, que entienda dichos principios, o por un instructor de *fitness* certificado.

Introducción 23

¡Cuidado amigos! Demasiado de algo bueno no es necesariamente lo mejor para prevenir las enfermedades crónico-degenerativas y vivir con mejor calidad de vida. En este libro conocerás cómo medir tu intensidad y constancia en la actividad física para no pasarte y, si eres un sedentario de alto rendimiento, te invitará a descubrir el efecto mágico del ejercicio antiinflamatorio y sus beneficios a mediano y largo plazo.

El manejo de tus emociones, el cuarto eslabón de la inflamación celular

El Instituto Americano del Estrés en Boulder Creek, Cal., demostró que las emociones negativas como el odio, el resentimiento, la ira, la frustración, la irritabilidad y la ansiedad pueden generar cambios hormonales que tienen que ver con la inflamación crónica de bajo nivel, sin embargo también probaron que emociones o sentimientos positivos como el amor, la apreciación, el reconocimiento y la felicidad producen cambios hormonales que actúan como antiinflamatorios naturales.

¡Qué maravilla cuando uno descubre que el poder del amor y del perdón son curativos y preventivos! Vaya creación la nuestra, el ser humano es más fisiología y emociones, en mi opinión es tripartita: espíritu, alma y cuerpo. Todos estos componentes se afectan entre sí unos a otros.

Casi, de manera inconsciente, cuando estamos sintiendo estrés dejamos de respirar fisiológicamente —respiración abdominal—, sólo ve cómo respira un bebé cuando duerme. Esa es la respiración natural que permite oxigenar nuestro cuerpo y reducir la inflamación celular a su vez.

Respirar correctamente todos los día, en compañía de pensamientos y sentimientos agradables en nuestra vida pueden ser un arma poderosa y antiinflamatoria ¡muy económica. En este libro aprenderás más sobre este tema tan interesante.

Pasemos al siguiente nivel

Ahora también llegó el momento para ti, que dices que ya conoces **La Zona** y que quizá pienses que ya no puedes aprender más acerca de este tema, tal, incluso, eres un *master en la zona*, sin embargo, permíteme decirte que no ha existido un día en mi vida en el que yo no hubiera aprendido algo nuevo sobre este maravilloso concepto.

Y justo hoy, después de diez años de que en México se introdujo el concepto de **La Zona**, cuando muchos han creído vivir en ella por lo que han aprendido en los libros del doctor Sears o porque han sido guiados por médicos o nutriólogos, quiero estar segura de que todos, absolutamente todos, hayan entendido lo que en realidad es. Cuando interrogo a mis colegas médicos y a mis pacientes sobre este concepto... muchos sueñan que ya están en ella, pero todavía no han llegado a ese estado físico óptimo que pueden lograr.

No me cansaré de repetir y mostrar que la única manera de alcanzar este estado físico es a través de cinco pasos sencillos que deben seguirse en su orden e importancia, sin brincarse ni adelantarse ninguno:

1. Hacer el examen de inflamación celular.
2. Suplementar la alimentación con nutrientes antiinflamatorios.
3. Dieta antiinflamatoria.
4. Practicar ejercicio antiinflamatorio.
5. Manejo del estrés.

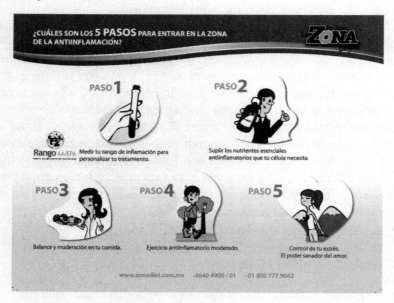

¿Quieres saber de qué se trata cada uno de ellos? ¡Seguro! Porque ellos son el pasaporte para entrar a **La verdadera Zona**.

Bienvenidos a La Zona

PRIMERA PARTE

Los cinco pasos para entrar en La Zona

1

Paso uno: El examen que puede salvar tu vida

Prediciendo el riesgo de la enfermedad crónica

Guelph es una pequeña pero emprendedora localidad situada a una hora de la cosmopolita ciudad de Toronto. El camino a ella es bello y lleno de campos de linaza, orgullo y parte fundamental de la economía de la región de Ontario y de todo Canadá. Pero no fue la semilla de lino, ni del aceite de linaza canadiense lo que nos llevó a visitar ese tranquilo sitio, fue algo más inusual aparentemente, algo más científico, más vanguardista, más... *esperanzador.*

El Laboratorio de Investigación de Lípidos de la universidad local había realizado varios estudios en la lejana región de Nunavik —al norte de Québec— donde los esquimales han vivido por cientos de años libres de enfermedades crónicas, a distancia del estilo de vida occidental proinflamatorio, lejos de los McDonald's y de Dominos Pizza.

Ahí el doctor Bruce Holub participó en la búsqueda del factor sanguíneo que explicara dicha protección esquimal a la enfermedad. La respuesta fue: altas concentraciones sanguíneas de ácidos grasos Omega 3 de cadena larga —contenido en el aceite de pescado— y bajas concentraciones de ácidos grasos Omega 6 —contenido en los aceites vegetales y grasa animal.

Lo novedoso del hallazgo fueron dos cosas: una que la medición se hizo en los fosfolípidos del plasma —agrupación de ácidos grasos con fósforo, una forma de viajar seguros en sangre que representa fielmente lo que sucede en cada célula del cuerpo— y no en el eritrocito —glóbulo rojo que no refleja lo que pasa en los tejidos— y dos, que esta vez la medición de ácidos grasos visualizaba muy cerca de uno de los ácidos grasos del grupo Omega 3 (EPA) y a uno del grupo Omega 6 (AA).

¿Cuál fue el resultado? Una relación AA/EPA de 1.5, es decir, un poco más de AA, el cual produce inflamación —necesaria para combatir infecciones y reparar heridas—, pero esta vez controlada, intensa pero autolimitada por una buena cantidad de EPA que contrarresta la acción del primero. Lo que significa una mezcla precisa entre inflamación fisiológica necesaria y su contraparte la antiinflamación que limita la defensa, repara y recoge los *soldados muertos en la batalla* para, finalmente, mejorar la función celular de tejidos, órganos y sistemas completos.

Lo maravilloso de la situación fue que coincidía con los hallazgos que algunos años antes los japoneses de Okinawa tuvieron en aldeas de pescadores donde sus habitantes viven más de 100 años libres de enfermedades crónicas, presentando también un rango AA/EPA de 1.5. Estudios posteriores confirmaron que los norteamericanos tienen un promedio de este rango, conocido como Perfil de Inflamación Silenciosa (PIS) de quince y los mexicanos obesos de 18.

Ni hablar del PIS promedio en diferentes patologías, aquí presento algunos ejemplos:

Enfermedad cardiovascular: 25
Enfermedad de Alzheimer: 22
Esclerosis múltiple: 28
Lupus eritematoso sistémico: 27
Enfermedad inflamatoria intestinal: 35
Diabetes mellitus tipo 1: 42
Diabetes mellitus tipo 2: 33
Cáncer: 49
Anorexia nerviosa: 25
Atletas de alto rendimiento: 22
Pancreatitis aguda: 54
Síndrome de falla orgánica múltiple: 110

Pero ¿cómo es posible que ningún laboratorio de análisis clínico en nuestro país pueda medir dicho PIS? Sobre todo si dicho estudio puede predecir el riesgo de la enfermedad crónica 10 o 20 años antes de que ésta se manifieste para poder, entonces, tomar medidas realmente preventivas. La respuesta es que el derecho industrial exclusivo de la técnica para rea-

Paso uno: El examen que puede salvar tu vida 29

lizar el PIS —inicialmente realizada por Japón— lo tiene la la Universidad de Guelph en Canadá, pero ahora en México y América Latina se podrá tener a través del Instituto de Investigación de la Inflamación, A. C., conocido por sus siglas IINVI.

El acuerdo entre el IINVI y la Universidad de Guelph es tanto comercial como científico, de tal suerte que obliga a un estricto sustento académico-científico en la toma, interpretación de resultados y terapia dirigida, según los descubrimientos, para mantener dicho acuerdo.

Aunque la medición del PIS utiliza el equipo de cromatógrafo de gases líquidos, las columnas y la técnica específica es de uso exclusivo de la Universidad en Guelph. Esta es la razón por la cual ni México ni ningún lugar del mundo diferente a Canadá tiene esta prueba y, para obtenerla, deberán trabajar en coordinación con los canadienses, que es, precisamente, lo que haremos en nuestro país.

Quizá te preguntarás si acaso no es el colesterol total elevado el origen de las enfermedades crónicas. Como cardiólogo es para mí un gran placer decirte que **no**, no es el colesterol elevado el origen de la enfermedad cardiovascular o de cualquier otra enfermedad crónica, por lo tanto hacerte tu *chequeo de colesterol en sangre cada tres meses* no te previene ni te predice si tendrás enfermedades crónicas. Es increíble que te hayan mentido tanto tiempo.

Los soldados de la gran muralla

Cientos de años en la búsqueda de la causa de la enfermedad y la forma de medir el riesgo a la misma ha llevado a científicos de todo el mundo a indagar sobre un estándar de oro en las pruebas diagnosticadas que expliquen no sólo el origen de todas las enfermedades crónicas, sino que hablen sobre la terapia específica que evite su aparición o reduzca su complicación cuando ya exista ésta. Pero con el pretexto del *origen multifactorial* de las enfermedades los médicos, nutriólogos y otros profesionales de la salud nos hemos escudado para no prevenirlas, ni predecirlas. Y es que todas las pruebas de predicción de riesgo han fallado rotundamente para alcanza a modificar el curso de las enfermedades una vez realizadas, ¿por qué?

Porque habíamos olvidado cómo se han comunicado las células desde hace millones de años a través de **los soldados de la gran muralla**, es decir, los ácidos grasos poli-insaturados en las membranas celulares. Están los que son **soldados rígidos**, su función es aislar a las células protegiéndolas de los agresores, quienes convocan a las **tropas de la defensa inmune** o sea a los ácidos grasos llamados Omega 6 y al **capitán al mando** o sea al ácido araquidónico (AA), sin embargo como todo buen capitán tiene sus mensajeros y ejecutores de órdenes, a los que nombraremos **los jinetes de la inflamación**, en medicina se conocen como eicosanoides desfavorables.

¿Es necesario el AA? Por supuesto, ya que nos defiende de los agresores y nos permite crecer cuando somos niños. Sin embargo, en exceso, nos mantiene en un estado de permanente alerta, activando el sistema inmune, buscando un agresor que no tiene rostro: *nuestro estilo de vida* —de ahí lo de *mulifactorial*—. Es como proteger una muralla permanentemente y mantener en estrés todo el tiempo a la población celular. ¿Qué sucede en el cuerpo? Se mantiene en estado de inflamación permanente, crónico, silencioso, no benéfico, que activa los genes de la enfermedad.

Tenemos también otro tipo de ejército: **los soldados flexibles** o ácidos grasos polinsaturados conocidos como Omega 3 que tranquilizan, moderan y modulan a los primeros limitando el daño, hacen descansar a las **tropas de la defensa inmune** y las reparan. El capitán al mando es el ácido eicosapentanoico (EPA), quien también, como excelente oficial, tiene sus mensajeros y ejecutores de órdenes, a los que nombraremos como **los caballeros de la antiinflamación**, en medicina se conocen como eicosanoides favorables.

Aquí se completa el ciclo: inflamación, antiinflamación y mejoría en la función. ¿En qué células del cuerpo sucede esto? En cada una de las que forman los tejidos del cuerpo humano. Es decir, por fin encontramos un origen común tanto para la enfermedad como para la salud. Como dice el dicho: *a un lado del veneno está el antídoto*.

Medicina predictiva

Esa tarde mi entrevista versaría sobre *cómo evitar infartos*, según palabras del productor de un programa de radio a nivel nacional que trata exclusivamente sobre temas de medicina preventiva. El locutor, un médico por cierto, insistía en decirme: «Doctor, si lo que usted dice es verdad respecto a que la inflamación celular crónica de bajo nivel precede a la enfer-

Paso uno: El examen que puede salvar tu vida 31

medad 10 o 20 años antes de que se manifieste, querría decir que los exámenes de laboratorio y gabinete para detectar la enfermedad cardiaca no sirven para nada». Viéndolo fijamente a los ojos le contesté: «Así es». «Pero doctor —insistía—, si la enfermedad cardiovascular no se combate con medicamentos para bajar el colesterol, la presión o el azúcar sino con aceite de pescado rico en Omega 3, querría decir que todos sus colegas han estado equivocados». De nuevo, viéndolo otra vez a los ojos, le respondí: «Así es». «Pero doctor —arremetía— si lo que usted dice es verdad, no ingerir grasa, comer pan integral, evitar la carne roja, ser vegetariano, es decir, cuidarse como yo me cuido, no evitará la obesidad y la enfermedad cardiovascular». Esta vez afirmé viendo su prominente abdomen: «Así es —y para finalizar dije—: ¿me permite decir a su auditorio la siguiente premisa? La inflamación crónica de bajo nivel —medida por el PIS— es el origen de toda enfermedad crónica conocida por el ser humano... y, por tanto, toda enfermedad crónica es 100% prevenible y potencialmente curable».

Ya tras bambalinas el conductor replicaba: «Es muy aventurado de su parte decir que puede prevenir toda enfermedad crónica...» Con respeto lo tomé de su hombro y le dije: «No solamente eso, le aseguro que con el PIS podremos no sólo prevenir, sino predecir quién se enfermará y de qué.»

En ese momento acuñé la sentencia *Laboratorio de Medicina Predictiva*, así se llamaría el laboratorio que abriríamos en México con el apoyo de la Universidad de Guelph para medir el PIS a toda la comunidad de América Latina. Esta tarde salí de la estación de radio con la enorme satisfacción de saber cuál sería el propósito en mi vida a partir de ese instante: **¡Evitar la enfermedad crónica en América Latina a través de predecir quién, cuándo y por qué se enfermará!**

Los otros chicos del barrio

El PIS no sólo mide el rango AA/EPA sino también otras *tropas* en combate de apoyo, de defensa, de conciliación y de ayuda a refugiados. Estos otros ácidos grasos, que por cierto son moléculas más pequeñas que el colesterol y los triglicéridos, y conforman las paredes de la célula como sus componentes más importantes, las mitocondrias, el reticuloendoplásmico, los peroxisomas y el núcleo. Estos *ejércitos* deciden cuál será, a su vez, la táctica y la estrategia a seguir. Básicamente determinan entre sobrevivir o no, a un costo alto o bajo. Son, en su conjunto, quien establece cuándo es tiempo de activar la tendencia genética de cada individuo.

A continuación enumeraré los ácidos grasos más importantes y sus implicaciones para la salud y le enfermedad.

1. AGL. Ácido gammalinolénico (18:2 n6): habitualmente el resultado debe ser de 0% pues las células con rapidez lo convierten a DGLA, las fuentes alimenticias más frecuentes son el aceite de borraja virgen.
2. DGLA. Ácido dihomo-gammalinolénico (18:3 n6): representa la capacidad antiinflamatoria natural contra enfermedades autoinmunes como el cáncer y el SIDA.
3. ALA. Ácido alfalinolénico (18:3 n3): representa la capacidad de dilatar los vasos sanguíneos y evitar coágulos pero de eficacia leve y por poco tiempo, las fuentes alimenticias son el aceite de linaza, las almendras, las nueces, el aceite de soya, etcétera. Su exceso aumenta el riesgo de cáncer de próstata.
4. DPA. Ácido docosaepentanoico (22:5 n3): representa el paso intermedio entre los dos ácidos grasos Omega 3 de cadena larga más importantes EPA y DHA, su deficiencia aumenta el riesgo para alteraciones del comportamiento, el déficit de atención, la depresión, la ansiedad y la hostilidad. Sus fuentes nutricionales más frecuentes son el aceite de pescado y la grasa de crustáceos y moluscos.
5. DHA. Ácido docosaexanoico (22:6 n3): es el ácido graso Omega 3 más largo y más importante para la función cerebral. Evita alteraciones de retina, Alzheimer, Parkinson, esclerosis múltiple, crisis convulsivas y dolor neuropático. Esencial para el desarrollo tanto en sangre como en la propia leche del seno materno. Las fuentes nutricionales más comunes son el aceite de pescado y las algas marinas.
6. AA. Ácido araquidónico (20:4 n6): nuestro viejo conocido, cuyo exceso provoca toda enfermedad crónica conocida por el ser humano, aunque se requiere una moderada cantidad para el crecimiento y desarrollo infantil, y en la edad adulta para combatir infecciones y traumas. Las fuentes nutricionales son la yema de huevo, las vísceras como riñones, corazón, intestinos, hígado, etc. Además hay que señalar las fuentes indirectas como son el estrés crónico y la ingesta elevada de carbohidratos refinados como el pan, las tortillas, el arroz, la pizza, etc., que estimulan fuertemente la hormona de la insulina. Su presencia activa los genes de la enfermedad y silencia los de la salud.

Paso uno: El examen que puede salvar tu vida   33

7. EPA. Ácido eicosaepentanoico (20:5 n3): Su deficiencia provoca toda enfermedad crónica conocida por el ser humano, es indispensable para la salud de los vasos sanguíneos, además evita que el tejido adiposo se acumule y se eleven en sangre las grasas como los triglicéridos o el colesterol. Su presencia retrasa la activación de los genes para la enfermedad y activa los de la salud.

Realmente estás sano

Durante mucho tiempo se consideraba sano quien acudía a una clínica de Houston y después de un *minucioso* y costoso examen resultaba negativo para cualquier enfermedad, entonces el paciente y su séquito de familiares y amigos culminaban en *The Galleria Shopping Center*, donde las señales de humo que emanaban al paso de la tarjeta de crédito eran claramente visibles por la lejana torre de control del aeropuerto internacional.

No en pocos casos ese mismo paciente *shopping machine*, al muy poco tiempo de regreso a casa y a la realidad, fallecía súbitamente de un infarto agudo del miocardio masivo sin tener siquiera oportunidad de llegar al hospital más cercano. En el velorio familiares, amigos y médicos del paciente comentaban algo parecido a esto: «¿Qué pasó? Si estaba tan sano… Pero si se acababa de ir a hacer un chequeo a Houston. ¡Yo mismo vi sus estudios y todo era normal, no lo puedo creer! Si esto le pasó a él que fue al mejor hospital del mundo ¿qué esperanza tenemos nosotros?»

La realidad es que los estándares de salud han cambiado de forma drástica con la llegada del PIS y del resto del perfil de ácidos grasos en los fosfolípidos del plasma. Nunca más alguien podrá afirmar —sin mentir, claro está—: Estás como de quince años…*hipersano,* después de revisar arduamente los estudios de análisis clínicos y de gabinete habituales. Porque la única manera de estar seguro de que alguien está sano es confirmar que se encuentra libre de inflamación crónica de bajo nivel y, que por lo tanto, sus genes para la enfermedad están silenciados.

Mejor aún, decir estás sano solamente podrá decirse en el futuro cuando podamos confirmar que la capacidad innata o adquirida antiinflamatoria es igual o mayor que la inflamatoria. En un momento no muy lejano podremos abrir como un abanico las posibilidades de salud y enfermedad a través del PIS, como si de pronto tuviéramos una *radiografía de la célula* que nos permita ver, no los genes, sino más bien sus posibilidades de manifestación como un *estado de cuenta genético*.

Mi sueño es poder predecir, como en una bola de cristal, de qué enfermará un paciente y pueda evitar que ese hombre o mujer sufra lo indecible, lo espeluznante, lo desgarrador e injusto de frases como éstas:

— Lo siento, tienes diabetes y es incurable, no se sabe cómo y por qué pasa esto... tendrás que aprender a vivir con ella.
— La esclerosis múltiple te quitará la fuerza de tus brazos y piernas y, eventualmente, te llevará a la silla de ruedas... Los corticoides y antineoplásicos sólo retrasarán lo inevitable.
— La causa de tu cáncer es multifactorial, no existe nadie en el mundo que pueda saber cómo y cuándo aparecerá.
— La enfermedad de Alzheimer es incurable, su madre nunca volverá a ser la misma... grábeselo bien en la cabeza.
— Si no baja esos 20 kilos de más, yo no puedo ayudarle a controlar su problema de presión alta.
— El daño en el riñón, ahora controlado, irá avanzando hasta que requieras un transplante..., pero tu riñón y tu lupus eritematoso sistémico nunca se curará, entiéndelo de una vez.
— No hagas caso de esos médicos que te dicen que con alimentos antioxidantes y Omega 3 puedes cambiar el curso de la preclampsia... Lo que van a hacer es dañarte a ti y a tu bebé... si lo sabré yo que soy gineco-obstetra, experto en embarazos de alto riesgo.

Con estas y otras *sandeces* dichas por médicos especialistas, en sus aras de grandeza, sólo exhiben su ignorancia respecto al verdadero origen de la enfermedad y en los cambios científicamente comprobados de la fisiología y fisiopatología humana en los últimos quince años de la medicina.

Porque lamentablemente, estimado lector, la mayoría de los colegas médicos, nutriólogos y resto de los profesionales de la salud, nunca vuelven a tomar un libro de medicina en sus manos después de egresar de la carrera o el post-grado. Hay una suerte de *analfabetismo médico* en esta, nuestra profesión, la más noble, loable, pero prostituida.

¿Entonces, quién es el mejor médico del mundo?

Respuesta: el que evita que te enfermes, el que conoce el origen de la enfermedad, el que predice la misma... El mejor médico del mundo es el que conoce de inflamación celular crónica de bajo nivel, el que sabe Interpretar el Perfil de Inflamación Silenciosa, el que conoce y manipula los ácidos grasos en las membranas celulares, la mitocondria, el núcleo... es aquel que *silencia* los genes de la enfermedad y *enciende* los genes de la salud.

El mejor médico del mundo es el que conoce, como la palma de su mano, la *radiografía de la célula* de su paciente. Sí, el mejor médico del mundo es quien observa con detenimiento y decide a través del ***examen que puede salvar tu vida:***

El Perfil de Inflamación Silenciosa...

2

Paso dos: Suplementación antiinflamatoria

Cuando el avión aterrizó sobre la pista mojada del Aeropuerto Internacional de Miami (MIA) pensé: para qué viajar tanto si de todas formas todo culminará con recomendar Omega 3... y el paciente en turno comprará el más barato pero el menos concentrado y más contaminado... Y me respondía en silencio: siempre vale la pena intentar decir la verdad respecto a cuál es el Omega 3 seguro y de prescripción médica, dado que es la única manera de vencer la inflamación crónica de bajo nivel.

Su rostro pálido y grisáceo dejaba entrever su acrecentado interés en el curso de la entrevista, pero cuando yo dije que el hombre más obeso del mundo había combatido el exceso de grasa corporal ingiriendo 21 g por día de otra grasa, (Omega 3) pero benéfica para sus células, su rostro se tornó expresivo y agudizó sus sentidos al máximo. Al final de la charla y, ya sin las luces y las cámaras frente a nosotros, me dijo en un tono más afable e íntimo: «Yo quiero tomar ese omega que usted dice, doctor... ¿dónde lo consigo?»

Entonces el viaje al sur de La Florida, el estar en un *show* de televisión ajeno a las salas de congresos médicos había valido la pena, ya que un hombre necesitaba saber, de viva voz, cuál era el óleo antiinflamatorio para su condición específica. Ese martes —aunque el programa pasa diferido los días sábado— caminaba pensativo por las calles de Coconut Grove con la sonrisa en la boca porque, pensándolo bien, millones de personas de América Latina —más de 300— pronto sabrían cuál es la primera línea de defensa contra la causa de toda enfermedad crónica: una grasa... pero una grasa muy especial.

Quién es quién en los Omega 3

Existe una fiebre de productos enriquecidos con Omega 3, pero la pregunta es: ¿esto beneficia realmente la salud cardiovascular? Para obtener una respuesta correcta habrá que diferenciar entre dos tipos de Omega 3:

1. De cadena corta o de origen vegetal: especialmente ALA (18:3 n3), cuyas fuentes son el aceite de linaza, de soya, de nuez, etc. Éstos tienen efectos transitorios y discretos en la presión arterial y pulso, así como leve disminución de la inflamación celular.
2. De cadena larga o de origen animal: especialmente EPA (20:5 n3), DPA (22:5 n3) y DHA (22:6 n3) cuyas fuentes principales son los aceites marinos. Sus efectos son permanentes pues se incorporan rápidamente a las membranas celulares, disminuyendo la mala función arterial —endotelial— mejorando la función de la hormona insulina y reduciendo la inflamación celular.

Así que cuando un alimento se anuncia como *enriquecido con Omega 3* habrá que preguntarse con qué tipo: vegetal de cadena corta o animal de cadena larga. Por ejemplo, si un huevo se vende con esta leyenda habrá que ver si a las gallinas se les alimentó con semilla de linaza o sendas lonjas de salmón ahumado del Atlántico, porque de no ser esta última opción, lo que estás recibiendo es un *gran fraude*... el Omega 3 contenido en esos huevos no tiene importancia biológica, no previene ni trata la enfermedad cardiovascular.

La lista de alimentos fraudulentos en este sentido es enorme, aquí te presento algunos: huevos con Omega 3, aceite de cártamo con Omega 3, leche de vaca con Omega 3, leche de soya con Omega 3, alimento para perros y gatos con Omega 3, aceite de soya con Omega 3, cereal de avena y arroz con Omega 3.

Entonces ¿cuál es la mejor forma de tomar el Omega 3? Consumiendo aceites de pescado ricos en EPA, DPA y DHA libres de contaminantes como el metilmercurio, PCB's y dioxinas. De una manera muy general podemos decir que los suplementos que contienen Omega 3 se clasifican por su concentración y pureza, según el International Fish Oil Standard (IFOS) en cinco estrellas, muy bueno; cuatro estrellas, bueno; tres estrellas, regular; dos estrellas, malo; una estrellas, muy malo, cero estrellas, peligroso para la salud.

De tal forma que antes de consumir cualquier aceite —ya sea de similares, de venta en empresas de multinivel, en centros de autoservicio o que te prescriba y venda un médico en su consultorio— debes ir a la pá-

Paso dos: Suplementación antiinflamatoria

gina web: www.ifosprogram.com y colocar el número de lote y marca del suplemento en cuestión para saber su calificación.

¿Y por qué no simplemente comer pescado? Porque el mar está muy contaminado por metilmercurio, dioxinas y PCB's entre otras toxinas. Inclusive el Ministerio de Salud de Canadá sugiere que las mujeres embarazada no consuman pescado más de tres veces a la semana porque tanto ellas como el bebé corren riesgos en su salud.

El carburador de ácidos grasos Omega 3

¿Cuál es la cantidad exacta de Omega 3 que se debe tomar? Es la pregunta más recurrente después de una conferencia y la respuesta es siempre la misma: **depende.** Depende del PIS en sangre y específicamente del Omega 3 más importante para el total de las células del cuerpo: EPA.

Si pudieras ponerlo en número de cápsulas o de mililitros por día —dependiendo de la presentación que mejor se acomode al paciente— diríamos que si el déficit de EPA es de:

Menos del 30%, tomar 5 ml (cuatro cápsulas)
Entre el 30-50%, tomar 10 ml. (ocho cápsulas)
Entre el 60-80%, tomar 15 ml (doce cápsulas)
Más del 80%, tomar 20 ml (dieciséis cápsulas)

Este panorama general se basa en un diagrama de flujo realizado por su servidor, doctor Gustavo Orozco Aviña, para el grupo de médicos y nutriólogos más avanzados en el concepto de **La Zona** en México —grupo llamado *Zone Gold Card*— y el suplemento sugerido es rico en EPA, DHA y DPA con calificación de cinco estrellas por IFOS y obviamente es marca *Zonelab Dr. Sears*.

A veces me preguntan que si pueden tomar Omega 3 de otra marca que tiene cero estrellas por IFOS pero que está aprobada por la Food and Drugs Administration (FDA) en Estados Unidos y yo respondo: «Es como si usted tuviera permiso por el ayuntamiento de su ciudad para vender fresas en un mercado aunque no tuvieran sello de seguridad y calidad de la regulación sanitaria federal. ¿Usted se atrevería a correr el riesgo de venderlas sin estar seguro si están contaminadas por salmonella o insecticidas?, o peor aún, ¿se las daría de comer a sus hijos? ¡Claro que no!»

Suplementación antiinflamatoria completa

Tomar más de 5 g por día de Omega 3 —10 ml u 8 cápsulas— incrementa la susceptibilidad para que ese aceite se oxide —arrancie— por lo que a partir de estas dosis debemos agregar los siguientes antioxidantes:

- Hidrosolubles: vitamina C, 500 mg por día.
- Liposolubles: aceite de oliva extra virgen para tomar 5 ml al día y/o coenzima Q-10 30 mg tres veces al día. —cardiosupport.
- De membrana: polifenoles derivados de algas marinas, arándano y sábila líquido, 30 ml por día. —Sea Health Plus. Esto no sólo evita la pérdida del efecto del Omega 3, sino que potencializa sus efectos antiinflamatorios y antioxidantes.

Los otros chicos del pueblo

El PIS no solamente nos dice el riesgo que tenemos de padecer cierta enfermedad sino también la necesidad de suplementar con aceite de pescado rico en Omega 3 de acuerdo al déficit de EPA, y nos evidencia la necesidad o exceso de otros ácidos grasos, por ejemplo:

- DGLA. Su déficit se contrarresta ingiriendo Omega 3 enriquecido con aceite de borraja virgen con contenido moderado de GLA —que el cuerpo habitualmente convierte en DGLA.
- AA. Su exceso se contrarresta con Omega 3 enriquecido con lignanos del aceite de ajonjolí —sesamina, sesamol y episesamina.

De tal forma que observado el PIS y, no sólo el rango AA/EPA, uno puede prescribir racionalmente dentro de las siguientes presentaciones de *óleos antiinflamatorios* del doctor Sears:

1. Omega RX. Contiene aceite de pescado rico en ácidos grasos poliinsaturados Omega 3 de cadena larga (EPA, DHA y DPA), cinco estrellas, según IFOS, por concentración y pureza —doble destilación molecular— lo que permite extraer de 100 litros de aceite de pescado convencional un litro de Omega RX. Recientemente se ha agregado un poco de lignanos del aceite de ajonjolí o sésamo —una relación 1:1 de sesamina y sesamol—, ¿con qué objetivo? Mejorar el efecto de

Paso dos: Suplementación antiinflamatoria 41

EPA al disminuir, a través de la sesamina, la producción interna de AA.

El Omega RX se indica cuando el déficit de ácidos grasos esenciales es principalmente a expensas del EPA y donde el AA está moderado o muy elevado. Las presentaciones son en estado líquido y en cápsulas.

2. EICO RX. Contiene EPA, DPA y DHA en igual concentración y pureza que el Omega RX y poco más de sesamina, sin embargo, también contiene aceite de ajonjolí rico en GLA de manera moderada. Además está indicado cuando el déficit de ácidos grasos esenciales es igual tanto de EPA como de DGLA, pero tal deficiencia es moderada; esto suele suceder en pacientes que ya han tomado Omega RX. La presentación es en estado líquido y en cápsulas.

3. EICO PRO. Contiene EPA, DPA y DHA en igual concentración y pureza que el Omega RX, y un poco más de contenido de sesamina que el Eico RX, sin embargo el contenido de GLA es ligeramente mayor que este último. Es el oleo antiinflamatorio más concentrado en aceite de pescado, aceite de ajonjolí y de borraja virgen y está indicado en dos tipos de pacientes: los que padecen daño vascular severo, en emergencia médica tanto hospitalaria como ambulatoria —por ejemplo: pancreatitis aguda con insuficiencia cardiaca, angor pectoris inestable, vasculitis aguda acompañando a la enfermedad auto-inmune, hipertensión descompensada, post-quirúrgio de cáncer o reparación vascular como transplante renal o cardiaco—. Y pacientes que consumen cantidades altas de EPA, GLA y DHA por profesión —atletas de alto rendimiento, profesionistas de alto nivel de estrés, etc.— a quienes mediante el PIS se les determina un déficit moderado o severo de GLA y un déficit leve o moderado de EPA y DHA.

Actualmente la única presentación disponible en México es en forma líquida, sin embargo existe el compromiso del *Zonelab Dr. Sears* que en los próximos meses lo tendremos en cápsulas.

Los nutracéuticos

Últimamente me ha sucedido un fenómeno curioso, la gente me pregunta ¿por qué ahora se dedica al control de la obesidad? Y en un tono más preocupado vuelven a cuestionar ¿nunca más volverá a practicar la cardiología?

Cuando lo amerita me tomo mi tiempo para aclarar al inquisidor en cuestión —puede ser un familiar no muy cercano, paciente, conocido o médico— lo siguiente: Después de que te gradúas de la subespecialidad de cardiología nunca más dejas de ser cardiólogo, es más, para serlo debes cursar dos años, por lo menos, de la especialidad de medicina interna, que es el estudio de toda enfermedad crónica del adulto. Después de más de cinco años de trabajar en la terapia coronaria y de postoperados de corazón abierto, decidí dedicarme, a lo que en palabras del doctor Barry Sears llamamos *full-time* a combatir el origen y no las consecuencias de la enfermedad cardiovascular, primero la obesidad, luego el síndrome metabólico —una suerte de combinación maléfica de presión alta, triglicéridos altos, grasa abdominal y alteraciones de la glucosa entre otros—, todo a través de modular la respuesta inflamatoria que se instala muchos años antes que el infarto agudo del miocardio se presente. Si me apuras un poco, ahora mismo intento ir más allá: predecir quién tendrá obesidad, presión alta, síndrome metabólico... Así que me sigo dedicando a la cardiología, sólo que ahora en lugar de *destapar* arterias coronarias, colocar marcapasos y atiborrar de medicamentos a mis pacientes con presión alta, colesterol o angina de pecho, lo que hago es ir a la causa de estas enfermedades y practicar una cardiología, una medicina interna que en realidad cure al paciente y que prevenga las enfermedades, en pocas palabras **una medicina que funcione.**

El programa de **La Zona** funciona para combatir la obesidad, dado que es una condición netamente inflamatoria —es por lo que la mayoría de la gente conoce este concepto— pero existen un sin número de patologías que se asocian a la inflamación crónica de bajo nivel y que tanto se benefician del programa antiinflamatorio del doctor Barry Sears.

Aparte del programa nutricional, los óleos antiinflamatorios y los antioxidantes ¿qué otros suplementos ayudan a mejorar la condición de los pacientes con diferentes enfermedades? Brevemente ejemplifico algunos suplementos que ahora llamaremos nutracéuticos del doctor Barry Sears y sus beneficios:

1. *Hepatic support.* Contiene enzimas hepáticas que tienen propiedades quelantes —extractoras de metales pesados— favoreciendo la desintoxicación de un ambiente cada vez más contaminado por aire y tierra. Se ha asociado la toxicidad del ambiente con algunas enfermedades como la esclerosis múltiple, la arterosclerosis, la neurodegeneración, las enfermedades autoinmunes, las alteraciones tiroideas y la obesidad, entre otras.

Paso dos: Suplementación antiinflamatoria   43

2. *Bone support.* Contiene cinco tipos de calcio, que por su naturaleza y características permiten una mejor absorción de otros elementos como el magnesio y el selenio. Ésta le confiere beneficios en enfermedades como osteoporosis, enfermedad articular degenerativa, hipotiroidismo y obesidad.

3. *Metabolic digestive support.* Contiene extractos de semilla de uva y té verde —quercetina principalmente— que le confiere una gran capacidad antioxidante, por lo que logra incrementar la tasa metabólica global de termogenensis lipídica y mejora la eficiencia celular de las hormonas insulina, leptina y adrenalina. Está indicado para pacientes con diabetes mellitus, obesidad, síndrome metabólico, de ovarios poliquísticos, cáncer de mama, de páncreas, de próstata...

4. *Cardiosupport.* Contiene coenzima Q-10 que restablece la función mitocondrial al incrementar su producción de ATP como fuente de energía celular, dado que el músculo cardiaco y las arterias contienen una gran cantidad de mitocondrias. Su indicación natural será para la enfermedad cardiovascular en general, sin embargo, al ser un antioxidante liposoluble también es adecuado en pacientes con déficit de atención, con y sin hiperactividad, enfermedad de Alzheimer, vasulitis, enfermedad autoinmune y glomerulopatías.

5. *Sea Health plus.* Contiene extractos de algas marinas, sábila y arándano, rico en polifenoles, antioxidantes que actúan *limpiando* radicales libres en las membranas celulares. Está indicado cuando se usan dosis altas de Omega 3 para prevenir su oxidación, así como en pacientes con alto índice de estrés oxidativo y con cáncer.

6. *Micronutrient support.* Contiene una enorme batería de antioxidantes entre los que destacan el ácido elágico y el L-carnitina por su efecto antioxidante intracelular que *barren* los residuos de radicales libres. Está indicado en pacientes con resistencia a la adrenalina —muchas veces manifestada por la resistencia a bajar la grasa corporal— síndrome de fatiga crónica, deportistas de alto rendimiento y fibromialgia.

7. Proteína de suero de leche. Contiene aminoácidos de cadena ramificada. Su fabricación es por hidrólisis parcial. Está indicado para incrementar la síntesis de proteínas en pacientes con pobre masa magra —músculo, hueso y órganos vitales— como: síndrome de mala nutrición e inflamación del paciente nefrópata, insuficiencia cardiaca y hepática, anorexia nerviosa, atleta de alto rendimiento y adolescentes en crecimiento.

44 MÉXICO ENTRA EN LA ZONA

8. Proteína de soya. Contiene aminoácidos esenciales de origen vegetal, reductores de la resistencia a la insulina, está indicado para pacientes con menopausia y climaterio, y mujeres con obesidad de difícil control. Está contraindicado en pacientes con hipotiroidismo, menores de 18 años, cáncer hormonodependiente como el de mama, próstata, endometrio y cervicouterino por su alto contenido de fitoestrógenos.

9. D-ribosa. Carbohidratos predigeridos precursores de ATP indicado para pacientes con energía pobre y masa magra como cáncer, fibromialgia, síndrome de fatiga crónica, esclerodermia, atletas de alto rendimiento y anorexia nerviosa. Regularmente se combina con la proteína de suero de leche en forma de licuado con agua y fruta.

10. *Zone water*. Contiene agua enriquecida con magnesio en una solución incolora con leve sabor lima-limón que tiene efecto antiinflamatorio. Vence la resistencia a la insulina y mejora la función endotelial —capa interna de las arterias—, por lo tanto, está indicada para pacientes diabéticos, obesos, hipertensos, con angina de pecho, nefrópatas, atletas de alto rendimiento, arritmia, etc.

11. Aceite de oliva Dr. Sears. Contiene aceite extravirgen, primera extracción en frío, rico en esqualenos, tirosol, hidroxitirosol y oleupein, además de una alta concentración de la grasa monoinsaturada de ácido oleico, lo que le confiere una gran capacidad antioxidante y reguladora de lípidos en sangre. Está indicado para deportistas de alto rendimiento, enfermedad cardiovascular y como antioxidante liposoluble acompañando altas dosis de Omega 3.

Silenciando genes de la enfermedad

La travesía entre la calurosa ciudad de Tuxtla Gutiérrez en Chiapas, México, a la gélida y acelerada Nueva York en Estados Unidos, a través de tres aeropuertos, me tenía tan cansado y confundido que no me di cuenta a qué hora el conductor del taxi, de origen pakistaní, se perdió entre las calles oscuras del viejo Queens vociferando no sé que cosas, en la búsqueda del pequeño hotel donde me hospedaría esa noche. ¿El propósito? Reunirme con el doctor Sears a la mañana siguiente en la bodega cercana al barrio, que hace las veces de laboratorio de alimentos. Súbitamente recordé cuál era el camino correcto y le dije al chófer, en mi mejor inglés, cómo llegar a la calle en cuestión.

Paso dos: Suplementación antiinflamatoria

Al día siguiente, en plena reunión de intercambio académico, surgió la pregunta en el aire: ¿cómo actúan los ácidos grasos Omega 3 para suprimir el apetito? El doctor Sears suspiró y luego exclamó dubitativo: «¡Tal vez a través de bloquear el sistema de endocanabinoides... pero nadie lo ha demostrado científicamente!» Yo, más apasionado que seguro, dije: «Nadie lo ha demostrado hasta ahora, pero eso no quiere decir que no suceda así».

Después de doce horas de una larga noche, dos tazas de café descafeinado y una sesión de Internet entre neoyorkinos atípicos, se me mostró en la pantalla la solución: El doctor Shiro Watanabe en Japón demostró que el Omega 3 de cadena larga bloquea el sistema de endocanabinoides —lo cual habitualmente ocasiona mayor apetito, sobre todo, de carbohidratos refinados— y este bloqueo se hace a través de silenciar los genes que producen el receptor CBI en el cerebro.

A partir de entonces me di a la tarea de documentar lo hasta entonces demostrado sobre qué mecanismos ejercen sus efectos benéficos los óleos antiinflamatorios para la salud, y me encontré con la novedad de que es a través de modular la expresión genética de la enfermedad sin cambiar los genes; a esto se le conoce cono *efecto nutrigenómico*. Aquí presento algunos de estos efectos del Omega 3 de cadena larga.

1. Silencia genes de la formación de grasa —adipogenesis por PPAR gamma— y activa genes de la supresión de grasa —lipólisis por PPAR Alfa.
2. Silencia genes de la inflamación celular —IL6, TNF Alfa, etc.— y activa genes de la antiinflamación celular —activa adiponectina e IL-10.
3. Silencia genes de la autoinmunidad —linfocitos T autorreactantes— y activa genes de discernimiento inmunitario —linfocitos T reguladores.
4. Silencia los genes del envejecimiento y activa los del antienvejecimiento.
5. Silencia genes del cáncer —oncogenes— y activa los de la muerte celular cancerígena —apoptosis selectiva.
6. Silencia genes de resistencia a la insulina y activa genes para mejorar el efecto de la insulina.
7. Silencia genes del dolor y la oxidación (NF-KB) y activa los de analgesia natural y antioxidación (IKK-B).
8. Silencia genes que aumentan el AA en las membranas —Delta 5 desaturasa— y activa genes que eliminan AA.

9. Silencia genes que aumentan los triglicéridos y otras grasas en la sangre y activa los que suprimen la formación de grasa nueva —lipogenesis hepática de novo.
10. Silencia genes que aumentan la formación de trombos (TXA4) y activa los que disminuyen la formación de trombos —PGA1 y PPAR Beta.

Estos son algunos ejemplos de cómo actúan los ácidos grasos Omega 3 de cadena larga provenientes del aceite de pescado de grado farmacéutico cinco estrellas, según IFOS, para combatir la enfermedad... Entonces, estos *suplementos,* como despectivamente se refieren a ellos algunos colegas especialistas, actúan de una forma donde nunca podrá actuar un medicamento prescripto por ellos: **en el origen**.

Los medicamentos sólo deben usarse racionalmente, por tiempos muy cortos si es posible, y en menor cantidad y combinación que se pueda, ¿por qué? Porque bloquean únicamente partes del sistema y, al hacerlo, abren otros canales del mismo que provocan trastornos que no existían antes, porque no pueden actuar en todas las células del cuerpo, en todas sus membranas, en todas sus mitocondrias y en todos los peroxisomos. ¿Acaso el Omega 3 si lo hace? ¡Claro! Al ser una parte fundamental de todas las membranas celulares e incorporarse rápidamente a ellas modifica el funcionamiento de cada parte interna de las células incluyendo la membrana nuclear, es ahí donde silencian los genes de la enfermedad en algo que se llama *metilación del ADN* y activan los de la salud.

La única forma segura de silenciar los genes de la enfermedad es con la suplementación *inteligente* de los óleos antiinflamatorios en base al PIS y eligiendo la vía, la dosis, el tipo de óleo y sus nutracéuticos que le acompañan, así como los medicamentos estrictamente necesarios dada las características del padecimiento.

Es momento de acercarse a *la gente que sabe,* pero a la que sabe el origen de las enfermedades y *arranca de raíz* el problema y no a quien conoce cómo diagnosticar problemas, mas no tiene soluciones.

El programa de **La Zona** no pretende terminar con la atención médica especializada, preparada y que usa, racionalmente, medicamentos y opciones quirúrgicas, sin embargo, quien no esté abierto a los cambios en la medicina preventiva y predictiva quedará fuera de la medicina del futuro inmediato: **la medicina que funciona, la que cura**.

3

Paso tres: Comiendo conforme al diseño

A mí no me cabe la menor duda de que el ser humano fue diseñado con necesidades nutricionales muy peculiares en sus células con un balance y una calidad específica. Cubrir estas necesidades es lo que le ha permitido permanecer, sin extinguirse, por miles de generaciones a través de su historia.

Si revisamos la antropología nutricional del hombre —su historia— y nos remontamos al paleolítico, según los escritos del doctor Eaton de la Universidad de Atlanta y del doctor Lorean Cordian de la de Colorado, ambos dedicados a la investigación de antropología nutricional en Estados Unidos, encontraremos que este hombre tenía una nutrición muy peculiar. En principio no era agricultor, lo que quiere decir que nunca consumió alimentos provenientes de la agricultura y tampoco tomó la leche de vaca, pues no existían en aquella época. La agricultura tiene, apenas, 10.000 años y el hombre habita nuestro planeta mucho antes.

El hombre pudo sobrevivir miles de años sin carbohidratos provenientes de la agricultura —pan, pasta, cereal, granos, harinas y arroz— y sin la leche y sus derivados —alimentos que, por cierto, elevan la inflamación celular cada vez que los comemos—. ¡Qué increíble! ¿No lo crees? Quizás esta es la razón por la cual en los libros de historia nunca verás un dibujo de estos hombres, que sí eran cazadores y recolectores, consumiendo alimentos procesados.

¿Qué comía este hombre prehistórico? En primer lugar tenemos que fijarnos que cada vez que comía, consumía proteína de origen animal —no podía desperdiciarla pues las carnes se echaban a perder rápidamente—, pero ¿a qué nos referimos cuando hablamos de proteína animal? Es todo aquello que un día caminó y nadó, estaba vivo y hoy nos lo estamos comiendo. Este hombre correteaba la proteína para cazarla —y podemos decir que la proteína lo correteaba también a él—, sí, ¡asómbrate! Cada vez que se alimentaba, ingería un poco de proteína salvaje —pescado, aves, mamíferos— al mismo tiempo mezclaba las frutas y los vegetales que recolectaba —de bajo contenido de azúcar y almidón—, nunca cereales ni harinas, y las grasas que consumía provenían de los animales que cazaba, éstos las contenían en mayor proporción —diez veces más— que las encontradas en los animales de nuestra era moderna. Estos alimentos poseían ciertos tipos de grasas Omega 3 de cadena larga, con un fuerte efecto antiinflamatorio, que le confería al paleolítico una protección contra las enfermedades crónico-degenerativas modernas como la diabetes, la hipertensión, la obesidad, Alzheimer, enfermedades autoinmunes y alérgicas.

Según investigaciones recientes, como las que presenta la doctora Artemis Simopoulos, investigadora de nutrición y genética de la Universidad de Washington, dicen que las enfermedades crónicas modernas son el resultado de la incapacidad de nuestros genes paleolíticos —los cuales no han cambiado en nada en miles de años— de adaptarse a una vida moderna repleta de carbohidratos ricos en azúcar, almidón y grasas baratas provenientes de aceites de semillas como el girasol y el maíz, que categóricamente **nos sacan de nuestro diseño antiinflamatorio.**

Como imagino que estarás ya aclarando tu mente, te habrás dado cuenta que todo lo que te han enseñado en los medios de comunicación sobre la famosa pirámide nutricional recomendada como saludable, o el *plato del buen comer* que viene estampado en la mayoría de los productos que compramos en el supermercado es exactamente todo lo que tienes que ingerir **para salirte de tu diseño paleolítico y despertar tus genes malos de las enfermedades crónico-degenerativas,** esto es, inflamar tus células.

Sabemos, a través de estas investigaciones y muchas más, que los genes —material que está en nuestras células y que heredamos de nuestros padres, abuelos y hasta tres generaciones atrás— con los que fuimos diseñados —en mi opinión muy personal *divinamente*— se nutren cada vez que comemos un plato parecido a este: un delicioso filete de pescado —proteína— con brócoli y nopales —carbohidratos—, ensalada de pimientos morrón de todos colores con un poco de aguacate o guacamole —grasas saludables— y, como postre, un riquísimo plato de cerezas —carbohidratos y antioxidantes. Con un plato así se respetan las leyes genéticas de nuestros antecesores y, químicamente a nivel celular, es lo que hace que nuestros 60 billones de células funcionen en armonía con nuestros genes, es decir, son alimentos antiinflamatorios que al mismo tiempo mantienen a los genes de la obesidad, diabetes y cáncer en silencio. Es esta nutrición celular la que mantiene también encendidos o activos nues-

Paso tres: Comiendo conforme al diseño　　49

tros genes favorables como los artísticos, deportivos, intelectuales, y de miles de habilidades que también, aunque parezca increíble de creer, fueron escritas en tus genes y no pueden ser aprovechadas cuando se está dentro de una nutrición y un estilo de vida que te saca de la relación armónica que debiera haber con tus genes paleolíticos.

Por desgracia en nuestro país, como en muchos otros —si no es que en todos—, los intereses políticos y comerciales rebasan los de la nutrición y la salud de un pueblo. En la actualidad existen más de 15 mil libros de dietas tan sólo en Estados Unidos, y cada año salen al mercado 1.500 más, por lo que entiendo que te encuentres confundido en este momento respecto a cuál será la mejor *dieta* para bajar la grasa corporal o para mantenerte sano, joven y lleno de energía, así como para prevenir y controlar —si ya la tienes—, cada una de las enfermedades crónico-degenerativas modernas. Pero permíteme decirte algo, la nutrición de **La Zona** no es la dieta de moda, ni siquiera quiero que pienses que es una dieta, ya que en realidad es *un estilo de vida* y la nutrición es únicamente el tercer paso en este estado físico y mental llamado **La Zona**. En este *estilo de vida* aprenderás a comer dentro y fuera de casa conforme al diseño antiinflamatorio con el que fuimos diseñados genéticamente.

Si tu meta es vivir en **La Zona** debes controlar la inflamación celular las 24 horas del día y, para lograrlo, deberás seguir las siguientes premisas:

a) Para empezar todos los hábitos alimentarios, así como los alimentos deben ser antiinflamatorios. Cuando las células cerebrales, entre otras tantas, tienen inflamación se produce en ellas un desbalance químico que se traduce como depresión, ansiedad y necesidad de comer calorías, carbohidratos y grasas. Es aquí cuando no puede uno resistirse a los antojitos, fritangas, panes y postres.

b) Otros de los síntomas de la inflamación celular pueden ser también la agresividad, la falta de concentración, el mal carácter y la irritabilidad e intolerancia. ¿Conoces a alguien con inflamación en las células cerebrales? Yo sí. *Tragones*, enojones, o sea, deprimidos e inflamados. Dime entonces, cómo una persona, aunque tenga buenas intenciones y quiera cambiar sus hábitos alimenticios, si sus células cerebrales presentan inflamación, podrá resistirse a un rico postre o parar de consumir calorías.

Si una persona está en realidad interesada en hacer cambios nutricionales, por principio deberá controlar la inflamación celular, especialmente en sus neuronas, para poder hacer los primeros cambios en el estilo de comida que ingiere. Esta es la razón por la cual en **La Zona** el paso inicial es hacerse el examen de sangre rango AA/EPA, éste nos da el diagnóstico inflamatorio, —recuerda que el rango normal es de 1.5— si tienes 8 o 15 o 30 será poco fácil para ti cambiar para siempre tu manera de comer sin ayuda *extra*.

c) Para empezar a reducir la inflamación celular debes tomar nutrientes antiinflamatorios de los cuales las grasas DHA y EPA del pescado son las de mayor trascendencia, ya que el cuerpo no las produce y necesitamos consumirlas permanentemente si queremos mantener la inflamación en perfecto control celular. También es importante, aunque en menor proporción, considerar a la categoría *menor* de nutrientes antiinflamatorios como los antioxidantes, las vitaminas y los minerales. Si los consumes sin una combinación correcta con los llamados *principales* —ácidos grasos esenciales del pescado Omega 3, EPA y DHA— te será imposible detener las enfermedades crónico-degenerativas que se encuentran programadas en tus genes y, por lo mismo, mantenerte en un buen peso y figura libre de exceso de grasa. Tampoco lograrás mantener la jovialidad de tu cerebro y la energía que día a día necesitamos para vivir.

En mi opinión uno de los grandes problemas de los que se supone son los especialistas en nutrición y medicina, al intentar cambiar los hábitos nutricionales de sus pacientes para lograr mantenerlos en un buen peso y óptima salud es que, al momento de pensar en la comida como herramienta, éstos sólo piensan en el *aporte calórico* de los alimentos, mas no piensan o no conocen —que es peor— el efecto hormonal de la comida.

Y cada vez que abrimos la boca para comer las proteínas, los carbohidratos y las grasas, una vez absorbidos en la sangre, uno por uno de estos macronutrientes es capaz de desencadenar respuestas hormonales tan poderosas como cualquier droga o medicamento en el cuerpo. La clave de vivir en **La Zona** de la salud está en mantener dichas respuestas en un balance ideal en la sangre, no muy alto, no muy bajo, sino en una **Zona** de equilibrio.

Hace 2.500 años Hipócrates sabía del poder que representaba el alimento, pero en esta era moderna sabemos cómo actúa: controlando nuestras respuestas hormonales cada vez que comemos manteniendo a la inflamación o a la antiinflamación; y de esto depende cuáles genes se

Paso tres: Comiendo conforme al diseño 51

mantendrán en silencio y cuáles serán encendidos a nuestro favor o en contra.

Por ejemplo: cada vez que comemos carbohidratos —los que crecen sobre la tierra— el cuerpo, a través del páncreas, segregará insulina —una hormona de almacenamiento y transportadora de lo que comemos al interior de nuestras células—; todo está bien hasta aquí, siempre y cuando no se segregue demasiada hormona de insulina, ya que si esto sucede, los niveles de glucosa caerán demasiado —hipoglucemia— provocando un bajón de glucosa o azúcar en la sangre las siguientes cinco horas y, como el cerebro es un glotón de azúcar, al no encontrar suficiente de ésta después de una comida con carbohidratos de alta carga glucémica —arroz, pasta, cereales, harinas, granos, etc.— empezará a desatinar —falta de concentración, sueño, apetito feroz por comer más carbohidratos, irritabilidad… Es aquí donde uno se vuelve no tan buena persona, sin control por comer carbohidratos lo que eternizará esta respuesta hiperinsulinémica —elevación de la hormona insulina en la sangre— con activación, casi inmediata, de los genes de la inflamación celular *NF Kappa B* que enciende la inflamación y *PPAR* que apaga la inflamación celular. Dicho efecto en la ciencia se conoce como *efecto nutrigenómico* de los alimentos.

La insulina demasiado elevada después de cada comida se puede convertir en tu peor pesadilla pues no permite que quemes la grasa corporal después de ese alimento y, querrás comer más pronto por el bajón de azúcar postprandial —después del alimento—. Es importante que sepas que todo carbohidrato debe convertirse en glucosa para ser absorbido en la sangre, así que ya podrás imaginar que a mayor contenido de glucosa, —azúcar— más producción y elevación en la sangre de insulina.

Alguna vez te has detenido a pensar que estás *tragando,* literalmente, un montón de azúcar cada vez que comes maíz y, por lo tanto, tortilla, trigo, arroz, pasta, harinas, frijoles y todos los demás granos. Sí, tu bolillo salado y tu pozole se convierten en un terrón de azúcar dentro de tu cuerpo y existe una premisa que dice: a mayor azúcar y almidón que entre en el cuerpo, **más inflación celular tendrás.** Y así se vuelve interminable el ciclo de comer carbohidratos —pan, tostada, refrescos gaseosos, papitas— y no pararás de comer nunca porque… *¿a que no puedes comer sólo una?*

Con lo anterior no quiero que se me malinterprete cuando digo que el exceso de insulina en la sangre no es lo ideal para mantenerte en **La Zona,** ya que por otra parte, no producir nada de insulina en la sangre cuando comemos, derivaría en un caos hormonal que nos llevaría a la tan temida inflamación celular. Ésta también debe mantenerse en la sangre no muy arriba, no muy abajo, sino en un rango ideal cada vez que comemos; para ello deberás elegir, de preferencia, carbohidratos provenientes de frutas y verduras de baja carga glucémica.

Durante muchísimos años los nutriólogos y los estudiosos de la medicina han clasificado a los carbohidratos como: *complejos o compuestos y simples.* Ésta clasificación es de 1920 y, con tristeza, veo cómo muchos de estos valiosos profesionales no conocen y, por lo tanto, no han avanzado en dirección a los conceptos más actualizados sobre ellos, ya que siguen enseñando a sus pacientes que los carbohidratos complejos son los más favorables para la salud y para bajar de peso.

Estos carbohidratos son todos los que se recomiendan en la base de la pirámide nutricional recomendada como *saludable:* cereales, granos y harinas. Lo que estos profesionales no han estudiado todavía es que precisamente estos son los carbohidratos que uno, no existían en el paleolítico; dos, elevan demasiado la hormona de la insulina; tres, elevan la inflamación y cuatro, no van en sintonía con nuestros genes paleolíticos.

En 1986, el doctor David Jankes de la Universidad de Toronto, Canadá, descubrió que recomendar los carbohidratos *complejos* es un error, puesto que la mayoría de ellos entran rápidamente al torrente sanguíneo y producen elevación de insulina —más inflamación—, a este concepto le llamó *índice glucémico;* asimismo encontró que muchos de los carbohidratos *simples* entraban con más lentitud al torrente sanguíneo, donde la respuesta insulínica era más lenta, favoreciendo así la antiinflamación; la mayor parte de las frutas y las verduras entran en esta categoría.

Pero la investigación médica no quedó allí. En 1997 científicos de la Universidad de Harvard, Walter Willet y su grupo, junto con la invesigadora más reconocida e importante a nivel mundial sobre el estudio de los carbohidratos, Jane Brad Millar, de la Universidad de Sydney, Australia, y a quien han llamado en el mundo de la ciencia *la reina del estudio de los carbohidratos*, por fin definieron juntos el concepto más actualizado en el conocimiento de cómo un carbohidrato estimula la producción de la hormona de la insulina y, como ésta, a su vez puede acelerar o no la inflamación celular.

A este nuevo término se le llamó *carga glucémica,* el cual toma en cuenta no sólo la velocidad con la que entra al torrente sanguíneo la glucosa o el azúcar proveniente de él, sino también el contenido de glucosa o azúcar empaquetada en ese alimento. Mientras más alta sea la carga glu-

Paso tres: Comiendo conforme al diseño 53

cémica, más insulina, más inflamación celular y más apetito para la siguiente comida tendrás.

Como ves, las dos pirámides son triangulares, la convencional y la de **La Zona** no se parecen en nada, a no ser que las dos son triangulares.

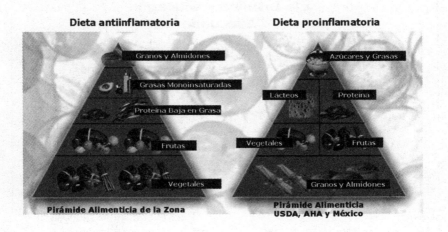

Este es el primer macronutriente del plato de **La Zona** —carbohidratos— y esta es la primer respuesta hormonal —insulina— que deberás aprender a controlar el resto de tu vida cada vez que comas, si tu meta es la salud.

El segundo macronutriente que se debe comer, al mismo tiempo que el carbohidrato en este plato, es la proteína de origen animal —pescado, pollo, res, etc.—; cada vez que comemos proteína de origen animal la respuesta hormonal de nuestro cuerpo es la de segregar, a partir del mismo páncreas, otra hormona llamada *glucagón* —aunque comer demasiada proteína también estimula la insulina—, una de las funciones de esta hormona es regular los niveles de la hormona de la insulina, así que nuestra primer herramienta hormonal, cada vez que comamos, será consumir proteína de origen animal —recuerda, todo lo que un día estuvo caminando, volando o nadando ahora lo estamos comiendo— para estimular al *glucagón*, hormona que no dejará que los niveles de insulina suban demasiado.

Por ende, este eje *insulina-glucagón* es esencial para mantenerse en **La Zona** de la antiinflamación. Otro de los efectos benéficos hormonales que proporciona el *glucagón* es que estimula en el hígado la liberación de glucosa o azúcar que se encuentra almacenada en lo que llamamos *glucógeno* *hepático,* esto mantendrá en la comida los niveles de azúcar estables para que el cerebro pueda funcionar y no se sienta desafinado, desconcentrado o hambriento de más azúcar.

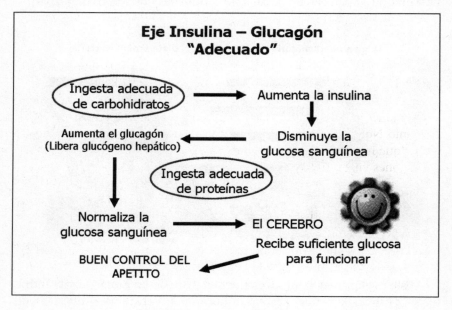

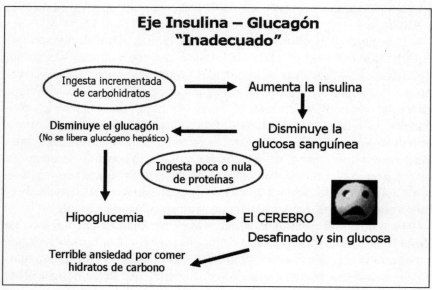

Paso tres: Comiendo conforme al diseño

En conclusión: comer algo de proteína de origen animal en cada comida es un hábito antiinflamatorio.

Y ya por último, hablaremos de las grasas, el tercer macronutriente en el plato de **La Zona**, que no estimula la formación de *insulina*, tampoco de *glucagón*, pero que, sin embargo, también genera respuestas hormonales importantes.

1. Las grasas son la fuente de formación de las **superhormonas** llamadas *eicosanoides* —descubiertas por los investigadores del Instituto de Karolinska en Estocolmo, Bengt Samuelson y Sune Bergstrom, y John Jane del *Royal College of Surgeons* de Inglaterra, ganadores del premio Nobel de Medicina en 1982—. Estas poderosísimas sustancias, que intervienen en la inflamación o la antiinflamación controlan funciones vitales como, por ejemplo, la coagulación y la anticoagulación en nuestras respuestas hormonales; la modulación de la presión arterial; la circulación; la función del sistema inmunológico; nuestra protección contra el cáncer, entre otros. El balance de dichas *superhormonas* o *eicosanoides* es vital para mantener al hombre vivo.
2. La grasa estimula la hormona *colecistoquina,* una hormona intestinal encargada de producir saciedad en el cerebro.
3. La grasa compite con los carbohidratos al ser absorbidos en el torrente sanguíneo; por ello también reduce los niveles de insulina y controla la inflamación celular y da saciedad. ¿Será importante consumir grasa? ¡Claro que sí!, ¿pero cuáles? La respuesta es: las grasas antiinflamatorias, de origen vegetal como las contenidas en el aguacate, los cacahuates, el aceite de oliva y las aceitunas, que son las grasas Omega 9 y deberás consumirlas con moderación.

Es importante que sepas que existen otros tipos de grasas *no favorables,* de las cuales, aunque el cuerpo necesita un poco de ellas ya que no las puede producir —grasas esenciales— debes ser moderado con ellas, y son las Omega 6 que abundan en la dieta moderna y, cuando se encuentran en exceso en las células producen también inflamación celular. Una de las más importantes es el *ácido araquidónico* o AA. Este ácido es el precursor de cada una de las hormonas *proinflamatorias* y se obtiene de todos los aceites para cocinar provenientes de semillas —maíz, girasol, cánola, soya, etc.— ¿Qué? Sí, aunque en la televisión los anuncien como lo mejor para la salud, ¡es una mentira! El AA lo puedes encontrar directamente en el chicharrón y en la carne de cerdo, en la yema del huevo, en las vísceras de animales —hígado, riñón, chanfaina, sesos y demás—, carnes rojas de res —y es por ello que en **La Zona** debes escoger cortes muy magros, lo más libres de esta grasa porque también puedes incrementar la inflamación celular consumiendo estas carnes.

Y por si esto fuera poco al comer todos los carbohidratos de alta cara glucémica en exceso ¿adivina qué? El cuerpo los convierte en azúcar y después en AA. O sea que no necesitas comer chicharrón o manteca para producir AA y, a su vez, más inflamación. De ahí la importancia de la moderación y la combinación correcta de los alimentos.

Recuerda que existen otras grasas esenciales que el cuerpo no puede producir y son las grasas Omega 3 de cadena larga —no de cadena corta como la linaza, por cierto otro engaño mercadológico, ya que consumirla produce más inflamación celular— provenientes del pescado el cual, desgraciadamente se encuentra muy contaminado por nuestros mares llenos de petróleo, mercurio y DDT. Esto ha dado como resultado el cambio en la premisa de la OMS que recomendaba comer pescado lo más posible a reducir su consumo a tres veces por semana. Sin embargo la realidad es que de hace 100 años para acá el consumo de pescado en América ha disminuido el 80%, ya que lo hemos cambiado por pollo, res, cerdo y lácteos; por ello nuestras células se encuentran ávidas de esta grasa Omega 3 antiinflamatoria y, por más raciones altas que podamos consumir, nunca alcanzaremos a cubrir esa gran deficiencia generacional. Quizás ésta sea una de las razones por las cuales se ha incrementado la obesidad, sobre todo, en niños, y las enfermedades crónico-degenerativas.

El hombre paleolítico consumía una relación Omega 6/Omega 3 de 1/1 y, en la actualidad, es de 14/1. ¡Sí que nos hemos alejado del diseño divino!

Es mucho lo que tenemos que cambiar en nuestra mentalidad respecto a la función de las *dietas*, sobre todo, eso de hacer o seguir una temporalmente. Insisto, debemos cambiar, más bien, nuestro estilo de vida para más que hacer una dieta, aprendamos a comer de forma hormonalmente adecuada, o sea, antiinflamatoriamente. En definitiva, debemos abrir nuestras mentes y conocer el poderoso efecto de la comida —las hormonas y algunos otros factores—, que también afectan al control hormonal de nuestro cuerpo.

Empecemos por los hábitos: algunos de nosotros estamos acostumbrados a empezar nuestro día sin alimento y, no hay nada más inflamatorio para tus células que empezar un día sin comer o dejar pasar más de cuatro horas en ayunas; esto acelerará la inflamación celular y en este

Paso tres: Comiendo conforme al diseño 57

tiempo tu cuerpo *desbarata,* literalmente, tu masa magra —órganos, huesos y músculos— para obtener energía; así que, mi querido lector, si quieres fracasar al empezar tus cambios de alimentación, lo que tienes que hacer es pasar más de cuatro horas sin comer, y empezar el día sin desayunar. Pero te recuerdo que esto, poco a poco, afecta de forma negativa, tu sistema inmunológico y perderás masa muscular, o sea glúteos, pectorales, bíceps y densidad de tus huesos provocando osteoporosis, por lo que serás más susceptible a fracturas.

Si tu meta es llegar a **La Zona** toma tu alimento durante la primera hora después de levantarte, todos los días, sin excusa, y nunca te acuestes sin cenar. Desde un día antes establece tus horarios de comida, deberás comer, mínimo, cinco veces al día: desayuno, intermedio matutino, comida, intermedio vespertino y cena. No esperes nunca a sentir hambre, cuando tu cerebro detecta dicha sensación es porque ya estás en la línea de inflamación y, mientras más tiempo dejes pasar entre cada comida, peor será para tu organismo.

Más adelante te enseñaremos a comer, cada vez que lo hagas, en el balance antiinflamatorio. Prepárate también para conocer las herramientas adicionales de **La Zona** que te cuidarán adonde quiera que vayas —por ejemplo: las barras antiinflamatorias nutricionales Dr. Sears—, éstas te sacarán de apuros cuando no tengas tiempo de comer con calma, aunque lo recomendable ¡claro está! es tomarse un tiempo con tranquilidad para disfrutar los alimentos, pero somos realistas y sabemos que en este mundo tan agitado no siempre es posible, sin embargo, no es pretexto para salirse de **La Zona,** ya lo verás.

Hablemos ahora de *tu plato* en **La Zona,** cada alimento, en los cinco horarios preacordados, deberá contener siempre los tres macronutrientes a los que nos hemos referido: 1) proteínas antiinflamatorias, 2) carbohidratos antiinflamatorios y, 3) grasas antiinflamatorias.

Aunque cada paciente tiene una prescripción única en este sistema de vida te daré una recomendación fácil de seguir: al final del libro en el Apéndice n.º 4, aparece la guía del mapa de carretera que te conducirá a **La Zona,** allí aprenderás a calcular tus necesidades individuales y, por qué no, las de tu familia también.

El doctor Sears siempre dice que si tenemos una mano y un ojo podremos seguir siempre los lineamientos. Ahora te enseñaré cómo: Divide tu plato —mediano— mentalmente en tres tercios idénticos, en un tercio coloca la proteína de origen animal con la cantidad equivalente que cabría en la palma de tu mano tanto en extensión y grosor —pollo, pescado, res,

58 MÉXICO ENTRA EN LA ZONA

claras de huevo o derivados de la leche con moderación. Después llena los otros dos tercios con frutas y vegetales con bajo contenido de azúcar y almidón, éstos son los carbohidratos favorables; recuerda, es todo lo que crece sobre la tierra. Aquí también entran los cereales, las harinas y los granos, pero al ser carbohidratos del tipo inflamatorio resultarán pésimas elecciones para **La Zona,** por lo que te sugiero trates de evitar, o bien consumirlos sólo como condimentos.

Las frutas y verduras en general son buenas elecciones antiinflamatorias, pero hay algunas como el betabel, la papaya, el coco, la caña, la papa, el elote, el mango, el plátano y el camote que debemos tratar de comer con moderación, ya que su carga glucémica es alta con gran contenido de azúcar y almidón, y se absorben rápidamente en la sangre después de ser ingeridos, elevando así la inflamación celular. Para terminar con tu plato ideal come siempre un poco de grasa antiinflamatoria como la que encontramos en el aguacate, el cacahuate, las almendras o el aceite de oliva extravirgen, una o dos cucharaditas de este último será suficiente para añadir el toque delicioso a tu *platillo paleolítico y antiinflamatorio*, pues estas grasas, sobre todo la de aceite de oliva extravirgen, actúan en tus células como una *aspirina* natural. Si usas sustitutos de azúcar para endulzar tus bebidas y alimentos, utilízalos con moderación, puesto que estimulan indirectamente la inflamación celular aunque no tengan calorías.

Toma suficiente agua natural —mínimo 2.5 litros— a lo largo de cada día, una célula hidratada funciona mejor y se mantiene sana y operando antiinflamatoriamente. Si tienes acceso a agua mineral sin sabor y sin calorías, tómatela, ya que también es un buen hábito antiinflamatorio. Lo más moderno y reciente en tecnología de agua es el agua con magnesio —en cantidades apropiadas— pues es muy antiinflamatoria y se ha comprobado que ayuda a mantener en niveles normales la glucosa en los diabéticos y la presión arterial normal en los hipertensos. **La Zona** ya ha desarrollado su propia marca: *Zone Water.*

¿Qué pasa con los lácteos?

Los lácteos están clasificados como proteínas y carbohidratos a la vez, su carga glucémica —mientras más alta mayor es su potencial de subir la insulina y la inflamación celular— es relativamente baja, sin embargo, recientes estudios de investigación realizados en Suecia (Center Lund University) por el doctor Elin Oshman, refieren que después de consumir leche, queso, yogurt, etcétera, los niveles de insulina suben más del 30%

Paso tres: Comiendo conforme al diseño 59

de lo que provocaría otro alimento con la misma baja carga glucémica y, por lo tanto, dichos alimentos deberán usarse con moderación y, en algunos casos, eliminarse por completo de la dieta de **La Zona.** Esto incluye a aquellos productos lácteos *light* o libres de hormonas. Parece ser que el problema no es en sí la vaca, sino la alimentación que reciben en la actualidad a base de cereales y granos provenientes de la agricultura moderna cuando antes, nada más pasteaban.

Son las proteínas llamadas *lectinas* de los granos de origen vegetal que hoy comen estos animales las que les resultan indigestas y, ese malestar, se lo transmiten a los seres humanos, quienes consumimos sus derivados. ¡Claro que esta teoría no es aceptada por las personas que viven de la venta de estos alimentos para animales, por obvias razones!, como apunta el doctor Lorian Cordian de la Universidad de Colorado. Esto, sumado a las técnicas de homogeneización y pasteurización actuales, nos ofrece una leche moderna que yo llamaría tipo *Frankenstein* la cual no sólo sube los niveles de inflamación en la célula cada vez que la bebemos o comemos en forma de quesos y panelas, sino que provoca reacciones alérgicas crónicas, problemas crónicos intestinales como el estreñimiento, la colitis y la gastritis crónicas, cuadros depresivos o de agresividad y un deseo irresistible por consumirlos más —por la casein-morfina, sustancia adictiva que nos hace sentir placer y felicidad, ya que se encuentra presente en la leche y sus derivados— y, desde luego, tienen más calorías. En mi opinión los lácteos no son una buena opción en **La Zona** y, si vamos a consumirlos, debemos hacerlo con moderación.

Por lo anterior, y lo verás en los menús propuestos en este libro, te recomiendo que, si quieres obtener mejores resultados, los primeros quince días no consumas ningún tipo de lácteos y menos si tienes ya una enfermedad crónica como diabetes, obesidad, cáncer, hipertensión, o si has padecido infartos o cualquier otra enfermedad del sistema inmunológico, así como artritis, esclerosis múltiple, fibromialgia o depresión. Si los consumes, simplemente, menguarás tu energía y tu potencial para vivir en **La Zona.** Así que, si tú eres de los míos y quieres ganar al 100% y llevarte la medalla de oro, ya sabes lo que tienes que hacer. Te reto a hacerlo por dos meses, ve los resultados y decides si te quedas en **La Zona.**

Con lo anterior no estoy buscando que me odies al decirte una verdad científica innegable, pero en la vida real y práctica está claro que de vez en cuando vamos a incluir alimentos no tan favorables en nuestro plato. Recuerda que aquí no te estamos prohibiendo nada, sin embargo, cuando esto suceda, trata de hacerlo de la siguiente manera: en ese plato de las tres partes en las que lo has dividido, llena una con tu proteína animal y come ese carbohidrato de alta carga glucémica en una cantidad igual al tamaño de tu puño de la mano cerrado para llenar solamente uno de los dos tercios restantes —deja el otro vacío—. Para las grasas menos favorables reduce también la cantidad a la mitad. ¿Que a cuáles carbohidratos me refiero? No me digas ahora que todavía no lo sabes: una rebanada de pastel, pan, pasta, frijoles, arroz o una copa pequeña de vino tinto.

Si tienes una enfermedad crónica no practiques lo anterior sino hasta que hayas vivido en **La Zona** con excelentes opciones alimenticias por lo menos durante seis meses.

La soya

Algunos de mis pacientes con frecuencia me preguntan sobre este producto, y lo que puedo responderles es que se debe consumir con moderación, máximo dos bloques en 24 horas, ya que el exceso puede provocar una falla tiroidea, sin embargo, ingerida con moderación y siempre y cuando sea aislada de grasas Omega 6 —proinflamatorias— y de carbohidratos —elevan la insulina— está permitida.

La soya es excelente para modular la inflamación celular, sobre todo, en mujeres maduras que atraviesan por la menopausia, pues contiene *fito estrógenos* que son análogos de las hormonas femeninas —es ideal en esta etapa—, también ayuda a los varones a prevenir el cáncer prostático; sin embargo nunca debe proporcionarse a los niños por los problemas que puede ocasionar en la tiroides y porque no es una proteína de origen animal sino vegetal y, aunque controla mejor la insulina, no estimula igual el *glucagón* necesario para la formación de la masa muscular y los huesos, no obstante contiene más aminoácidos que la proteína vegetal porque ésta no tiene los aminoácidos esenciales de cadena ramificada tan importantes para el sistema inmunológico, el desarrollo y el crecimiento.

A pesar de todo lo anterior, la gente con falla tiroidea puede tomar soya con moderación y con cuatro horas de distancia del horario de su toma de medicamento para suplir el funcionamiento de la tiroides, ya que si la toma, junto con la hormona tiroidea, esta última inhibe su acción.

Suero de leche

Esta proteína de origen animal cuenta con los aminoácidos de cadena ramificada —valina, leucina e isoleucina— la cual ha sido limpiada, literal-

Paso tres: Comiendo conforme al diseño 61

mente, de caseína, grasas Omega 6 y carbohidratos en su totalidad. Dicha proteína resulta favorable, ya que es antiinflamatoria y sirve al sistema inmunológico, resultando muy útil en pacientes de bajo peso en masa muscular. Para las personas que practican deportes es la mejor proteína antiinflamatoria y reparadora muscular sin los inconvenientes de la leche entera.

¿Qué se vislumbra en el futuro? Aquí vienen las buenas noticias... El doctor Barry Sears, creador del concepto de **La Zona** está innovando, en una tecnología incomparable, los alimentos chatarra **funcionales** y **antiinflamatorios.** ¿Puedes imaginarte comer tortillas de maíz o de harina de trigo con menos contenido de azúcar y empacadas con la proteína de origen animal en la misma tortilla para producir un efecto antiinflamatorio en ese alimento?

¿O qué te parece un pedazo de pizza con las mismas características o un pay de queso elaborado con un suero de leche sin lectinas? Y como esto muchas cosas más como pan, arroz, etc., ¡guauuuuu! Esto está por llegar también a México. Amigo, amiga, lector, por más que me emocione con el tema de la nutrición de **La Zona**, no podré transmitirte con palabras lo que ha significado, primero para mí, hacer estos cambios de alimentación, para mi familia y, por último, para mis pacientes. Nada tiene, como has podido ver, con una dieta más, es toda una manera de vivir nueva y de aprender a disfrutar ese delicioso arte culinario de nuestra cultura orgullosamente mexicana; la oportunidad es tu siguiente comida ¿qué esperas?

¡Entra con tu familia en **La Zona** ya!

4

Paso cuatro: El ejercicio en La Zona

Colaboración de Javier Muñoz Pini

A lo largo de estos últimos años, he podido apreciar mejor la grandeza del Creador de mi vida, de la de mi esposa y de la de mis amados hijos.

Asimismo me he dado cuenta de que si escribo, trasciendo y fue así que decidí poner en tinta negra estas palabras, como dijera el gran verbotraficante Álvaro González, para tratar e intentar dejar plasmadas algunas de mis ideas, experiencias y locuras que, tal vez, desenmarañadas con calma, pudieran ser útiles y de bendición en algún momento, en la vida de cualquiera que las lea.

¡Sí! ¡Fuimos diseñados para movernos y para sentirnos muy bien al movernos! Nuestros cuerpos gritan, expresan movimiento, diseño, complejidad, especialización. Nuestras células y tejidos nos dejan ver que estamos preparados para caminar, correr, brincar, trepar, analizar y reaccionar.

Este capítulo está dirigido a todas aquellas personas que intentan regresar al diseño de su cuerpo y que ya entendieron o recibieron las consecuencias de la epidemia de **inflamación silenciosa** en sus vidas.

Podrás empezar un *estilo de vida* que, a través de la *alimentación hormonalmente correcta*, el consumo adecuado y medido de *óleos antiinflamatorios*, el *ejercicio moderado* y una disciplina o técnica de *manejo del estrés*, te permitirá ingresar a **La Zona**, el programa diseñado como ya lo has leído, por el doctor Barry Sears para la prevención y tratamiento de enfermedades crónicas.

La belleza no está peleada con la buena salud. Ya sea que estés buscando la salud, que seas sedentario, atleta de alto rendimiento o sólo alguien que quiere verse y sentirse bien. En este libro encontrarás consejos útiles y prácticos que te motivarán a entrar y permanecer en ese estilo de vida, **La Zona**, el programa con el que fuimos diseñados para vivir.

¡Fuimos diseñados!

Sea cual sea tu teoría, percepción o concepto de lo que representa la vida, debes reconocer que es una maravilla impresionante. Los bebés, tu vida, la mía, la naturaleza, el macro y el micro universo son unas cuantas muestras de ello. En lo personal, creo y afirmo que fuimos diseñados, y si fuimos diseñados, entonces hay un *diseñador*. ¡El Creador de tu vida!

Ahora que han pasado los primeros 42 años de mi vida, puedo decir, con lo poco que sé sobre bioquímica, que se necesita más fe para aceptar una evolución de primates y entes, que para aceptar la afirmación de ser creados por alguien inmensamente sabio, creativo y amoroso: en mi caso yo le llamo Jesucristo, el Señor de mi vida.

Pero no, no pienses que quiero hablarte de religión. Religión es todo aquello que el hombre hace por acercarse a Dios. ¡Y vaya que tenemos miles de ocurrencias! Es Dios quien toma la iniciativa de acercarse a nosotros.

Cuando consideras y reflexionas sobre esta premisa del diseño, muchas cosas cobran sentido: eicosanoides, hormonas, carbono, hidrógeno, oxígeno, nitrógeno, glándulas, órganos, sistemas, señales eléctricas, químicas... Todo está increíblemente orquestado y sincronizado. Puedes analizar también los escritos del gran científico y director del equipo que descifró el Código del Genoma Humano, Francis Collins, en su libro *The Language of God*, en el que afirma, que el Dios de la Biblia es también el Dios del Genoma.

Es mi anhelo que consideres mi propuesta del diseño, porque, si estás interesado(a) en que tu cuerpo funcione como debiera, entonces querrás intentar regresar y acercarte al diseño o a la información que el estudio de la genética arroja sobre nuestra manera de comer, la expresión de los genes y la positiva o negativa adaptación de nuestros cuerpos a la influencia *agri-cultural*, la actividad física y el estrés en la modernidad tecnológica de nuestra generación.

En tus dientes hay sabiduría. Incisivos, caninos y molares muestran que fuimos *diseñados* para cortar frutas, desgarrar carne y moler vegetales. No era necesario pulverizar ni el trigo ni el maíz, puesto que eran alimentos diseñados para otro tipo de seres. La leche de vaca, para las vacas. La leche materna, para los bebés, hasta los 6 meses en que empieza a intervenir la enzima *Delta 6 desaturasa*.

En tus manos, brazos, piernas, pies está la posibilidad de caminar, correr, brincar, agarrar, tocar, ver, considerar y disfrutar del verdadero

Paso cuatro: El ejercicio en La Zona

propósito de estar vivos: convivir con el Creador y disfrutar y administrar sabiamente la creación.

Hombre y mujer, diseñados para amarse y convivir. Cóncavo y convexo, como dijera Roberto Carlos, cantautor brasileño. Hombre, espermatozoide; mujer, óvulo; juntos y, lo más maravilloso que podrás contemplar, la corona de la creación, un bebé. Tú, yo... cada ser humano.

¿Quieres estropear tu vida? Salte del diseño. ¿Quieres vivir sin propósito? Salte del diseño. ¿Quieres que todo cobre sentido? Regresa al diseño, regresa al *Diseñador.*

Ejercitándote

ADVERTENCIA.

Si eres una persona que ha decidido comenzar a hacer ejercicio o si eres mayor de 40 años, deberás tener una valoración cardiovascular y siempre deberás empezar con paso ligero al caminar y con pesos pequeños para la parte anaeróbica.

¿Por dónde comenzar? Por el principio: definiendo metas. No, no es una broma. Es una manera específica de concretar las ideas. Si no defines por lo menos alguna meta con claridad, entonces estarás perdido en el torbellino de ocurrencias de cada loco que habitamos este mundo que tenemos. ¿Te imaginas? ¡Millones de conceptos flotando en esta atmósfera terrestre! ¡Qué confusión!

Una buena meta podría ser la salud, otra la belleza, otra querer estar más alto o ser más inteligente. Tal vez anhelas mejorar tu rendimiento como atleta, quizá te visualizas a futuro como alguien longevo y con buena calidad de vida. La meta suprema en esta vida sería: alcanzar mi diseño. Lograr el máximo potencial físico, mental y espiritual con el que fui diseñado y poder disfrutarlo.

Una estrategia que contribuirá grandemente para lograrlo será controlar la ***inflamación celular silenciosa*** o la inflamación crónica de bajo nivel.

Recuerda mi advertencia, antes de iniciar cualquier programa de ejercicio, si tienes mucho tiempo de no ejercitarte o bien ya eres mayor de 40 años, deberás consultar a un médico especialista en cardiología para que él apoye tu proyecto de vida.

La estrategia que propongo en este capítulo es: el ejercicio en **La**

Zona, en otras palabras, el ejercicio inteligente que te ayudará a controlar la *inflamación silenciosa*.

Te presento lo que he llamado La Pirámide de Pini, o pirámide de prioridades:

Como podrás ver, establecí como meta la salud, sin embargo, esta pirámide, aplica para muchísimas otras metas, entre ellas, mejorar el rendimiento atlético, aumentar masa muscular, mejorar tu calidad de vida, tu relación matrimonial sexualmente hablando, tu capacidad de retener datos en tu memoria, tu desempeño en el trabajo, tu capacidad de pro-accionar ante situaciones inesperadas... Al mismo tiempo, te darás cuenta que al ejercitarte correctamente, empezarás también a desenvolverte mejor con tus palabras, con las personas que te rodean, con tus capacidades artísticas.

Si, las personas en **La Zona** cambian, cambiamos. En algún momento, sin darnos cuenta, cambiamos y mucho. Somos más pacientes, tolerantes, brillantes, creativos, productivos, proactivos. De repente estás involucrado en tareas que jamás pensaste que podrías desempeñar o en empresas que considerabas gigantes o para mentes especiales.

Regresemos a la pirámide:

1. El fundamento de la pirámide es la alimentación y los óleos antiinflamatorios. Nada de lo que te propongas como meta, podrá alcanzarse y permanecer sin este fundamento. Todo lo que pretendas construir,

Paso cuatro: El ejercicio en La Zona 67

sin estos cimientos, caerá en algún momento. A estos elementos les llamo: *medicina básica*. No tiene caso que pretendas alcanzar la salud si no tienes la firme decisión de cambiar tu forma de alimentarte, según tu diseño. No tiene caso que pretendas mejorar tu rendimiento físico sin cuidar tu alimentación favorable a **La Zona**, incluso el consumo de grasas esenciales como las de los óleos antiinflamatorios no contaminados, no está condicionado de ninguna manera hacia el asunto de una marca en particular o negocio familiar alguno. Está condicionado al diseño. ¡Otra vez con esto del diseño! ¡Así es! ¡Fuiste diseñado para tener este tipo de grasas en tus membranas celulares!

El hecho de que las reintegres a tu organismo en la cantidad adecuada y cuantificada por el examen de tu sangre llamado Rango AA/EPA en los fosfolípidos en sangre, permitirá que te sea más fácil regresar al diseño en el cual tus membranas celulares funcionan como fue planeado y esto te permitirá controlar la inflamación celular subclínica y tener un fundamento sólido en el que empezarás a construir con empeño y sin desperdiciar recursos, un estilo de vida saludable.

Una vez que comiences a regresar a tus membranas celulares estas grasas antiinflamatorias no contaminadas, EPA, DHA, AGL, estarás controlando la inflamación silenciosa y tendrás gran parte de la batalla o de la meta ganada. La segunda parte de este escalón tiene mucho que ver con tu temperamento, con tu carácter, con tu fortaleza personal. La comida, considerada por el doctor Barry Sears como la droga, el fármaco más poderoso del que podemos disponer, puede propiciar, según la forma en que la utilices, que te mejore o te dañe, que vivas más años, o que los acortes. Ahora que estás descubriendo qué es **La Zona** en su más basta acepción, podrás integrar a tu estilo de vida un fundamento sólido, concreto, sobre los nutrientes que controlan la *inflamación silenciosa*: la alimentación hormonalmente correcta (AHC).

2. El segundo escalón de la pirámide lo forma una técnica de respiración adecuada. Es una actividad tan importante que te permitirá controlar la inflamación subclínica. ¿En serio? ¡Sí! Integrar la respiración como una actividad hecha con disciplina y constancia, logra reducir los niveles de cortisol, estabiliza la presión arterial y detiene parte de la cascada de eventos inflamatorios que destruyen la salud de muchos de nosotros. ¿Recuerdas aquella película de *Karate Kid*? El joven quiere venganza y el sabio anciano le enseña primero *lo primero*: respirar.

La técnica de *HeartMath*, de coherencia psicofisiológica, es un programa diseñado para usarse con el apoyo de una computadora y es una excelente herramienta para medir y visualizar gráficamente los avances que llevas y si las estrategias son adecuadas.

Oxígeno, oxigenar, oxidar. Es nuestro primer componente para energía. ¿Combustible o comburente? Sin oxígeno no podemos vivir. Algunos autores mencionan que el precio por vivir en la atmósfera terrestre es la oxidación y que por ello envejecemos —nos oxidamos—. Sin embargo, la creación es oxigenada para vivir. Los radicales libres son diseñados para muchas cosas buenas, entre ellas, formar parte de nuestro sistema inmune y propiciar la defensa contra virus y bacterias.

Si tú integras a tu estilo de vida diez minutos por la mañana al despertar y diez minutos por la noche al acostarte una técnica de respiración profunda, lenta, abdominal, utilizando el diafragma, estarás ayudando junto con tu comida y las grasas antiinflamatorias, a que tu organismo pueda defenderse de los ataques cotidianos de estrés, virus, bacterias e inflamación silenciosa. Tendrás gran parte de la balanza a tu favor para llegar a tu meta.

3. Ahora es el momento de integrar el ejercicio aeróbico antiinflamatorio. ¿Aeróbico? Sí. Un ejercicio que requiere de oxígeno, de aire, de oxigenación para llevarse a cabo. Con las prioridades ordenadas y teniendo como fundamento la alimentación, las grasas antiinflamatorias y una técnica adecuada de respiración, el ejercicio aeróbico *moderado* será una excelente herramienta que te permitirá ser una persona más fuerte y mejor preparada para las vicisitudes de la vida. El ejercicio aeróbico es aquel que te permite moverte, activarte con larga duración y baja intensidad. Movimiento constante durante 30 minutos y hasta 40; caminando, en una bicicleta, escaladora, elíptica o algún otro aparato, de tal manera que puedas seguir respirando tranquilo y pudiendo sostener una conversación con alguien sin puros monosílabos, esto es, sin batallar, sin *aventar el hígado* diría Brozo.

No tiene ningún caso ponerte a hacer ejercicio sin tener como estilo de vida integrados los dos primeros escalones de la pirámide. Otra manera de llamarle al ejercicio aeróbico es: ejercicio cardiovascular. Es cierto, vas a lograr que tu sistema cardiorespiratorio entre en un grado de esfuerzo un poco mayor a lo acostumbrado, pero aun así seguirá en niveles moderados. Tu corazón estará ganando condición y aumentando sus cavidades de manera adecuada, aumentará tu volu-

Paso cuatro: El ejercicio en La Zona   69

men respiratorio sin llegar al punto del umbral isquémico, punto crítico en el que las células empiezan a sufrir por falta de oxígeno. Esto propiciará a tu alimentación ser hormonalmente correcta, que disminuyan los niveles de insulina, al permitir que los nutrientes entren a las células —por ejemplo la glucosa— con mayor facilidad. Si tu páncreas tiene que secretar menos insulina, estarás ganando gran parte de la batalla por controlar la inflamación silenciosa.

La insulina en exceso es uno de los componentes que perpetúan la inflamación subclínica. *Ojo, dije en exceso.* La insulina en niveles adecuados, puede controlar esta inflamación.

4. Una vez integrado el ejercicio aeróbico, es un buen momento para integrar el ejercicio anaeróbico antiinflamatorio. Este es el ejercicio que se realiza sin una necesidad o uso específico del oxígeno —sin aire—. El glucógeno es el combustible principal para este ejercicio de corta duración y alta intensidad como por ejemplo los 100 metros planos. Por lo general se hace con pesas, lo suficientemente grandes para que las personas puedan realizarlos en períodos de corta duración y de alta intensidad.

Las sentadillas y las lagartijas son los mejores ejercicios anaeróbicos por sí mismos. ¿Por qué? Porque involucran a muchos grupos musculares en un solo movimiento. Tres series de 6 a 8 repeticiones con peso máximo y descansos de 30 segundos a un minuto entre ellas serán suficientes para propiciar cierto grado de inflamación —daño— que puede ser reparado y te convertirá en una persona con mayor masa muscular y un sistema inmune más fuerte.

Los beneficios del ejercicio antiinflamatorio son muchos:

— Regenera la función cerebral, mejora tu sueño.
— Disminuye la hormona antiestrés, el cortisol, por lo tanto, reduce la insulina y, por ende, la inflamación silenciosa.
— Retarda el envejecimiento.
— Aumenta la masa magra: músculos, huesos y órganos vitales.
— Propicia la utilización de grasa como energía.
— Controla la ansiedad por comer.
— Disminuye el riesgo a enfermedades crónicas.
— Fortalece la función del sistema inmunológico.
— Reduce el riesgo a osteopenia y osteoartritis.
— Evita lesiones deportivas.

— Aumenta la testosterona, por lo tanto el deseo y la respuesta sexual en hombres y mujeres.

5. Por último hablaremos del estiramiento. Dedicar tiempo después del ejercicio a estirar y relajar tendones y músculos, combinando la respiración profunda, lenta y abdominal, ayudará a que los efectos del cortisol sean minimizados en tu organismo y estarás ganando la batalla contra la inflamación silenciosa, al mismo tiempo que propiciarás que el rango de movimiento de tus articulaciones, hombros, codos, rodillas, etcétera, se mantenga amplio y funcional por el resto de tus días.

Hay muchas técnicas que combinan la respiración con el estiramiento como el yoga, el tai-chi y los pilates, múltiples estudios corroboran el control del cortisol y la inflamación a través de éstas. De manera personal, creo que por medio del ejercicio tienes la oportunidad de apreciarte, de dedicar un tiempo a ti mismo y de dar gracias a Dios por su creación, tu vida. Tal vez, incluso, puedas al mismo tiempo orar, meditar y así alimentar tu espíritu.

Práctica del ejercicio antiinflamatorio

¡Vamos a comenzar! Para comprender de manera sencilla la receta para ejercitarse con una intensidad moderada y controlar la inflamación silenciosa, observa la tabla siguiente:

Prescripción del ejercicio antiinflamatorio

- Aeróbico: 6 veces por semana: 30 minutos (lunes a sábado)
- Anaeróbico: 3 veces por semana: 15 minutos (lunes, miércoles y viernes)
- Estiramiento: 3 veces por semana: 15 minutos (martes, jueves y sábado)

La respiración diafragmática

¿Qué es lo primero que hace un recién nacido? ¡Respirar! ¡Exactamente! Lo primero que vamos a integrar en nuestro nuevo estilo de vida es la *respiración diafragmática*. ¿Qué es esto? Es una manera de respirar

Paso cuatro: El ejercicio en La Zona 71

que involucra a un músculo fuerte, en forma de domo que se llama diafragma. Se encuentra en la base de los pulmones y con la ayuda de tus músculos abdominales, lo podrás mover con mayor eficiencia y propiciarás que tu capacidad pulmonar aumente y que disminuya la tasa de respiración.

La meta a lograr es que integres este tipo de respiración a tus actividades cotidianas pudiendo hacerlo de la siguiente manera: 10 minutos en la mañana —al despertar—, 10 minutos al mediodía y 10 minutos al acostarte a dormir.

Una técnica sencilla para comenzar, es recostarse en un lugar cómodo y tranquilo, cerrar los ojos y colocar una mano sobre el pecho y la otra sobre el abdomen para percibir que se mueve y cómo se siente. Mucho del éxito para lograr esta respiración consiste en la autopercepción de la misma y en el propio conocimiento de uno mismo.

Inspira lenta y profundamente, tratando de que tu abdomen sea el que se distiende —el que se infla— y no el pecho. Para eso son las manos, para que percibas que debe ser la zona de tu abdomen la que se hincha. Intenta contar despacio hasta seis y después exhala de manera lenta y profunda contando hasta 6. No te concentres mucho en los números sino en disfrutar y percibir tu propio organismo. En mi experiencia, he notado que casi todos los adultos hacemos de 13 a 17 respiraciones por minuto. La meta será, entonces, reducir el número de respiraciones por minuto. Quizá llegues a 7 u 8 con varias semanas de disciplina.

Al ir perfeccionando esta estrategia en tu estilo de vida, después podrás hacerlo sentado o de pie y sin cerrar los ojos, mientras estás en un semáforo en medio del tránsito de la hora pico, corriges a tus hijos, contestas tu examen de admisión a la universidad o cuando está por llegar esa persona *latosa* que normalmente te saca de tus casillas...

Estudios científicos[1] han demostrado que respirar correctamente,

---

1. *Phase shift and correlation coefficient measurement of cerebral autoregulation during deep breathing in traumatic brain injury* (TBI), Acta Neurochir (Wien), 2008 Feb; 150(2):139-147, Epub 2008 Jan 23.

La relajación como una de las estrategias psicológicas de intervención más utilizadas en la práctica clínica actual, Parte I, Rev Cubana Med. Gen. Integr. v. 12 n. 4, Ciudad de La Habana, jul-ago, 1996.

The deep-breath test as a diagnostic maneuver for white-coat effect in hypertensive patients, J. Am Board Fam Pract, 2004 May-Jun, 17(3):184-189.

On the mechanisms of blunted nocturnal decline in arterial blood pressure in NIDDM patients with diabetic nephropathy, Diabetes, 1995 Jul, 44(7):783-789.

lenta y profundamente, propicia que el flujo sanguíneo sea mejor, que se estabilice la presión arterial y que se controlen los niveles de cortisol —hormona antiestrés—, además, como añadidura, da como resultado que las personas sean más fuertes cada vez para enfrentarse a las circunstancias cotidianas, buenas y malas.

Las investigaciones de *HeartMath,* y del Instituto Americano del Estrés han demostrado que cuando intencionalmente cambias a una emoción positiva, tu ritmo cardiaco y su patrón en la forma de los latidos, cambia con rapidez. Este cambio en el ritmo cardiaco, crea una favorable cascada de eventos neuronales, hormonales y bioquímicos que benefician al cuerpo entero. Estos efectos son inmediatos y duraderos.

Un buen calentamiento

Un buen calentamiento deberá incrementar la temperatura muscular poco a poco, promover mayor flujo sanguíneo en los músculos a trabajar, maximizar la velocidad y fuerza de las contracciones musculares, lubricar las articulaciones, aumentar el rango de movimiento de las articulaciones y prepararte mentalmente para la actividad física, ejercicio o deporte a realizar.

Por lo menos en los últimos 100 años los ejercicios de calentamiento han consistido, principalmente, en una serie de ejercicios de flexibilidad que fuerzan a los músculos y a las articulaciones a los límites de sus rangos de movimiento. Pero para sorpresa de todos, estudios recientes[2] han demostrado que los ejercicios prolongados de flexibilidad previos a la actividad física, disminuyen la fuerza e incrementan el riesgo de lesiones. Por supuesto que esto no sucede con todos los músculos ni en todas las disciplinas.

Esto ha empujado y motivado a muchos entrenadores a usar más *movimientos funcionales* diseñados para incrementar la temperatura muscular

---

2. *Acute effect of static stretching on power output during concentric dynamic constant external resistance leg extension,* J. Strenght, Cond. Res., 2006 Nov, 20(4):804-810.

The effect of static, ballistic, and proprioceptive neuromuscular facilitation stretching on vertical jump performance, J. Strength, Cond. Res., 2007 Feb, 21(1):223-226.

The acute effects of combined static and dynamic stretch protocols on fifty-meter sprint performance in track-and-field athletes, J. Strength, Cond. Res., 2007 Aug, 21(3):784-787.

Paso cuatro: El ejercicio en La Zona

y el rango de movimiento a través de *movimientos dinámicos* que preparan al cuerpo para la actividad intensa a realizar.

Un buen y funcional calentamiento, es parte integral del programa de entrenamiento. Por ejemplo, un futbolista deberá empezar a hacer movimientos como los que realiza al disparar el balón, al lanzar un saque de banda, pero de manera suave y gradual. Un tenista, moverá su brazo de golpe, de manera suave e incrementará la fuerza poco a poco hasta que el músculo esté preparado para poder empezar a golpear la bola de manera suave.

El estiramiento estático es importante, pero deberás hacerlo después de tu sesión de ejercicios, cuando los músculos y articulaciones ya están calientes y lubricados.

Ejercicio aeróbico

- El mejor horario para realizar este tipo de ejercicio es por la mañana, pero si no puedes lograrlo, hazlo a cualquier hora.
- 30 minutos antes de empezar deberás comer un bloque en **La Zona** y tomar por lo menos 200 ml. de agua.
- Viste ropa cómoda —no apretada— y ponte unos zapatos *tenis* confortables.
- Coloca adecuadamente tu pulsómetro.

Caminar es el mejor ejercicio y no requiere de gran equipo ni calentamiento previo. Sólo un lugar seguro, ropa cómoda y un par de tenis. Empieza a caminar despacio. Si lo haces acompañado(a), mucho mejor porque te resultara más agradable. Cuando hayan pasado cinco minutos más o menos, empieza a acelerar el paso, a tal punto que empieces a alcanzar el 65% de tu *frecuencia cardiaca máxima*. ¿Cómo obtienes ese número? A la cifra 220, réstale tu edad. A esa nueva cifra sácale el 65%. Por ejemplo: Si tienes 40 años, a la cifra 220 le restas 40 y tienes 180 como resultado. A esta cantidad le sacas el 65% y te da como resultado 117 latidos por minuto. Puedes calcular un rango de tolerancia que comprende entre el 60 y el 70 por ciento como máximo, de los que resultarían entre 108 y 126 latidos por minuto.

Hay muchas otras fórmulas para obtener las frecuencias cardiacas óptimas, sin embargo, después de revisar 17 diferentes, y leer detenidamente la publicación en el año 2002 de Robert A. Robergs y Roberto Land-

74 MÉXICO ENTRA EN LA ZONA

wehr sobre el tema, considero que esta que propongo aquí es la más sencilla para tener una referencia, ya que no estamos evaluando el VO2 máximo. La fórmula la diseñó Per Oloff Astrand, aunque existen comentarios contradictorios que la asignan a Karvonen. En fin, la utilizaremos como un valor para referenciar la intensidad de tu ejercicio aeróbico.

Otro factor que debes considerar al hacer ejercicio aeróbico es tomar en cuenta el *rango de esfuerzo percibido*. Es una estrategia que diseñó Gunnar Borg, fisiólogo sueco, en 1998 y toma en cuenta cómo percibes subjetivamente tu capacidad de soportar una conversación al estar caminando o en la bicicleta estacionaria y qué tan intenso sientes que trabaja tu corazón, cómo es tu sudoración, etcétera. Debe ser claro para cada deportista que la percepción del esfuerzo es un método para determinar la intensidad del esfuerzo, incomodidad o fatiga que se siente durante el ejercicio físico.

En cuanto tengas un poco más de práctica, empieza a ejercer la respiración diafragmática en el ejercicio aeróbico y constata cómo puedes alterar la frecuencia cardiaca al respirar adecuadamente.

No olvides dar pequeños sorbos de agua natural cada 5 minutos, o según lo necesites, detectándolo a través de la sed.

Conforme avanza la edad, la frecuencia cardiaca en reposo tiende a ir a la baja pero eso no significa que tu condición física deba ir también a la baja, así que mucho ánimo y comprométete a terminar tus 30 minutos —máximo 40— y prepárate para el ejercicio anaeróbico.

Si tu trabajo o la organización de tu día no te permiten hacer los 30 minutos de manera continua, puedes hacerlo por partes de diez o quince minutos para completarlos. Hay muchas evidencias favorables de este efecto acumulativo.

Ejercicio anaeróbico

Al terminar tus 30 minutos de ejercicio aeróbico ya estás listo para tus quince minutos de pesas o *con pesos*. ¿Quince minutos? ¿Te parece poco? Es un comentario muy común cuando escuchan por vez primera esta recomendación para las pesas. ¿Recuerdas que hablamos sobre definir las metas? ¿Qué quieres lograr? ¿Controlar la inflamación celular para calidad de vida? ¿Aumentar masa muscular? ¿Conservarla? ¿Tener buena figura? Con estos minutos a la intensidad que vamos a hacerlo, en pocas semanas lograrás ver los resultados.

Paso cuatro: El ejercicio en La Zona   75

El peso de tu cuerpo puede ser una excelente resistencia para ejercitarte con la suficiente intensidad aunque si tienes la oportunidad de inscribirte a un gimnasio que tenga máquinas isocinéticas, excelente.

Las sentadillas y las lagartijas son, como ya dijimos, los mejores ejercicios anaeróbicos. ¿Por qué? Porque en un solo movimiento agrupan, para su realización, muchos músculos y eso propicia que el efecto hormonal sea mayor. La testosterona, la hormona de crecimiento, la adrenalina, el cortisol y la insulina son muchas de las hormonas involucradas en esta fase.

Por haber iniciado con la parte aeróbica, podemos decir que ya iniciaste un calentamiento y deberás considerar siempre las siguientes condiciones:

- Siempre utiliza al principio pesos ligeros.
- Completa una serie con peso muy ligero.
- Respeta el diseño de tus articulaciones.
- Para de inmediato si hay dolor o alguna molestia.

La parte isométrica

En las recomendaciones que te daré a continuación te darás cuenta que debe haber una pausa al exhalar y que deberás esperar la segunda inhalación para regresar a la posición inicial. Esta parte de la repetición en los ejercicios se llama *isométrica*. Estarás haciendo un gran esfuerzo, aun sin moverte, lo que le añade más intensidad a tus sesiones de ejercicio, aprovechando el tiempo y tu esfuerzo al máximo.

Sentadillas

Si decides empezar con las sentadillas —ver fotografía—, deberás pararte en un lugar seguro, con las piernas separadas más o menos a la altura del ancho de los hombros, de tal manera que te permitan el equilibrio adecuado. Las puntas de tus pies deberás colocarlas en posición natural, de diseño, de tal manera que no fuerces las articulaciones de tus rodillas. Al principio podrás ayudarte de una silla o mesa para mantener el estilo correcto sin caerte. Recuerda que estamos empezando con tu propio peso, sin ninguna pesa, peso o aparato extra.

Sentadilla posición inicial

Este es un ejercicio para ejercitar las piernas en general. Glúteos, cuadríceps, abductores, aductores, sartorius, etcétera, y considero que es el ejercicio que metabólicamente activa más a tu organismo por la intensidad que se maneja.

Empieza por hacer una inhalación lenta y profunda; al exhalar, desciendes a la posición intermedia —ver fotografía—. Nos quedamos así y volvemos a inhalar lenta y profundamente y, al exhalar, asciendes a la posición inicial. Todo este ciclo se llama: *una repetición*. Esta repetición te llevará más o menos unos ocho segundos. Al grupo de ocho repeticiones, se le llama: *serie*. ¿Recuerdas la prescripción? Tres series de ocho repeticiones con descansos de 30 segundos a un minuto. Esto significa que vas a hacer ocho repeticiones, descansas respirando lenta y profundamente durante un minuto y vuelves a hacer la segunda serie de ocho repeticiones, descansas otro minuto y vuelves a hacer ocho repeticiones, completando así, la tercera serie.

Las dos primeras semanas no vamos a utilizar peso extra ni aparatos. El propósito es que completes con muchos trabajos la octava repetición. Si completas la octava repetición en las tres series fácilmente, significa que tu propio peso no es suficiente y es el momento de agregar más peso a través de unas mancuernas o de *galones* con uno, dos, tres o hasta cuatro litros de agua cada uno.

Conforme vayas avanzando en capacidad y fuerza, podrás disminuir los tiempos de descanso entre las series.

Este ejercicio lo puedes hacer dos veces por semana aunque con una sola vez, es suficiente. Si en tus siguientes

Sentadilla posición intermedia

Paso cuatro: El ejercicio en La Zona 77

sesiones de sentadillas, el peso no es bastante porque completas muy fácilmente la octava repetición de cada serie, entonces de nuevo, deberás ir agregando peso. Esto significa que estás más fuerte, con más volumen y tono muscular. Puedes utilizar cinta métrica para ir midiendo los avances.

Pantorrillas

Los músculos de tus pantorrillas están diseñados para soportar una gran carga de trabajo tanto en intensidad como en tiempo. En este grupo muscular no deberás seguir la técnica de ejecutar seis a ocho repeticiones por serie. Lo que deberás hacer es ejercitar los músculos de las pantorrillas hasta *la falla*, esto es, hasta que ya no puedas más, hasta que sientas que arde tanto que debes parar.

Empezarás siempre con pesos pequeños. Nunca te confíes al comenzar, aun cuando sientas que puedes hacerlo con mucho peso, porque puede resultar peligroso para tu salud. Hay muchas formas de calcular tu fuerza de repetición, sin embargo, siempre deberás comenzar con poco peso hasta dominar la técnica para entonces, con prudencia, ir aumentándolo.

Pantorrillas posición inicial

Pantorrillas posición intermedia

Completa la primer serie cuando sientas ese ardor característico del ácido láctico en tus músculos y entonces descansa un minuto, respirando lenta y profundamente. Repite hasta completar tres series.

Lagartijas

A este ejercicio se le llama así por la posición humana que se adopta para su realización —ver fotografía—. Es un ejercicio diseñado para ejercitar los pectorales, la espalda, los tríceps, los hombros y los bíceps. Te recomiendo que consigas un atlas de anatomía humana para que aprecies en detalle todo este diseño. En el libro *Bodybuilding Anatomy* del doctor Nick Evans podrás apreciar en sus excelentes dibujos los ejercicios y los músculos involucrados.

Para realizar las lagartijas deberás ubicarte en el nivel adecuado, A, B o C, dependiendo de tu edad, capacidad física y/o limitaciones.

Colocamos las manos en posición natural —no hacia dentro ni hacia fuera— más o menos a la altura del ancho de tus hombros.

Al igual que con la sentadilla, empezaremos con una inhalación lenta y profunda y, al exhalar, nos moveremos o desceneremos a la posición intermedia —guíate con la fotografía que muestre tu nivel—. Nos quedaremos así —sin tocar el suelo— unos segundos para volver a inhalar lenta y profundamente y, al exhalar, regresaremos a la posición inicial. Estos pasos completan una repetición, ¿recuerdas? Vamos a completar ocho re-

Lagartija Nivel A Posición inicial.
Lagartija Nivel A posición intermedia

Lagartija Nivel B Posición inicial   *Lagartija Nivel B posición intermedia*

peticiones y tendremos una serie. ¿Cuántas series vamos a hacer? Tres con descansos entre ellas de un minuto.

Conforme vayas avanzando en capacidad y fuerza, podrás aumentar de nivel y disminuir los tiempos de descanso entre las series.

Lagartija Nivel C posición inicial   *Lagartija Nivel C posición intermedia*

Abdominales

Estos músculos, al igual que los de las pantorrillas, fueron diseñados para soportar mucho trabajo por bastante tiempo y no te será suficiente realizarlos en ocho repeticiones, lo que significa que deberás ejercitarlos aun más que a las piernas y los pectorales. Con tus músculos abdominales trabajaremos las series hasta que empieces a sentir que *arde* tu estómago —hasta la falla—, y entonces descansarás un minuto para completar una serie y sigues con las dos restantes.

Abdominales del tipo estático. Hay muchas modalidades para ejercitar los abdominales, sin embargo, la más sencilla es sentarse en el suelo, despegar los pies del mismo e intentar permanecer en equilibrio, sin tocar el suelo con los pies ni con las manos —ver fotografía—. Si estás en equilibrio, estás trabajando los abdominales y empezarás a sentir ese ardor en el estómago. Cuando sientas que no puedes más, apoya tus piernas y manos y, descansa un minuto respirando lenta y profundamente. Vuelve a ponerte en equilibrio y repite las indicaciones de descanso hasta completar las tres series.

Abdominales posición de equilibrio

Abdominales del tipo dinámico. Existen muchísimos ejercicios dinámicos para abdominales. Aquí hablaremos de uno sólo que resultará de lo más completo. Debes acostarte en el suelo sobre una colchoneta delgada, cómoda, para luego subir los pies al asiento de una silla, logrando que las piernas formen un ángulo recto —ver fotografía—. Inspira lenta y profundamente y al exhalar, levanta el torso como si quisieras que tus hombros tocaran tus rodillas, de tal manera que con tus manos puedas sentir la contracción de tus músculos abdominales y, al mismo tiempo, checar que tu espalda baja —zona lumbar— no se despegue del suelo. En esta posición intermedia —ver fotografía—, inspira lo más profundo que puedas y, al exhalar, regresa a la posición inicial, sin descansar por completo

Abdominales posición inicial con silla

Abdominales posición intermedia con silla

tu cuerpo sobre el piso, lo que permitirá que no relajes, en ningún momento, los músculos abdominales. Deberás hacer las repeticiones necesarias hasta que sientas que arde tu estómago y que ya no puedes más, descansa un minuto, respirando lenta y profundamente, para continuar con la segunda y tercera series.

Bíceps con mancuernas

Los bíceps son esos músculos que a la mayoría de los hombres nos gusta presumir desde que somos niños. Los músculos de los brazos son los que están primero a la vista y reflejan mucho de la personalidad de cada persona y generalmente nos enfocamos a ejercitarlos; sin embargo, si quieres brazos fuertes, deberás enfocarte también a los tríceps, que conforman el 60 por ciento del volumen total de tus brazos.

Siempre empieza con una mancuerna ligera y podrás aumentar el peso poco a poco, una vez que domines la técnica y la cadencia.

Colócate en la posición inicial con los nudillos hacia el frente —ver fotografía—. Nota que la posición inicial no es con el brazo por completo extendido, puesto que tiene una pequeña flexión que permite un poco de tensión. Procurando estar en equilibrio, con las piernas abiertas a la altura del ancho de los hombros, inspira lenta y profundamente y, al exhalar, levanta la mancuerna hasta la posición intermedia. Esta posición intermedia, no es completamente vertical, puesto que en la vertical se pierde el esfuerzo de los músculos del bíceps. Inspira lenta y profundamente de nuevo y, al exhalar, baja la mancuerna hasta regresar a la posición inicial.

Realiza entre seis y ocho repeticiones para completar una serie, descansa un minuto respirando tranquilamente, y continúa para completar la segunda y tercera serie. Si sientes que el esfuerzo es muy poco y completas con facilidad las ocho repeticiones, entonces aumenta poco a poco el peso de tus mancuernas, hasta que te cueste mucho trabajo llegar a la octava repetición.

Puedes hacer una serie para el brazo izquierdo y otra para el brazo derecho. Generalmente nos tardamos unos 40 o 45 segundos en hacer una serie, por lo que deberás calcular que al terminarla con el brazo derecho, a los quince segundos más o menos, deberás empezar la serie con el brazo izquierdo para alternar y lograr que el descanso no sea mayor al minuto para cada brazo.

Bíceps posición inicial.
Bíceps posición
intermedia

Estos quince minutos invertidos en tu ejercicio, si los has seguido con las indicaciones mencionadas, se convierten en quince minutos efectivos y con una intensidad suficiente para agotar al más entrenado de los deportistas.

Nunca te compares con alguien, piensa sólo en ti, en el esfuerzo que tú estás haciendo para dañar un poco a tus músculos, generándoles un poco de inflamación que podrá ser reparada en las siguientes horas con una *alimentación hormonalmente favorable* y con la suplementación de óleos antiinflamatorios seguros.

Paso cuatro: El ejercicio en La Zona

Las plataformas vibratorias

En los últimos años ha estado ingresando a nuestro país el conocimiento y la experiencia de las plataformas vibratorias. La más conocida y la que tiene el respaldo de muchos años en investigaciones serias es *Power Plate*.

Estas plataformas vibratorias generan movimientos multiplanares en los ejes X, Y y Z —en tres dimensiones— que propician que el reflejo miotático del músculo se active, esto es, que cuando se estira un músculo, éste reacciona contrayéndose, logrando un trabajo mayor en menos tiempo. Al principio fueron utilizadas con los astronautas que regresaban del espacio antigravitacional con masa magra disminuida, esto es, con menos músculo y densidad de los huesos.

Al pararse en una plataforma con este diseño específico de movimientos —mucho cuidado con las *pirata*—, el cerebro detecta una inestabilidad y reacciona activando de otra manera las fibras musculares. Esto a su vez propicia que los músculos de la columna vertebral, las piernas y, en general, los músculos esqueléticos de soporte, se pongan más resistentes y recuperen la fuerza perdida, aumentando la salud de las articulaciones y dando como resultado un mejor control neuromuscular.[3]

La experiencia que hemos tenido estos últimos tres años con las plataformas vibratorias ha sido muy satisfactoria. Manuel Uribe, nuestro gran amigo de Monterrey, quien está luchando contra un excesivo sobrepeso de más de 450 kilogramos, la ha utilizado para propiciar movimiento de resistencia, apoyando la planta de sus pies para activar los músculos de las piernas y glúteos. En otras posiciones, la usa también para favorecer el drenaje linfático de sus linfedemas.

En muchos pacientes con esclerosis múltiple que la utilizan hemos observado un incremento en su fuerza muscular, lo que les ha permitido, en algunos casos, recuperar la habilidad de caminar, lavarse sus dientes solos y muchas otras actividades que para nosotros suenan tan simples y cotidianas pero que para ellos son todo un reto.

Muchas personas, mal informadas, están entusiasmadas con la idea de que las plataformas vibratorias eliminan la necesidad de dedicar 30 minutos al ejercicio aeróbico y otros quince a la parte anaeróbica. La estrategia de venta ha sido decir que con sólo diez minutos en la plataforma

---

3. *Electromyography activity of vastus lateralis muscle during whole-body vibrations of different frequencies,* J. Strength, Cond. Res., 2003 Aug, 17(3):621-624.

vibratoria tienes suficiente para obtener los resultados de *una hora en el gym*... Nada más alejado de la realidad...

El mensaje que debes llevarte a casa es: *No escojas, realiza ambos.*

El estiramiento

ADVERTENCIA: Personas mayores de 40 años o con algún dolor, o problema articular, deberán tener la valoración y visto bueno del traumatólogo o del especialista en rehabilitación.

- Nunca hacer movimientos bruscos.
- Suspender de inmediato con cualquier dolor o molestia.

A esta sección le aplicaremos para efectos prácticos La *Regla de los 15's*:
- 15 minutos mínimo.
- 15 movimientos por articulación.
- 15 segundos sosteniendo la posición en el estiramiento.

La meta es empezar de la cabeza a los pies, tratando de disfrutar estos minutos, dedicándolos a ti mismo(a). Hay muchas cosas que haces durante el día para otras personas, muy amadas algunas, pero éste es el tiempo de dedicarte unos minutos a ti mismo(a). No podremos apreciar a los demás si no nos apreciamos a nosotros mismos.

CABEZA: Estando de pie empezaremos por mover lenta y suavemente la cabeza hacia abajo y enseguida hacia arriba, como diciendo sí e iremos incrementando el rango muy suavemente, hasta que podamos alcanzar la mayor amplitud sin molestia y completar quince movimientos.

Después seguiremos con el movimiento de la cabeza hacia los lados, como diciendo *no*, lenta y suavemente, poco a poco, de un lado a otro, con respiraciones lentas y profundas hasta completar quince movimientos.

IMPORTANTE: No realizar movimientos circulares de la cabeza.

Es negativo estimular el nodo carotídeo porque puede bajar la presión arterial y, al mismo tiempo, podemos dañar las vértebras cervicales, por lo que nos concentraremos en movimientos suaves de *sí* y *no*.

Paso cuatro: El ejercicio en La Zona 85

HOMBROS: Después seguiremos con los hombros, haciendo círculos con ellos hacia adelante, quince movimientos y después hacia atrás quince movimientos, como si quisiéramos tocar con ellos las quijadas. Esto se convierte en un rico masaje de los músculos trapecios que propiciará que tu cuerpo empiece a producir endorfinas que te harán sentir relajado y a gusto. No olvides seguir con la respiración diafragmática, lenta y profundamente.

ESPALDA: Ahora moveremos la espalda suavemente y, juntando los brazos hacia delante, hasta unir las palmas, estirándose como si alguien nos jalara de los brazos y nosotros hiciéramos resistencia. Después intentaremos hacer lo mismo, pero moviendo los brazos hacia atrás, hasta donde nos permitan las articulaciones. Habrás observado que muchos nadadores juntan también los brazos hacia atrás, pero esa no es nuestra meta.

CADERA: Después haremos círculos con nuestra cadera, lo que le llaman en México *movimiento sexy*, tratando de dejar sin mover nuestros pies y la cabeza, de tal manera que sean los músculos de la espalda baja, el abdomen e incluso los femorales, los que se estiren. Intenta hacer círculos completos con los brazos y piernas estiradas, quince a la izquierda y quince a la derecha.

PIERNAS: Enseguida, levantaremos en forma alternada cada pierna, hasta donde nos sea posible, lenta y suavemente, hasta completar quince movimientos con una y quince movimientos con la otra. Primero con las piernas dobladas y después quince y quince movimientos con las piernas estiradas.

Ahora vamos a ponernos suavemente en cuclillas —posición casi sentado en el suelo—, tocaremos las puntas de los pies con las puntas de las manos y nos levantaremos. Estira las piernas lo más posible, hasta completar quince movimientos. En las personas que tienen problemas con las vértebras lumbares, el estiramiento de la parte posterior de las piernas, deberá hacerse de pie y alternadamente, levantando cada pierna hasta donde sea posible.

TOBILLOS Y PIES: Por último, haremos movimientos circulares con nuestros pies, haciendo trabajar a nuestros tobillos, primero hacia dentro y después quince círculos hacia fuera. Quince con un pie y quince con el otro.

El ejercicio en los niños

¡Qué gran regalo tenemos con los niños! Verlos crecer sanos, comer bien, estar contentos, aprendiendo en la escuela... ¿Qué más podemos pedir?

Queremos que sean independientes y triunfadores. Como padres, corremos el riesgo de introducirlos desde muy temprana edad al mundo de las comparaciones, al mundo de la competición y les exigimos que realicen deportes de alto rendimiento donde el riesgo para su salud es muy alto.

Los niños NO deben competir, deben disfrutar nuestra compañía como padres, salir a caminar al parque, correr brevemente en espacios seguros, brincar la cuerda, meterse a una alberca, jugar fútbol...

No echemos a perder su crecimiento, su futuro, su potencial, causando una inflamación celular exagerada sólo por ponerlos a competir.

Recomendaciones finales

Como verás, mis recomendaciones han sido muy simples comparadas con la complejidad del diseño de nuestro cuerpo, en el que hay muchísimas más articulaciones. Puedes hacer esta sesión de estiramiento mucho más detallada y, por supuesto, dedicarle más tiempo.

En el estiramiento no hay ningún problema ni riesgo si se extiende por una hora, y seguirías controlando la inflamación celular, que es nuestra meta a conseguir. Pero, si te excedes en la parte aeróbica o en la parte anaeróbica, entonces sí estarás propiciando una mayor inflamación celular y no creo que quieras romper el círculo constructivo que has empezado a formar.

Apóyate en las fotografías, que intentan ilustrar, de manera sencilla, la forma de realizar algunos movimientos y ejercicios específicos.

Recuerda respetar el rango y el diseño de tus propias articulaciones. Otra vez te repito, nunca te compares con alguien más, disfruta y dale gracias a Dios por estar vivo(a).

5

Paso cinco: Control del estrés

Haz un alto en tu vida, cuenta hasta tres y respira...

El amor y el perdón, antídotos de la inflamación

¿Cómo poder distinguir algo que *aparentemente* no se ve? Difícil tarea... Pues así es el estrés, un enemigo silencioso que no se ve y que ¿adivina? también genera más inflamación celular. Es por esto que algunas veces las personas no sentimos que estamos estresados, hasta cuando ya es muy tarde y los niveles son tan altos que ya han ocasionado serios estragos en nuestro organismo.

Podemos entender como estrés, todo aquello que nos *saca* de nuestro equilibrio, de nuestro balance, o de esa perfecta armonía que debe existir entre alma, mente y cuerpo. El estrés siempre nos pondrá *fuera* de **La Zona**; es por ello que, en una etapa de estrés fuerte, las personas *recaemos*, *enfermamos*, *empeoramos* y algunas veces, hasta llegamos a morir.

Por supuesto que una persona que tiene lo que yo llamo el *síndrome del tanque vacío*, esto es deficiencia en células de los ácidos grasos que el cuerpo no puede producir como el Omega 3 del pescado y los antiinflamatorios EPA Y DHA y, al mismo tiempo, exceso de estrés donde incrementa en las células el AA —ácido araquidónico— generará más y más inflamación celular con sus terribles consecuencias y su capacidad de resistir el estrés comparativamente con aquellas personas que tienen suficientes reservas celulares de estas grasas antiinflamatorias estará en desventaja.

Esto por vez primera, nos permite entender un marcador celular del estrés en una persona y, a través de un examen de sangre —rango AA/EPA—, podemos identificar cuando ésta tiene exceso de estrés, o sea de AA en su sangre o bien exceso en el cuerpo de cortisol, la hormona que se genera como respuesta al estrés. Aquí cabe mencionar que existen otros

88 MÉXICO ENTRA EN LA ZONA

métodos complementarios para medir el estrés en una persona de los cuales hablaremos más adelante —Freze-framer.

Podemos encontrar tres tipos de estrés: el físico, el emocional y el nutricional; todos estos poderosos generadores de inflamación celular, por lo que te será de gran utilidad aprender a identificarlos y, sobre todo, a controlarlos por el resto de tu vida.

Estrés físico

Cuando practicas cualquier ejercicio o actividad física tu cuerpo genera inflamación, ésta deberá ser medianamente intensa para que el cuerpo responda ante este estímulo produciendo hormonas y substancias antiinflamatorias permitiendo que el cuerpo se regenere por completo hasta que el estado postrer sea mejorar la función celular y, por lo tanto, tener un cuerpo más fuerte y *regenerado*; esto sería lo ideal.

Si nuestra meta es la salud, lo que queremos con el ejercicio es producir inflamación moderada, antiinflamación y mejoría de la función. Sin embargo, la *triste* realidad es que la gente que está acostumbrada a hacer ejercicio o a realizar una actividad física constante casi siempre lo practica con una intensidad tan alta que genera una *intensa* inflamación a pesar de que se sienta muy bien. Esto es por las endorfinas, las sustancias que se liberan durante el ejercicio en nuestro cerebro y que nos hacen sentir *felices* y adictos al movimiento. No obstante, cada vez que estas personas se ejercitan, como los maratonistas o las personas que practican *spinning* donde, como en el resto de las disciplinas de alto rendimiento, suben su frecuencia cardiaca máxima más del 70%, estarán aumentando su estrés físico, su nivel de AA e inflamación celular, así como los niveles de cortisol sanguíneo.

Fuertes palabras para oír, sin embargo debes saber que dichas personas no son el prototipo de la persona sana o longeva, son bien conocidos por la investigación medica deportiva los casos de muerte súbita —desgraciadamente cada vez más frecuentes— en el atleta después de una competencia y la gran predisposición en ellos para sufrir problemas respiratorios crónicos, lesiones deportivas recurrentes, pérdida importante de la masa muscular e incapacidad para recuperarla y, propensión a enfermedades del sistema inmunológico, sobre todo, después de retirarse. Así que si tu meta es la salud y te gustaría tener una vida larga y sana en el tema del ejercicio, más que intensidad de-

Paso cinco: Control del estrés 89

berás buscar la constancia y la moderación, como bien se explica en el capítulo anterior.

Pero ¿quién dice que ser atleta o entrenar físicamente como uno de ellos es lo único que puede producir estrés físico? El simple hecho de no dormir, por lo menos siete horas en el horario nocturno, también genera inflamación celular y envejecimiento prematuro. Así que si tú eres de esos abusadores del cuerpo que no descansan lo suficiente o un *vampirito* nocturno ya sea por gusto o por trabajo, sabes que no le estarás brindando beneficios a tu cuerpo y a tu persona, y conocerás cuál es el precio que estás pagando por esa vida de desveladas.

Los viajes largos en automóvil, avión o tren también generan estrés físico inflamatorio. Y no se trata de nunca volver a viajar o de no salir a divertirte por las noches, pero sí de equilibrar tu vida con descanso y sueño suficiente para *antiinflamar* tus células y permitir que el cuerpo se repare, sobre todo, a la hora del descanso nocturno.

Estrés emocional

Los seres humanos no somos sólo cuerpo o fisiología, también tenemos una parte emocional y una espiritual innegable. Nuestra parte espiritual, en mi opinión, se comunica con Dios, el famoso *soplo divino*, y hay un área de nuestra vida que necesita ser alimentada con la presencia de Él en nuestros corazones. Espero que no me malinterpretes, porque no te estoy hablando de religión, sólo te hablo de una relación personal con tu creador, en mi caso, a través de su hijo Jesucristo. Es en esta relación hombre-divinidad cuando tu espíritu encuentra la paz que sobrepasa todo entendimiento humano, es cuando aprendes a confiarle a Dios los aspectos de tu vida, aun en los momentos más difíciles.

Cuando tu parte espiritual tiene problemas, cuando no confiamos en nuestro Dios perdemos la brújula y tenemos que aprender a vivir con emociones muy negativas, presos de temor, ansiedad y miedo, reacciones todas ellas inflamatorias que nos crean estrés emocional impidiéndonos experimentar la paz interior y, por lo tanto, desequilibrando todo nuestro organismo. En pocas palabras, para vivir en **La Zona** se necesita también fortaleza espiritual y confianza en Dios, nuestro diseñador.

Los estudiosos del comportamiento humano y los científicos del Instituto Americano del Estrés en Boulder Creek, California, han creado una técnica llamada *Hearth Math*, donde a través de un programa de software llamado *Freeze Framer* y, colocando un capuchón en tu dedo índice, podrás mirar en una pantalla qué tan dañado estás en ese momento por los efectos del estrés en tu cuerpo. ¿Qué tal?

Este grupo de investigadores en Estados Unidos han demostrado que cinco minutos de emociones negativas o sentimientos de ira, frustración, coraje, ansiedad, angustia o resentimiento provocan daños inflamatorios en nuestras células que tardarán en ser reparados hasta seis horas, increíble ¿no te parece? Por cada cinco minutos tu cuerpo pagará una factura de seis horas; es por ello que me atrevo a asegurar que la gente no se enoja sino que vive enojada, no se siente deprimida momentáneamente sino que vive deprimida. Resulta que en esta era moderna le salimos debiendo tiempo de recuperación a la vida.

Por suerte siempre existe una parte opuesta, y este grupo también demostró que los sentimientos y pensamientos positivos y sinceros como el amor, la esperanza, la apreciación, la alegría y el perdón generarán todo lo contrario: antiinflamación. Al medir esto con el programa *Freeze Framer*, se dan cuenta que el corazón late a un ritmo que ellos llaman **coherente**, yo lo llamo **antiinflamatorio**, pero cuando tenemos los sentimientos negativos este corazón late fuera de ritmo haciendo patrones **incoherentes** o **inflamatorios**.

Ya podrás imaginarte que mientras más fuera de ritmo esté nuestro corazón, que es el centro de nuestro cuerpo donde se percibe el estrés, tendremos mayores problemas de salud, mayor dificultad para vivir en **La Zona**, más depresión del sistema inmunológico, menos energía, menos calidad de sueño, más apetito y ansiedad y, por consiguiente, mayor inflamación celular.

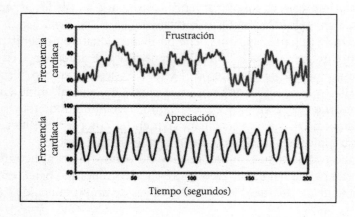

Paso cinco: Control del estrés 91

Checa la imagen anterior, la primera gráfica equivale al patrón de frustración —patrón incoherente o inflamatorio— y la segunda al patrón que se observa cuando hay apreciación y sentimientos positivos —patrón coherente o antiinflamatorio—. Puedes consultar la página web: www.hearthmath.com

Toma un tiempo para respirar cada día

Lo que este mismo grupo de investigadores propone, a través de la respiración profunda y abdominal, es que al mismo tiempo revivas momentos de paz, de amor —puedes abrir tu corazón y platicar con Dios, meditar en su palabra, orar, en fin lo que a ti te funcione bien—. Practica estos diez minutos diariamente al despertar, diez minutos después de comer y, por la noche, otros diez minutos antes de dormir. La idea es usar esta técnica antes de que estés ya enojado, deprimido o de que hayas reaccionado a el estrés en forma negativa.

En conclusión, podemos decir que nuestro corazón percibe los acontecimientos del día y envía mensajes al cerebro por medio del nervio vagal y las hormonas mediante impulsos eléctricos y un flujo de ondas y, es entonces cuando nuestros centros cerebrales reaccionan ante estas percepciones, a esta reacción le llamamos **estrés**.

Lo que muestran estas investigaciones es que fuimos diseñados para vivir pensando y sintiendo *amor genuino,* aprendiendo a reconocer que no somos perfectos, que necesitamos perdonar y pedir perdón algunas veces, liberarnos del yugo del desamor, aprendiendo a aceptar a otros con sus fallas, como nos aceptan a nosotros, esto da salud física, verdadera antiinflamación, entonces la propuesta de Jesucristo —*amarás a tu prójimo como a ti mismo*—, pudiera coincidir con los resultados obtenidos por el grupo de *Heart Math* en Estados Unidos.

Más allá de un mensaje de positivismo este es un mensaje de esperanza, Dios quiera que pueda ser útil para tu vida como lo ha sido para la mía. Recuerda que el ser humano necesita de un equilibrio en todo su ser; espíritu/alma, mente y cuerpo y, que todos ellos, se relacionan entre sí. El hombre *tripartito* no puede ser dividido, todo lo que afecta al cuerpo afectará a su alma y mente, y viceversa.

SEGUNDA PARTE

Historias de vida

1

La Zona y la mujer

Créeme, sin tendencia hacia el feminismo, siempre he pensado que las mujeres somos una creación divina, maravillosa, dotadas de talentos, virtudes y cualidades que nos hacen únicas; sin embargo también debo admitir que fuera de **La Zona** y, hablo exclusivamente de la parte física, la vida para la mujer es algo poco más que difícil, por no decir que *muy complicada*. —Algunos piensan que las mujeres somos las complicadas—. Si usted es varón ya puede estar asintiendo con la cabeza y, si usted lector, es mujer ya podrá estar de acuerdo conmigo pero continuemos.

—Doctora, necesito que me ayude, me siento fea, gorda, deprimida, no tengo deseo sexual, se me está cayendo el pelo y, para colmo, no puedo parar de comer y me siento ansiosa todo el tiempo. —Ante semejante confesión yo pregunto—: ¿*Reina* y su marido qué opina de esto?

—¡Ah!— exclama la paciente—, dice que estoy loquita, que él me quiere así, que todo está en mi mente, sin embargo yo veo que no deja de mirar cuando las chicas delgadas pasan frente a él o salen en la televisión. —Este tema es frecuente escucharlo en el consultorio día a día, pero, ¿qué tal este otro?...

—Doctora... mi motivo de consulta es que mi marido y yo hemos intentado todo para quedar embarazados y no hemos podido lograrlo en siete años. —¿Le suena conocido? Y, ¿qué tal esto...?— Doctora no tengo deseo sexual y me diagnosticaron osteoporosis, ¿qué pasa conmigo? Tengo bochornos, piel muy seca, depresión, insomnio y no puedo bajar esta barriga que me tiene enfadada, nunca pensé sentirme y verme así... ¿Cuántos médicos especialistas debo consultar?

Otro caso... «Doctora, ¿cómo es posible que lleve años visitando a mi ginecólogo para mi papanicolao vaginal —examen del cáncer cervical— y durante todos estos años me dijo que no me preocupara, que sólo tenía un poco de inflamación y que me daría un tratamiento con óvulos vaginales y, sin embargo, un buen día después de años de consulta y de seguir al pie de la letra sus indicaciones, resulta que hoy tengo cáncer en el cuello de mi matriz, ¿me puede explicar por qué me pasó esto? ¿Cómo es que tengo cáncer y no me duele nada, no siento nada?».

Por último, ¿qué tal si le da unas *pastillitas* a esta niña de 17 años porque ya no la aguantamos en la casa, cada mes, y como si hubiera luna llena, le sale un lobo feroz que se enoja con todos y por todo sin causa aparente? Ella dice que son los cólicos, pero nada de lo que le doy parece resultar ¿qué hacemos doctora?»

De por sí ya resulta complicado el *timer* regulador hormonal que cada mujer trae anexado en su cuerpo para que mes tras mes se pueda dar lo que llamamos *regla* o menstruación —*monstruación* para algunas—. Para que se dé este fenómeno físico se tienen que llevar a cabo un sin número de reacciones hormonales muy especializadas que, sin duda alguna, sin un estilo de vida antiinflamatorio o saludable, comienzan a complicar las cosas y se vuelve casi imposible para la mujer en esta bella etapa de la vida poder disfrutarla.

La inflamación silenciosa provocada por una deficiencia de grasas esenciales (DHA, EPA y AGL) y por comer exceso de carbohidratos de alta carga glucémica —azúcar— en su dieta diaria, generará exceso de una hormona en sangre, que aunque es necesaria, por el tipo de carbohidrato eleva demasiado la insulina, la cual, al estar demasiado elevada se une a una proteína transportadora de hormonas sexuales en la sangre que da como resultado que las hormonas femeninas, incluyendo las de su sexualidad, se queden fuera de los sitios donde hay receptores para ellas —cerebro, pezones, clítoris, huesos, vasos sanguíneos, piel…— provocando un caos hormonal que puede afectar en diferentes maneras a la mujer. Para añadirle fuego a la flama a la dieta de la mujer le sumamos grasas proinflamatorias celulares como los aceites para cocinar —de maíz, de girasol, de cánola— esto es, los aceites provenientes de semilla, lo cual, sumado al estrés, ha generado que la mujer moderna viva con una inflamación silenciosa en sus células permanentemente, y esto le ha provocado fallas en la comunicación hormonal femenina y fallas en la producción de hormonas sexuales en adecuadas cantidades.

¿A poco no lo concluyes todavía? Las hormonas femeninas tienen un efecto antiinflamatorio natural, por lo tanto, protector contra el cáncer, la osteoporosis, los infartos, las enfermedades circulatorias, la obesidad, el envejecimiento prematuro de la piel y facilitan la calidad del sueño durante el periodo nocturno. Me refiero, por supuesto, a las hormonas que producen naturalmente tus ovarios, por ello es que muchísimas mujeres

La Zona y la mujer

sufren tantos cambios al acercarse la etapa madura o al ser operadas de matriz y ovarios.

La inflamación silenciosa provoca cambios en la expresión de nuestros genes, ese material que heredamos y que a veces no nos gusta tanto como los genes para las enfermedades, serán encendidos por la falta de grasas DHA, EPA y AGL y por la dieta inflamatoria mencionada anteriormente. Todo esto despierta la predisposición genética que existe en cada mujer a malestares o padecimientos como lo son la osteoporosis, la infertilidad —incapacidad de embarazo—, la dismenorrea —dificultades en la regla—, la menopausia complicada —bochornos, depresión, insomnio, falta de deseo sexual, resequedad en piel y mucosas—, el cáncer de mama o de matriz, los tumores ginecológicos benignos —miomas uterinos y fibrosis mamaria crónica—, la enfermedad de síndrome de ovario poliquístico —acné, obesidad, vello exagerado y grueso, retrasos menstruales, cambios emocionales, retención de líquidos—, los cambios de envejecimiento de la piel y manchas y mucho mucho más… ¿qué te parece?

Esto sin todavía decirte que una mujer que logra embarazarse, a pesar de dicha inflamación celular, podría tener parto prematuro, obesidad en el embarazo, diabetes gestacional, preclampsia, eclampsia y otras complicaciones para el bebé como bajo o alto peso y esto sin contarte aquí de la famosa depresión post-parto…

¿Será difícil lograr el balance en nuestra vida de mujeres de la salud mental y la física sin **La Zona** de la antiinflamación? Yo me atrevo a asegurar que es literalmente imposible y conforme avanza la edad será aún más difícil lograrlo. Así que si eres varón y estás leyendo este capítulo, ya comprenderás que para la mujer a veces la vida no es fácil y, para ti mujer como yo, aquí se te abre una ventana de oportunidad nueva para cambiar tu futuro aun si ya tienes cáncer u otra enfermedad en este momento, o bien si lo que quieres es prevenir enfermedades y tratamientos con lo que te ofrece este estilo de vida en **La Zona** de la antiinflamación.

Está comprobado que la quimioterapia sumada al estilo de vida en **La Zona** funcionan muy bien en conjunto; el resultado al estar en **La Zona** es obtener una pantalla protectora contra los efectos colaterales de la quimioterapia como la caída del cabello, las infecciones, la pérdida de peso, el dolor y la pérdida de sueño, además de darle al tratamiento una mayor selectividad sobre las células cancerígenas y no sobre las sanas con la quimioterapia y radioterapia dándote como resultado una mayor capacidad para destruir células malignas y tumores.

Existen dos etapas de la mujer, el embarazo y la lactancia, que mere-

98 MÉXICO ENTRA EN LA ZONA

cen todo mi respeto. Y es que en ellas la inflamación celular dictará, en gran parte, el futuro no sólo de la nueva madre, sino del nuevo bebé y por ello hablaremos ampliamente de esto en el capítulo de **La Zona** y los niños más adelante.

Qué impresionante es el poder del estilo de vida de una persona pero, sin duda alguna, si alguien que entra a **La Zona** siente ese gran cambio más rápidamente es la mujer; porque no sólo verá el milagro de su salud y calidad de vida, sino que además no podrá resistir la tentación de verse más bella —cabello, uñas, piel, figura, etc.—. El mejor programa de rejuvenecimiento y de salud para la mujer se llama **La Zona**. No lo pienses más, entra a ella en tu siguiente comida.

Para terminar este capítulo quiero hablarte de las mujeres japonesas de las aldeas cazadoras/recolectoras, donde no hay agricultura y no existe la ganadería, por lo que no hay vacas ni lácteos. Allí sólo pescan y comen las frutas y verduras que recogen, ellas están en **La Zona** podríamos decir que sin proponérselo y son las más bellas y longevas del país e imagino que del mundo. No tienen padecimientos occidentales como cáncer u obesidad y disfrutan de una buena vida sexual hasta la edad madura sin osteoporosis. Mueren ya muy grandes y nunca tienen menopausia, presentan el nivel más bajo de inflamación celular (1.5), esto, principalmente, porque comen siete gramos de grasa de pescado diario en su dieta, obteniéndola de un pescado limpio, sin contaminantes donde encuentran suficiente DHA y EPA para silenciar los genes de envejecimiento y de enfermedad crónica.

Mi pregunta hoy para ti es, ¿cuánto es tu nivel de inflamación? *Caras vemos, nivel de inflamación no sabemos*, pero tú no te preocupes, **¡ocúpate!**

Te comparto algunos testimonios de mujeres *normales* como tú o como yo que fueron valientes y cambiaron su vida por completo cuando entraron a **La Zona**, ¿te gustaría leerlos?

Testimonios*

Margarita Trujillo
Guadalajara, Jal. 22 octubre 2007

> *Por este medio quiero comunicar a la doctora Silvia de Lourdes Orozco mi agradecimiento, ya que desde niña fui «gordita» y hasta la fecha estoy pa-*

---

* Algunos testimonios han sido editados para darles mejor cabida en este libro.

La Zona y la mujer 99

deciendo de obesidad, recorrí cuantos médicos me recomendaron para bajar de peso sin ningún resultado y cuando lograba bajar unos cuantos en poco tiempo los recuperaba junto con otros kilos de más. El día que vi a la Dra. Silvia en la televisión en el programa de Lolita de la Vega, ella explicó el tratamiento que se está dando en La Zona. Cuando me vio la doctora Silvia y le expliqué los padecimientos que tenía me dijo que seguro tenía mal de tiroides, cosa que mi esposo siempre me decía que algo me funcionaba mal ya que no era posible que no pudiera bajar de peso. Ella me mandó hacer estudios de perfil tiroideo en el cual resulté normal, no conforme, me mandó un estudio de gamagrama tiroideo estático en el que resulté mal, como la doctora lo pensó, ya que tenía mal la tiroides. Me empezó a dar el tratamiento y con la dieta tengo 10 kilos menos. Me siento mucho mejor pues por estar operada de la columna el peor problema es el peso, también en La Zona estoy recibiendo terapia para poder caminar mejor. Quiero agradecer a la doctora Silvia por la calidad humana que tiene para sus pacientes y el amor con el que me trata a mí, a la nutrióloga Gabriela Orozco que pone todo su empeño en las dietas que me está dando, a Lucy que es tan cariñosa de ponerme en el aparato en el que hace trabajar mis piernas, a todo el personal son un encanto con sus atenciones. «La persona que entre como paciente a La Zona no se arrepentirá.»

Mary Romo

Mi nombre es Mary Romo, llegué a La Zona hace un año por recomendaciones de un buen amigo, tenía problemas de depresión, dolor de articulaciones, inflamación en el nervio ciático y rodillas, secuelas de una parálisis facial, migraña, gastritis, y ya no recuerdo qué otros padecimientos, además no podía quedar embarazada y gracias a la Dra. Silvia Orozco, que se dio cuenta que tenía problemas de tiroides y no ovulaba, me puso en tratamiento y hoy tengo siete meses de embarazo, me siento muy bien, ya han desaparecido varios síntomas. El Omega 3 me ha ayudado muchísimo. Yo creía que La Zona era cara, pero al darme cuenta que ya no gasto en el quiropráctico, psicólogo, masajista, gastroenterólogo y todos los demás médicos, me doy cuenta que no es así. Muchas gracias por todo, doctora.

Teresa Mota Cervantes

A principios del 2004 tenía 22 años y pesaba 54 kg. Decidí bajar de peso y asistí con los nutriólogos que estaban a nuestra disposición en la univer-

100 MÉXICO ENTRA EN LA ZONA

sidad, estuve un mes con dieta y sólo bajé un kilogramo, comía tres veces al día solamente, me desesperé pues mi pérdida de peso era muy lenta; dejé la dieta y al mes y medio pesaba 54.5 kg Un día vi a la mamá de una amiga y me sorprendió verla más rejuvenecida con mejor piel y mejor figura física que cuando la dejé de ver hacía más de 1 año, le pregunté qué estaba haciendo y me comentó y recomendó asistir a La Zona con la Dra. Silvia de Lourdes para bajar de peso y gozar de mejor salud. Asistí y mis beneficios fueron los siguientes: mejor rendimiento escolar, menos cansancio, bajé de peso a 48 kg (mi peso ideal de acuerdo a mi estatura) decidí hacer ejercicio y mi cuerpo cambió considerablemente a mejor, por el ejercicio subí 2 kilos en masa muscular. Tenía 5 años sin poder embarazarme...sufro de quistes en los ovarios y los doctores me dijeron que no podría embarazarme jamás. Empezamos a ir a La Zona el ahora papá de mi bebé y yo, y nos hicimos el rango AA/EPA "Estudio de la inflamación Silenciosa", salimos muy inflamados y empezamos a tomar Omega 3 y entramos a La Zona, los dos bajamos de peso y de medidas y ahora ¡estoy embarazada! En 2 meses que no estuve en La Zona subí de peso 8 kg y la mano izquierda se me entumió al grado de no poder cerrarla. Comencé a practicar La Zona y otra vez voy bien y he subido 200 g y las manos tanto como los pies dejaron de hincharse. Faltan unos días para que dé a luz y me siento muy bien de salud y confiada por la salud de mi bebé. Gracias a La Zona y a la Dra. Silvia de Lourdes Orozco Aviña mi esposo y yo nos sentimos muy bien.

Teresa Mota Hernández y Gerardo Pérez Valdez Iñiguez.

Blanca Caporal
Guadalajara, Jal.
27 de noviembre de 2007

Doy gracias a Dios por estar en La Zona, pero principalmente por haber conocido a la Dra. Silvia porque ella ha sido esa luz de esperanza para muchos, que como mi familia y yo, estábamos desesperados por sentirnos bien, teníamos muchas enfermedades y malestares cuando llegamos a La Zona pero el día de hoy estamos mucho mejor y puedo decir con toda seguridad que la doctora Silvia y La Zona nos han devuelto algo que no tiene precio en este mundo, la SALUD.

¡Dios la bendiga, Dra. Silvia!
Gracias.
Familia Castellanos Caporal

La Zona y la mujer

María Isabel Gómez Arizmendi

Durante 16 años he padecido de ovarios poliquísticos (retrasos menstruales) e hirsutismo (aparición de vello en el bigote, barbilla, abdomen más de lo normal), estuve en tratamiento con todo tipo de médicos ginecólogos, endocrinólogos, acupuntura, homeopatía, con todos tuve mejoría momentánea, el último me aplicó una terapia celular hace cuatro años y se logró obtener muy buenos resultados ya que mis estudios de ovarios salieron normales, esto es con cero ovarios poliquísticos. Conocí La Zona y a la Dra. Silvia Orozco e inicié un tratamiento formal bajo su supervisión, ya que para esas fechas traía un descontrol hormonal, una elevada carboadicción (es decir, un gusto mayor por los carbohidratos desfavorables: pan, galletas, harinas, dulces, etc.), presión alta, en fin, o diría todo un descontrol en mi salud. Apoyada en mi historial clínico y análisis realizados he logrado identificar las deficiencias en mi organismo para irlas superando, hoy puedo decirte que en un período de ocho meses los resultados son más que buenos, ya que de un peso de 96 bajé a 82 kg (cuando... ni en sueños lo hubiera imaginado), además de un control hormonal muy favorable (mi menstruación es más regular), el hirsutismo ha disminuido, mi piel es más tersa y suave, mis uñas tienen un mayor brillo al igual que mi cabello; me veo bien y lo más rico, me siento mejor y ahora sé que me estoy preparando para ser una mujer nueva y diferente, ya que sigo en tratamiento y los cambios continúan. Los beneficios que he logrado nadie en mi trayectoria de salud me los había dado,

Angela Fuste

Después que mi madre muere de cáncer en las paredes del estómago y que mi padre sufre dianetes, yo tomé la decisión de no sufrir. Fue entonces que comencé mi peregrinar en busca de la salud y que leí el libro «Mantenerse en La Zona» del Dr. Sears.

Acudí después con los doctores autorizados en La Zona, la doctora Lourdes Orozco y el doctor Gustavo Orozco a quienes les agradezco el haberlos conocido porque a mi esposo y a mí nos enseñaron un modo de vida lejos de los malestares estomacales, de la colitis, de la migraña, del alto colesterol y triglicéridos, de la presión alta y de los riesgos para el corazón; y muy cerca de una vida y vejez sana en total comunión con la salud, todo eso fue lo que encontré en La Zona.

2
El hombre y La Zona

No está de moda halagar a los hombres; por todas partes se escuchan ecos de contraataque dirigido al otrora *sexo fuerte*, basta hurgar un poco en los rincones de cualquier librería y observar títulos como: *Las 10 estupideces que cometen los hombres, Busco un hombre, marido ya tuve, Los hombres las prefieren tontas...*

Quizá no sin fuertes motivos y motivaciones, la mujer, como género ha hecho más por sí misma que lo hecho por su contraparte masculina; hemos abandonado a la deriva nuestro valor y nuestra reputación, nos tachan de *machistas* en el mejor de los casos y *retrógradas* en el menos peor de los escenarios. Lejos está la época en que se valoraba socialmente la entereza, fuerza, valor, jerarquía y virilidad del *hombre de la casa*.

¿Dónde quedó la virilidad masculina tan venerada por propios y extraños? Virilidad significa *energía fundamental* que genera riqueza material, emocional y espiritual; en general, podemos decir que tanto para griegos como para romanos la virilidad masculina era el elemento generador de movimiento para construir, regenerar o simplemente depurar. Sin embargo, después de la Segunda Guerra Mundial, la tendencia social fue hacia *la no violencia,* surgiendo la generación de la postguerra conocida como *baby-boomers* donde los hombres dirigen esta energía vital hacia otros destinos hasta entonces desconocidos, donde no está incluida la firmeza y mucho menos la violencia. Todo esto derivando en el surgimiento en los últimos 20 años de un género masculino más bien *andrógino* donde la relación con la mujer suele ser entre *amigos o camaradas* más que entre la clásica tensión de los opuestos que tanto se valoró en el Romanticismo.

Lo que parece ser un *buen trato*: un hombre-débil y una mujer-fuerte en la práctica no funciona y, para muestra, basta un botón. Hoy tenemos la mayor tasa de divorcios en la historia y millones de familias desintegradas.

¿Y la mujer está mejor ahora?

Definitivamente no, su labor por *roles* le ha generado más carga que hace 50 años, como madre, esposa, hija, hermana, ama de casa, empresaria, ecologista, etcétera.

En realidad el hombre se ha incorporado muy despacio a las labores del hogar y muy rápido a la comodidad de compartir tanto las responsabilidades anteriormente masculinas como el poder de la directriz del hogar y de la sociedad.

¿Dónde quedó la energía vital masculina? ¿Se ha reducido a un sólo órgano de su cuerpo: su pene? ¿A un solo acto intimo: su erección? ¿A una sola responsabilidad: procrear?

Más allá del héroe

Allan B. Chinen escribió este título que llamó mi atención cuando cursaba la clásica *crisis de la mediana edad* motivándome para formar el primer grupo de *Hombres de la mediana edad en* **La Zona** donde realizábamos reuniones semanales de autoayuda para no sólo superar esta etapa sino trascender más allá... más allá del héroe que todos soñamos ser. ¿Pero qué hay más allá? Más allá está la energía vital orientada no sólo a la procreación sino también a la generación de riquezas tanto materiales como emocionales y espirituales.

Como dijo el poeta norteamericano del siglo xx Robert Bly, ¿qué es un hombre sin su espada? La parte filosa de la espada representa la energía renovadora del potencial de *cortar, herir, separar, fuerza, poder*, en cambio la parte roma, representa la pulcritud de la luz reflejada en el metal, luz que genera *cambio, riqueza, evolución...*

Los hombres de la mediana edad en **La Zona** no sólo cambiamos nuestros hábitos nutricionales sino también los emocionales en búsqueda de la vitalidad masculina que genera riqueza y no dolor, que genera fortaleza y no violencia, que genera amor y no odio.

Ahora la biblioteca de un *Hombre en* **La Zona** deberá incluir títulos como: *Ser hombre,* de Sam Keen; *Intimidades masculinas,* de Walter Riso; *Al encuentro del padre,* de Samuel Osherson; *Misterios masculinos,* de Sergio Sinay y *Hombres material sensible*, de Joana Bonet.

En búsqueda de la *pastilla azul*

En aquel tiempo aún no aceptaba del todo y mucho menos prescribía los

El hombre y La Zona   105

suplementos del doctor Barry Sears, sin embargo, había observado que cada paciente masculino que enviaba al consultorio de la doctora Silvia Orozco para su atención en **La Zona** tenía un efecto colateral: mejoraba su erección radicalmente. De tal forma que comencé a enviar a mis pacientes con una solicitud escrita que decía: «*realizar programa de **La Zona**... incluir paquete contra disfunción endotelial*».

Un buen día atendí en el hospital a un paciente diabético descompensado, con daño cardiaco, renal y vascular periférico que había ameritado dos amputaciones de extremidades previamente por lo que le faltaban un brazo y una pierna. Una vez compensado le daría de alta esa misma mañana, sin embargo la esposa arguyó que su marido aún no estaba bien..... *¡Este hombre no sirve para nada doctor.... con ese cacahuatito.... no sirve para nada!* —gritaba la mujer de modo más que despectivo—. Yo, aún sin comprender muy bien, pregunté: «Señora, ¿a qué se refiere exactamente? Tras una breve pausa la mujer apuntó con desánimo a la entrepierna del paciente y salió despavorida del cuarto infiriendo improperios sobre el sonrojado y estupefacto sujeto. Lo envié como de costumbre a su programa nutricional en **La Zona** solicitando, obvio, el tan apreciado paquete.

Después de algunas semanas no supe de este paciente en cuestión hasta que otro paciente recomendado por aquél, que estuvo hospitalizado, llegó a mí solicitando ayuda. Con gusto lo atendí y lo derivé al consultorio de **La Zona**.... Pasadas escasas dos semanas regresó este último igual de determinado pero excesivamente emocionado y dijo con voz frenética: «Doctor me siento muy bien, ¿pero sabe quién está mejor?» «No lo sé —exclamé con desenfado—. «El amigo, doctor.... el amigo» —insistió lujurioso—. «¿Cuál amigo?, ¿se refiere a mi paciente diabético.... el que está amputado de un brazo y de una pierna?» —decía yo intrigado—. «¡Para nada doctor... el amigo!» —afirmaba categórico el desfachatado sujeto mientras apuntaba a su propia entrepierna—. «!Ah... se refiere a su pene... ese es el amigo... ya entiendo!» —dije más sorprendido que entusiasmado.

Después me enteré que aquel paciente diabético, amputado, descompensado, pero, sobre todo, vejado por la propia esposa había logrado tal éxito en su función sexual con **La Zona** que me envió a este otro paciente con el mismo problema marital y que tenía la manía de llamar a su pene con el pseudónimo de *el amigo*.

A partir de ese día a todos mis pacientes con enfermedades cardiovasculares que comenzaban a mostrar signos de disfunción eréctil les enviaba

106 México entra en La Zona

al consultorio de la doctora Silvia con la siguiente indicación: «*Realizar programa nutricional de La Zona... favor de incluir el paquete* **Amigo**».

Efectos del programa de La Zona en el hombre

a) Disminución de la grasa visceral. Estudios realizados en la fuerza aérea norteamericana demostraron que a mayor grasa abdominal menores niveles de testosterona por conversión en ese sitio a través de la enzima *aromatasa* de testosterona a estrógenos, produciendo una complexión feminoide de estos varones y disfunción eréctil. Por esta razón, al disminuir la grasa abdominal con el programa de **La Zona**, incrementamos los niveles de testosterona mejorando la líbido y la virilidad masculina en general.

b) Incremento en el AMP cíclico (Adenosin monofosfato) que es la gasolina para aumentar la energía de tu cuerpo. Esto eleva los niveles de segundos mensajeros en el interior de la célula aumentando los niveles de hormonas sexuales masculinas y la liberación de la hormona del crecimiento por la hipófisis. Además, al disminuir la inflamación celular hepática se incrementa la conversión de la hormona tiroidea a la forma activa acelerándose la pérdida de grasa y la creación de mayor masa magra.

c) Incremento de neuroplasticidad. A menor insulina cerebral hay una mayor transferencia de leptina, DPA —ácido docosapentanoico— y BNF —factor neurotrófico derivado del cerebro— de la periferia al sistema nervioso central, balanceando los niveles de neurotransmisores como serotonina, dopamina, vasopresina y oxitocina que originan un cambio en el comportamiento del hombre hacia uno más comprometido con la pareja y la familia, alejado de la agresividad y violencia.

El carburador hormonal de La Zona en el hombre

El programa antiinflamatorio de **La Zona** sufre adaptaciones según los siguientes hallazgos en el paciente masculino:

1. Bajos niveles de hormona del crecimiento. Se solicita los niveles hormonales en forma basal y después de 30-45 minutos de ejercicio exhausto. De confirmarse los bajos valores habrá que agregar a los su-

El hombre y La Zona 107

plementos dosis emergentes de *Eico Pro* líquido 20 ml. extras por las noches con 30 ml. de antioxidante de membrana (*SeaHealth plus*).

2. Disfunción eréctil moderada a severa. Hacer el *paquete «amigo»* independiente del control de glucosa o presión arterial si está indicado.

   - *Omega Rx* líquido 5 ml. 2 veces al día.
   - *Eico Rx* líquido 5ml. 2 veces al día.
   - Aceite de oliva 5 ml. 2 veces al día.
   - *Cardiosupport* 3 grageas juntas, 3 veces al día.
   - *Metabolic digestive support* 3 grageas juntas, 3 veces al día.
   - *Micronutrient support* 2 grageas juntas, 3 veces al día.

3. Obesidad abdominal. Si la circunferencia de cintura es igual o mayor a 102 cms. realizar:

   - Medición de antígeno prostático específico en sangre, tacto rectal y/o ecosonograma prostático.
   - Suspender fuentes de ALA —ácido alfa linolénico— como el aceite de linaza y de nuez, ya que incrementan la incidencia de cáncer de próstata y disfunción eréctil secundaria.
   - 12 bloques máximo por día y sólo elegir carbohidratos de baja carga glucémica.
   - Disminuir un bloque de grasa de la comida con la cual se consuma el Omega 3 y/o aceite de oliva.
   - Caminar de 20 a 30 minutos por día a paso rápido por 5 días consecutivos.

4. Bajos niveles de testosterona en sangre. Una vez descartada la posibilidad de cáncer de próstata en el paciente se debe valorar la aplicación de testosterona exógeno intramuscular. Asimismo, agregar los siguientes cambios:

   - Sólo proteínas de origen animal, de preferencia pavo, dos veces por semana ya que incrementa el aminoácido precursor del óxido nítrico implicado en la erección.
   - Suspender la proteína de origen vegetal como la soya que disminuyen los niveles de testosterona en sangre.

108 MÉXICO ENTRA EN LA ZONA

5. Cáncer de próstata. Sin suspender su programa de cirugías y quimioterapia —encaminadas, sobre todo, a disminuir los niveles de testosterona—, se deben realizar las siguientes adecuaciones:

- Vigilar su función cardio-neurológica —sistema autónomo— a través de la PDA —pletismografía digital amplificada— específicamente HRV —variabilidad cardiaca— y ArAg —edad arterial—; manteniendo la primera alrededor de 100 seg y la segunda más/menos ocho años de distancia de la edad cronológica.
- En presencia de bajo peso usar proteína de suero de leche, mínimo cuatro bloques por día acompañado de dos raciones de D-ribosa.
- Óleos antiinflamatorios. Independientemente del PIS siempre habrá que combinar dosis altas de EPA, DHA y GLA: Omega Rx líquido 10 ml mañana y noche más Eico Pro líquido 10 ml mañana y noche junto con los tres tipos de antioxidantes —de membrana, liposolubles e hidrosolubles— que proveerán al paciente quimoprevención —mayor tolerancia y efectividad de la quimioterapia sobre las células tumorales.

Se busca un hombre

Por estos meses en la televisión mexicana se ha transmitido, con gran éxito por cierto, una novela en horario estelar con este nombre. Los personajes femeninos buscan afanosamente la *energía vital masculina* en hombres que invariablemente terminan por decepcionarlas y entonces, por regla, de inmediato inician la siguiente búsqueda de tan preciada especie al parecer y, según ellas, en peligro de extinción.

En las charlas de café de féminas y en las noches de copas de machos —o viceversa— surgen las siguientes interrogantes: ¿Acaso ya no hay hombres? ¿Acaso hay que buscarlos en vez de esperar a que lleguen? ¿Y una vez encontrados, son lo que esperaban? ¿Acaso no son las madres en los hogares las que forman y deforman a los futuros hombres? ¿En realidad saben las mujeres qué buscan en los hombres? ¿En realidad saben los hombres qué tienen para ofrecerle a las mujeres?

Las respuestas van y vienen pero no logran encontrar eco en una sociedad desprovista de valores netamente masculinos que generen crecimiento, desarrollo, riqueza y cambio. Una sociedad que tiene sólo una lista de valores en esencia femeninos y que no negamos poder incluir en nuestra bitácora de vida, pero que se quedan muy cortos para lo que en realidad es un *hombre*, una lista que debería contener *el fuego en el vientre* que el filósofo y escritor norteamericano Sam Keen consideraba la verdadera y sana virilidad del varón. Pero como diría Mercedes —Ángela Fuste— en la telenovela arriba mencionada: *«No es que me niegue al amor... ¡pero es que las relaciones son tan difíciles!... tal vez aún no ha llegado el indicado».* Tal vez *lo que ella quiso decir* fue: «en cada relación existe un riesgo a ser lastimado pero no ha llegado el hombre por el que valga la pena correr ese riesgo».

El hombre en **La Zona** es un ser, en esencia, libre pero responsable, con energía pero sin prepotencia, firme en sus convicciones pero flexible en sus relaciones. Es un hombre que utiliza su fuerza para proteger a los suyos pero no para lastimar a los demás, un hombre que crea y no destruye, un hombre que innova, uno que arriesga, uno que no teme ser juzgado, un ser humano completo y pleno.

Testimonio

Jaime Julio López Beltrán

Consciente de la delicadeza que presentaba el sistema venoso de mis extremidades inferiores y, previa la valoración sonográfica de aquél, en el mes de febrero del año pasado (2007), tuve noticias a través de los medios de comunicación de la existencia de La Zona a la cual acudí a consulta pocos días después, con la Dra. Silvia de Lourdes Orozco Aviña, quien con el método alimenticio relativo y los suplementos correspondientes me trató durante seis meses aproximadamente. Al término acudí nuevamente a la valoración sonográfica y recibí la grata y sorprendente noticia de que había logrado una mejoría nunca esperada, según la experiencia profesional del médico que me la practicó, pues jamás había visto que un paciente revertiera un grado II a I y menos grado III, de lo que llaman evidencia de reflujo a la maniobra de valsalva que era el que yo tenía, e incluso ya estaba programado para cirugía.

Esto lo logré gracias al método de La Zona a la cual estoy muy agradecido, pues, prácticamente desaparecieron las molestias de mis miembros inferiores, los calambres, sobre todo, y lo que es más importante, desapareció el diagnóstico de cirugía para extirpar las venas safenas respectivas.

3

El corazón y La Zona

—*¿Motavajjeh mishin?* (¿entiendes?) —me cuestionaba el doctor Novobi al presentarme el caso clínico de un recién nacido con cardiopatía congénita compleja. *Bale Doktor Novobi, motashakkeram* (sí, doctor Novobi, gracias) —respondí en un farsi más del siglo XI que el actualmente hablado en la cosmopolita Teherán.

La visita al hospital universitario había ido de una emoción a otra, primero, observar la sala de terapia intensiva de enfermos de corazón manejada casi en exclusiva por enfermeras ataviadas con un *chadour* —vestido que cubre el cuerpo y cabeza sólo mostrando el rostro— impecablemente blanco; segundo, el magnífico equipamiento y soporte tecnológico y, tercero, la enorme habilidad para diagnosticar y tratar quirúrgicamente enfermedades tan complejas como las cardiopatías congénitas.

—¿Qué pensarías si yo te dijera que toda enfermedad cardiovascular es prevenible, incluyendo las congénitas? —decía ahora en un vacilante inglés casi británico a mi nuevo amigo persa.

—¿Pero cómo es eso posible? —me contestaba con la mirada desorbitada.

—Cambiando la expresión genética del futuro bebé con ácidos grasos Omega 3 durante el embarazo o incluso desde antes... —afirmaba mientras departíamos en la fiesta de recepción de la embajada.

Las subsecuentes semanas compartiría mi tesis respecto al origen de la enfermedad cardiovascular con un séquito de profesionales de la salud del norte de Teherán, Ispahán y Shiraz... nunca imaginaría, ni en sueños, que en tierras de la antigua Persépolis ya se conocía como una leyenda el programa de estilo de vida antiinflamatorio del doctor Barry Sears.

—¿Sears... *Zonediet Dr. Sears?* —observaba consternado mi tarjeta de presentación un comerciante afgano que dialogaba conmigo en las afueras de la casa de campo del último Sha de Irán. Los minutos que siguieron se llenaron de elogios y reverencias respecto a los libros escritos por el doctor Sears.

112 MÉXICO ENTRA EN LA ZONA

—Claro que conozco personalmente al doctor Sears, incluso ha estado en mi casa en más de una ocasión —decía yo con presunción—. Cuando le vea de nuevo... hágame un favor —insistía con vehemencia mientras se recargaba sobre los restos de un monumento dedicado a Reza Pahlavi—. El que guste... —asentí—. Déle un par de besos al doctor que le envían sus admiradores de Kabul, Teherán y sus alrededores —sonreía mientras mostraba su enorme diente de oro. Mi respuesta fue un remedo de sonrisa al imaginar que cuando viese de nuevo al doctor Sears le diría solamente... *Afganistan and Iran say Hello, Barry* —Afganistán e Irán te mandan saludar Barry.

Las cinco funciones del endotelio vascular

Para comprender los beneficios del control de la inflamación subclínica debemos entender que el endotelio, la capa interna de los vasos sanguíneos, tiene mucho más funciones que la de permitir el contacto con la sangre en la luz del vaso, sino que además contiene el balance entre las siguientes funciones:

a) Balance entre vasoconstricción y vasodilatación —cierre y apertura de la luz del vaso sanguíneo.
b) Balance entre trombosis y antitrombosis —formación de coágulos y desintegración de coágulos.
c) Balance entre proliferación celular y antiproliferación celular —crecimiento celular y anticrecimiento celular.
d) Balance entre comunicación hormonal y anticomunicación hormonal —buena respuesta hormonal y bloqueo hormonal.
e) Balance entre inflamación endotelial y antiinflamación endotelial —rechazo al agresor e inicio de la reparación del daño.

Un endotelio vascular funcional es aquel que tiene *inteligencia* para descifrar las necesidades del vaso sanguíneo, por ejemplo, en el caso de una herida quirúrgica el endotelio se inclina hacia la vasoconstricción para evitar el sangrado profuso que terminaría en estado de choque; en cambio, en caso de un incremento brusco de la presión arterial el endotelio vascular se inclina por la vasodilatación que permite el flujo de sangre permanente a órganos blancos como son el corazón, el cerebro y el hígado.

Esta *inteligencia funcional* sólo se logra si el balance de ácidos grasos en la membrana del endotelio es igual a 1.0 —entre ácidos grasos precursores de la inflamación como el AA y de la antiinflamación EPA.

Relación entre inflamación celular subclínica, resistencia a la insulina y disfunción endotelial

¿Qué fue primero el huevo o la gallina? —dice el refrán popular.

En medicina cardiovascular pasa lo mismo cuando hablamos de resistencia a la insulina y corazón; generalmente se cree que la pérdida de la eficiencia de la hormona insulina en las células origina la disfunción endotelial; sin embargo la pregunta real debería de ser: ¿qué produce la resistencia a la insulina?

Y la respuesta es: la inflamación crónica de bajo nivel que a su vez es precipitada por un estilo de vida proinflamatorio, por ejemplo, una dieta rica en carbohidratos de alta carga e índice glucémico que eleva bruscamente la hormona insulina ocasionando elevación celular de TNF alfa e IL-6 —ambos mensajeros de la inflamación— provocando resistencia a la insulina y disfunción endotelial, según estudios recientes en la Universidad de Harvard por el doctor Gorak Hotamisligil.

¡Entonces ya sabemos qué fue primero! ¡La gallina! ¡La inflamación celular!

Yendo aún más lejos, podríamos afirmar que, incluso antes de que aparezca la inflamación celular, debemos perder nuestra capacidad antiinflamatoria en los vasos sanguíneos, antes de que la propia inflamación aparezca y encienda permanentemente nuestro sistema inmune.

Así las cosas, la siguiente pregunta sería: ¿qué nos da nuestra capacidad antiinflamatoria natural?

Y la respuesta sería, la presencia en gran cantidad de ácidos grasos poliinsaturados de cadena larga Omega 3 (PUFA n-3) en los fosfolípidos del músculo cardiaco y endotelio vascular.

Podemos decir que quien tiene PUFA n-3 de cadena larga en sus membranas celulares prácticamente está *vacunado* contra la enfermedad cardiovascular; un ejemplo ilustrativo son los esquimales del norte de Canadá como lo muestran estudios de los doctores Bruce Holub y Eric Dewayle.

¡Entonces ya sabemos qué fue lo primero de lo primero! ¡Un granjero descuidado que dejó suelta a la gallina!

¿Y qué hay del colesterol total?

Sé que para oídos castos —y otros no tanto— afirmar que el colesterol total no es el origen de la enfermedad cardiovascular es una especie de *sacrilegio médico*. Cuando las estructuras mentales para médicos y no médicos, para cardiólogos o no cardiólogos se derrumban inexorablemente frente a nuestros ojos... duele y duele mucho.

Pero sólo piénsalo un poco; en los últimos 30 años la ingesta de grasa y colesterol total en la dieta del norteamericano se ha reducido en un 43% y, sin embargo, la enfermedad cardiovascular se incrementó en un 62%. Los esquimales no siguen la norma oficial norteamericana —ni mexicana— de consumir menos del 30% del valor calórico proveniente de grasa a través de la dieta sino que ingieren un 60% provenientes de grasa, no obstante la enfermedad cardiovascular es prácticamente desconocida en esta población.

¿Entonces siempre hemos estado equivocados? De hecho sí; pero admitirlo también duele, sobre todo si los que nos *venden la idea* de que consumir grasas ocasiona infartos y consumir cereal, avena y estatinas —medicamentos para disminuir el colesterol en sangre— los evitan, no descubrieron por ellos mismos cuál es la causa de la enfermedad cardiovascular. Admitir que estaban en el error equivaldría a que los detractores de Galileo hubiesen dicho: *Perdón, nos equivocamos... la Tierra no es plana, de hecho, es redonda y gira alrededor del Sol, no al revés como siempre hemos pensado.*

Para dar respuesta a este dilema del colesterol sólo hay que viajar unos cientos de kilómetros a la bella ciudad de Boston (USA), donde en la sala de urgencias del Hospital General, el doctor Michael Gazziano de la Universidad de Harvard midió en sangre los niveles de colesterol total (COL), colesterol de alta densidad (HDL), colesterol de baja densidad (LDL) y triglicéridos (TG) a pacientes con un infarto agudo al miocardio... ¿el resultado?

El 65% de los pacientes con infarto tuvieron colesterol normal o incluso bajo, sin embargo el 95% tuvo elevados los niveles de TG y bajos los niveles de HDL, de hecho la relación entre TG/HDL igual o mayor a 5 aumentaba 26 veces más el riesgo de infarto agudo al miocardio.

La pregunta obligada es: ¿qué eleva el índice de Gazziano (TG/HDL)?

Una dieta alta en carbohidratos de alta carga e índice glucémico que estimulan fuertemente a la insulina y a los mensajeros de la inflamación

El corazón y La Zona 115

culminando en una resistencia a la insulina y en una disfunción endotelial que culmina en infarto... más claro, ¡ni el agua!

¿Qué disminuye el índice de Gazziano?

Una dieta baja en carbohidratos insulinoestimulantes, rica en proteínas de alto valor biológico y rica en grasas monoinsaturadas derivadas de aceite de oliva y aguacate y en grasa polinsaturada tipo Omega 3 de cadena larga derivada del pescado y aceite de pescado.

De hecho, el índice TG/HDL es un marcador subrogado de resistencia a la insulina y cuando el resultado es elevado *el daño ya está hecho* pues ya se ha iniciado silenciosamente la inflamación celular.

El carburador hormonal del cardiópata

El programa de estilo de vida antiinflamatorio del doctor Barry Sears debe ajustarse al paciente con enfermedad cardiovascular, según los siguientes puntos:

a) Cardiopatía isquémica —angina de pecho o infarto al miocardio— cuando el paciente esté tomando anticoagulante como *Warfarina* o *Heparina* habrá que:

- Usar sólo Omega Rx, **nunca** Omega Eico Rx o Eico Pro.
- Usar aspirina de 100 mg. media tableta.
- Vigilar sangrado mediante estudios laboratoriales —TP y TTP, plaquetas, etc.
- Utilizar nitratos sólo vía sublingual.
- No usar sindelafil —*Viagra*.
- Tomar Q-10 a dosis altas —2.7 gramos o más.
- Tomar agua enriquecida con magnesio como agua de uso.

b) Cardiopatía isquémica —angina de pecho o infarto al miocardio—, cuando el paciente está tomando aspirina y clopidogrel —*Plavix*— habrá que:

- Suspender clopidogrel.
- Usar aspirina de 100 mg. media tableta cada 24 horas.
- Tomar Omega Rx más Omega Eico Rx según PIS —50% de cada uno.

116 MÉXICO ENTRA EN LA ZONA

- No dar estatinas.
- Vigilar tiempo de sangrado.
- Vigilar TG/HDL.
- Fenobibrato en caso de TG más de 250 mg.

c) Hipertensión arterial descompensada —T/A igual o mayor a 140/90 mm Hg— con falla renal —depuración de creatinina igual o menor a 20 ml/min— habrá que:

- Disminuir un bloque de proteína en la comida y medio en el desayuno y cena.
- Usar sólo proteína de origen animal.
- Medir edad arterial con pletismografía digital amplificada.
- Usar Ramipril 5 mg cada doce horas.
- Usar D-ribosa como fuente para ATP muscular.
- Medir relación PCR/albumina.

d) Insuficiencia cardiaca —sin afectación del sistema linfático—, habrá que:

- Usar diuréticos mixtos —furosemide más espironolactona— a dosis bajas.
- Usar digitálicos a dosis del 50%.
- Tomar *Ramipril* al 50% de la dosis para hipertensión arterial.
- Agregar D-ribosa más proteína de suero de leche para contrarrestar la caquexia cardiaca.
- Considerar tomar L-Carnitina 1 g tres veces al día.

e) Insuficiencia cardiaca —con afectación del sistema linfático—, habrá que:

- Tomar Omega Eico Pro más Omega Rx —50% de la dosis cada uno según PIS.
- Usar terapia vibratoria en forma de masaje mecánico en extremidades inferiores —*Power Plate*— 10 a 30 minutos por día.
- Periodos cortos —7-10 días— de diuréticos tiazídicos.
- Diuréticos mixtos —furosemide más espironolanctona.
- Q-10 a dosis bajas —90 mg por día.
- DGLA *skin care Dr. Sears* en suero local en extremidades inferiores.

Edad en años o edad de las arterias

Envejecer dignamente es la muletilla que usan los geriatras para vender la idea del cuidado médico en la tercera edad, sin embargo, ¿a qué se refieren con *cuidado médico en la tercera edad*? ¿Acaso hay que esperar a tener más de 65 años para empezar a cuidarnos? ¿Existe alguna suerte de crema facial para evitar envejecer indignamente? ¿Existe alguna manera externa de evidenciar qué tanto hemos envejecido? Yendo aún más lejos ¿cómo saber si mi estilo de vida le está robando años a mi salud cardiovascular?

Los coreanos diseñaron un equipo capaz de medir la edad de las arterias, en un momento dado, en un individuo específico. A través de un sensor digital se grafica la onda de pulso arterial, luego se compara digitalmente con un banco de datos de individuos sanos y, por último, estimando la edad de aquel individuo en ese momento específico; este equipo se llama *Pletismógrafo digital amplificado*.

Esta suerte de *bola de cristal* predice si el estilo de vida que te han sugerido tus médicos —o que tú has elegido— te ha beneficiado o perjudicado cardiovascularmente hablando. En otras palabras la *edad arterial* nos dice si los medicamentos, suplementos o trabajo medico-nutricional están funcionando o no, es decir, dice si tienes un buen médico o sistema nutricional, o si es tiempo de cambiar de médico o nutriólogo o ambos.

La idea es que la edad cronológica concuerde con la edad arterial o esta última incluso sea menor, por ejemplo para un hombre de 65 años de edad que tiene una edad arterial de 87 significa que no debe seguir ese tratamiento medico-nutricional cualquiera que éste sea... ¡no importa que el cardiólogo en cuestión sea el *mejor de Houston*!

Finalmente debo recordar la frase con la que inicio o culmino mis charlas sobre las cardiopatías:

«La enfermedad cardiovascular es una condición netamente inflamatoria, de origen pre-natal, 100% prevenible y potencialmente curable».

4

La Zona y el dolor

A quienes me preguntan cuántos años me gustaría vivir siempre les digo, los que Dios me conceda pero con buena calidad de vida, y yo creo firmemente que uno de los fantasmas que oscurecen la calidad de vida de una persona es el *dolor*.

¿A quién le interesa vivir muchos años si va a vivir con dolor? Mis pacientes con artritis, fibriomialgia, esclerosis múltiple, fatiga crónica y cáncer saben muy bien a qué me refiero, sin embargo, hablando específicamente de este tópico **La Zona** también da una esperanza de analgesia.

Entre las drogas más vendidas en el mundo se encuentran aquellas que mejoran o alivian el dolor físico, por ello *mejor mejora mejoral* ha sido un éxito en todos los tiempos y, sin embargo, existen más de 10 mil muertes al año por exceso de *aspirina* en Estados Unidos y eso que está prescrita por médicos. Es muy complicada la fisiopatología del dolor, no obstante, lo que principalmente modula en el cuerpo el dolor de cualquier sitio es la inflamación celular y ésta se mide en el cuerpo por activación de sustancias llamadas eicosanoides o súper hormonas, mejor conocidas como prostaglandinas y leucotrenos. Los medicamentos que inhiben el dolor como la *aspirina*, algunos antiinflamatorios no esteroideos como *naproxen, flanax* e ibuprofeno y, aun la cortisona, actúan inhibiendo estas poderosísimas sustancias. Mucho de los efectos logrados con estas drogas en la célula son temporales y tendrán efectos colaterales a corto, mediano y largo plazo.

Cuando se trata de dolores agudos e intensos tendremos que tomar momentáneamente estos fármacos, sin embargo, cuando se trata ya de un dolor diferente, por ejemplo el dolor crónico, las cosas empiezan a cambiar, puesto que al abusar en tiempo y dosis de estos medicamentos de seguro tendremos efectos colaterales, además de que nuestro cuerpo hará resistencia y, lo que al principio funcionaba para controlar el dolor, pierde su efecto y todo se complica hasta que llega el momento en el que ese dolor insoportable, que con nada se controla, empieza a debilitarte, inmovilizarte y a volverte rígido para el resto de tu vida.

Si usted conoce a alguien o usted mismo padece lupus, fibromialgia, artritis o síndrome de fatiga crónica, entonces puedo decir que sabe de lo que estoy hablando. Cuando uno tiene dichos padecimientos existe una sensación de dolor o *aporreamiento* en todos los músculos del cuerpo y persistente rigidez, especialmente en el cuello. Constantes calambres y dolores articulares son el *betún*, y toda esta sintomatología se origina en la *sobreactivación* de nuestro sistema inmunológico y, según sea la predisposición genética, será la enfermedad provocada por la inflamación silenciosa crónica. Y es entonces cuando nuestro *batallón celular inmunológico*, en lugar de defendernos, comienza a agredirnos.

Pero ¿qué haremos? ¿Viviremos condenados a los fármacos y potentes drogas con efectos colaterales toda la vida —los cuales a veces ni siquiera logran eliminar el dolor por completo? Para decir después que nuestro cuerpo se va acostumbrando a dicho fármaco que sí, al principio mejoró el síntoma de dolor, pero que después, poco a poco, perdió su efecto y seguiremos en la búsqueda interminable del siguiente medicamento o remedio. La depresión que acompaña a dichas enfermedades no es del todo emotiva, por supuesto que existe este componente, pero es bien sabido médicamente que la depresión que ataca a estos pacientes tiene un origen orgánico/químico bien demostrado, donde los neurotransmisores y las hormonas del comportamiento tienen una alteración en su función, en especial la dopamina y la serotonina. De aquí que una de las causas más comunes de muerte en estos pacientes es el suicidio —no resisten más la vida con dolor.

Un sistema inmunológico confundido, que ataca a la propia persona, es un sistema inmunológico reactivo y lábil donde las alergias crónicas e infecciones virales crónicas se suman a los síntomas de estos pacientes —qué terrible—, sólo basta un poco de estrés, el periodo menstrual, falta de descanso, cambios de casa, de estaciones, problemas emocionales y todo se dispara.

Como verás, la vida del paciente con dolor crónico no es nada fácil pero, ¿cómo puede aquí actuar el programa de estilo de vida de la antiinflamación?

Una vez más, el estilo de vida: lo que comemos o dejamos de comer, el estrés, la falta de ejercicio o el sobreentrenamiento, así como la calidad y la cantidad de los suplementos alimenticios que consumes o dejas de consumir día a día, podrá ser un poderoso medicamento que puede controlar la inflamación y la antiinflamación en tu cuerpo.

Esto es porque el estilo de vida controla las sustancias más importantes encargadas de controlar el dolor —prostaglandinas de la serie 2 y leu-

La Zona y el dolor

cotrienos de la serie 4—, estas poderosísimas sustancias son derivadas en el cuerpo de una sustancia llamada ácido araquidónico (AA). ¿Lo recuerdas?

Y esto es una buena noticia; sin embargo no estoy hablando de pedirte que mañana suspendas todos tus fármacos para el dolor, incluyendo la cortisona, *no*, la propuesta es sumar a tu tratamiento médico este maravilloso estilo de vida llamado **La Zona**.

Entremos en materia práctica, ¿qué, del estilo de vida de una persona, incrementa en nuestra sangre el AA y qué lo disminuye? Demasiado AA provocará la conversión a más PG2 y LTB4 y, por lo tanto, más dolor y todas las otras manifestaciones que acompañan a estas enfermedades.

¿Qué lo aumenta?

- Todos los derivados de la leche y en todas sus presentaciones.
- Harinas, cereales y granos —arroz, pasta, frijoles, garbanzos, maíz…
- Frutas y verduras con alto contenido de azúcar o almidón —papaya, mango, plátano, betabel, caña, coco, elote, papa…
- Todos los aceites de semilla —maíz, cánola, girasol, soya…
- Vísceras de animal.
- Yema de huevo.
- Cerdo.
- Carnes rojas muy grasosas.
- Jugos —todos— y agua endulzada con azúcar.
- Estrés físico y emocional.
- Ejercicio intenso.
- Falta de descanso y sueño reparador.
- Mal manejo de tus emociones.

¿Qué lo reduce?

Existen muchas maneras para modularlo como manejar tu estrés, la dieta antiinflamatoria, el ejercicio moderado, etcétera, pero existe algo cuyo efecto es insuperable en cuanto analgesia natural… El *Súper Omega* —5 estrellas según IFOS y con contenido de AGL y sesamina—. En lo personal yo he tenido una excelente respuesta con el Súper Omega marca *Dr. Sears*, pero recuerda que éste se prescribe solamente previo examen virgen —sin tomar Omega mínimo un mes antes— para conocer la cantidad y la duración del tratamiento antiinflamatorio.

Hoy me atrevo a decir que este *bello* bálsamo natural es la esperanza del futuro de muchísima gente que padece estas enfermedades, y no me lo preguntes a mí, entérate de cómo puede cambiar tu vida de aquí en adelante a través de unos de los testimonios más lindos que he visto detrás de mi escritorio ¿estás listo?

Testimonios

Martha Echavarría Marrufo

Mi nombre es Martha Echavarría y tengo 66 años. En 1997 me diagnosticaron artritis reumatoide y, a partir de ese momento, comencé a sufrir distintos trastornos que afectaron mi salud y mi vida en gran manera. Por ocho años la artritis me mantuvo en constante dolor. Sentarme, caminar y hasta dormir eran actividades que me ocasionaban gran incomodidad. Para aminorar estos dolores y para tratar de seguir mi vida lo más normal posible, visité a varios doctores que me recetaron fuertes medicamentos. La realidad era que estas medicinas disfrazaban mis dolores, sin realmente afrontar el problema. Con tal de no sentir ese continuo dolor, tomé lo que me recetaban sin darme cuenta del daño que me estaba haciendo. Después de varios años, mis riñones comenzaron a fallar. Me asusté con la idea de pensar qué pasaría si seguía así. Fue entonces que La Zona llegó a mi vida.

Mi primera visita a La Zona fue el 5 de junio de 2005 y, desde ese mismo día, mi vida cambio como milagro de Dios. Ese preciso día dormí la noche completa como no lo había hecho en los ocho años anteriores. La dieta que me dieron no sólo me sirvió para controlar mis dolores sin medicamento, sino que me ayudó a perder 20 kilos. Me siento muy sana y todos los síntomas de mi enfermedad están muy controlados. El deterioro de mis riñones se detuvo y hoy llevo una vida completamente normal. Considero que el éxito de mi curación ha sido la constancia con la que he seguido las recomendaciones de La Zona. El sentirme tan bien en tan poco tiempo, me hizo darme cuenta de las cosas que me estaba perdiendo por esos dolores que me impedían vivir. El sólo pensar en regresar a esas condiciones, me motivaba — y lo hace hasta ahora — para no fallar.

Yo soy prueba de que La Zona funciona. A mí me regresó las ganas de vivir sabiendo que no tenía que hacerlo llena de dolor. Por eso y por dejarme seguir adelante, le doy gracias a La Zona y a todas las personas que en

La Zona y el dolor

ella trabajan. En especial a la Dra. Silvia Orozco Aviña, que día a día nos da un poco más de esperanza para vivir mejor.

Laura N. Torres Larrainzar

Me llamo Laura N. Torres Larrainzar, tengo 58 años. En agosto de 2006, sin darme cuenta de lo grave de mi problema, empecé a no poder levantarme ni para ir al baño y a tener fuertes dolores en las áreas de mis articulaciones; acudí al IMSS al área de reumatología y los doctores me diagnosticaron osteoartritis, y me dijeron que lo más seguro es que con el tiempo se me iban a deformar mis huesos y quedaría en una silla de ruedas. En busca de otras opciones, recibí múltiples opiniones, las más en el sentido de que tenía que resignarme, que mi padecimiento era irreversible ya que, en el mejor de los casos, sólo lo podría controlar con la medicina tradicional (cortisona).

Mi pareja (de quien recibo un enorme apoyo) me decía que la ciencia médica en ocasiones desestima los resultados o evidencias de investigaciones que demuestran que las cosas pueden ser diferentes a lo tradicionalmente conocido y que por lo que él había leído, sería conveniente acudir cuanto antes a los especialistas en La Zona y probar sus Omegas 3. Atendiendo su consejo me dirigí a la ciudad de Guadalajara y me puse en manos de la doctora Silvia Orozco (junto con sus colaboradores), y en un proceso de seis difíciles meses, pero con resultados muy positivos, mi vida volvía a ser la de antes.

Poder caminar sin dolor y regresar a un estado de movilidad normal, hizo un panorama diferente de mi vida, por no hablar de lo más importante, el hecho de recuperar mi autoestima. Con el tratamiento de La Zona los niveles del factor reumatoide, proteína (c) reactiva están ahora muy por debajo de cuando llegué la primera vez.

María Teresa Aguilar Morales
Guadalajara, Jal. 07 de diciembre 2007

Soy María Teresa Aguilar Morales, tengo 65 años y el 3 de septiembre del 2007 tuve el privilegio de conocer a la Dra. Silvia de Lourdes Orozco, a Gaby y al doctor Gustavo Orozco. Un equipo de médicos profesionales, serios y con una extraordinaria calidad humana. Ellos me presentaron al Dr. Barry Sears quien me dijo que la calidad de mi vida iba a cambiar radicalmente. Once años atrás comencé a perder movilidad presa de dolores intensos, cansada de ser especialista en artritis reumatoide y de tomar todos los medicamentos existentes para mi enfermedad y para aminorar los intensos dolores de todas mis articulaciones que, por cierto, me dañaron el estómago y otros órganos. Ahora puedo asegurar que con disciplina y perseverancia, mi vida cambió radicalmente, soy una mujer feliz, llena de trabajo y proyectos. Gracias a Dios, a la doctora Silvia, a Gustavo y a su extraordinario equipo de La Zona México.

Gracias a Dios, gracias a Silvia y gracias.

5

La Zona y los niños

Cuántas veces he escuchado en el consultorio o en alguna conferencia de radio o televisión, la misma pregunta: «Doctora y esto de **La Zona** ¿también se puede aplicar a los niños?

Cuando pensamos en la palabra dieta y el niño al mismo tiempo nos asustamos porque creemos que *dieta* significa no comer o algo para bajar de peso al niño. Nada más alejado de la realidad, soy una ferviente *pregonadora* de que el niño debe estar en este estilo de vida de la antiinflamación puesto que es aquí, en esta hermosa etapa de la vida, donde la generación, en especial de los niños de hoy, está en el más alto grado de inflamación silenciosa que jamás se había observado. ¿Que por qué me atrevo a asegurar esto? Bueno porque simplemente me remito a los estudios que están llevándose a cabo actualmente en México en el IINVI, así como en mi consulta privada diaria, y hemos encontrado dos cosas: la primera que nuestros niños mexicanos están inflamados y, por lo tanto, con un alto riesgo a un sinnúmero de enfermedades crónicas degenerativas y la segunda, los niños lo están más que sus propios padres.

Así que ya te podrás imaginar las cifras de PIS que hemos encontrado especialmente para rango AA/EPA cuyo rango normal es de 1.5. En los niños está en un promedio de 12 a 15.

Pero, ¿por qué? ¿Qué está pasando con nuestros chicos que están teniendo tantos problemas para mantenerse con un crecimiento sano y fuertes con salud mental y física?

No tenemos que buscar mucho, la prueba viviente está cada vez más cerca de nosotros: niños con déficit de atención, obesidad, alergias crónicas, bajo peso, con depresión, baja talla, conducta agresiva, adicciones, problemas de lecto-escritura, con diabetes, cáncer, hipertensión, con problemas de lenguaje, fatiga crónica, ansiedad, con enfermedad de la tiroides, artritis y muchas más enfermedades autoinmunes, anorexia, bulimia... Niños que quizá nunca lleguen a la meta que Dios diseñó para ellos desde que estaban en el vientre de su madre.

126   MÉXICO ENTRA EN LA ZONA

Pareciera que un plan macabro quiere acabarlos aun antes de nacer, y es que la mejor etapa para introducir a un niño en **La Zona** es en el vientre de su madre, aquí es donde comienza la enfermedad crónica y la programación metabólica tan estudiada por investigadores en medicina y tan ignorada por la comunidad médica de nuestra era moderna y, por ende, por la población en general, o sea, los padres.

Si todas las mamás entendieran y atendieran la inflamación celular desde el embarazo de sus hijos, quizá no tendríamos las epidemias de dichas enfermedades en este momento ni tantas complicaciones en el embarazo, parto o cesárea —preclamsia, diabetes gestacional, obesidad en embarazo y bajo peso tanto para la madre como para el bebé, parto prematuro o prolongado y complicado—. Sin embargo, en cada embarazo la mujer pierde el 40% de sus nutrientes esenciales los cuales ya no puede producir, y el nuevo bebé toma todo lo que hay en ella —EPA, DHA y AGL—. Si hablamos del primer bebé, suerte si le tocó una mamá que tenía buenas reservas naturales de dichas grasas, si consumió buena cantidad de pescado a lo largo de toda su vida, pero si no, el panorama inflamatorio empieza a cambiar y el riesgo empieza a incrementarse. Es verdad que contamos con unidades impresionantes de cuidados intensivos en los modernos hospitales de las grandes ciudades —aún así son insuficientes—, pero ¿a qué madre le gustaría cursar por estas salas para ser reanimada y tratada junto con su bebé? Para cuando se trata del segundo, tercero o décimo bebé ya queda poco si no es que nada de estos ácidos grasos esenciales y la cosa se va complicando más y más. ¡Claro que la madre puede reponerse entre cada embarazo si suplementa altas dosis postparto por un buen tiempo y con un mantenimiento de moderadas dosis de Súper Omega 3 por el resto de su vida! Sólo entonces, y después de tres años, estará lista para el siguiente bebé.

Ahora te podrás imaginar por qué muchas mujeres no pueden recuperar su bella figura después de uno y otro embarazo además de padecer la tan temida depresión postparto. *Madres inflamadas traerán al mundo niños inflamados* es una regla y, por lo tanto, niños con un sistema inmunológico con problemas.

No te pongas triste, aunque aquí se programan las enfermedades que tendrás de adulto, no importa cuántos años tenga tu niño él puede, al controlar la inflamación celular desde ahora, cambiar su futuro y vivir libre de dichos síntomas de su padecimiento, no importa el nombre que

La Zona y los niños

tenga, por el resto de su vida —pero mientras más temprano comience será mejor el resultado.

El efecto nutrigenómico de los alimentos y el estilo de vida son el pasaporte de regreso a la salud y el rendimiento físico y mental del niño, es decir, aunque no podemos cambiar esos genes de obesidad, diabetes, déficit de atención, etcétera, sí podemos apagar o encenderlos especialmente cada vez que comemos, tomamos un suplemento o hacemos ejercicio, así como cuando realizamos actividades de relajamiento y de gozo con ellos.

Por lo tanto, mis queridos lectores, nunca será demasiado tarde mientras estemos con vida para comenzar, pero ¿qué niño podrá hacer cambios en su estilo de vida cuando a veces ni el adulto puede? ¿No será muy peligroso para él? Claro que el esquema deberá ser personalizado y adaptado para el niño según su etapa de desarrollo y crecimiento, así como para la mujer cuando está embarazada. Yo creo que los niños de hoy en día ya tienen un alto riesgo inflamatorio, provocado, principalmente, por el *Síndrome del tanque vacío* de nuestras células de esta poderosísima grasa esencial Omega 3 antiinflamatoria y moduladora de las respuestas genéticas en nuestro cuerpo. Esto, sumado a la dieta de aves típica de nuestro país: *gansitos, chocotorros, pingüinos*, a las piñatas llenas de dulces, a los desayunos *¿nutritivos?* de juguitos y cereales donde no aparece ni pizca de proteína de origen animal.

Cada vez que tu niño come **debe comer proteína de origen animal** para modular la inflamación celular. Otros enemigos del estilo de vida ideal son la televisión con sus mensajes de *consume pizza, hamburguesa, chocolate* y toda su magia mercadológica bien estudiada y tan altamente pagada; y ¿qué decir del *Nintendo* o la *compu* que hacen a los niños adictos y sedentarios? Y no me malinterprete que no estoy satanizando estos juguetes modernos sólo sé que el abuso de ellos está llevando a esta generación de niños y a sus papás, al borde de la inflamación silenciosa que aparenta no estar allí pero que está y con el PIS —examen de sangre— ya se puede identificar que nos proporcionará información muy valiosa para su tratamiento antiinflamatorio de estilo de vida y suplementación directa y esto sí es como acertar en el tiro al blanco. Recuerda que el niño con inflamación celular tiene un cerebro adicto a los lácteos y a los carbohidratos ricos en azúcar —alimentos que producen más inflamación celular— y le costará trabajo parar de comerlos, hasta que modulemos dicha inflamación. Así que, chicos y papás a entrar a **La Zona** ¡ya!

128 MÉXICO ENTRA EN LA ZONA

La propuesta papá y/o mamá es:

1. Comienza tú como padre, predica con el ejemplo.
2. Realicen el PIS.
3. Busca un médico certificado en el programa y autorizado por *Zone Diet* para su atención.
4. Sigue las instrucciones fielmente, y espera un par de semanas para empezar a notar algunos cambios.
5. Solicita un PIS cada 6 meses mínimo para reajustar tu súper Omega de mantenimiento.
6. Juega con tu niño más a menudo, sal a caminar con él.
7. Ora por y con él, pídele a Dios que tu hijo alcance la meta que Él le tiene programada desde que estaba en el vientre de su mamá.
8. Bésalo, abrázalo, no importa cuántos años tenga, dile y demuéstrale que lo amas, el amor reduce la inflamación silenciosa.
9. Cuando fracase o se equivoque ayúdalo a aprender de sus errores, pero, sobre todo, tenle paciencia.
10. Nunca pares de darle sus suplementos antiinflamatorios porque los genes se volverán a encender o comenzarán a expresarse en tan sólo 30 días. —Recuerda que no tenemos plantas productoras de Omega 3 en el cuerpo.
11. Lo que gastas en un refresco equivale a una cápsula del súper Omega.
12. Sé y enséñale a ser perseverante.
13. Jueguen a realizar la técnica de respiración adecuada dos veces en el día.
14. De vez en cuando de seguro van a comer alimentos que inflaman, simplemente combínalos con proteína de origen animal y trata de que esto no sea tan frecuente.
15. No te rindas.

Beneficios de **La Zona**: todos los niños libres de obesidad, con saciedad, con buen control emocional, libres de diabetes, de depresión, de problemas escolares, sanos, bellos, simplemente niños antiinflamados, niños felices, llegando a su meta.

Testimonios

Paulo César Cruz Sepúlveda
Edad: 3 años 7 meses —14 de abril del 2004—

Sexo: Masculino
Patología: Espina bífida
Complicaciones: hidrocefalia, Arnold Chiari II, siringomelia cérvico, dorso, lumbar, ambas caderas luxadas, médula anclada, pie equino, varo severo bilateral, escoliosis lumbar, vejiga neurogénica de alta presión, movimientos peristálticos perezosos.
Intervenciones quirúrgicas: 9
Equipo médico: 14 en toda la República.
Dieta: **La Zona**

Paulo tiene un cuadro por demás delicado clínicamente hablando, sin embargo pareciese un niño completamente regular, a excepción de que uno lo ve en su silla de ruedas y lo único que se observa "diferente" son sus pies rígidos pronunciados en varo. Tiene una vitalidad muy por encima de un niño promedio, su desarrollo neurológico va lento, dada las circunstancias, pero a pesar de haber nacido con un daño congénito crónico, él avanza paso a paso sin detenerse. Todo su equipo médico —neurólogos, urólogos, pediatras, traumatólogos, endocrinólogos, genetistas, terapeutas—, han optado por jugar mejor el juego del niño, pues los estudios arrojan datos serios y lo que el niño está logrando dista mucho de lo que "debería" estar sucediendo. Yo sostengo que el niño tiene muchas ganas de vivir, que su equipo médico ha logrado mejorías asombrosas, pero también adjudico con clara certeza que la desinflamación de la médula —condición clínica MUY delicada— se debe a la dieta y los productos que La Zona le ofrecen. La vitalidad es otra situación en la que la supervisión clínica que Paulo recibe por parte de La Zona es sumamente asombrosa. Su sistema digestivo (heces) adquieren forma y textura muy aceptable clínicamente hablando (estos niños tienen serios problemas para defecar y cuando lo hacen es en forma de bolitas secas, como los borregos o los conejos); su orina aunque arroja datos con un PH, un mínimo arriba del promedio, lo mantiene estable, esto es maravilloso dado que su vejiga no funciona y es por esta causa que estos niños llegan a fallecer; no cuidar la vejiga es mortal.

En las últimas cinco intervenciones quirúrgicas que Paulo ha tenido de columna abierta, su recuperación es increíblemente asombrosa, es cuestión de un par de horas las que Paulo necesita para volverse a sentir totalmente estable, yo digo que esta capacidad anímica de recuperación es también gracias a los productos y supervisión de La Zona.

130 MÉXICO ENTRA EN LA ZONA

En conclusión, Paulo le debe MUCHO MUCHO su condición actual a todo el equipo y productos de La Zona.
Quedo a sus órdenes para cualquier asunto.

Claudia Verónica Sepúlveda de Cruz
Mamá de Paulo

Aldo Antonio Prieto Salazar

Doctora Silvia:

Me gustaría compartir mi experiencia desde que empecé a ir a consulta con usted y a integrarme a La Zona. En primer lugar yo no acudí con usted por problemas de sobrepeso sino por problemas de salud relacionados con mi intestino —siempre inflamado y sintiéndome muy mal.

Siendo sincero tengo que decirle que en las primeras consultas estaba muy nervioso y a la hora que escuché que no podía comer muchas cosas que me gustaban me sentí muy mal y angustiado, cuando llegaba a mi casa y veía que mis opciones eran pocas no sabía qué hacer, pero poco a poco fui encontrando nuevas opciones y me fui sintiendo mejor. Hoy le puedo decir que mi salud ha mejorado muchísimo, me siento mucho mejor y mi menú es muy amplio. Una de las cosas que quiero compartir con usted y con otros niños que se encuentren en mi situación es que si se pueden encontrar sustitutos para las cosas que nos gustan; uno de los alimentos que más extrañaba era el pan, después con la ayuda de mi mamá inventé una receta de hot cakes, galletas y waffles y ahora como más rico y satisfago mis gustos.

Me gustaría poder compartir estas recetas para que muchos niños como yo no sientan que están muy limitados en la comida porque para cada comida hay un sustituto.

Hot Cakes Aldo Antonio:
Masa para preparar hot cakes, waffles y crepas:

Harina de almendras (ésta se prepara moliendo todas las almendras
—grasa— que se necesitan durante un día)
Un huevo
½ cucharadita de bicarbonato
¼ cucharadita de vainilla
1 cucharada de aceite de oliva
1 medida de proteína de suero de leche

La Zona y los niños 131

Un poco de agua para que dé la consistencia deseada
Opcional 1 cucharadita de fructuosa si los quieres un poco dulce.

Se mezclan todos los ingredientes en un recipiente y se le agrega poco a poco el agua, cuidando no poner de más, la mezcla para los *waffles* no debe estar muy líquida y se deberá engrasar antes la wafflera con aceite de oliva para que no se pegue, para las *crepas* la mezcla se debe hacer más aguadita.

Con cariño para todos

Aldo Antonio Prieto Salazar

César Manuel Valenzo Garduño

Yo soy César, tengo 16 años y vivo en Cuernavaca, Mor., México. Estudio 2º año de preparatoria en La Salle Cuernavaca. Decidí dar mi testimonio para que todas aquellas personas que padecen de obesidad tengan el ánimo y la fuerza de voluntad necesaria para acabar con este mal.

Cuando tenía 14 años, es cuando empecé a preocuparme por mi obesidad, ya estaba acostumbrado a ella pero todo cambió cuando la mayoría de las veces me sentía agotado y sin ánimos para realizar mis actividades.

*Pero todo quedó en lo mismo, la visita al nutriólogo era siempre un fracaso, siempre terminaba en las mismas condiciones, eso me desesperó y en ocasiones me llevaba al llanto. Otro año más que pasaba y no encontraba la forma de llevar una vida plena y sana. Fue hasta el 2007, que mi mamá me comentó sobre un programa para bajar de peso, al momento dije que no funcionaría, pero me di a la tarea de creer en mí y de buscar llevar una mejor vida; acepté y ese fue el primer paso para mejorar mi calidad de vida. Poco después, en el mes de julio del mismo año, fui junto con mi hermano a Guadalajara, Jal. y llegué a **Medical Zone Nutrition Center** donde conocí a la doctora Silvia Orozco Aviña y a Gabriela Orozco Aviña, sin duda, desde ese momento cambió mi vida completamente; allí me esperaban cosas positivas, una de ellas fue entrar al programa nutricional de La Zona, ese fue mi primer reto, pero hoy en día me está dando resultados satisfactorios donde ya tengo una mejor autoestima, he bajado notoriamente de peso, tengo una mejor figura y mi estómago ya no padece de agruras. En este momento soy otro César en cuanto a mi autoestima y figura se trata, esto y gracias a la fuerza de voluntad y a quererse a sí mismos y valorar lo bello que es estar pleno y sano, cosa que antes de estar en La Zona eran pensamientos que yo tenía pero ahora son una realidad.*

Agradezco a todas las personas que colaboran en este programa, en especial a la doctora Silvia Orozco, por unirse a la tarea de que cientos de personas como yo tenga una vida sana y con plenitud.

Eduardo de Jesús Valenzo Garduño

Tengo 13 años de edad, curso el segundo grado de secundaria en el Colegio México y quiero dar mi testimonio por este medio a toda la gente que como yo ha buscado la forma de bajar de peso.

En el año 2004 por primera vez mi mamá, preocupada por mi obesidad y verme comer de manera exagerada, decidió llevarme a consulta con una nutrióloga y de ahí en adelante siguieron muchas consultas más con distintos especialista en bajar de peso, sin obtener los resultados que mi mamá y yo esperábamos ya que así como bajaba de peso recuperaba rápidamente el mismo, y hubo ocasiones que subía más del peso con el que había iniciado. Fue por esto mismo que le pedí a mi mamá que ya no me llevara con nadie más.

*En julio del 2007 llegué con mi mamá y mi hermano mayor por primera vez a **Medical Zone Nutrition Center** en la ciudad de Guadalajara, donde fui recibido por la Lic. Gabriela Orozco Aviña y atendido por la doctora Silvia Orozco Aviña, quien me explico a detalle y de manera clara y profesional en qué consiste estar en La Zona. Después de escucharla y convencido de todo lo que la doctora me había explicado, decidí tomar el reto de entrar a La Zona. Quiero comentarles que antes de estar en este control nutricional yo era un niño estreñido, con problemas digestivos frecuentes, irritable, me ponía triste con frecuencia, agresivo, llegue a encerrarme en mi recámara por sentirme deprimido, todo lo que me decían mis papás me molestaba, no me sentía seguro, dormía mucho.*

La primera semana de haber entrado a La Zona comencé a experimentar los cambios en mi organismo y en mi estado de ánimo, mi estómago lo sentí más ligero, empecé a evacuar de manera normal y ahora puedo decir que estar en La Zona me ha cambiado la vida, me siento un niño feliz, activo, alegre, sin sueño, de buen humor, cambiaron mis pensamientos, ahora tengo sueños y proyectos, soy un niño seguro, guapo, galán, diré que estar en La Zona es volver a nacer, es tener una vida plena y saludable ....para mí lo es.

*Agradezco a todo el equipo de **Medical Zone Nutrition Center** por haberme cambiado la vida, en especial a mi doctora Silvia Orozco Aviña, por hacer de mí un niño con calidad de vida; y nuevamente muchas gracias a todo el equipo.*

La Zona y los niños

Francisco de la Torre García

*Mi nombre es Francisco de la Torre García, tengo nueve años de edad y vivo en la ciudad de Zapopan, Jal. En mayo del año 2005 sufrí un infarto isquémico trombótico cerebeloso izquierdo. Después de una serie de estudios, se descubrió que la causa que originó mi problema era un mal congénito en mi corazón llamado **foramen oval permeable**. Después de la operación comencé a tener un apetito desmedido e insaciable ocasionado por la toma de corticoides y aumenté de peso.*

El cardiólogo que me atendió sugirió una intervención vía vena femoral para implantar un dispositivo en el corazón, pero mis padres no quisieron que me operaran y tuvimos fe en que Dios me iba a curar de mi problema.

El cardiólogo nos sugirió que debía acudir a un nutriólogo para bajar de peso porque posiblemente podía presentarse otro evento de infarto; acudimos con varios nutriólogos sin obtener resultados favorables. En esos tiempos yo era un niño que me cansaba con facilidad, no podía hacer las actividades de un niño normal ya que me sentía mal, tenía mucha pereza, pero gracias a Dios, mis padres me llevaron a La Zona y la Dra. Silvia de Lourdes Orozco, me atendió e inicié el tratamiento.

A los primeros días de haber tomado los productos de La Zona y la dieta de alimentación, los resultados fueron sorprendentes, desapareció la ansiedad de comer productos chatarra, mi sobrepeso disminuyó en forma total, adquirí fuerzas y ganas de hacer lo que no podía, hoy soy un niño que juega fútbol, básquet; en la escuela pongo más atención y tengo mejores calificaciones que antes. Mi neuropediatra dice "que soy un niño normal", y yo digo "soy un niño Zona" Gracias a Dios y a La Zona.

6

El atleta y La Zona

«...*Apenas unos días antes el joven jugador del Sevilla de España, Antonio Puerta, había caído en el césped del estadio local por una arritmia cardiaca que finalmente terminaría con su corta vida.*»

¿Cuántos más señor Marín, cuántos muertos más? —Mencionaba en mi carta que había dejado en las oficinas del Ajusco en la ciudad de México. —La cascada de muertes en el campo de futbol había comenzado varios años atrás con el joven camerunés Marc Viven-Foe quien falleció en la Copa Confederaciones de Francia ¿el diagnóstico? *Anomalía cardiaca de origen congénito.* Las preguntas obligadas fueron:

¿Por qué un jugador joven, preparado físicamente y con tan sólo 8% de porcentaje de grasa corporal fallecía súbitamente? ¿Por qué no se diagnosticó la *anomalía* en los estudios cardiovasculares que rutinariamente realizaba el club francés en que militaba?

¿Por qué nadie pudo predecir dicho evento fulminante? ¿Cómo podemos evitar dichas muertes?

Si esto le sucede a deportistas consumados, ¿qué podemos esperar de la población general que hace ejercicio sin supervisión médica? ¿Están preparados los médicos para manejar estos casos en el campo de juego?

¿No se supone que hacer ejercicio ayuda a mejorar tu salud cardiovascular o acaso es al contrario?

Hubo muchas propuestas entonces; decenas de estudios clínicos conocidos en la cardiología general se aplicaron a cientos de futbolistas profesionales en el mundo entero... ¿el resultado?

Las muertes continuaron una tras otra sin que nadie pudiera hacer algo....

¿Cuántos más señor Marín, cuántos muertos más? —Volvía a preguntar ahora al teléfono—. *Definitivamente la anomalía cardiaca no es congénita, ni*

136 MÉXICO ENTRA EN LA ZONA

familiar en el caso de estos futbolistas... sino adquirida por su estilo de vida inflamatorio silencioso en un corto periodo de tiempo... —decía yo.

El reportaje transmitido ese fin de semana conmocionó al mundo del fútbol en México, jugadores, preparadores físicos, técnicos y directivos... Sí, directivos, esos mismos que meses antes habían suspendido unilateralmente el estudio de riesgo de muerte súbita iniciado por nosotros en jugadores profesionales de futbol junto con el cuerpo técnico del Club Atlas de Guadalajara.

En aquel entonces encontramos lo siguiente:

- Los futbolistas profesionales en México tienen un riesgo alto de muerte súbita según el PIS —perfil de inflamación silenciosa, AA/EPA—, en promedio 16.5 cuando lo normal es 1.5.
- Los futbolistas mexicanos de la plantilla son los más inflamados —y en más riesgo cardiovascular— con un PIS promedio 27.
- La baja cantidad de masa muscular, en particular, y el bajo peso en general, incrementaba aún más el riesgo cardiovascular —valor máximo de PIS observado en la muestra de ¡¡55!!
- Para un porcentaje de grasa arriba de 10% —idealmente para el futbolista profesional 9%— se incrementaba el PIS promedio de 16.5 a 25.
- Los niveles más altos de inflamación se observaron en el grupo de edad entre los 15 a los 25 años.

Tomamos un grupo de ocho futbolistas: cuatro nacionales y cuatro extranjeros con intervención de Omega 3 cinco estrellas —según IFOS—, más aceite de oliva y antioxidantes a dosis elevadas durante doce semanas. Esperábamos una disminución del 85% en el PIS, una disminución de dos puntos porcentuales en el porcentaje de grasa y un incremento de la masa muscular de 1.2 kg.

¿Por qué sabíamos eso? Medio año antes se había manejado con este esquema a la entonces promesa del fútbol mexicano, carrilero por izquierda y recién llegado al primer equipo, con grandes cualidades, pero bajo peso y masa muscular... José Andrés Guardado.

Lejos estaba yo de imaginar que el mozuelo, ingenuo y tímido jugador de aquella época elevaría sus bonos en el club y selección nacional en tan corto periodo a tal altura que olvidaría los beneficios recibidos por el programa de **La Zona**.

La nueva mesa directiva y cuerpo técnico no quisieron recibir los re-

El atleta y La Zona

sultados obtenidos y, arguyendo motivos comerciales, negaron el paso a sus instalación de nuestro cuerpo de investigadores, ¡increíble!

"¿Quién sigue?" —decía el slogan de un reportaje en la televisora nacional—. *Sigue el que ya ha tenido síntomas como palpitaciones y se le ha diagnosticado arritmia cardiaca... ese sigue"* —dije en un tono lapidario. *"Nombres, doctor, nombres* —insistía Fever—. *Es de dominio público que un jugador vendido de un club de la ciudad de Guadalajara a uno de la capital del país tiene estos antecedentes...* —dije con seguridad—. *Sí, ese mismo... él tiene riesgo cardiovascular* —dije fuera del aire, eso creí.

Tales palabras y tal nombre retumbarían en los oídos de los médicos, los directivos de los equipos y los de la Federación Mexicana de Futbol. Esto implicaría una larga travesía para intentar desacreditar mis credenciales y, sobre todo, mis aseveraciones; en los siguientes meses comprendería cuán deshumanizado y alejado del cuidado del jugador está la organización futbolística en México.

Pero, ¿qué hay de las autopsias realizadas por ley a los jugadores fallecidos en el mundo del futbol? Éstas mostraron cambios anatómicos en la masa muscular cardiaca —acumulación de fibrosis y grasa— que cambia la funcionalidad del ventrículo derecho, anomalía que se conoce como displasia arritmogénica del ventrículo derecho (DAVD)... en pocas palabras un corazón modificado por causas congénitas —25% de los casos— pero el resto —75%— es adquirido por cambios en los fosfolípidos del miocito, en específico aumento de AA y disminución de Omega 3 de cadena larga, mayormente DHA.

Un corazón inmaduro, con cargas extremas de trabajo y aunado a la disminución de DHA e incremento de AA en el miocito precipita la inflamación celular que aumenta la excitabilidad del mismo; el resultado: cambios anatómicos sugerentes de DAVD que no es detectada por los estudios convencionales realizados por cardiólogos externos al futbol. La consecuencia: **muerte súbita**.

El Omega 3 de cadena larga 5 estrellas —según IFOS— disminuyen los niveles de AA y eleva los de DHA —6.2 puntos porcentuales— en el miocito en únicamente 21 días de tratamiento, a razón de sólo 6 g de EPA más DHA, según pruebas del estudio australiano *Metcalf RG* 2007. Además disminuye el rango AA/EPA de 42 (en el tejido cardiaco) a 5.2 en sólo 21 días de tratamiento y el índice AA/DHA de 4.27 —en el tejido cardiaco— a 1.87.

138 MÉXICO ENTRA EN LA ZONA

Aún mas, en 1976 un médico bioquímico de la Universidad de Islandia en Reykjavik, el profesor y doctor Sigmundur Gudbjarnason, estudió el tejido miocárdico de pacientes jóvenes fallecidos por muerte cardiaca súbita y encontró en su análisis de lípidos en este tejido una alta cantidad de AA y una gran deficiencia de DHA en comparación a los fallecidos por accidente.

Este nuevo rango yo lo llamo *rango arritmogénico* o *rango de Gudbjarnason* en honor del ahora profesor emérito del Instituto de Ciencias de esta universidad escandinava.

¿Cuál es el valor normal del rango AA/DHA o rango arritmogénico? En el miocardio es de 1.8 —de riesgo más de 4— y en los fosfolípidos del plasma es de 1.09 —de riesgo más de 2.5, de muy alto riesgo 5.

Pronto podremos evaluar retrospectivamente las muestras de sangre de los jugadores profesionales de futbol en México... ¡Espero poder contárselo en otro libro!

¿Cómo tratar entonces a los futbolistas en particular y a los atletas de alto rendimiento en general? Como si tuvieran una enfermedad terminal, como cáncer, sida, lupus, insuficiencia renal, cardiaca o hepática, esto es con dosis altas de Omega 3, aceite de oliva, aceite de borraja virgen y aceite de sésamo junto con dosis altas de antioxidantes: Omega Rx, Omega Eico Rx, Omega Eico Pro del Dr. Sears, los nuevos óleos antiinflamatorios.

¿Por qué? Porque estudios recientes en Estocolmo, Suecia, en el Laboratorio de Investigación del Músculo, demostraron que el ejercicio extenuante estimula los mensajeros de la inflamación (IL6, IL 1b y TNF alfa) de manera sistémica y a intensidades tales como las presentadas en los casos de pacientes en terapia intensiva con síndrome de falla orgánica múltiple, es decir, en la antesala del ¡infierno!

La experiencia del programa antiinflamatorio del doctor Barry Sears en deportistas incluye la siguiente:

- Nadadores olímpicos de la Universidad de Stanford, EUA.
- Equipo olímpico de basquetbol de Italia.
- Equipo de natación olímpico de Italia.
- Equipo de ciclismo paraolímpico de Italia.
- Equipo de futbol serie A de Italia, Milán AC.
- Equipo de futbol serie A de Italia, Juventus FC.
- Equipo de futbol de primera división de México, Atlas de Guadalajara.
- Equipo de voleibol nacional de playa —mexicano varonil—, Gira Internacional 2007.

El atleta y La Zona

- Equipo de futbol de primera división de México, Santos de la Laguna.
- Triatlón Juvenil de México, María Eugenia Barrera —campeona durante cuatro años consecutivos—.
- Patinaje sobre ruedas, campeón juvenil de México.
- Tenis semiprofesional, Jalisco, México.
- Golf semiprofesional, Jalisco, México.
- Maratón Senior, Nuevo León, México.

El carburador hormonal recargado del atleta

¿Cuál es el ajuste natural del programa de **La Zona** en el atleta? Dependerá de los siguientes factores:

a) Porcentaje de grasa. Según el tipo de deporte, la meta del porcentaje de grasa variará entre el seis y el 20 de porcentaje de grasa —por ejemplo, futbol 10%, corredor de 100 m. 6%, triatlón 12%—. Una vez lograda esta meta en particular, los bloques de alimentos por día comenzarán a razón de 17 con incrementos de dos por semana hasta un máximo de 23. En este caso se agregará doble ración de grasa monoinsaturada —almendras, nueces, aceite de oliva o aguacate— en el desayuno y cena, además de consumir un bloque extra 30 minutos antes del ejercicio principal del día y otro inmediatamente después del ejercicio.

b) Nivel de competencia. Fuera de la temporada competitiva, el número de bloques debe disminuir a catorce en la mujer y a 16 en el hombre; en la pretemporada —o de acondicionamiento competitivo— se inicia con 17 bloques si el atleta regresa de vacaciones con el mismo porcentaje de grasa que tenía antes de irse a éstas.

Cuando la competencia esté en su momento más álgido —final de temporada— las dosis iniciales de doble ración de grasa monoinsaturada se convierten en triples y se extiende también a los intermedios y colaciones —no sólo ya en desayuno y cena.

c) Lesiones o enfermedad. Cuando la enfermedad o lesión limita el entrenamiento y la competencia —menos de tres semanas— el número de bloques deberá disminuir a catorce en la mujer y a 16 en el hombre, sin embargo la cantidad de Omega 3 y antioxidantes se debe incrementar un 50% en relación a la cantidad inicial, que dicho sea de paso en promedio es de 30 a 40 ml por día —15 a 20 g de EPA más DHA—.

140 MÉXICO ENTRA EN LA ZONA

d) Nivel de estrés emocional. De acuerdo a la variabilidad cardiaca (HRV) podemos predecir quién requiere control de emociones antes de una competencia con tal importancia que el control emocional podría marcar la diferencia. El valor normal de HRV es entre 75 y 125 ms —en caso de estrés se reduce a menos de 75ms— y con el control ambulatorio del estrés a través de la técnica de respiración —*Heartmath*— y dosis emergentes de Omega 3 con GLA —Eico Pro— a razón de 20 ml extras a su dosis promedio lograremos un HRV de 122 ms.

Tanto el HRV como el *Heartmath* son herramientas de acceso rápido —a través de un censor digital—, del cardiólogo deportivo que pueden favorecer la activación de la vía colinérgica antiinflamatoria esencial para la vida del atleta. En manos expertas puede predecir el riesgo a la muerte súbita cardiaca del atleta antes de una competencia.

e) Índice de Bienestar Cardiovascular vs. Índice de Riesgo de Muerte Súbita Cardiovascular o GUS ratio. Fue el doctor Barry Sears quien diseñó una ecuación que predecía el bienestar cardiovascular, dividiendo el HRV —entre más bajo más riesgo— entre el rango AA/EPA o PIS —entre más alto más riesgo—.

Sears calculaba que para un HRV muy bajo más un PIS alto resultaría en un Índice de Bienestar Cardiovascular muy bajo. Aplicando dicho criterio y utilizando el Índice Arritmogénico o de Gudbjarnason (AA/DHA) en vez del PIS y apoyándome en los estudios de *Metcalf* sobre ácidos grasos en el miocardio después de Omega 3, logré deducir el Índice de Riesgo de Muerte Súbita Cardiovascular o GUS ratio, de la siguiente manera:

- Buenos genes, mala dieta.
  HRV= 100.
  AA/DHA= 3.
  GUS ratio= 33.
- Malos genes, buena dieta.
  HRV= 30.
  AA/DHA= 1.
  GUS ratio= 30.
- Malos genes, mala dieta.
  HRV= 30.
  AA/DHA= 3.
  GUS ratio= 10.

El atleta y La Zona

141

- Buenos genes, buena dieta.
  HRV= 100.
  AA/DHA= 1.
  GUS ratio= 100.

Donde el GUS ratio *normal* o de riesgo leve para muerte súbita cardiovascular se mantiene en un rango entre 20 y 100. En cambio el riesgo para muerte súbita cardiovascular es alto cuando el GUS ratio es menor a 20 y de muy alto riesgo cuando es igual o inferior a 15.

De bebidas ricas en carbohidratos, electrolitos y cosas peores

Las bebidas para deportistas ricas en carbohidratos de alta carga glucémica —6 %— y rica en sodio y potasio se han usado como la panacea para toda la gente que practica un deporte o ejercicio, pero ¿realmente sirven? ¿realmente protegen?

De verdad, créamelo que quisiera decir sí, pero la respuesta es un rotundo **no**.

Para ejercicios de menos de 95 minutos de duración, ya sea aeróbico, anaeróbico o combinado —como en el caso del futbol—, la reposición electrolítica y de glucosa dentro de la competencia no está indicada. Sin embargo la hidratación con agua simple sí está indicada de la siguiente manera:

—A excepción de humedad igual o mayor a 90% donde la cantidad de agua debe ser un 18% mayor:

- 250 ml. dos horas antes de la competencia.
- 125 ml. 30 minutos antes.
- 125 ml. cada 30 a 45 minutos durante la competencia.
- 250 ml. inmediatamente después de la competencia.
- 250 ml. dos horas después de la competencia.

En promedio, alrededor del ejercicio, se debe ingerir agua natural entre 2.5 a 3 litros. No debemos perder de vista la pérdida de peso después del ejercicio pues nos puede orientar sobre la cantidad de agua que hay que consumir en cada ocasión en especial.

Además se puede uno orientar con el color de la orina, si aún es oscura es que falta consumir agua, o por la sudoración copiosa a las dos horas después de culminar el ejercicio.

142   MÉXICO ENTRA EN LA ZONA

Las bebidas ricas en taurina, cafeína y glucoronolactona no sólo no están indicadas alrededor del ejercicio sino que ponen en riesgo la vida de los deportistas que la consumen. ¿Por qué? Por que estimulan el sistema nervioso autónomo simpático —proinflamatorio—, disminuyen el HRV y el umbral de excitación miocárdico que culmina en arritmia letal.

La bebida que funciona mejor que el agua natural en la actividad deportiva es aquella que contiene magnesio y es libre de azúcares refinados, pues mantiene un nivel estable de insulina en sangre, cerebro y músculo cardiaco que facilita la entrada de la glucosa a la célula en cuestión evitando la lipólisis del ejercicio y la resistencia a la insulina localizada la cual ocasiona retención intracelular de ácidos grasos y calcio que son el caldo de cultivo para la arritmia letal.

¡Un bloque de proteína, carbohidratos, grasa y agua con magnesio antes y después del ejercicio es el pasaporte mágico para una actividad deportiva segura!

Cuando menos es más

¿Y qué hay de las personas comunes y corrientes que realizan ejercicio por salud? Como lo habrás visto en el capítulo de ejercicio, lo mejor para la salud cardiovascular es **continuidad** en lugar de intensidad.

De 30 a 40 minutos de ejercicio aeróbico —caminar, trotar, nadar, bicicleta...— cinco días a la semana y al 65% de tu frecuencia máxima esperada —220 menos edad en años es el 100%— es el ejercicio antiinflamatorio por excelencia que incrementa los niveles de factor neurotrófico cerebral —BNF— que a su vez incrementa los niveles de neurotransmisores cerebrales —dopamina, serotonina, etc.—, modulando no sólo la neuroplasticidad sino mejorando el eje psico-neuro-inmune.

El ejercicio aeróbico o de resistencia —pesas, ligas, power plate, carreras rapidas...— debe ser por periodos cortos de 15 a 20 minutos, con gran intensidad pero en días alternos, con un mínimo de descanso de 24 horas para evitar la ruptura muscular y la exposición de ADN libre en plasma.

Este esquema favorece la liberación de mensajeros de la antiinflamación como IL-10 y adiponectina que mejoran la sensibilidad a la insulina, disminuyen la inflamación celular subclínica y disminuyen la disfunción endotelial que son la base fisiopatológica de toda enfermedad crónica.

Suplementos para mejorar el rendimiento físico

Como mencionamos en el capítulo de suplementación antiinflamatoria, en el programa de **La Zona** sólo se permiten los siguientes suplementos para mejorar el rendimiento del atleta:

- D-Ribosa. Carbohidrato precursor de las moléculas de ATP muscular, se indica antes del ejercicio y en combinación con proteína de suero de leche, fruta y almendras.
- Creatina. Precursor proteico muscular, principal estímulo para la síntesis proteica muscular, se indica antes del ejercicio junto con la D-ribosa.
- L-carnitina. Precursor de enzimas mitocondriales de la oxidación de ácidos grasos, esencial para aumentar la quema de grasa y para una óptima utilización de la glucosa y ácidos grasos por el miocardio, se indican entre 2 a 9 gramos por día.
- Coenzima Q-10. Co-factor para evitar el daño miocárdico y la arritmia letal así como aislante de posibles descargas eléctricas cerebrales durante el ejercicio, se indica entre 90 y 120 mg. por día.

Un mensaje a los atletas y a las autoridades del deporte en México

"Su aseveración fue poco más que irresponsable... no puede decir a nivel nacional que tal jugador está en riesgo.... él no está dentro del negocio del futbol" —dictaminaba el médico de un equipo de futbol de primera división en México a un reportero que lo entrevistaba.

Es verdad, no estoy en el negocio del fútbol ni en el negocio de la enfermedad como muchos colegas médicos y muchas autoridades del deporte en México, *mi negocio* por así llamarlo es el de la **salud**, el de la prevención de la muerte súbita cardiovascular del atleta, el de la prevención de las enfermedades cardiovasculares y de toda enfermedad crónica conocida por el ser humano.

Si a ti, atleta, médico del deporte o directivo del mismo esto te suena fantasioso, descabellado, riesgoso, prematuro... quizá no te lo siga pareciendo si estudias con detenimiento la inflamación crónica de bajo nivel como fuente de los cambios anatomo-funcionales del atleta de alto rendimiento, el cual, si continúa siendo manejado médica y nutricionalmente como hasta el día de hoy, tiene un solo futuro asegurado: la enfermedad prematura o tardía y la muerte súbita cardiovascular.

La ciencia en la cardiología deportiva avanza, aunque ustedes no lo crean, porque la ciencia —que cambia todos los días por cierto— no necesita de la aprobación de médicos y directivos dentro del *negocio del deporte*, simplemente **existe**.

Cuando realmente a éstos les interese la salud del atleta dirán: *fantástico, esto no lo sabía, pero podría resultar... por favor ofrézcanos una capacitación amplia al respecto a médicos, nutriólogos, preparadores físicos, entrenadores y directivos del deporte.* —Mientras su natural soberbia se desvanece lentamente cientos y quizá miles de atletas en todo el país creerán, a pie juntillas, que están haciendo lo correcto según los estándares de calidad de sus médicos y directivos, pero la pregunta queda aún en el aire:

¿Cuántos más señor Marín, cuántos muertos más?

Los que el país necesite para ablandar el corazón y la coraza ancestral de quienes dirigen los destinos del deporte en nuestro país.

Los necesarios para sacudir de pies a cabeza la estructura rígida, añeja y poco actualizada de los conocimientos médico-nutricional deportivos en que se basa la prescripción del ejercicio en nuestros atletas.

¿Hasta cuándo la Sociedad Mexicana de Cardiología permitirá que se prostituya *el beneficio cardiovascular* del ejercicio extenuante inflamatorio?

¿Hasta cuándo tomará el cardiólogo deportivo su natural posición en el staff de médico necesario para el atleta?

¿Hasta cuándo el atleta comprenderá que sin protección cardiovascular no hay deporte que valga?

El programa de **La Zona** ha demostrado en muchos lugares del mundo —EUA, Italia, Australia, México...— sus beneficios en atletas: aumento del rendimiento con una concomitante disminución del riesgo cardiovascular.

Mi labor será continuar demostrando, científicamente, cuál es la causa y la solución de la muerte súbita cardiovascular y la forma de revertirla sin sacrificar el rendimiento atlético, sólo no olvides una cosa:

El elemento principal del deporte organizado en México y el mundo es: ¡el atleta!

Quien no cuida la integridad del atleta, no es un buen médico, ni un buen directivo, ni un buen entrenador... ni un buen ser humano.

7

Obesidad, diabetes y La Zona

El camino a San Nicolás de los Garza en los suburbios de Monterrey es sinuoso e impredecible, sólo nos orienta el canal de aguas residuales en reparación que nos lleva al costado de la casa del hombre más obeso del mundo.

¿Si te demuestro lo que causó tu obesidad, permitirás que te presente el estilo de vida antiinflamatorio del doctor Barry Sears? —le decía a Manuel sin dejar de verle a los ojos.

Habían pasado algunas horas tras haber observado de cerca el cuadro completo: un hombre joven con 560 kilos de peso, dos tumoraciones, una en cada lado de la cara interna de sus piernas —de 55 kilos de peso cada una— llenas de líquido linfático y grasa, y cambios de esclerosis en piel, una gran herida que atraviesa con descaro su enorme abdomen y una sonrisa apenas esbozada...

¡Ya sé lo que tiene! —dije de forma apresurada a la doctora Silvia después de permanecer pensativo largo rato.» «*Él pesaba sólo 300 kilos cuando fue operado por médicos regiomontanos para extraerle, mediante lipectomía, aproximadamente 65 kilos... luego de permanecer en terapia intensiva, muy grave y alimentado por vía venosa, en lugar de bajar de peso subió a 500 kilos.... Como si lo hubiesen podado, se diseminó la inflamación celular a sus extremidades inferiores, creando esos enormes pedículos de grasa y agua que le impiden caminar.*»

Las autoridades de salud del estado de Nuevo León estaban desesperadas: durante más de un año habían recibido e intentado todo tipo de dietas, ejercicios, terapias, suplementos y medicamentos provenientes de todo el mundo para reducir su peso sin éxito, es más, hubo un incremento de ¡60 kilos!

*Sólo permitiré que instalen en **La Zona** a Manuel mientras siga bajando de peso... una vez que pare de hacerlo, lo someteremos a un bypass gástrico en Italia* —aseveraba el secretario de Salud vía telefónica. *Por supuesto, mientras continué bajando nosotros seremos sus médicos responsables* —afirmé categóricamente.

146 MÉXICO ENTRA EN LA ZONA

En el fondo de mi corazón sentí que podríamos lograrlo pero en realidad no sabíamos cómo manejar a un hombre de más de media tonelada de peso, el caso de mayor peso que habíamos atendido era de ¡210 kilos solamente!

Entendía que teníamos el mejor método y los mejores recursos de suplementos y equipo médico, pero los estándares de dosis, cantidad y calidad de bloques diseñados por Barry Sears eran para otro tipo de casos.

¡Tienes 25 de inflamación celular Manuel... es una excelente noticia! —dije emocionado en aquel entonces—. *Ya sabemos lo que tienes: inflamación celular crónica de bajo nivel que activó genes para obesidad y que la cirugía diseminó a tus piernas... ahora sólo debemos revertir esa inflamación con óleos antiinflamatorios y con alimentación adecuada que estimule muy poco la hormona insulina y comenzarás a bajar de peso* —continué emocionado.

Durante un año el plan funcionó así:

- Alimentación antiinflamatoria a cargo de la doctora Silvia.
- Ejercicio antiinflamatorio a cargo del instructor Javier Pini.
- Control del estrés a cargo de la doctora Silvia.
- Suplementación antiinflamatoria a mi cargo —Doctor Gustavo.
- Manejo médico de complicaciones inherentes al caso —medicina interna— también a mi cargo.

El número de bloques, la combinación, el tipo de suplementos y la dosis fueron calculados y ensayados en Manuel por este pequeño grupo de **La Zona** México sin asesoría o control por parte del doctor Sears... el resultado hasta ese momento: ¡**200 kilos** menos de peso y un estado óptimo de sus arterias!

La avalancha de eventos sucedidos después eran inimaginables para nosotros; el efecto en el mundo entero —Record Guinness, BBC Londres, Discovery Channel...— de este hecho consternaría a propios y extraños.

El doctor Barry Sears conocería muchos meses después a Manuel y se sorprendería entonces —como hasta ahora que ha bajado ya **370 kilos**— de la forma en que adaptamos y mejoramos su método.

La grasa baja la grasa... consumiendo grasa de pescado disminuye la inflamación del tejido adiposo aumentando su degradación... —Le explicaba a los medios londinenses.

¿30 gramos de Omega 3 por día, no es mucho? —replicaba el reportero—. *Nadie en el mundo había utilizado tal dosis para este efecto.* —Afirmé.

¿Siguen instrucciones de Sears? —arremetía al micrófono el europeo—. No, la experiencia clínica con obesos mórbidos es mexicana y ya hemos utilizado antes hasta 21 gramos y con Manuel esperamos que sea seguro y efectivo —dije impaciente.

Pero si nunca nadie había utilizado tal combinación de suplementos, número de bloques y horarios en La Zona, ¿cómo sabía que funcionaría? —insistía. —No lo sabía, nunca había tratado a un hombre tan obeso... sin embargo estudios en animales avalaban el intento por cambiar la expresión genética de Manuel... y lo logramos. ¡Usamos un método bostoniano a la mexicana! —Finalicé.

Este caso pone en evidencia la forma tan ineficiente de disminuir la grasa corporal de manera saludable por médicos, nutriólogos y cirujanos en nuestro país: con dietas bajas en calorías, con ejercicios extenuantes, con fármacos que eliminan la grasa por el sistema digestivo o que suprimen el apetito.

La medicina, en general, y la nutrición, en particular, nunca volverán a ser la misma después de que Manuel Uribe Garza bajó 200 kilos de grasa en un año sin necesidad de cirugía y comiendo almendras, fresas, guacamole, salmón y litros de aceite de pescado y de oliva.

El carburador hormonal del obeso

a) Alimentación.

En general el hombre obeso debe consumir diez bloques en **La Zona** y la mujer ocho. Sin embargo hay que vigilar que no presente el paciente debilidad generalizada, dolor de cabeza, mareos, aumento del apetito o falta de concentración. En caso de presentar estos síntomas, el ajuste podría ser recortar los tiempos entre los alimentos a un mínimo de dos y media horas o, en su defecto, incrementar un bloqueo como colación entre los alimentos.

Raras veces el paciente tiene desvanecimientos y, en esos casos, hay que interrogar al paciente sobre la omisión de los carbohidratos en sus alimentos, insistir en que no suprimir ningún alimento indicado en la prescripción nutricional es fundamental para el apego al programa.

El obeso siempre debe consumir alimentos favorables, sobre todo carbohidratos de baja carga glucémica y gran volumen, pues esto le dará mayor saciedad y sensación de plenitud.

Un punto a considerar aparte es la omisión de leche entera de vaca

148   México entra en La Zona

o los derivados fermentados de la misma —yogurt entre otros—; aunque el doctor Sears no los excluye en sus recomendaciones y libros, estudios en seres humanos realizados en la Universidad de Lund en Suecia por el doctor Oshman demostraron un desfasamiento entre la respuesta glucémica —índice glucémico— y la respuesta insulínica de la leche de vaca. En otras palabras, existe un incremento desmedido de insulina posterior a la ingesta de la leche a pesar de mantener una respuesta glucémica aceptable. Es probable que se deba al gran contenido en ésta de lectinas —restos proteicos unidos a carbohidratos de difícil digestión— obtenidas por la vaca a través de la ingesta de granos en lugar de pasto.

Para los obesos con peso igual o mayor a 200 kilos se inicia con catorce bloques y se incrementan o disminuyen dos cada semana, según sea la respuesta al programa; la cantidad máxima de bloqueos por día son de 18.

b) Suplementos.
El objetivo es vencer la resistencia a la insulina, a la leptina y a la adrenalina para que se refleje en un mejor funcionamiento de los PPAR Alfa (Receptor peroximal proliferador activado Alfa) dando como resultado final lipólisis y betaoxidación de la grasa inflamatoria localizada visceralmente.

Para ello hemos diseñado la fórmula 2 × 3 de los nutraceúticos:

- *Metabolic digestive support* 2 grageas juntas, 3 veces al día.
- *Hepatic support* 2 grageas juntas, 3 veces al día.
- *Cardiosupport* 2 grageas juntas, 3 veces al día.
- *Micronutrient* 2 grageas juntas, 3 veces al día.
- *Bone support* 2 grageas juntas, 3 veces al día

Después de un mes con este esquema y demostrada la pérdida de la grasa corporal sin incremento de la tensión arterial, frecuencia cardiaca en reposo o glucosa, podremos instalar el esquema para obesos mórbidos o súper-obesos, previa valoración de la función tiroidea mediante gama, grama y perfil tiroideo llamado 3 × 3:

- *Metabolic digestive support* 3 grageas juntas, 3 veces al día.
- *Hepatic support* 3 grageas juntas, 3 veces al día.

Obesidad, diabetes y Las Zona   149

- *Cardiosupport* 3 grageas juntas, 3 veces al día.
- *Micronutrient support* 3 grageas juntas, 3 veces al día.
- *Bone support* 3 grageas juntas, 3 veces al día.

Este esquema sólo puede aplicarse bajo vigilancia médica cercana, inspeccionando la presencia de palpitaciones, migraña, hipertensión o cefalea y podrá ser sostenido por un máximo de tres meses para luego regresar al esquema inicial.

La cantidad y tipo de aceite de pescado rico en Omega 3 de cadena larga —EPA y DHA— 5 estrellas —según IFOS—, y su combinación con aceite de borraja —rico en GLA— o ajonjolí —rico en sesamina y sesamol—, se debe basar única y exclusivamente en el perfil de ácidos grasos en el fosfolípido del plasma —PIS— según esquema visto en el capítulo de suplementación.

En general podemos decir que la mayoría de los obesos necesitan una dosis de carga de Omega Rx entre 10 a 30 ml. por día junto con 5 a 10 ml. de aceite de oliva extravirgen del doctor Sears y SeaHealth plus 30-60 ml. por dos semanas para luego, según criterio médico o de PIS, combinar 50-50% entre Omega Rx y Eico Rx o Eico dependiendo del caso.

c) Ejercicio

Las primeras dos semanas, en la mayoría de las ocasiones, preferimos concentrarnos en la alimentación y en la suplementación y dejar el ejercicio para más adelante por dos razones; la primera es el apego a un nuevo esquema de alimentación y la presencia de hipoglucémica o lipotimia asociada al ejercicio que, aunque sea raro, es preferible tomar precauciones. La segunda, la mayoría de los obesos han realizado ejercicio extenuante en forma de picos, esto es, días muy intensos seguidos de reposo prolongado.

Estos dos mecanismos nos obligan a primero incrementar la sensibilidad a la insulina y adrenalina en el músculo y tejido adiposo respectivamente antes de comenzar con sesiones diarias de ejercicio aeróbico de diez a quince minutos iniciales para llegar a 30 o 50 minutos por día después de cuatro semanas.

A las cuatro semanas iniciamos el ejercicio de resistencia que, por regla general en el obeso, incluye sesiones de cinco a diez minutos de ligas o pesas únicamente para extremidades superiores.

d) Control del estrés.

Desde la segunda semana iniciamos con la técnica de *Heartmath*, diez a quince minutos por la mañana acompañado de una disciplina de relajamiento como el yoga y la meditación u oración dos veces por semana, entre 30 y 50 minutos cada una.

El diabético, nuestro mejor espejo

Las calles del barrio de Pera no sólo son las más desafiantes para sus zapatos de tacón alto sino que le muestran uno de los paisajes urbanos más hermosos y románticos en el extremo europeo de la bellísima Estambul.

¿Habrá pastel? —preguntaba después de que yo le hubiera roto el listón rojo ceñido a su pequeña cintura. *Supongo que después del ceremonial nupcial y la danza del vientre... seguro habrá* —respondí sorprendido.

Hacía casi un mes que viajamos por Oriente Medio, de Pamukale a Ankara, de Efeso a Capadoccia y por fin regresábamos a Estambul llenos de recuerdos, gratos momentos pero de desasosiegos también.

Me aplicaré 8 unidades de insulina rápida para poder comer pastel, ¿está bien? —preguntaba ansiosa. Sólo asentí, en mi mente me preguntaba «si yo quisiera pastel, ¿qué me tendría que aplicar para no verme afectado?... yo no soy el diabético». ¿Cuál es el costo que tendría que pagar mi cuerpo por no elevar mi glucosa?

No quiero pastel, gracias Herjan —dije tímidamente a mi calvo amigo turco. Aún esa bella mujer que se aplicaba con una sonrisa pícara la insulina sobre su bien marcado vientre no tenía seguro que ese alimento en ese momento tan mágico no le ocasionaría ningún daño posterior.

Y es que el paciente diabético tiene rostro y nombre, sufre lo indecible por apegarse a la alimentación que su nutriólogo o endocrinólogo —con buena intención pero pobre conocimiento—, le instala, pero las preguntas son:

¿El esquema alimentario y farmacológico oficial evita el daño vascular del diabético?

¿El control de la glucosa con dosis altas de insulina evita la muerte prematura del diabético?

¿Saben en realidad los educadores en diabetes cuáles son los alimentos, suplementos o actividades que evitan el daño vascular cerebral, cardiaco y renal?

Tristemente la respuesta es **no** a todos los cuestionamientos anterio-

Obesidad, diabetes y Las Zona 151

res. Hay una brecha enorme entre el conocimiento médico nutricional en animales de experimentación, estudios poblacionales, observacionales, epidemiológicos y pequeños estudios clínicos controlados y el consultorio de quien se supone debería velar por el interés de una población enorme de diabéticos que navegan en un mar de confusión entre las recomendaciones de su médico y nutriólogo y la triste realidad ante la comida, estrés, ejercicio, fármacos y suplementos.

Es un hecho, tienes diabetes tipo 1, tendrás que inyectarte de por vida insulina y entiéndelo de una buena vez, ¡nunca... nunca te vas a curar! —fueron las palabras que como eco escuchó hace cuatro años esa misma bella mujer de su entonces endocrinólogo, al mismo tiempo que lanzaba una hoja de papel sobre el escritorio.

¡Ah!, lo olvidaba, esta es la dieta que vas a seguir... si quieres comer pastel simplemente te aplicas mucho más insulina y ya está —decía el galeno sin mirar a verle.

Ella tomó la hoja de papel impresa por un laboratorio farmacológico y salió de prisa del consultorio como queriendo huir de quien debería haberla cuidado, protegido, educado y, sobre todo, dado esperanza de un futuro más halagüeño que la presencia en ella de una enfermedad que puede acabar con su cuerpo lenta e inexorablemente.

El diabético tipo 1 rara vez tiene obesidad, en cambio frecuentemente tiene bajo peso a expensas de pobre masa magra —músculo y órganos vitales— y gran inflamación celular pancreática que se manifiesta por *péptido C* disminuido y resistencia a la mínima cantidad de insulina circulante.

En cambio el diabético tipo 2, casi en su totalidad, se acompaña de obesidad abdominal, y sobre todo, visceral manifestada por aumento de insulina en ayuno y después de 50 g de glucosa, alteraciones de lípidos —triglicéridos altos y colesterol de alta densidad bajo— y disfunción endotelial manifestada por presión arterial alta, daño renal, retina y de arterias periféricas.

Carburador hormonal del diabético

a) Resistencia a la insulina. Si la insulina en ayunas es igual o mayor a diez, si la insulina después de 50 g de glucosa es igual o mayor a 25, o si el HOMA simplificado —glucosa x insulina entre 450— es igual o mayor a 2.5, el diagnóstico de resistencia a la insulina se realiza y los siguientes ajustes del programa de **La Zona** deben instalarse:

152   MÉXICO ENTRA EN LA ZONA

- Aumentar la relación proteína/carbohidratos a expensas de disminuir un bloque de carbohidratos por cada alimento de 3-4 bloques. En el caso de alimentos de 1-2 bloques disminuir medio bloque de carbohidratos, para mantener una relación proteína/carbohidratos de uno.
- Sólo elegir carbohidratos de muy baja carga glucémica en cada comida.
- Suprimir la ración de grasa en el alimento donde se ingiera el Omega 3 y el aceite de oliva.
- Realizar ejercicio aeróbico de 30 a 50 minutos cinco veces por semana.
- Realizar ejercicio anaeróbico por 20 minutos tres veces a la semana en días alternos.

b) Dislipidemia. Si el índice de Gazziano —TG/HDL— es igual o mayor a dos o si los triglicéridos son mayores de 123 MG acompañado de medición de la circunferencia de cintura igual o mayor a 90 cms se realizarán los siguientes ajustes al programa de **La Zona**:

- Sólo tomar el 50% de la dosis de vitamina C y antioxidantes de membrana líquidos —Sea Health Plus.
- Suplementos vs. resistencia a la insulina a dosis altas: *Metabolic digestive support* 3 grageas juntas, 3 veces al día, *Cardiosupport* 3 grageas juntas, 3 veces al día.
- Omega 3, esquema según PIS, sin embargo en caso de descontrol severo reciente de la glucosa —mayor a 250 MG o menor a 70 MG— comenzar con el 25% de la dosis sugerida hasta tener un control certero de la misma.

c) Utilización de insulina. Si el paciente es insulinodependiente —tanto tipo 1, 2 o uno y medio o tipo LADA— y, sobre todo, si se acompaña de bajo peso o episodios de hipoglucemia frecuentes se deberán considerar los siguientes ajustes en el programa de **La Zona**:

- No consumir leche de vaca entera o sus derivados fermentados.
- No tomar vitamina C o antioxidantes de membrana líquidos —Sea Health Plus.
- No realizar ejercicio si la glucosa es igual o menor a 110 MG.
- Suplementos: D-Ribosa en polvo —1 bloque— más proteína de

suero de leche del doctor Sears —un bloque— en agua más 1 taza de fresas con cinco almendras para desayuno o cena. Usar creatina en polvo —una medida— en agua 30 minutos antes del ejercicio. Considerar el uso de aminoácidos esenciales como: carnosina o taurina.

d) Daño renal. Si la depuración de creatinina es igual o menor a 20 ml/min o si sólo tiene un riñón funcionante con una depuración de creatinina igual o mayor a 135 ml/min se deberán considerar los siguientes ajustes en el programa de **La Zona**:

- Disminuir un bloque de proteína en la comida y medio bloque en el desayuno o cena.
- Solo proteína de origen animal, de preferencia de suero de leche del Dr. Sears mínimo dos bloques por día —máximo cinco.
- Suplementos: si se acompaña de bajo peso a expensas de masa magra disminuida dar D-Ribosa —dos medidas— en agua más media taza de fresas, doce almendras en agua junto con la proteína de suero de leche.
- Usar diuréticos tiazídicos sólo cuando el paciente curse con *Síndrome Nefrótico* y/o edema generalizado —anasarca.
- Considerar nefroprotección con ramipril a dosis pequeñas si no existe presión arterial alta o dosis mayores si está presente.

Una reflexión sobre el diabético

El diabético es sobre quien nos reflejamos a diario; lo que para él no es bueno tampoco lo es para nosotros aunque no lo podamos evidenciar —por lo menos en ese momento—, asimismo lo que es bueno para él también debe serlo para nosotros.

¿Por qué los seres humanos esperamos a tener una enfermedad tan cruel como la diabetes para empezar a cambiar nuestro estilo de vida por uno más saludable?

Es mejor vernos en el espejo del familiar cercano con esta enfermedad y comenzar nosotros a cambiar nuestra forma de alimentación, suplementación, ejercicio y forma de pensar y sentir antes de sufrir directamente los tragos tan amargos como miles de diabéticos en nuestro país.

Casi todos tenemos algún familiar diabético pero pocos tenemos la certeza de que estará bien en los próximos años a menos de que se atraviese en su camino un programa antiinflamatorio tan radicalmente benéfico como lo es el del doctor Barry Sears.

8

El bajo peso y La Zona

Mi sueño siempre ha sido ser bailarina de flamenco, doctor Orozco... —con trémula voz asentaba aquella muchacha. *Me siento débil, decaída... en general falta de energía... y mis pies hinchados, eso me molesta mucho... sin embargo, si me da la dieta de La Zona... Usted sabe, ¡yo no quiero engordar!* —Casi gritaba mientras su escuálida mano me buscaba vacilante.

—*¿Pero estás consciente que tienes bajo peso y bajar más pone en riesgo tu salud?* —La miraba fijamente a los ojos al igual que algunos curiosos que se arremolinaban en el *lobby* de aquel hotel.

Ella sólo come licuados hechos de leche, fruta y mucha agua... —afirmaba su mamá realmente desesperada.

—*¿Come banana... digo plátano en demasía?* —cuestionaba ahora yo.

—*¿Cómo lo supo doctor?... es adicta a dos cosas: al ejercicio y al plátano* —susurraba la madre para no ser escuchada por su más que atenta hija.

—*Sólo existe una manera de saber si requieres comer más y mejor y es midiendo tu grado de inflamación celular y claro medir tu insulina en ayunas* —aseveré de forma seria.

—*¿Insulina? ¡Pero si no soy diabética!, eso sí, lo de la inflamación sí porque estoy muy inflamada de los pies.* —Cuestionaba con un tono inquisidor la famélica joven.

—*Tienes suerte querida jovencita, recién en México podemos tomar sangre de pacientes como tú y la enviamos a analizar a Canadá y sólo ellos nos dirán si requieres cambiar tus hábitos alimenticios, suplementos, ejercicio...* —Dije en un tono desenfadado.

—*¿Qué dijo? ¿Ejercicio? ¡Nunca dejaré el baile! ¡Nunca! Además, yo necesito pesar 42 kilogramos... ni un gramo más.... ¡soy una bailarina!* —ahora gritaba ya sin darse cuenta.

—*Dime algo.... ¿cómo te ves al espejo... digo, te ves delgada acaso?* —la cuestionaba suavemente.

—*¿Delgada doctor? ¡No lo suficiente claro está!* —al decirlo su mirada me atravesaba como un puñal.

—¿*Tu menstruación es regular... en cantidad, frecuencia y duración?* —continuaba yo como si no la hubiese escuchado.

—¿*Menstruación? Bueno... hace algunos años era regular, ahora no recuerdo cuántos meses... la verdad no recuerdo cuándo fue la última vez* —vaciló por un segundo.

—¿*Crees que yo te puedo ayudar?* —le dije mientras la tomaba con fuerza de las manos.

—*Bueno, he visto muchos doctores... y nada... nadie me ha podido ayudar* —su tono se había suavizado y sus ojos adentrados en su rostro esbozaron una lágrima.

—¿*Crees que yo te puedo ayudar?* —insistía mientras apretaba más sus manos.

Su frágil cuerpo hacía vanos esfuerzos por librarse de la situación; su piel enjuta a sus huesos transpiraba levemente mientras sus pequeñas venas en su rostro se ingurgitaban para finalmente exclamar—: ¡*Es que... es mi última opción, doctor... entiéndalo, es mi última oportunidad... ayúdeme*!

—*Ella le escuchó hablar de inflamación celular y cambios cardiacos en pacientes con anorexia nerviosa por la radio, y por primera vez aceptó buscar ayuda ¡y fue a usted doctor!* —decía exhausta la madre.

—¡*Yo no te puedo ayudar!* —dije bruscamente.

—¿*Nooooooooo? Pero usted dijo en el programa de radio que toda enfermedad crónica podría beneficiarse del programa de La Zona* —balbuceaba ya.

—*Lo que yo puedo hacer es encontrar la causa de la enfermedad, luego suplementar con óleos antiinflamatorios, prescribir una alimentación rica en proteínas de alto valor biológico y baja en carbohidratos refinados que causan la acumulación de líquidos, pero yo no te puedo ayudar si tú no depositas toda tu confianza en mí* —dije frenético.

Ella respiró tranquila y dijo: —*Pensé que me pediría que aceptara algo que no haría ni aunque me azotaran... ¡aceptar que estoy delgada, muy delgada!* —exclamó eufórica.

Sonreí en mis adentros; yo sabía que esa chica no podría aceptar su delgadez mientras su cerebro no contara con cantidades industriales de aceite de pescado y antioxidantes.

—*Por supuesto, te aseguro que no engordarás con el programa de La Zona y que, por supuesto, estarás fuerte, segura, enfocada, menstruando regularmente y ¡claro!, seguirás bailando... bailando... bailando...* —Terminé diciendo.

El bajo peso y La Zona 157

Baja masa magra, muscular y grasa, el otro lado de la moneda

Aparte de la obesidad como una entidad netamente inflamatoria existe, en el otro extremo, en el bajo peso, el mismo evento fisiopatológico: la inflamación celular, el cual tiene ciertas características y consecuencias según el compartimiento afectado:

a) Baja masa magra en general. Incluye hueso, agua, músculo y órganos vitales; este último compromete la pérdida gradual pero sostenida de tejido macizo como corazón, riñón y pulmón. Nadie quisiera perder 100 grs. de tejido cardiaco ¿o sí?

b) Baja masa muscular —sarcopenia—. Equivale a envejecimiento acelerado cuantificable por pérdida de la fuerza y potencia locomotriz, así como la capacidad para producir proteínas que evitan la oxidación celular y fortalecen el sistema inmune en general y facilitan la función hormonal, sobre todo, estrógenos y testosterona.

c) Baja masa ósea —osteopenia—. Simulando una osteoporosis precoz, favoreciendo fracturas y dolor óseo.

d) Baja agua intracelular. Con extravasación del agua al tercer espacio ocasionando edema de miembros inferiores, pérdida de la turgencia y elasticidad de la piel. En órganos *blancos* —como cerebro— ocasiona producción de neurotransmisores alterada.

e) Baja masa grasa —lipoatrofia—. La pérdida de la grasa en extremo no sólo no es benéfica sino perjudicial, pues se pierde la capacidad del adipósito funcional de retener sustancias tóxicas liposolubles que al no ser contenidas viajan libremente en el cuerpo produciendo intoxicaciones por metales pesados, dioxinas, PCB´s, etcétera.

¿Pero qué patologías se acompañan de bajo peso?

   I. Falla orgánica severa:
      a) Insuficiencia cardiaca.
      b) Insuficiencia renal.
      c) Insuficiencia hepática.
      d) Caquexia por cáncer.

  II. Neuroinflamación.
      a) Congénita —por ejemplo, displasia ectodérmica.
      b) Adquirida —por ejemplo, anorexia nerviosa.

Enfermedad terminal y el bajo peso

Capítulo aparte merece la caquexia por cáncer y por enfermedad renal; enclavadas en las causas de falla orgánica severa de bajo peso, nos ofrecen particularidades que evidencian la relación entre el exceso de peso como factor de riesgo para cáncer y daño renal, pero al mismo tiempo una vez instalada la enfermedad, el bajo peso es un factor de riesgo de muerte. A esto se le conoce como *transición epidemiológica.*

Pero más allá de ser un evento epidemiológico o curioso, esto demuestra los dos lados de una misma moneda: alto peso/bajo peso = inflamación celular.

En ambos casos hay inflamación celular, sin embargo, en la obesidad frecuentemente ésta se encuentra encapsulada y tardíamente diseminada y en la caquexia la inflamación es diseminada muy temprano a músculo, cerebro, hueso, órganos vitales, etcétera.

En pocas palabras el daño multicelular es más severo y permanente en el caso del bajo peso que en el alto peso.

—*¿Pero como voy a entrar a tomar la muestra al IMSS, doctor?* —me cuestionaba Brenda, química de **La Zona** México.

—*No sé aún de qué te voy a disfrazar... ya se me ocurrirá algo* —contesté bromeando.

Pero no era broma lo que sucedía en ese Hospital General de zona en Guadalajara, decenas de pacientes oncológicos habían sido desahuciados y condenados a recibir *migajas terapéuticas* con el clásico y aberrante: *No hay nada más que ofrecerle.*

A paso firme avancé frente al guardia de seguridad del hospital; *Doctor Orozco, Cardiólogo* —decía mientras avanzaba al elevador sin detenerme.

Subí al cuarto piso y le dije a la enfermera en cuestión: *Busco el expediente de un paciente con cáncer de páncreas, se llama Fulanito y vengo a ayudarle.*

Su enorme humanidad no se movió un centímetro y con un gesto apenas perceptible me indicó la sala de médicos residentes de cirugía general.

—*¿Doctores, saben la causa del cáncer y de la propia caquexia de este paciente?* —dije al escaso grupo de jóvenes médicos mientras levantaba en alto el expediente clínico.

Se miraron entre sí buscando respuestas pero no hubo ninguna, sólo

El bajo peso y La Zona 159

una mueca generalizada que yo interpreté como un *no sabemos y no es importante para nosotros.*

Un día antes Brenda con no sé qué disfraz logró evadir la seguridad —no después de intentarlo más de una vez— y había tomado la muestra de sangre de ese paciente. —*Sáqueme de aquí doctor, por piedad* —decía el remedo de un hombre recio. Su rostro serio, su piel de color amarillo arenoso, sus huesos firmes desprovistos de carnes, su trémula voz y su frágil cuerpo sosteniendo una enorme bolsa repleta de orina color sangre, realmente me conmovieron.

—*Yo vengo por usted, se lo prometo* —le dije mientras le limpiaba el sudor de su frente.

—*Nunca he necesitado de nadie, pero ahora necesito de todos. Aquí no encuentro ayuda, doctor* —insistía el desolado otrora jefe de casa.

Esa sala de hospital me recordaba más una sala de enfermería de la guerra de los diez años entre Irak e Irán: bacinicas por ahí, sábanas sanguinolentas por allá, rostros de pánico por aquí y de desesperanza por allá.

—*¿Qué puede hacer un humilde mortal como yo en estos casos?* —me preguntaba. Tomé las desgarradas ropas entre mis manos, le acicalé la prenda y dije presuroso.

—*Su diagnóstico no es muy favorable, pero he visto casos peores, aquí mismo no le realizarán ninguna cirugía, ningún tratamiento de quimio o radioterapia, entonces mejor nos vamos a casa* —dije en tono familiar.

—*Hay una forma de incrementar la masa muscular, suprimir el dolor, corregir la debilidad y decaimiento, mejorar el apetito y, sobre todo, de valerse de nuevo por sí mismo. ¿Nos vamos ahora mismo?* —continué.

La vida en casa fue más llevadera para ese hombre, disminuyó la ictericia —color amarillo de la piel—, el dolor, la incapacidad funcional y la dependencia. De cierta manera fue un poco más libre.

El incremento de la masa magra se reflejó en menor tasa de infecciones, mayor fuerza muscular y mejor gasto cardiaco —volumen de sangre expulsado del corazón—, menor edema de piernas y mayor foco mental.

La muerte era inevitable pero la labor original del médico se había logrado al fin, como dijo Hipócrates: *Lo primero es no dañar... luego lo demás.*

El carburador hormonal del bajo peso en La Zona

El paciente con bajo peso que sigue el programa antiinflamatorio de **La Zona** deberá realizar los siguientes ajustes:

MÉXICO ENTRA EN LA ZONA

1. Bloques. Se inicia con doce bloques en general, con intervalos de alimentos cada 2.5 horas, incrementando cada 8 a 15 días a 14, 16 y 18 bloques máximo por día, según apetito, tolerancia gástrica y estado de ánimo.
2. Tipo de alimento. Escoger alimentos blandos o líquidos al inicio para lograr cubrir todos los bloques. Aquí nos apoyaremos en la proteína de suero de leche —mínimo cuatro bloques al día— acompañada de agua y carbohidratos favorables insistiendo en la omisión del plátano —que en anorexia incrementa artificialmente los niveles de dopamina cerebral asociados a la imagen distorsionada de sí misma en el paciente.
3. Tipo y cantidad de grasa. Se deberá utilizar triple o cuádruple ración de grasa monoinsaturada en desayuno, cena y colaciones.
4. Suplementos:
   a) Omega 3. Se indica casi siempre una combinación de Eico Pro y Omega Rx según resultado del PIS, la presentación suele ser líquida y rara vez en cápsulas, las dosis son altas —entre 20 y 40 ml por día— junto con los antioxidantes habituales. Es importante reponer GLA rápidamente para vencer la disfunción endotelial así que habrá que repetir el PIS a los 30 días.
   b) D-Ribosa. Dos raciones en polvo por cada dos bloques de proteína de suero de leche más un bloque de carbohidratos favorables y triple ración de grasa.
   c) Creatina. Una ración en polvo junto con el *shake* anterior —siempre realizar movilización en cama o reposet por 5 a 10 minutos.
   d) Cardiosupport. 3 grageas juntas, 3 veces al día —Coenzima Q-10 de 15 mg.
   e) Aminoácidos. Taurina 1.000 mg mañana y tarde, carnosina 50 mg. tres veces al día y una carnitina 1 g cada seis horas.
5. Ejercicio. En general el bajo peso nos contraindica el ejercicio inicialmente —2 semanas—, luego habrá que incrementarlo según fuerza de miembros inferiores de la siguiente manera:
   a) Aeróbico. Ejercicios en cama o reposet cinco a diez minutos por día.
   b) Anaeróbico. Cinco minutos de mancuernas cada tercer día.
   c) Mixto.— Terapia vibratoria —*power plate*— cinco minutos dos veces a la semana.
6) Control de estrés, emociones y dolor. Se aplicará la técnica de *Heart Math* portátil —sensor colocado en le lóbulo de la oreja— 30 minutos por la mañana y 30 minutos por la noche.

9

La Zona y el cerebro

Misterioso pero fascinante, así es el estudio de este órgano maravilloso, del cual, durante muchos años, se pensó que se mantenía quieto, y que era inmodificable en cuanto a su funcionamiento; recientes estudios han demostrado que el cerebro también puede reaccionar y que de hecho lo hace a nuestro estilo de vida y se tiene que adaptar a él día a día.Así que lejos de ser inmodificable, más bien casi todos los procesos cerebrales conocidos hasta ahora pueden ser modificados en su expresión genética y a esto se le llama *neuroplasticidad*. Si bien es cierto que los niños tienen un cerebro que se mantiene más en movimiento y que es más flexible que el del adulto, está demostrado que podemos mejorar nuestro funcionamiento mental a través de un estilo de vida como el de **La Zona.** Veamos poco a poco cómo lo hace.

El cerebro, los carbohidratos y las proteínas

El cerebro funciona a través de glucosa primordialmente, ésta es su fuente de energía, los ATP cerebrales (la chispa que enciende el motor de energía celular) la necesitan para formarse, sin embargo, es bien sabido que demasiada en el cerebro es tóxica y muy poca o nada resulta también perjudicial. Aquí tenemos el primer factor que puede cambiar la función cerebral: la glucosa que le sirve al cerebro para pensar, concentrarse, estar feliz, sin ansiedad, sin apetito y para tener un sueño reparador; así que lo ideal es consumir cada cuatro horas al menos una porción de carbohidratos —recuerda que todo carbohidrato debe ser convertido en glucosa para ser absorbido en el intestino— favorables —de baja carga glucémica—, esto es frutas y verduras exceptuando plátano, betabel, mango, papaya, elote y papa que suben demasiado el azúcar o glucosa después de ser ingeridos; lo mismo que sucede con las harinas, cereales y lácteos los cuales también elevan demasiado la glucosa y la insulina provocando un bajón de azúcar después de ser consumidos, y entonces sí que resulta difícil sentirse concentrado, contento, despierto y feliz. Otro modulador en la dieta de la glucosa o azúcar sanguínea es comer, junto con tu carbohidrato, una porción de proteína animal pues ésta estimula al glucagón —hormona pancreática— que saca del hígado la glucosa almacenada de reserva para que sea utilizada. Para mantenerte en **La Zona** de la antiinflamación ya sabes que cada vez que consumes carbohidratos —de preferencia no harinas, ni cereales ni granos o éstos con moderación— debes también comer proteína de origen animal para mantener alimentado con glucosa o azúcar a tu cerebro. Es así como uno de los principales moduladores de la saciedad, concentración y estado de ánimo, así como de la memoria, se encuentra en nuestras manos, o sea en nuestra siguiente comida. —Observa las láminas de los ejes de insulina/glucagón adecuado e inadecuados en el capítulo 3 de la primera parte del libro.

Las grasas y el cerebro

El 60% del cerebro es grasa y dos tercios de ésta son grasas DHA —iguales a las Omega 3 del pescado—, sin embargo, el cerebro de los humanos modernos ha tenido que adaptarse a otros tipos de grasas que no precisamente se parecen a las que lo componían por diseño. ¿Cuáles son estas? Todos los aceites de cocina que tanto presume la televisión como saludables. Está demostrado que esos aceites provenientes de semilla —girasol, maíz, soya, cártamo, etc.—, ricos en una grasa llamada Omega 6, aparte de que aumentan la inflamación celular, se unen a los receptores cerebrales para neurotrasmisores como la dopamina y la serotonina, hormonas cerebrales del ánimo, felicidad, cordura, saciedad, control emocional y de la ansiedad evitando que éstas hagan bien su función y provocando un caos de ansiedad, depresión, apetito feroz y falta de memoria y atención. Recuerdo a una secretaria que tuve quien siempre tenía pastelitos y galletas en su cajón del escritorio; lo que ella no sabía es que todos esos productos empaquetados en bolsita también tienen otras grasas que se usan para que puedan conservarse por mucho tiempo llamadas *grasas parcialmente hidrogenadas*. Estos terribles *frankensteins* de la ingeniería moderna son otro precio que ha tenido que pagar nuestro cerebro para adaptarse a esta vida moderna.

También existen otras grasas *buenas* llamadas Omega 3 que como ya lo hemos mencionado provienen del pescado, especialmente el EPA Y DHA, cuya función en el cerebro es prioritaria.

La Zona y el cerebro

Yo creo que si existe algo que me impacte tremendamente hablando de los cambios que sufre una persona al entrar a **La Zona** de la antiinflamación es cómo su función cerebral cambia de forma radical al iniciar con el Súper Omega que contiene EPA, DHA, AGL y sesamina; es, de verdad, impresionante el cambio.

Para el paciente que ha sido diagnosticado con el examen del PIS su médico o nutriólogo certificado en **La Zona** sabrá, como un verdadero artista, con cuál de los tres Súper Omega iniciar, cuánta dosis, con cuáles antioxidantes combinarlos y cuánto tiempo, según su deficiencia, continuar con altas dosis y cuándo pasar al mantenimiento permanente.

Desde la primera semana el cerebro del paciente se despeja, duerme mucho mejor, abre sus ojos más temprano y sin despertador; la paradoja del sueño: —menos horas de sueño más reparación cerebral—, y esto se debe a que la melatonina —hormona del sueño y reparación— está trabajando mejor y gracias a estas grasas en el cerebro aumenta su comunicación.

Otro de los cambios en el cerebro al entrar a **La Zona** es el buen estado de ánimo, momento, no me malentienda, yo no dije que el paciente con este estilo de vida nunca se enoja, a lo que me refiero es que la serotonina y dopamina aumentan en el cerebro y, todo lo contrario, a las grasas provenientes de aceites de semilla para cocinar; este Súper Omega logra rejuvenecer nuestro cerebro cambiando la expresión genética, despertando los químicos de la felicidad y del control emocional, por ello la persona empieza a sonreír, a sentir saciedad, a no necesitar pastillas raras para seguir el plan nutricional, puede pensar con claridad, es más creativo, aumenta su inteligencia (IQ), le es más fácil resolver conflictos sin perder el control —desconfía de aquellos que lo pierden constantemente, no tienen EPA ni DHA ni AGL—. Esta es la razón por la cual yo les digo que en **La Zona** la vida es más fácil, feliz y productiva y, por lo cual, no me canso de agradecer a Dios por esta herramienta tan noble.

Espera a que te diga que en las enfermedades bien diagnosticadas como déficit de atención, depresión, ezquizofrenia, trastornos de la conducta, insomnio crónico, Alzheimer, Parkinson y autismo este programa ha demostrado revertir y, en algunos casos crónicos, mejorar la función cerebral, mejorando la *plasticidad cerebral* —la química de nuestro cerebro—, haciendo mancuerna con cualquier tratamiento psiquiátrico, en la mayoría de los casos hemos observado que el mismo psiquiatra va reduciendo la dosis farmacológica utilizada para su padecimiento hasta eliminarla por completo.

Pero no puedo acabar este capítulo sin decirles lo importante que es el estrés para su cerebro, a mayor estrés mayor sufrimiento cerebral, las células neurológicas sufren elevación de inflamación y el cortisol cerebral sube *al cielo*, a mayor cortisol cerebral menos concentración, más inflamación y muerte de neuronas de la memoria a corto plazo; así que un buen programa del manejo del estrés debe incluir una excelente técnica de respiración que devuelva a la célula su oxígeno perdido y, para que la química cerebral vuelva a su lugar normal de equilibrio o sea en **La Zona**, pero que sea de forma permanente y antes de esas crisis donde la gente dice: *estallé*.

El ejercicio es otra herramienta fabulosa para regenerar tu cerebro en **La Zona**, éste deberá ser moderado y nunca intenso como se explica en el capítulo referente a él. Uno de los beneficios más importantes del ejercicio aeróbico en **La Zona** proviene de que éste estimula la producción de una hormona muy importante en el cerebro llamada *factor neurotrópico cerebral* que es la encargada de formar conexiones neuronales nuevas. Una neurona puede formar 220.000 en toda su vida y ¿adivina cuáles son los ladrillos para construir estas conexiones? Todas las grasas contenidas en el Súper Omega 3. Tu cerebro podrá funcionar mejor en todos los aspectos químicos, así que caminar, mas no correr, 30 minutos diariamente será una buena póliza de garantía para tu etapa madura si Dios te permite vivir, pero mejor que sea con Súper Omega y alimento en **La Zona**.

Suplementos antioxidantes vs suplementos antiinflamatorios

Durante años la industria farmacéutica, tomando en cuenta algunos estudios de investigación, ha intentado convencernos de que tomar vitaminas y antioxidantes es útil para prevenir un sinnúmero de enfermedades crónico degenerativas como cáncer, diabetes, Alzheimer y enfermedades cardiovasculares, sin embargo los hallazgos recientes indican resultados muy interesantes.

En el estudio de GISSI, uno de los más importantes para la prevención de enfermedad cardiovascular y que se realizó por más de cinco años, demostró que suministrar vitamina E diariamente al individuo no reduce la mortalidad por enfermedad cardiaca.

Investigaciones sobre la vitamina Beta-caroteno no sólo han demostrado que ésta no reduce la incidencia de cáncer, sino que, por el contrario, incrementan el riesgo al mismo.

La Zona y el cerebro   165

Por otra parte, estudios sobre altas dosis de vitamina C, aunadas a la dieta tradicional rica en grasas Omega 6 —sí, las provenientes de todos los aceites de semilla para cocinar y del metabolismo de excesos de harinas, cereales, almidones y granos— no sólo no reduce la incidencia al cáncer si no que al añadir ésta a la dieta rica en Omega 6 la incidencia a dicha enfermedad se incrementa al doble. ¿Será esta la razón por la que la vitamina C aumenta a partir de las grasas Omega 6 la formación de sustancias muy poderosas llamadas **eicosanoides** proinflamatorios que originan no sólo el cáncer sino muchas más enfermedades crónico degenerativas?

Parece, según estas investigaciones de recientes estudios, que las vitaminas y antioxidantes están perdiendo la batalla para conservar su ya tan conocida fama.

Los estudios más importantes para la prevención de la enfermedad cardiovascular como el Estudio de Lyon, de Hope y el CHAOS, demostraron que eliminar a través de *la dieta del mediterráneo* toda fuente de las grasas Omega 6 —la que aumenta la inflamación silenciosa en la célula—, sí reduce el riesgo a enfermedad cardiaca al 70% y elimina, en su totalidad, la muerte súbita cardiaca.

De lo anterior podemos deducir lo siguiente: en orden de importancia, para la prevención de enfermedades crónicas y reducción de mortalidad, el control de la oxidación con vitaminas y antioxidantes es mucho menos importante comparativamente con el control de la inflamación en la célula.

Suplementos antiinflamatorios vs suplementos antioxidantes

La mayoría de nosotros sabemos que los radicales libres son moléculas inestables ya que les falta un electrón y que se producen en nuestras células por el puro hecho de respirar, comer y hacer ejercicio; imagínatelos como una basurita de la célula, también sabemos que a mayor acumulación de radicales libres en ella, mayor oxidación y envejecimiento y aumento de riesgo a las enfermedades crónico-degenerativas. De aquí el uso tan conocido de los antioxidantes.

La verdad es que desde el punto de vista de la ciencia de **La Zona** el mecanismo de acción de los antioxidantes es mucho más complicado que inhibir los radicales libres, estas sustancias que atacarán al ADN celular interfiriendo en su replicación, y a los ácidos grasos polinsaturados que conforman la membrana celular.

166 MÉXICO ENTRA EN LA ZONA

La reducción de los radicales libres es importante porque puede disminuir en una manera indirecta la inflamación silenciosa en la célula, ya que éstos son la *chispa* requerida para formar eicosanoides proinflamatorios. Si nuestra membrana celular tiene un exceso del ácido graso Omega 6 llamado ácido araquidónico (AA) los radicales libres en abundancia facilitan la formación de altos niveles de inflamación celular. Es importante aclarar que sí necesitamos de cierta cantidad de radicales libres también para inhibir la *chispa* que activa el AA que producirá más inflamación celular.

Asimismo, pequeñas cantidades de radicales libres son requeridas para transformar en energía la ingesta de alimento en la célula, y para matar las bacterias o virus invasores en la misma. Concluyendo, necesitamos un poco de radicales libres pero no demasiados para controlar la inflamación celular.

Algo más complejo y aún más fascinante es entender que los antioxidantes trabajan en equipo en la célula, nunca solos; si uno de ellos falta en la célula el cuerpo empieza a perder la batalla contra la inflamación silenciosa.

El punto más importante de ataque de los radicales libres en la célula son los ácidos grasos polinsaturados, por lo que el objetivo central del suplemento antioxidante será evitar la oxidación de estas grasas tan importantes que forman la membrana celular y, por otra parte, remover el exceso de oxidación en la célula proveniente de la oxidación natural del cuerpo para mantener controlada la inflamación celular; para ello se requieren tres tipos de antioxidantes y vitaminas: los liposolubles, los hidrosolubles y los activos de superficie o de membrana.

Los provenientes de la categoría liposoluble son los Beta-caroteno, la vitamina E y la coenzima Q10. Estos neutralizan a los radicales libres en la membrana celular al mismo tiempo que lo hacen en radicales libres parcialmente estabilizados, que son los que pueden encender más la inflamación en la célula. La meta es poder llevarlos al torrente sanguíneo y después hacia la orina, y es aquí, precisamente, donde está el papel fundamental de la vitamina C, que tiene que finalizar la carrera para la completa eliminación del exceso de radicales libres. Esta vitamina hidrosoluble es la única que puede tomar los radicales libres parcialmente estabilizados y llevarlos al hígado para ser transformados en componentes que puedan ser excretados fuera del cuerpo. Así que tú dime, ¿será importante el papel de dicha vitamina en el control de la inflamación celular?

La Zona y el cerebro 167

Por último, está el grupo de antioxidantes de activos de superficie o membrana. Éste no lo conforman las vitaminas clásicas sino cierto grupo de fitoquímicos llamados *polifenoles*, los cuales complementarán el paso final que iniciaron los otros dos tipos de antioxidantes. Estudios recientes nos dicen que por más antioxidantes que proporcionemos a nuestro cuerpo, sin los polifenoles —que se encuentran principalmente en las frutas y verduras de colores obscuros intensos, en el vino tinto, en las *berrys* (moras, zarzamoras, pasas, arándanos...) y en el aceite de oliva extravirgen— no podríamos lograr eliminar el exceso de radicales libres en el cuerpo y, por lo tanto, la inflamación celular.

Los antioxidantes activos de membrana más usados en **La Zona** son el SeaHealth y el aceite de oliva extravirgen Dr. Sears, ambos ricos en hidroxitirosol, el polifenol más potente descubierto hasta hoy.

Aunque los ácidos grasos polinsaturados que contiene el Súper Omega Dr. Sears —EPA y DHA— son los más potentes agentes reductores de la inflamación silenciosa y el *rin que mueve la llanta de la bicicleta de La Zona*, las vitaminas y antioxidantes, *los rayos del rin de la bicicleta*, la vitamina C es única en su acción insustituible al controlar la inflamación celular.

Paradoja a pensar

A pesar de los milagros que hemos visto médicamente con el nuevo Súper Omega Dr. Sears, la combinación de los tres tipos de antioxidantes es clave en los resultados favorables en **La Zona**, así que en este contexto existe una regla: A mayor dosis de Súper Omega Dr. Sears —según lo que tu examen de inflamación silenciosa revele que necesites— mayor potencial de oxidación por los radicales libres; por lo que el Súper Omega perderá la gran capacidad antiinflamatoria que posee y además estos ácidos grasos se volverán generadores de más inflamación celular. No en vano recientes estudios de investigación han revelado que aquellos que toman altas dosis de aceite de pescado sin los tres tipos de antioxidantes pueden reducir sus concentraciones naturales de vitamina E y producir más inflamación celular.

Es por esto que te recomendamos siempre que consultes a nuestros médicos certificados en el concepto de **La Zona** para que obtengas, de verdad, los resultados esperados y puedas disfrutar de todos los beneficios que te promete.

168 MÉXICO ENTRA EN LA ZONA

Lo que resta decirte es que la vida se va complicando con la edad, pero el cerebro es el órgano clave para mantener una vida con independencia, donde te puedas seguir valiendo por ti mismo, seguir bañando, alimentando y caminando tú sólo a pesar de que vaya avanzando el tiempo, la vida no tiene por qué terminar con la pérdida de las memorias más hermosas que te ha dado Dios con la vida y tu experiencia de años, aun lo malo de tus recuerdos, es importante porque significó crecimiento. He aquí una oportunidad para seguir disfrutando la vida y no acabar como muchos de nuestros ancianos, solos y enfermos. De verdad se puede.

Comparto contigo lo que dicen estas historias, te deseo suerte y que Dios te bendiga.

Testimonios

Paciente: Ignacio Santana Barreto.
Redactado por: Irma Yolanda Barreto Robles

Mi hijo Ignacio Santana Barreto presenta la enfermedad de distrofia muscular, a causa de esto me recomendaron darle esteroides, los cuales dañan a la salud, a raíz de este tratamiento se le empezaron a inflamar considerablemente las mejillas y a salirle bastante vello en el cuerpo. Desde hace aproximadamente dos meses que está en tratamiento con ustedes en La Zona, ahora es un niño alegre y sus mejillas volvieron a su normalidad, sin embargo en su problema muscular no se ven avances, ya que todavía no lo ha regenerado. Esperemos en Dios que pronto empiece a regenerar sus músculos.

María Belia Delgadillo Cisneros
Guadalajara, Jalisco. Octubre 2007.

Estimada doctora Lourdes:

Por este conducto le ofrezco a usted mi agradecimiento, por el apoyo que recibí, al darme a conocer el programa de nutrición de La Zona del doctor Sears pues fue definitivo en el proceso de reducción de peso y desintoxicación, perdiendo exceso de grasa, recuperarando masa muscular y mejorando la memoria y la concentración. En el año 2006 recibí tratamiento de quimioterapia y radiación a causa de un linfoma que se me estirpó, ac-

La Zona y el cerebro

tualmente he recuperado mi salud y mejorado la calidad de vida gracias a Dios y al programa que usted y su capacidad profesional y humana me ofrecieron.

Miriam Alonso

Soy una persona que padece epilepsia. Les voy a platicar un poco de mi historia para que vean cómo La Zona me ha ayudado a salir adelante ante esta enfermedad.

La enfermedad la identificó mi mamá cuando tenía yo nueve años de edad. La epilepsia se empezó a presentar con ausencias de uno o dos segundos, era algo así como si me desconectara del mundo y después regresara a la vida ya que no recordaba lo que pasaba en ese momento, fui con psicólogos y con otros doctores pero no sabían por qué surgía, hasta que un año después mi pediatra recomendó que me llevaran con el neurólogo.

El neurólogo me dio medicamentos y logró controlarla, pero la medicina me estaba causando efectos secundarios y empecé a aumentar de peso, me hicieron estudios sanguíneos que indicaban que tenía principios de diabetes (esto ocurrió cuatro años después), por lo que mi mamá, asustada, hizo una cita con la Dra. Silvia Orozco ya que llevábamos tiempo intentando muchos tratamientos (dietas, hormona de crecimiento, biológicos, etc.) que sí me ayudaron a controlar la insulina y, por consecuencia, mi peso, haciéndome sentir un poco mejor.

Medio año después el neurólogo me dio de alta, en este entonces yo tenía 15 años de edad, pero comencé a tener nuevamente las ausencias y fue cuando la Dra. Silvia me recetó el Omega 3 pero al parecer no funcionaba solo, pues las crisis se presentaban, tenía muy mal carácter, me daba sueño, tenía cólicos muy fuertes, bajas calificaciones y sueño muy ligero; acudí a un nuevo neurólogo quien trabajó junto con la doctora Silvia, jugando con los medicamentes farmacéuticos, omegas, dietas y suplementos; el neurólogo trató con dos que no podían controlarme, después los mezcló y medio logró tenerme controlada, mientras la Dra. Silvia manejaba dosis distintas de Omegas 3, y suplementos para ayudar a prevenir efectos secundarios de los medicamentos, mi control de insulina, peso, energía, etc. Esto fue durante tres años haciendo y haciendo pruebas, hasta que el doctor se dio por vencido y nos mandó con otro neurólogo con especialización en epilepsia pues no me controlaba del todo; me sentía mal que no pudiera hacer las cosas que todos mis com-

170 MÉXICO ENTRA EN LA ZONA

pañeros hacían, de alguna u otra manera me enojaba padecer esta enfermedad.

Ya estando con el nuevo neurólogo y sus.nuevos medicamentos, la Dra. Silvia me recetó nuevos suplementos, técnicas de relajación y ejercicio, ¡claro! sin olvidar la buena alimentación. Hoy puedo decir que ya llevo un año estable, sin padecer ninguna crisis.

De verdad me gustaría mencionar que desde que empecé a estar en La Zona hace 6 años hasta ahora que tengo ya 20, mi carácter ha mejorado, mi estado de ánimo, mi energía para querer realizar más actividades que antes no podía realizar por flojera que la misma pastilla me creaba, mis horas de sueño que es tan importante para mi salud ahora son cada vez más, estoy más relajada, he incrementado mis calificaciones de tener un promedio de 80, ahora es de 90, la verdad me siento muy feliz porque además de mejorar mi estilo de vida, puedo llevar una vida más normal, activa (con más actividades que antes tenía restringidas por la enfermedad) lo que me hace aún más orgullosa pues gracias al apoyo de mi familia, la Dra. Silvia y mi neurólogo, estoy más tranquila y más feliz, tanto física como interiormente.

Juan Manuel de la Torre Ramírez.

Por muchos años radiqué en la ciudad de Santa Ana, California en Estados Unidos. En el año 2004 se me diagnosticó un tumor canceroso glioblastoma infiltrante grado 4. En el Saint Joseph Hospital me hicieron una cirugía cerebral tipo diadema y los neurocirujanos corroboraron su sospecha vía estudios radiológicos de que no podían extirpar el tumor. Posteriormente recibí quimioterapia, radioterapia y rayos gama y tuve toda la tecnología a mi servicio, pero sin resultado alguno, mi enfermedad se prolongó. Con el paso de los años, los síntomas fueron acrecentando y mi cuerpo aumentó de peso, retuvo líquidos y yo ya no podía valerme por mí mismo. Tenía un apetito desmedido e insaciable ocasionado por la toma de corticoides. Se presentó una hemiplejia del lado izquierdo de mi cuerpo, originada por las ramificaciones del tumor central, yo les pedía que me operaran y argumentaban que no era posible y que las leyes de su país no se lo permitía ya que sería en vano.

Tenía fuertes dolores de cabeza controlados por tomas de morfina; se presentaron frecuentes convulsiones, mi familia hablaba por teléfono al 911 para que me auxiliaran y llegó el día en que ya no querían acudir a restablecerme. Mis neurólogos decían que ellos ya no podían hacer nada

La Zona y el cerebro

tampoco, que médicamente no existía solución alguna, porque estaba en fase terminal y lo único que me ofrecían era darme una mejor calidad de vida en mis días finales.

En el mes de junio del año 2007 vine a la ciudad de Guadalajara para despedirme finalmente de toda mi familia y, gracias a Dios, conocí a la Dra. Silvia de Lourdes Orozco y a su equipo de La Zona, me puse en sus manos e inicié su tratamiento.

Al transcurrir 4 meses con la toma de los productos de La Zona y la disciplina de alimentación y su sistema de vida, los resultados fueron sorprendentes, mi inflamación disminuyó en forma total, adquirí fuerza en mis músculos, se restableció mi vigorosidad varonil, mis dolores de cabeza desaparecieron así como mi apetito desmedido por consumir productos de trigo. Médicamente mis neurólogos no se lo explican y dicen que esto es un milagro porque en las tomografías ya no se observa el tumor.

Me cambió la vida por completo, hoy vivo nuevamente.

Gracias a Dios y a La Zona de México.

Tercera parte

Los menús

Introducción a los menús en La Zona

Por Claudia Parroquín y Gabriela Orozco

En la siguiente sección encontrará 30 días con menús en **La Zona** divididos en tres secciones: Oro, Plata y Bronce.

Los menús en **La Zona** están calculados en forma de bloques, los bloques se forman a su vez de la suma de una ración de proteína magra —producto animal o derivado—, una ración de hidratos de carbono de índice glicémico bajo; es decir cuya velocidad de absorción es lenta —frutas y verduras principalmente— y, una ración de grasa preferentemente monoinsaturada —aceite de oliva, aguacate, aceitunas y almendras. Recuerde que cada vez que coma deberá consumir los 3 macronutrientes básicos para lograr un balance antiinflamatorio.

De esta forma, para un menú de mujer adulta, se han calculado dos bloques en horarios principales como desayuno, comida y cena, y, un bloque entre comidas. Para un hombre adulto se han calculado tres bloques para los mismos horarios principales y un bloque entre comidas.

Para mujeres adolescentes se pueden manejar los menús de mujeres adultas y las mujeres embarazadas deberán seguir los menús de los hombres adultos ya que su requerimiento de nutrientes es más alto.

Para hombres adolescentes se pueden manejar también menús de hombres adultos.

Para niños en etapa preescolar y escolar se pueden manejar los mismos menús y horarios, descritos en el libro, sin embargo, las cantidades de proteínas, hidratos de carbono y grasas serán de acuerdo al tamaño y grosor de la palma de su mano —sin contar los dedos—; es decir, una palma de proteína, más una palma de verdura y una de fruta, todas éstas ya preparadas como se describe en las recetas para incluir la cantidad de grasa monoinsaturada adecuada.

176 MÉXICO ENTRA EN LA ZONA

Si usted no tiene exceso de grasa, puede adicionar un bloque más de grasa monoinsaturada en las 3 comidas principales.

Recomendaciones:

Los menús Oro representan los quince primeros días de la alimentación en **La Zona**, en donde la combinación de bloques completamente puros nos dan la respuesta mayor de antiinflamación, por lo que se sugiere que estos menús se realicen no sólo quince días, sino indefinidamente.

Los menús Plata contienen algunos hidratos de carbono, a base de frutas, que tienen un mayor índice glicémico, y se pueden seguir después de haber consumido al menos quince días las recetas de los menús Oro.

Los menús Bronce contienen más hidratos de carbono con mayor índice glicémico como la tortilla y algunos lácteos o derivados como el queso; es por ello que se recomienda usarlos sólo de vez en cuando y regresando lo más posible a los menús Oro. Aquellas personas a las que, por cuestiones de salud, se les recomienda exclusivamente menús antiinflamatorios como los Oro no deberán ingerir menús Bronce a menos que su médico o nutriólogo certificado en **La Zona** lo permita.

La sugerencia en general sería: completar quince días con menús Oro, ocho días más con menús Plata y, el resto del tiempo, seguir con menús Oro, intercalando menús Plata y, muy de vez en cuando, menús Bronce.

Recuerde, al levantarse, que no debe dejar pasar más de 1 hora sin ingerir sus primeros alimentos. No deje pasar más de 4 horas entre comidas. Debe comer un intermedio de 30 minutos antes de su ejercicio.

Cálculos importantes:

Al seguir los menús para el cálculo de las medidas dadas en gramos se recomienda usar una báscula pequeña o digital que son más exactas.

Para las medidas dadas en tazas, se recomienda el uso de una taza medidora de 240 ml marcada con medidas estándares.

Para las medidas dadas en cucharaditas y cucharadas se recomienda el uso de cucharitas medidoras que vienen marcadas. La cucharadita equivale a cinco gramos —cucharita cafetera—, y la cucharada a quince gramos —cuchara sopera.

Los pesos de las proteínas son en crudo, a menos que la receta indi-

Menús en La Zona　　　177

que lo contrario. Las medidas de las verduras cocidas se deben hacer estando ya cocinadas.

Consuma los cinco horarios de alimentación sugeridos, no suprima alimentos de ningún horario, no cambie los pesos ni las medidas y no agregue sabores; recuerde que todo está calculado con exactitud de manera que la suma de todos los alimentos de un solo horario nos da como resultado entrar a **La Zona** de antiinflamación y de otra forma, no se lograría este efecto.

Notas importantes:

Se pueden cambiar: una taza de fresas por una taza de frambuesas, por media manzana, por una tangerina en gajos, por media toronja en gajos, por un kiwi, por un durazno o por una ciruela.

En cualquiera de los casos la pechuga de pavo puede ser carne de pavo cocida, o embutido de pechuga de pavo.

El aceite de oliva que se recomienda, para utilizarse en frío, es el Extravirgen Primera Extracción en Frío —EV1EF— y para cocinar, se sugiere el aceite de oliva normal o refinado sin calentarlo demasiado para que no pierda sus propiedades

Los líquidos recomendados para acompañar los alimentos son: agua natural —al agua se le puede adicionar una raja de cáscara de algún cítrico para cambiarle el sabor—, té de limón, té verde y café descafeinados con moderación. Tomar lo menos posible refrescos sin calorías, agua gasificada, o agua *light* con sabores. No beber café regular ni refrescos *light* con cola. —Si se toma refresco que sea *light* sin cola y consumirlos con moderacion—. No utilice leche a menos que se indique. No agregue jugos o aguas de frutas. Se recomienda tomar al menos 2 litros de agua natural durante el día.

Los edulcorantes no calóricos se entienden como endulzantes en polvo que no tienen calorías, pueden ser productos a base de sucralosa o aspartame. No utilice sustitutos de azúcar tales como mascabado, azúcar BC, mieles o jarabes ya que contienen carbohidratos. Utilizar fructosa con moderacion. Para cocinar, es necesario utilizar el edulcorante no calórico granulado, para evitar que pierda su dulzor al calentarse.

¡Bienvenido a **La Zona**!

México entra en La Zona

Menús Oro para hombres

15 menús Oro en **La Zona** para hombres, de tres bloques en horarios principales y un bloque entre comidas.

Menú 1:

Desayuno 1: Omelette de champiñón • Cocktail de frutas
Colación matutina 1: Salmón con fruta y aceite de oliva
Comida 1: Juliana • Fajitas de pollo con guacamole • Ensalada mixta con aderezo de vinagreta • Manzana al horno con canela
Colación vespertina 1: Botana de pavo, jícamas y aceitunas
Cena 1: Pastel de atún • Jitomates provenzal

Menú 2:

Desayuno 2: Claras a la mexicana • Bolitas de fruta
Colación matutina 2: Tapas de sardinas
Comida 2: Crema de cilantro • Chiles rellenos de picadillo • Ensalada de berros con aderezo de mostaza • Compota de manzana
Colación vespertina 2: Gelatina de durazno
Cena 2: Teppan yaki de pollo

Menú 3:

Desayuno 3: Atún por la mañana • Fresas bañadas
Colación matutina 3: Rollitos de jamón con aguacate y pepinos
Comida 3: Ejotes almendrados • Pescado a la veracruzana • Ensalada verde con aderezo de hierbas • Melón con salsa de jengibre
Colación vespertina 3: Pechuga de pollo con ciruela y pistaches
Cena 3: Tamales de nopal • Ensalada de jícama

Menú 4:

Desayuno 4: Claras con chile pasilla • Nectarina y toronja
Colación matutina 4: Taco de pavo con cacahuates
Comida 4: Calabacitas a la mexicana • Pechuga empanizada • Ensalada francesa • Agua de frutas silvestres
Colación vespertina 4: Botana de camarón
Cena 4: Salpicón de sierra ahumada

Menús en La Zona 179

Menú 5:

Desayuno 5: Crepa de champiñón con salsa roja • Tazón de frutas
Colación matutina 5: Gelatina de fresas a la menta
Comida 5: Crema de coliflor • Pacholas • Setas con epazote • Paleta de frambuesa
Colación vespertina 5: Pescadillas
Cena 5: Ensalada de pechuga marinada

Menú 6:

Desayuno 6: Omelette de pimiento • Fruta con nueces tostadas
Colación matutina 6: Cocktail marinero
Comida 6: Sopa poblana • Salmón a las finas hierbas • Ensalada *César* • Manzana al vino
Colación vespertina 6: Pavo con aceitunas
Cena 6: Verduras empapeladas

Menú 7:

Desayuno 7: Burritos de pechuga de pollo • Té helado
Colación matutina 7: Botana con fresas
Comida 7: Pescado al cilantro • Aguacate a la vinagreta • Ensalada fresca • Flotante de limón
Colación vespertina 7: Melón sorpresa
Cena 7: Champiñones rellenos • Postre de kiwi

Menú 8:

Desayuno 8: Huevo multicolor • Licuado tropical
Colación matutina 8: Carpaccio de salmón ahumado
Comida 8: Pollo arriero • Ensalada fresca
Colación vespertina 8: Marinos en escabeche
Cena 8: Pulpos con pico de gallo • Sorbete rojo

Menú 9:

Desayuno 9: Tiras ahogadas • Copa de duraznos
Colación matutina 9: Sierra al limón

180 MÉXICO ENTRA EN LA ZONA

Comida 9: Ensalada del mar • Espinaca salteada • Esponja de mandarina
Colación vespertina 9: Pollo con alcaparras
Cena 9: Caldo tlalpeño

Menú 10:

Desayuno 10: Jamón Virgilio • Plato sano
Colación matutina 10: Raspado de frutas
Comida 10: Salmón empapelado • Pepinos con aderezo de eneldo • Ensalada de espinacas y frutas
Colación vespertina 10: Rollitos de col
Cena 10: Ceviche de pescado • Sartén de verduras

Menú 11:

Desayuno 11: Pastel campesino • Cerezas escarchadas
Colación matutina 11: Dip de atún con vegetales
Comida 11: Sopa de nopales • Salmón almendrado • Endivias con jitomate • Gelatina con kiwi
Colación vespertina 11: Bocadillos
Cena 11: Tortita de pavo con Portobello

Menú 12:

Desayuno 12: Huevos ahogados • Conga de frutas
Colación matutina 12: Nieve de frutas silvestres
Comida 12: Pulpos con aguacate • Lomitos de pescado con espárragos al vino blanco • Espinacas asadas • Bebida de cítricos
Colación vespertina 12: Paté de salmón
Cena 12: Pollo al cascabel

Menú 13:

Desayuno 13: Dobladitas en chile • Mosimba de fresas
Colación matutina 13: Cocktail de mandarinas
Comida 13: Pescado en salsa de menta • Calabacitas rellenas • Ensalada de lechugas
Colación vespertina 13: Botanita de jaiba
Cena 13: Rajas preparadas • Frutas aderezadas

Menús en La Zona 181

Menú 14:

Desayuno 14: Pavo frito a la toronja
Colación matutina 14: Ponche de fresas
Comida 14: Ensalada de nopalitos • Pescado con aderezo de anchoas •
Brochetas bicolor
Colación vespertina 14: Tartaleta de manzana
Cena 14: Ensalada de atún con salsa de aguacate

Menú 15:

Desayuno 15: Tortilla de brocoli • Coktail de duraznos
Colación matutina 15: Crepa de mora azul
Comida 15: Fricasé de verduras tiernas • Pescado al nectarin • Ensalada con rollitos de jícama
Colación vespertina 15: Brocheta de pollo con ciruela
Cena 15: Ensalada de camarones • Gelatina de cítricos

Menú 1:
Desayuno 1: Omelette de champiñón • Cocktail de frutas
Colación matutina 1: Salmón con fruta y aceite de oliva
Comida 1: Juliana • Fajitas de pollo con guacamole • Ensalada mixta con aderezo de vinagreta • Manzana al horno con canela
Colación vespertina 1: Botana de pavo, jícamas y aceitunas
Cena 1: Pastel de atún • Jitomates provenzal

Desayuno 1:
OMELETTE DE CHAMPIÑÓN
(1 ración)

Ingredientes:
4 claras de huevo • 35 g de pechuga de pavo picada finamente • ½ taza de champiñones al vapor, picados • 1 cucharada de cebolla picada • spray de aceite de oliva • ⅔ cucharadita de aceite de oliva EV1EF • Hojitas de epazote lavadas • sal y pimienta • EV1EF = aceite de oliva extra virgen primera extracción en frío.

182 MÉXICO ENTRA EN LA ZONA

Preparación:
- En un sartén caliente el aceite de oliva y sofría la cebolla hasta que dore un poco.
- Agregue los champiñones y deje que se sazonen con la cebolla.
- Salpimiente y adicione epazote, deje hervir hasta que el epazote suelte su sabor, 1 minuto aproximadamente.
- Aparte rocíe un sartén de teflón con spray de oliva.
- En un plato hondo, mezcle las claras de huevo con el pavo y salpimiente.
- Vierta esta mezcla en el sartén, tape y deje que se cocine muy bien, voltee el omelette para que se termine de cocinar.
- Sirva el omelette extendido en un plato grande y rellénelo con la mezcla de champiñones.
- Sirva adornando con una ramita de epazote.

COCKTAIL DE FRUTAS
(1 ración)

Ingredientes:
> ½ taza de fresas en rebanaditas • 1 durazno pelado y picado • gajos de ½ mandarina • 1 ½ cucharaditas de almendras fileteadas

Preparación:
- Dore las almendras en un sartén sin grasa, moviendo constantemente para que no se quemen.
- Coloque las fresas y el durazno en un tazón.
- Aparte, retire el pellejo a los gajos de mandarina y macháquelos, viértalos sobre las frutas y revuelva muy bien.
- Encima, esparza las almendras.
- Si se desea se puede adicionar un edulcorante no calórico al mezclar la fruta.

Colación matutina 1:
SALMÓN CON FRUTA Y OLIVA
(1 ración)

Ingredientes:
> 45 g de salmón cocido • ⅓ cucharadita de aceite de oliva EV1EF • ½ cucharadita de mostaza • sal y pimienta • ½ manzana en rebanadas

Preparación:
- Mezcle el salmón con el aceite de oliva y la mostaza.
- Salpimiente.
- Acompañe el salmón con la pera.

Comida 1:
JULIANA
(1 ración)

Ingredientes:
1 jitomate asado y pelado • ½ diente de ajo • 1 cucharada de cebolla picada • spray de aceite de oliva • ¼ taza de calabaza cortada en juliana • ¼ taza de chayote pelado y cortado en juliana • ¼ taza de zanahoria cortada en juliana • ¼ taza de espinaca lavada y desinfectada cortada en juliana • 1 ½ taza de agua • sal, sal de ajo y de cebolla • una pizca de canela en polvo

Preparación:
- Acitrone la cebolla y el ajo en una cazuela pequeña con spray de aceite de oliva.
- Adicione el jitomate picado y deje que suelte el hervor.
- Agregue la calabaza, el chayote, la zanahoria y la espinaca, revuelva.
- Agregue el agua y deje hervir.
- Sazone con sal, sal de ajo, sal de cebolla y una pizca de canela, hierva hasta que la zanahoria esté al dente.
- Sirva caliente.

FAJITAS DE POLLO CON GUACAMOLE
(1 ración)

Ingredientes:
135 g de pechuga de pollo, cocida, cortada en tiras • ½ taza de pimiento verde cortados en cuadros medianos • ½ taza de cebolla en cuadros grandes • gotas de limón • sal y pimienta • salsa inglesa al gusto • 1 cucharadita de salsa de soya • spray de aceite de oliva

Ingredientes del guacamole:
2 cucharaditas de aguacate picado • 1 cucharada de cebolla picada

184 MÉXICO ENTRA EN LA ZONA

fínamente • 2 cucharadas de cilantro picado fínamente • chile serrano al gusto (opcional) • sal

Preparación:
- Sofría en un sartén de teflón con spray de oliva la cebolla, hasta que se suavice, agregue el pimiento y cocine hasta que se dore un poco, aparte esta preparación.
- En otro sartén dore el pollo con un poco de spray de aceite de oliva y sal-pimiente.
- Junte todo en el mismo sartén y adicione la salsa inglesa, la salsa de soya y deje calentar un minuto más.

Preparación del guacamole:
- Mezcle todos los ingredientes y acompañe las fajitas.

ENSALADA MIXTA CON ADEREZO DE VINAGRETA
(1 ración)

Ingredientes:
2 tazas de lechugas combinadas romana y escarola lavadas y desinfectadas • 3 jitomates cherry • 1 rabo de cebolla cambray

Aderezo:
3 cucharadas de vinagre balsámico o de vino • ⅓ cucharadita de aceite de oliva EV1EF • hierbas provenzal • sal y pimienta molida en grueso

Preparación:
- Corte el rabo de cebolla cambray en pedazos pequeños.
- Coloque en una ensaladera las lechugas, el jitomate y los rabitos de cebolla.
- Mezcle aparte el vinagre con las hierbas, sal y pimienta al gusto.
- Aderece la ensalada.

MANZANA AL HORNO CON CANELA
(1 ración)

Ingredientes:
1 manzana roja sin pelar en rebanaditas • canela en polvo • edulcorante no calórico granulado al gusto

Menús en La Zona   185

Preparación:
- Coloque las rebanadas de manzana en una charolita para horno, espolvoree la canela y el edulcorante.
- Hornee por 15 a 20 minutos en horno de gas a 100°C o en horno eléctrico.
- Sirva.

Colación vespertina 1:
PLATO BOTANA DE PAVO, JÍCAMAS Y ACEITUNAS
(1 ración)

Ingredientes:
30 g de jamón de pavo en cubitos • 3 aceitunas deshuesadas • 1 taza de jícamas cortadas en palitos • jugo de ½ limón • sal • Chile piquín sin azúcar al gusto (opcional)

Preparación:
- Adicione el jugo del limón sobre la jícama y agregue sal y chile piquín.
- Sirva en un plato botanero con divisiones, por un lado el pavo y las aceitunas, en otra división la jícama ya preparada.

Cena 1:
PASTEL DE ATÚN
(1 ración)

Ingredientes:
2 claras de huevo • 1 cucharadita de mostaza • 1 cucharadita de salsa Maggy • 60 g de atún enlatado en agua y drenado • 1 taza de calabacitas cocidas cortadas en cubitos • ½ taza de zanahorias cocidas cortadas en cubitos • 1 cucharada de cebolla finamente picada • sal y pimienta • spray de aceite de oliva

Preparación:
- En un tazón mezcle la clara de huevo, la mostaza y la salsa Maggy.
- Agregue el resto de los ingredientes y mezcle hasta obtener una mezcla homogénea.
- Coloque la mezcla en un molde refractario rociado con spray de oliva, tape con aluminio y hornee a 180°C por 15 minutos.
- Retire el aluminio y deje dorar.
- Se puede cocinar en microondas por 7 minutos.

JITOMATES PROVENZAL
(1 ración)

Ingredientes:

1 jitomate bola pequeño • ½ taza de ejotes cocidos • 2 cucharadas de cebolla picada • ½ diente de ajo picado • 1 cucharada de perejil picado finamente • sal y pimienta • 1 cucharadita de aceite de oliva EV1EF • spray de aceite de oliva • 1 ½ taza de frambuesas

Preparación:
- Corte el jitomate a la mitad, saque la pulpa y apártela.
- En un sartén rociado con spray de oliva cocine las mitades del jitomate, hacia abajo hasta que se ablande por los dos lados.
- Aparte pique los ejotes finamente y dórelos en otro sartén, adicione la pulpa, la cebolla, el ajo y el perejil, cocine 3 minutos más.
- Rellene las mitades de jitomate con esta preparación, y báñelas con el aceite de oliva.
- Acompañe con las frambuesas.

Menú 2:

Desayuno 2: Claras a la mexicana • Bolitas de fruta
Colación matutina 2: Tapas de sardinas
Comida 2: Crema de cilantro • Chiles rellenos de picadillo • Ensalada de berros con aderezo de mostaza • Compota de manzana
Colación vespertina 2: Gelatina de durazno
Cena 2: Teppan yaki de pollo

Desayuno 2:
CLARAS A LA MEXICANA
(1 ración)

Ingredientes:

6 claras • 1 jitomate bola en cuadros pequeños • ½ taza de cebolla cortada en cuadros medianos • 1 chile serrano en rebanaditas (opcional) • sal • 1 cucharadita de aceite de oliva EV1EF

Menús en La Zona 187

Preparación:
- En una cazuela, saltee la cebolla con el aceite de oliva hasta que dore, agregue el chile y deje que éste se cocine por 2 minutos.
- Incorpore las claras, todas juntas, y sazone. Revuelva de vez en cuando para que se combinen bien los ingredientes y las claras se cocinen.
- Adicione el jitomate y revuelva, cocine 1 o 2 minutos más sin dejar que el jitomate se desbarate.
- Sirva.

BOLITAS DE FRUTA
(1 ración)

Ingredientes:
1 taza de zarzamoras • 1 kiwi • ¾ taza melón cortado en bolitas • edulcorante no calórico al gusto

Preparación:
- Parta el kiwi a la mitad y saque las bolitas con un cortador de fruta de media esfera.
- Colóquelas en un tazón junto con las zarzamoras y el melón.
- Rocíelas con el edulcorante.
- Déjelas reposar por 3 horas y revuelva bien hasta combinar los jugos que soltaron todas las frutas.
- Sirva.

Colación matutina 2:
TAPAS DE SARDINAS
(1 ración)

Ingredientes:
½ taza de calabaza de bola cortada en rebanadas muy delgadas • sal marina • 30 g de sardinas drenadas • 1 cucharada de aguacate • 2 jitomates deshidratados en aceite de oliva • rajas de chile picadas (opcional) o salsa tabasco • gotas de limón • sal al gusto • ½ ciruela

Preparación :
- Corte la calabaza en rebanadas muy delgadas y rocíelas con sal marina, déjelas reposar por espacio de una hora.
- Hornee 30 minutos o hasta que estén deshidratadas las rebanadas.

188 MÉXICO ENTRA EN LA ZONA

- Retire y deje enfriar.

Para las tapas:

- Coloque las sardinas sobre las rebanadas de calabaza, encima el aguacate y un pedazo de jitomate deshidratado.
- Sazone con las rajas o la salsa tabasco, el limón y sal al gusto.
- Acompañe con la ciruela.

Comida 2:
CREMA DE CILANTRO
(1 ración)

Ingredientes:

1 taza de hojas de cilantro lavado y desinfectado • ½ taza de calabacita japonesa al vapor • 1 diente pequeño de ajo picado finamente • 1 cucharada de cebolla picada • 1 ½ tazas de agua • Sal y pimienta • sal de cebolla y de ajo • spray de aceite de oliva

Preparación:

- Licue la calabacita con el cilantro y el agua.
- Acitrone el ajo y la cebolla en una cazuela con spray de oliva.
- Agregue la mezcla molida y salpimiente.
- Al soltar el hervor agregue la sal de ajo y de cebolla y deje hervir 2 minutos a fuego bajo, verifique el sazón.

CHILES RELLENOS DE PICADILLO
(1 ración)

Ingredientes:

2 chiles poblano grandes • 110 g de pechuga de pollo molida • 1 taza de ejotes cocidos picados • 3 aceitunas picadas • 1 cucharadita de alcaparras baby • 2 jitomates grandes asados y pelados • 2 cucharadas de cebolla picada • ½ diente de ajo • sal y pimienta • 1 hoja de laurel • spray de aceite de oliva

Preparación:

- Ase los chiles y déjelos reposar en una bolsa de plástico por 1 hora.
- Desprenda la piel de los chiles y retire las semillas.
- En un sartén guise la carne con spray de oliva y deje que se cocine completamente.

Menús en La Zona

189

- Muela los jitomates con el ajo y la cebolla y sazónelo.
- Vierta la mitad sobre la carne y salpimiente, reserve la otra mitad de la salsa.
- Deje hervir por 5 minutos más y añada los ejotes cocidos, las aceitunas, las alcaparras y el laurel.
- Cocine hasta que se consuma el líquido.
- Rellene los chiles con la mitad del picadillo cada uno, y colóquelos en un refractario para horno rociado con spray de oliva.
- Mientras tanto, guise en un sartén con spray la otra mitad del jitomate ya molido hasta que éste se ponga transparente, bañe los chiles con la salsa y caliéntelos por 5 minutos en un horno de microondas o 15 minutos en un horno de gas.
- Sirva caliente.

ENSALADA DE BERROS CON ADEREZO DE MOSTAZA
(1 ración)

Ingredientes:

1 taza de berros lavados y desinfectados • aderezo de mostaza: • 2 cucharadas de mostaza de Dijón • 1 diente de ajo machacado • 1 cucharada de perejil fresco picado • gotas de limón • ⅓ cucharadita de aceite de oliva EV1EF • 2 cucharadas de vinagre de vino • sal y pimienta

Preparación:

- Revuelva en un tazón la mostaza y el perejil, sazone con sal y pimienta.
- Agregue el ajo machacado y el jugo de limón. Incorpore el aceite poco a poco sin dejar de mezclar.
- Añada el vinagre, mezcle y refrigere.
- Coloque en un tazón los berros.
- Bañe con el aderezo los vegetales y deje reposar una hora en el refrigerador, revuelva y sirva.

COMPOTA DE MANZANA
(1 ración)

Ingredientes:

¼ de manzana grande pelada y en cuadritos • ¼ taza de agua • ¼ cucharadita de extracto de vainilla • ½ cucharadita de edulcorante no calórico • 1 ½ cucharadita de almendra picada finamente

190 MÉXICO ENTRA EN LA ZONA

Preparación:
- Hierva la manzana con el agua hasta que se suavice.
- Deje enfriar.
- Licue la manzana con la vainilla y el edulcorante hasta obtener una consistencia de puré.
- Sirva y espolvoree las almendras.

Colació vespertina 2:
GELATINA DE DURAZNO
(1 ración)

Ingredientes:
1 durazno grande pelado y sin hueso • ½ sobre de grenetina • ¼ taza de agua fría • ¼ taza de agua caliente • ½ taza de agua al tiempo • ½ sobre de edulcorante no calórico • 3 almendras peladas enteras • 35 g de pechuga de pavo en rollitos

Preparación:
- Disuelva la grenetina en el agua fría y adicione la caliente.
- Disuelva el edulcorante en el agua al tiempo y adicione a la mezcla de la grenetina, refrigere por 1 hora o hasta que esté a medio cuajar.
- Saque del refrigerador y vacíe en una licuadora junto con el durazno y las almendras, muela todo junto hasta obtener una mezcla homogénea.
- Sirva en un tazón y vuelva a refrigerar hasta que esté completamente cuajada.
- Sirva acompañando con los rollitos de pavo.

Cena 2:
TEPPAN YAKI DE POLLO
(1 ración)

Ingredientes:
135 g de pechuga de pollo en trocitos • ¼ taza de cebolla en cuadros • 1 pimiento verde partido en cuadros • 1 taza de champiñones grandes rebanados • 1 taza de brócoli en floretes • 1 taza de coliflor en floretes • ½ taza de salsa de soya • gotas de limón • 1 cucharadita de aceite de oliva EV1EF • sal y pimienta recién molida • 1 nectarina rebanada • spray de aceite de oliva

Menús en La Zona

Preparación:
- Lave y desinfecte toda la verdura, excepto la cebolla.
- En una plancha de teflón o eléctrica rociada con spray de aceite de oliva, ase las verduras una por una y retírelas hasta que se doren, evite que se reblandezcan.
- Mientras se asan salpimiéntelas.
- Agregue en la misma plancha las tiras de pollo y cocine por ambos lados, salpimiente y rocíelas con el aceite de oliva.
- En un tazón mezcle la salsa de soya con el limón.
- Antes de consumir sumerja el pollo y las verduras en la salsa de soya.
- Decore con guarnición de nectarinas.

Menú 3:

Desayuno 3: Atún por la mañana • Fresas bañadas
Colación matutina 3: Rollitos de jamón con aguacate y pepinos
Comida 3: Ejotes almendrados • Pescado a la veracruzana • Ensalada verde con aderezo de hierbas • Melón con salsa de jengibre
Colación vespertina 3: Pechuga de pollo con ciruela y pistaches
Cena 3: Tamales de nopal • Ensalada de jícama

Desayuno 3:
ATÚN POR LA MAÑANA
(1 ración)

Ingredientes:
1 cucharadita de aceite de oliva EV1EF • 1 chile serrano desvenado • ½ diente de ajo machacado • 1 cucharadita de cebollín picado • 60 g de atún fresco o de lata • 1 jitomate en cubos • 2 claras de huevo • 1 cucharadita de perejil fresco picado • gotas de limón • sal y pimienta al gusto

Preparación:
- En un sartén con oliva, saltee el chile, el ajo y el cebollín.
- Añada el atún y fría hasta que dore.
- Añada el jitomate y cocine 1 minuto.
- Bata las claras ligeramente con el perejil, el limón, la sal y la pimienta, vierta en el sartén y revuelva hasta que se cocinen las claras.
- Sirva.

FRESAS PREPARADAS
(1 ración)

Ingredientes:
> 1 taza de fresas frescas, lavadas y desinfectadas • 1 kiwi machacado
> • ½ toronja en gajos • edulcorante no calórico al gusto

Preparación:
- Pele la naranja y retire el pellejo por completo de los gajos.
- Machaque los gajos con el kiwi.
- Adicione el edulcorante y mezcle.
- Coloque las fresas en una copa y báñelas con esta preparación.
- Sirva.

Colación matutina 3:
ROLLITOS DE JAMÓN CON AGUACATE Y PEPINOS
(1 ración)

Ingredientes:
> 30 g de jamón de pavo en rebanadas delgadas • 1 cucharada de
> aguacate • gotas de limón • cilantro picado al gusto • sal • 1
> pepino rallado finamente, sin semillas

Preparación:
- Machaque en una taza el aguacate y agregue unas gotas de limón.
- Adicione el cilantro y el pepino.
- Sazone.
- Coloque las rebanadas de jamón extendidas en un plato y rellénelas
  con la preparación de aguacate, enróllelas como taquitos.

Comida 3.
EJOTES ALMENDRADOS
(1 ración)

Ingredientes:
> 1 taza de ejotes sin puntas, cortados • sal y pimienta • 1 ½ cucha-
> radita de almendras fileteadas • 1 cucharada de perejil picado

Menús en La Zona 193

Preparación:
- Cocine los ejotes en agua con sal hasta que se ablanden, y blanquéelos por 2 minutos en agua con hielo.
- Escurra y salpimiente.
- Dore las almendras en un sartén sin grasa, agregue los ejotes y el perejil.
- Revuelva y sirva.

PESCADO A LA VERACRUZANA
(1 ración)

Ingredientes:
135 g de filete de pescado • (huachinango, robalo, mero o mojarra) • 2 cucharadas de cebolla picada • 1 diente de ajo picado • 1 cucharada de perejil • ¼ taza de pimiento rojo hervido y picado. • 1 jitomate bola mediano, asado y pelado • chile largo o güero al gusto • alcaparras al gusto • 3 aceitunas verdes en rebanadas • sal marina y pimienta blanca molida • spray de aceite de oliva

Preparación:
- En una cazuela extendida con tapa, acitrone el ajo y la cebolla con el spray de oliva.
- Agregue el perejil y el pimiento.
- Muela el jitomate en la licuadora y cuélelo.
- Vierta en la cazuela.
- Salpimiente.
- Agregue la aceituna, alcaparras y chiles, revuelva y hierva por 5 minutos tapado.
- Coloque el filete en el caldillo y déjelo cocinar por 10 minutos tapado.
- Adicione un poco de agua caliente para diluir el caldillo si fuera necesario mientras se cocina el pescado.
- Sirva caliente.

ENSALADA VERDE CON ADEREZO DE HIERBAS
(1 ración)

Ingredientes:
2 tazas de mezcla de lechugas (orejona, romana) • ½ taza de floretes pequeños de brócoli crudo • ½ pieza de pepino

194 · MÉXICO ENTRA EN LA ZONA

Aderezo de hierbas:

⅓ cucharadita de aceite de oliva EV1EF • 2 cucharadas de vinagre de estragón • 1 cebollita Cambray • 1 cucharadita de cebollín picado • 1 cucharadita de hojas de perejil, albahaca o cilantro frescos • sal y pimienta negra

Preparación:
- Lave y desinfecte las lechugas y el brócoli.
- Lave y pele el pepino, retire las semillas y pártalo en tiras muy delgadas.
- En un plato acomode las lechugas y encima el brócoli y el pepino.
- Para el aderezo mezcle en una taza pequeña todos los ingredientes.
- Bañe la ensalada con este aderezo

MELÓN CON SALSA DE JENGIBRE
(1 ración)

Ingredientes:

¾ taza de melón en cubitos

Salsa:

2 cucharaditas de raíz de jengibre rallado • 2 cucharadas de edulcorante no calórico granulado • ½ taza de agua • gotas de limón

Preparación:
- Hierva en una cacerola el agua con la ralladura del jengibre, el jugo de limón y el edulcorante hasta que se concentre la salsa.
- Retire del fuego y refrigere.
- Vierta la salsa sobre el melón y sirva.

Colación vespertina 3:
PECHUGA DE POLLO CON CIRUELA Y PISTACHES
(1 ración)

Ingredientes:

45 g de pechuga de pollo deshuesada y aplanada • 1 ciruela negra en rebanadas • 3 pistaches troceados • edulcorante no calórico

Menús en La Zona 195

Preparación:
- En un teflón ase la pechuga por los dos lados cuando esté dorando por el segundo lado cubra con las rebanadas de ciruela y tape, deje cocinar 1 minuto y retire del fuego.
- Al servir espolvoree los pistaches y el edulcorante.

Cena 3:
TAMALES DE NOPAL
(1 ración)

Ingredientes:
1 taza de nopales picados finamente • 110 g de carne magra de res molida • 4 tomates verdes cocidos machacados • 2 cucharadas de cebolla picada • ⅓ paquete de achiote • ½ taza de agua • 1 diente de ajo • 2 pimientas enteras • 1 clavo • 2 chiles de árbol sin rabito • sal • 3 hojas de elote lavadas y remojadas.

Preparación:
- Disuelva el achiote en el agua.
- Tueste los chiles en un sartén.
- Muela el achiote con el ajo, la pimienta y los chiles.
- Mezcle la carne con los nopales, el tomate, la cebolla y la sal.
- Añada el achiote y mezcle todo muy bien.
- Rellene las hojas del elote con esta mezcla y cueza al vapor en olla de presión por 20 minutos.
- Sirva.

ENSALADA JÍCAMA
(1 ración)

Ingredientes:
1 taza de jícama • 1 lechuga italiana • jugo de 1 lima • 1 cucharadita de aceite de oliva • sal y pimienta

Preparación:
- Lavar y desinfectar la jícama y la lechuga.
- Pelar la jícama y cortarla en tiras largas.
- En un tazón mezclar todos los ingredientes y dejarlos marinar por 30 min.
- Sirva en un platón y decore con las rebanadas de lima.

196   México entra en La Zona

> ***Menú 4:***
>
> **Desayuno 4:** Claras con chile pasilla • Nectarina y toronja
> **Colación matutina 4:** Taco de pavo con cacahuates
> **Comida 4:** Calabacitas a la mexicana • Pechuga empanizada •
>   Ensalada francesa • Agua de frutas silvestres
> **Colación vespertina 4:** Botana de camarón
> **Cena 4:** Salpicón de sierra ahumada

Desayuno 4:
CLARAS CON CHILE PASILLA
(1 ración)

Ingredientes:
    6 claras • 2 chiles pasilla • 3 cucharadas de cebolla picada • 1 cucharadita de aceite de oliva EV1EF • 1 pedazo pequeño de cebolla • 1 diente de ajo chico • sal

Preparación:
- Lave los chiles bajo el chorro de agua y quite todas las semillas, póngalo a hervir con un poco de agua.
- Muela con el agua del chile, el chile, el ajo y el pedazo de cebolla.
- En un sartén grande saltee con oliva la cebolla picada, agregue el chile molido, mueva hasta que hierva.
- Bata las claras ligeramente con la sal, y vacíelas en la salsa moviendo constantemente hasta que la clara se cocine.
- Sirva.

NECTARINA Y TORONJA
(1 ración)

Ingredientes:
    1 nectarina pelada y rebanada • gajos de 1 toronja limpios y sin huesos • 1 cucharadita de edulcorante no calórico granulado • ½ cucharadita de ralladura de limón • ½ cucharadita de ralladura de naranja

Preparación:
- Hierva los gajos de toronja con el edulcorante y las ralladuras de limón y naranja.

Menús en La Zona   197

- Coloque las rebanadas de nectarina en un plato y báñelas con la preparación de toronja.
- Sirva.

Colación matutina 4:
PAVO CON CACAHUATES
(1 ración)

Ingredientes:

35 g de pavo cocido en cubitos pequeños • ½ manzana picada • 6 cacahuates troceados sin sal • 1 hoja de lechuga romanita lavada y desinfectada

Preparación:
- Mezcle el pavo con la pera y los cacahuates y rellene la hoja de lechuga.
- Enróllela en forma de taco y sirva.

Comida 4:
CALABACITAS A LA MEXICANA
(1 ración)

Ingredientes:

1 taza de calabaza japonesa, cocida, en cubitos • 1 jitomate bola chico en cuadritos • 2 cucharadas de cebolla picada • chile serrano picado, al gusto • sal • spray de aceite de oliva

Preparación:
- Saltee la cebolla en un sartén de teflón con spray de oliva, cuando dore agregue el chile y el jitomate, cocine 1 minuto más y agregue las calabazas.
- Sazone, cubra y cocine por 2 minutos o hasta que las calabazas estén al dente.

PECHUGA EMPANIZADA
(1 ración)

Ingredientes:

135 g de pechugas de pollo aplanadas • orégano seco suficiente • albahaca seca suficiente • 1 cucharadita de sal con ajo • 1 cucharadita de pimienta molida • spray de aceite de oliva

198   MÉXICO ENTRA EN LA ZONA

Preparación:
- Precaliente el horno a 200°C.
- Mezcle en un procesador de alimentos el orégano, la albahaca, el ajo en polvo y la pimienta.
- Rocíe la pechuga con el spray de aceite de oliva y páselas por la mezcla de hierbas, colóquelas en un refractario para horno de gas.
- Hornee hasta que doren por un lado y luego voltee, y deje que doren por el otro lado.
- Sirva.

ENSALADA FRANCESA
(1 ración)

Ingredientes:
2 tazas de lechuga francesa • ½ taza de hojas de berros • 2 rábanos en rebanaditas

Aderezo:
2 cucharadas de vinagre balsámico • 1 cucharadita de aceite de oliva EV1EF • 1 cucharada de vino tinto • ½ cucharadita de echalote molido • sal y pimienta negra

Preparación:
- Lave y desinfecte la lechuga y pártala en trozos con las manos.
- Acomode los trozos de lechuga en una ensaladera, encima los berros y adorne con los rábanos.
- Mezcle los ingredientes del aderezo y vierta sobre la ensalada.
- Sirva.

AGUA DE FRUTAS SILVESTRES
(1 ración)

Ingredientes:
1 kiwi pelado • 1 taza de fresas rebanadas • 2 tazas de agua de filtro • edulcorante no calórico al gusto

Preparación:
- Muela en la licuadora todos los ingredientes y sirva.
- Puede adicionar hielo en el vaso.

Menús en La Zona

Colación vespertina 4:
BOTANA DE CAMARÓN
(1 ración)

Ingredientes:

45 g de camarón cocido, picado • 1 chile guajillo, lavado, desvenado y remojado en agua tibia • ½ diente de ajo machacado • jugo de 1 limón • sal • ⅓ cucharadita de aceite de oliva EV1EF • apio lavado y desinfectado • 1 durazno

Preparación:

- Machaque el chile con el ajo y el limón, sazone.
- Agregue el aceite y mezcle muy bien.
- Revuelva el camarón picado con esta mezcla y colóquela sobre el apio.
- Sirva y acompañe con el durazno

Cena 4:
SALPICÓN DE SIERRA AHUMADA
(1 ración)

Ingredientes:

110 g de sierra ahumada desmenuzada o cualquier pescado • 1 taza de calabacitas ralladas, sin relleno • 1 rebanada de cebolla en círculos • 2 jitomates picados • 1 clara de huevo cocida picada finamente • ½ chile chipotle de lata • 1 cucharadita de aceite de oliva EV1EF • 3 cucharadas de vinagre de manzana • hojas de cilantro al gusto • 1 ½ taza de lechuga rebanada finamente • pimienta molida en grueso • 2 ciruelas

Preparación:

- Mezcle la sierra ahumada con la clara, el jitomate, la cebolla y las calabacitas.
- Revuelva el aceite con el vinagre, y machaque con éstos el chile. Condimente con la pimienta y mezcle con el salpicón.
- Coloque sobre una cama de lechuga.
- Adorne con el cilantro.
- Acompañe con las ciruelas.

200 MÉXICO ENTRA EN LA ZONA

Menú 5:

Desayuno 5: Crepa de champiñón con salsa roja • Tazón de frutas
Colación matutina 5: Gelatina de fresas a la menta
Comida 5: Crema de coliflor • Pacholas • Setas con epazote • Paleta de frambuesa
Colación vespertina 5: Pescadillas
Cena 5: Ensalada de pechuga marinada

Desayuno 5:
CREPA DE CHAMPIÑONES CON SALSA ROJA
(1 ración)

Ingredientes:

6 claras • 1 diente de ajo picado • 1 echalote finamente rebanado • sal y pimienta • 1 taza de champiñones, picados, al vapor • 1 cucharadita de hierbas aromáticas • ⅔ cucharadita de aceite de oliva EV1EF

Salsa roja:

6 cucharadas de puré de tomate casero sin azúcar • 1 cucharadita de ajo en polvo • ½ cucharadita de sal de cebolla • pimienta negra • pizca de orégano

Preparación:

- En un sartén de teflón, dore con el aceite de oliva, el ajo y el echalote.
- Vierta las claras ligeramente batidas con la sal y la pimienta.
- Deje que se extienda como una crepa o tortilla.
- Cubra el sartén y sin revolver, cocine por ambos lados.
- Ya cocida, deslícela en un plato y reserve.
- En un sartén caliente, ase los champiñones hasta que suelten su jugo, espolvoree las hierbas.
- Vacíe esta preparación bien escurrida en la crepa y doble.

Salsa roja:

- Mezcle todos los ingredientes y caliente ligeramente en un sartén.
- Bañe la crepa con la salsa roja y sirva caliente.

Menús en La Zona 201

TAZÓN DE FRUTAS
(1 ración)

Ingredientes:
¾ taza de zarzamoras • gajos de 1 mandarina • 1 nuez de macadamia picadas o 1 ½ cucharadita de almendras picadas • edulcorante no calórico al gusto

Preparación:
- Combine la fruta en un tazón con el edulcorante y refrigere hasta que las zarzamoras suelten su jugo.
- Espolvoree las nueces y sirva.

Colación matutina 5:
GELATINA DE FRESAS A LA MENTA
(1 ración)

Ingredientes:
¼ de taza de fresa • 1 cucharada de cáscara de naranja cortada en tiritas • 2 sobres de edulcorante bajo en calorias • 2 hojas de menta • ½ sobre de grenetina • jugo de ½ limón • 3 mitades de nueces

Preparación:
- Lavar, desinfectar y rebanar la fresa.
- En un recipiente hidrate la grenetina con ¼ de taza de agua y vierta el sustituto de azúcar, mueva hasta disolver y cuando hierva retirar del fuego.
- Añada la cáscara, la menta, las fresas y revuelva ligeramente.
- Caliente la grenetina y cuando se disuelva, agregue lo anterior junto con el jugo.
- Vierta en un molde y refrigere hasta cuajar, espolvoree la nuez partida en trozos.

Comida 5:
CREMA DE COLIFLOR
(1 ración)

Ingredientes:
1 taza de coliflor cocida • ¼ taza de pimiento verde en rajitas • 1 ½ taza de agua • ½ chile guajillo lavado sin semillas • 2 cucharadas de cebolla picada • sal y pimienta • spray de aceite de oliva

202 México entra en La Zona

Preparación:
- Remoje 2 minutos el chile guajillo en agua tibia.
- Lícuelo con la coliflor y el agua.
- Acitrone la cebolla en una olla y el pimiento verde.
- Agregue la coliflor molida, salpimiente y cocine hasta que suelte el hervor.
- Sirva caliente.

PACHOLAS
(1 ración)

Ingredientes:
110 g de carne magra de res, molida • 3 cucharadas de perejil picado finamente • 2 cucharadas de cebolla picada finamente • chile serrano picado finamente (opcional) • spray de aceite de oliva

Preparación:
- Mezcle la carne molida con el perejil, la cebolla y el chile hasta formar una masa uniforme.
- Forme bolitas medianas, y extiéndalas con un rodillo o con una tortilladora entre dos papeles de plástico para que queden muy delgadas. Áselas en un sartén con spray de aceite de oliva.

SETAS CON EPAZOTE
(1 ración)

Ingredientes:
1 taza de setas lavadas partidas en tiras • 1 ajo machacado • 3 cucharadas de cebolla picada • 1 cucharadita de aceite de oliva EV1EF • 7 hojitas de epazote fresco lavado • sal y pimienta • spray de aceite de oliva

Preparación:
- Saltee el ajo y la cebolla en un sartén con el spray de oliva.
- Agregue las setas y salpimiente
- Revuelva bien y añada el epazote, tape.
- Cocine por 3 minutos más o hasta que se suden las setas.

Menús en La Zona 203

PALETA DE FRAMBUESA
(1 ración)

Ingredientes:
   1 taza de frambuesas • ½ taza de agua • edulcorante al gusto

Preparación:
- Muela en la licuadora las frambuesas con el agua y el edulcorante.
- Vacíe en un vasito con un palito de paleta y congele hasta que se endurezca.
- Saque y consúmase antes de que se desbaraten.

Colación vespertina 5:
PESCADILLAS
(1 ración)

Ingredientes:
   45 g de filete de pescado en pulpa • 1 jitomate picado • 1 cucharadita de cebolla picada • cilantro picado al gusto • sal y pimienta • ⅓ cucharadita de aceite de oliva EV1EF • 2 nopalitos baby abiertos por la mitad como una empanada • spray de aceite de oliva • salsa tabasco al gusto • 1 tangerina en gajos

Preparación:
- En un sartén acitrone la cebolla con el aceite de oliva.
- Agregue el pescado, y cocine hasta dorar.
- Adicione el jitomate, el cilantro y salpimiente.
- Rellene los nopalitos con esta preparación y áselos en un sartén con spray de oliva, por ambos lados.
- Puede aderezar con salsa tabasco al gusto.
- Sirva acompañando con la tangerina.

Cena 5:
ENSALADA DE PECHUGA MARINADA
(1 ración)

Ingredientes:
   135 g de pechuga de pollo en bisteces • 1 diente de ajo machacado • gotas de limón • 3 cucharadas de salsa de soya • pimienta negra molido grueso • spray de aceite de oliva

Ensalada:

    2 tazas de lechuga orejona en trozos, lavada y desinfectada • 1 pepino en juliana, sin semillas • 1 jitomate en cuarterones • 1 rebanada de cebolla en círculos • 1 manzana verde en rebanadas delgadas

Aderezo:

    1 diente de ajo machacado • 1 ramo de hierbabuena • 1 cucharadita de aceite de oliva EV1EF • gotas de limón • 3 cucharadas de vinagre de manzana • sal y pimienta

Preparación:

Para la pechuga:

- Mezcle el ajo con el limón, la soya y la pimienta.
- Macere la pechuga en esta mezcla por 15 minutos o una noche previa.
- Ásela en una parrilla
- Córtela en tiras no muy delgadas.

Para la ensalada:

- Coloque en un plato trinche, en orden la lechuga, encima los pepinos, el jitomate y la cebolla.
- Y hasta arriba las tiras de pollo.

Para el aderezo:

- Aparte en un mortero machaque el ajo y la hierbabuena.
- Agregue el limón, el vinagre y el aceite.
- Salpimiente al gusto.
- Aderece la ensalada.
- Adorne con la manzana

Menú 6:

Desayuno 6: Omelette de pimiento • Fruta con nueces tostadas

Colación matutina 6: Cocktail marinero

Comida 6: Sopa poblana • Salmón a las finas hierbas • Ensalada César • Manzana al vino

Colación vespertina 6: Pavo con aceitunas

Cena 6: Verduras empapeladas

Menús en La Zona   205

Desayuno 6:
OMELETTE DE PIMIENTO
(1 ración)

Ingredientes:
2 claras • 70 g de pechuga de pavo picada • ½ taza de pimiento verde en rebanadas • ½ taza de calabacita cortada en tiras • pizca de sal de ajo • pimienta molida en grueso • sal • spray de aceite de oliva

Preparación:
- Rocíe un sartén con spray de aceite de oliva y ase las calabacitas y el pimiento, hasta que estén un poco dorados.
- Agregue el pavo y el jitomate.
- Bata las claras con la sal de ajo, sal y pimienta.
- Vierta sobre las verduras y tape hasta que cuaje.
- Voltee el omelette para dorar por el otro lado y sirva caliente.

FRUTA CON NUECES TOSTADAS
(1 ración)

Ingredientes:
2 ciruelas negras • gajos de ½ mandarina limpios y sin huesos • edulcorante no calórico • nueces tostadas • 6 cacahuates troceados • 1 ½ cucharadita de almendras fileteadas • 1 cucharadita de nuez picada

Preparación:
- Pele, deshuese y parta en cuadritos las ciruelas.
- Colóquelas en un tazón con la mandarina y espolvoree el edulcorante.
- Tueste los cacahuates, las almendras y la nuez en un sartén sin aceite hasta que doren, mueva de vez en cuando para que el tostado sea uniforme.
- Deje enfriar y espárzalos encima de las frutas.

Colación matutina 6:
COCKTAIL MARINERO
(1 ración)

Ingredientes:
45 g de camarón cocido picado o 35 g de atún ahumado en trocitos • gotas de limón • 1 cucharada de cebolla picada finamente •

1 cucharada de jugo Maggy • 1 cucharada de cilantro picado • ⅓ cucharadita de aceite de oliva EV1EF • ½ toronja en gajos • chile piquín al gusto

Preparación:
- Mezcle el jugo de limón con la cebolla, el jugo Maggy, el cilantro y el aceite de oliva.
- Bañe el camarón o el atún con esta mezcla y refrigere.
- Sirva.
- Aparte retire la cáscara de la toronja y el pellejo de los gajos, espolvoree chile piquín al gusto y acompañe con el cocktail.

Comida 6:
SOPA POBLANA
(1 ración)

Ingredientes:
¼ taza de chayote pelado, cocido y picado • ½ taza de rajas de chile poblano asadas y lavadas • ¼ taza de poro lavado y cortado en rajas delgadas • 2 cucharadas de cebolla picada • 1 cucharadita de ajo machacado • spray de aceite de oliva • 1 ½ taza de agua • sal, sal de ajo y de cebolla.

Preparación:
- Saltee la cebolla, el ajo y el poro en un sartén con spray de aceite de oliva, guise hasta que el poro se suavice.
- Agregue el chayote y saltee por 2 minutos.
- En una licuadora muela esta preparación con el agua y las rajas.
- Vacíe en una olla con spray de aceite de oliva, deje hervir y sazone.
- Sirva caliente.

SALMÓN A LAS FINAS HIERBAS
(1 ración)

Ingredientes:
135 g de salmón fresco en lomo o filetes • 2 cucharaditas de finas hierbas en seco • gotitas de limón • sal y pimienta • spray de aceite de oliva

Preparación:
- Rocíe con spray de aceite de oliva un refractario con tapa.
- Coloque el lomo de salmón.
- Condimente con las hierbas, sal y pimienta y gotas de limón.
- Tape y cocine por 10 minutos.
- Apague el fuego y sin retirar de la hornilla deje que se dore el salmón por abajo.
- Sirva caliente.

ENSALADA CÉSAR
(1 ración)

Ingredientes:
hojas de lechuga orejona lavada y desinfectada

Aderezo:
1 filete de anchoa • ½ diente de ajo • 1 cucharadita de aceite de oliva EV1EF • 1 cucharadita de mostaza • 2 cucharadas de vinagre de manzana • 1 cucharadita de salsa inglesa • sal y pimienta

Preparación:
- Divida las hojas de lechuga en 4 partes sobre el plato.
- En un mortero o tazón pequeño machaque las anchoas, enseguida el ajo, agregue el aceite y revuelva muy bien.
- Adicione la mostaza, mezcle muy bien.
- Vierta el vinagre, la salsa inglesa y salpimiente.
- Aderece la lechuga.

MANZANA AL VINO
(1 ración)

Ingredientes:
1 manzana firme pelada

Salsa de vino:
1 taza de agua • 2 cucharadas de vino tinto • 1 raja de canela partida por la mitad • 1 clavo de olor • ½ cucharadita de pimienta negra en grano • 1 chorrito de anís estrella (opcional) • 2 cucharadas de edulcorante no calórico granulado.

208 MÉXICO ENTRA EN LA ZONA

Preparación:
- Para el almíbar ligero: en una cacerola vierta, el agua, con el vino, la canela, el clavo, la pimienta, el anís, y el edulcorante; deje hervir por 5 minutos, o hasta que el líquido se haya reducido a la mitad.
- Cuélelo y déjelo enfriar.
- Coloque la manzana en una cacerola pequeña y báñela con el almíbar.
- Deje hervir a fuego bajo hasta que se cocine la fruta.
- Retire la manzana y hierva el almíbar hasta que se reduzca a la mitad.
- Para servir, deje enfriar el almíbar, coloque la manzana en una copa y báñela con éste.

Colación vespertina 6:
PAVO CON ACEITUNAS
(1 ración)

Ingredientes:
35 g de pechuga de pavo picada • 3 aceitunas deshuesadas picadas • 1 cucharadita de cebolla finamente picada • gotas de limón • chile jalapeño al gusto • ¾ de taza de melón en rebanadas

Preparación:
- Mezcle el pavo, con las aceitunas, la cebolla, el jugo de limón y el jalapeño.
- Coloque un poco de esta preparación sobre cada rebanada de melón y sirva.

Cena 6:
VERDURAS EMPAPELADAS
(1 ración)

Ingredientes:
1 taza de calabazas en trozos • 2 tazas de coliflor en floretes • 4 cebollitas Cambray • 1 diente de ajo picado • 1 cucharadita de aceite de oliva EV1EF • ½ cucharadita de vinagre de manzana • 1 cucharadita de albahaca • sal y pimienta gruesa • 1 cuadro grande de papel de aluminio • 135 g de pechuga de pollo en cubitos • gajos de ½ toronja pelados

Menús en La Zona

209

Preparación:
- En un recipiente mezcle bien las verduras con la pechuga.
- En una taza mezcle el ajo, el aceite de oliva, el vinagre y la albahaca.
- Vierta sobre las verduras con la pechuga, mezcle muy bien, sazone y rectifique el sazón.
- Vacíe la preparación en el papel de aluminio y séllelo muy bien.
- Ase en el horno el paquete por 5 minutos.
- Ábralo con cuidado y sirva acompañando con la suprema de toronja.

Menú 7:

Desayuno 7: Burritos de pechuga de pollo • Té helado
Colación matutina 7: Botana con fresas
Comida 7: Pescado al cilantro • Aguacate a la vinagreta • Ensalada fresca • Flotante de limón
Colación vespertina 7: Melón sorpresa
Cena 7: Champiñones rellenos • Postre de kiwi

Desayuno 7:
BURRITOS DE PECHUGA DE POLLO
(1 ración)

Ingredientes:
135 g de pechuga de pollo en tiras • hojas de lechuga romana grandes y frescas • 1 chile cascabel • 1 cucharadita de aceite de oliva EV1EF • 2 cucharadas de cebolla picada • 1 diente de ajo • 1 ½ taza de verduras mixtas precocidas (brócoli, coliflor, ejote) • ½ taza de zanahorias cocidas rebanadas • sal y pimienta

Preparación:
- Ase la pechuga en una parrilla y salpimiente.
- Ase el chile y déjelo remojando 5 minutos.
- Córtelo en rajas.
- Acitrone la cebolla y el ajo en el aceite, agregue el chile y fría por 2 minutos.
- Adicione las verduras y guise por 3 minutos, tapado.
- Agregue la pechuga y sazone, revuelva todo y rectifique el sazón.
- Lave y desinfecte las hojas de lechuga y rellénelas con esta preparación y enróllelas como taquitos.

210 MÉXICO ENTRA EN LA ZONA

TÉ HELADO
(1 ración)

Ingredientes:

gajos de una mandarina sin pellejos ni huesos • 2 bolsitas de té verde o de limón • ½ taza de agua hirviendo • 1 taza de agua fría • hielo • edulcorante no calórico

Preparación:
- Coloque las bolsitas de té en el agua hirviendo y retírela del fuego, espere 5 minutos hasta obtener una infusión concentrada.
- Escurra las bolsitas y deséchelas.
- Deje enfriar la infusión.
- Coloque los gajos de la mandarina en un vaso grande.
- Adicione el agua fría y el edulcorante.
- Revuelva.
- Vierta la infusión de té, y los hielos, revuelva.

Colación matutina 7:
BOTANA CON FRESAS
(1 ración)

Ingredientes:

1 taza de fresas lavadas y desinfectadas • 30 g de sardina desmenuzada • 1 cucharadita de aguacate • cilantro al gusto • Jugo de limón • sal

Preparación:
- Mezcle la sardina con el aguacate, el cilantro, el limón y la sal, revuelva.
- Acompañe con las fresas.

Comida 7:
PESCADO AL CILANTRO
(1 ración)

Ingredientes:

135 g de filete de pescado blanco • 2 tomates verdes, chicos, lavados • ½ taza de hojas de cilantro lavadas y desinfectadas. • ½ diente de ajo • 1 trozo pequeño de cebolla • sal marina • gotas de limón • papel de aluminio

Menús en La Zona   211

Preparación:
- Corte un cuadro de papel aluminio y forme una cazuelita.
- Coloque encima el filete, agregue unas gotitas de limón y sal marina.
- Licue el tomate con el cilantro, el ajo y la cebolla.
- Vierta la mezcla sobre el pescado.
- Envuélvalo bien con el papel de aluminio y séllelo.
- Hornee a 150°C por 15 minutos.
- También se puede cocinar en una vaporera, el mismo tiempo.
- Sirva caliente.

AGUACATE A LA VINAGRETA
(1 ración)

Ingredientes:
3 cucharaditas de aguacate • 2 cucharadas de vinagre de vino • ½ cucharadita de edulcorante no calórico • ½ echalote finamente rebanado • 1 cucharadita de perejil picado • gotas de limón • hojas de endivia lavadas y desinfectadas

Preparación:
- Combine en un tazón el vinagre, el edulcorante, el echalote, el perejil y el limón.
- Vierta esta vinagreta sobre el aguacate, revuelva ligeramente y refrigere 2 horas para marinar.
- Sirva el aguacate sobre las endivias.

ENSALADA FRESCA
(1 ración)

Ingredientes:
1 pepino en tiras sin semillas • 1 taza de jícama en tiras delgadas • 1 durazno pelado en tiras delgadas • gotas de limón • chile piquín

Preparación:
- Mezcle todos los ingredientes.
- Espolvoree chile piquín al gusto.

FLOTANTE DE LIMÓN
(1 ración)

Ingredientes:

½ sobre de polvo sabor limón para hacer una bebida sin calorías • 1 taza de agua • refresco sin calorías (no de cola) • 1 popote

Preparación:

- Mezcle en un molde de plástico el polvo con el agua y congele completamente.
- Desmolde y muela en la licuadora a velocidad media, hasta que se escarche.
- Forme 1 bola y vuelva a congelar 3 horas.
- Vacíe la bola de nieve en un vaso con refresco sin calorías.

Colación vespertina 7:
MELÓN SORPRESA
(1 ración)

Ingredientes:

¾ taza de melón en rebanadas • 30 g de jamón de pavo en tiras delgadas • 6 cacahuates

Preparación:

- Enrolle las rebanadas del melón con el jamón de pavo.
- Acompañe con los cacahuates

Cena 7:
CHAMPIÑONES RELLENOS
(1 ración)

Ingredientes:

6 champiñones grandes para rellenar • 1 cucharadita de aceite de oliva EV1EF • 3 cucharadas de cebolla picada • 3 cucharadas de cilantro fresco picado • chile serrano picado al gusto • pimentón en polvo • 110 g de carne magra de res o ternera, molida • 1 diente de ajo picado • sal y pimienta • sal de ajo • spray de aceite de oliva

Preparación:

- Precaliente el horno a 180°C.

Menús en La Zona

213

- Lave y desinfecte los champiñones, y desprenda el rabo.
- Coloque los champiñones en un refractario rociado de spray de aceite de oliva, y barnícelos con el aceite de oliva.
- Salpimiente.
- Pique los rabos.
- Saltee en un sartén con spray de aceite de oliva los rabos con la cebolla, el cilantro y el chile, sazone con el pimentón, sal y sal de ajo.
- Aparte, acitrone el ajo en un sartén con spray de aceite de oliva y agregue la carne, salpimiente y cocine por completo.
- Vierta la mezcla de los rabos y hierva hasta que se consuma el líquido.
- Rellene los champiñones y hornee por 15 minutos.

POSTRE DE KIWI
(1 ración)

Ingredientes:

1½ kiwis pelados • ½ sobre de grenetina • ¼ taza de agua fría • ¼ taza de agua caliente • ½ cucharadita de ralladura de limón • edulcorante no calórico • ½ taza de agua

Preparación:

- Disuelva la grenetina en ¼ taza de agua fría, y adicione ¼ taza de agua caliente.
- Agregue la ½ taza de agua y refrigere.
- A medio cuajar saque y licue a velocidad baja con el kiwi, la ralladura y el edulcorante.
- Rectifique el dulzor.
- Vuelva a refrigerar hasta que cuaje por completo.

Menú 8:

Desayuno 8: Huevo multicolor • Licuado tropical
Colación matutina 8: Carpaccio de salmón ahumado
Comida 8: Pollo arriero • Ensalada fresca
Colación vespertina 8: Marinos en escabeche
Cena 8: Pulpos con pico de gallo • Sorbete rojo

Desayuno 8:
HUEVO MULTICOLOR
(1 ración)

Ingredientes:

6 claras de huevo • ¼ de pimiento verde • ¼ de pimiento rojo • ¼ de pimiento amarillo • 1 jitomate • 1 ajo • 1 cucharadita de aceite de oliva • sal y pimienta al gusto

Preparación:

- Corte el pimiento en tiras delgadas. Pele los jitomates, quíteles las semillas y píquelos junto con el ajo.
- En un sartén ponga a calentar el aceite; sofría los pimientos, cebolla y ajo durante 1 minuto.
- Añadir los jitomates, incorporar bien.
- Aparte, bata las claras, añada sal y pimienta, viértalas en la verdura y cuézalos.

LICUADO TROPICAL
(1 ración)

Ingredientes:

¾ taza melón chino • ¼ manzana roja pelada, en trozos • gajos de ½ naranja sin pellejos • agua suficiente • edulcorante no calórico al gusto

Preparación:

- Licue toda la fruta agregando agua sólo hasta que se cubra la fruta. Agregue el edulcorante, y sirva sin colar.

Colación matutina 8:
CARPACCIO DE SALMÓN AHUMADO
(1 ración)

Ingredientes:

45 g de salmón ahumado en carpaccio • 1 cucharadita de alcaparras baby • ⅓ cucharadita de aceite de oliva EV1EF • ½ cucharadita de perejil picado • 1 cucharadita de cebolla finamente picada • 1 taza de fresas rebanadas

Menús en La Zona   215

Preparación:
- Coloque el carpaccio de salmón en un plato, rocíe el aceite de oliva, distribuya las alcaparras, la cebolla y el perejil picado.
- Acompañe con las fresas.

Comida 8:
POLLO ARRIERO
(1 ración)

Ingredientes:
135 g de pechuga de pollo en tiras • 3 tomates verdes, chicos, picados • 1 diente de ajo • 1 chile chipotle adobado • rodajas de cebolla • sal y pimienta

Preparación:
- Ase las tiras de pollo en una parrilla, salpimiente.
- Licue el ajo con el tomate, vacíe en una cazuela y deje hervir.
- Agregue el chipotle, revuelva muy bien y sazone, hierva 1 minuto más.
- Añada el pollo, mezcle muy bien y hierva unos minutos más, rectifique el sazón y sirva con la cebolla rebanada.

ENSALADA FRESCA
(1 ración)

Ingredientes:
1 jitomate cortado en trozos grandes • ¼ de cebolla fileteada • 1 pepino grande pelado y cortado en trozos grandes • 2 mandarinas en gajos • ¼ de pimiento rojo cortado en trozos • ¼ pimiento amarillo cortado en trozos • 3 aceitunas negras • 2 hojas de lechuga orejona

Para el aderezo:
1 cucharadita de aceite de oliva • 1 cucharadita de vinagre balsamico • hojitas de albahaca frescas y picadas • ½ cucharadita de alcaparra • ⅓ diente de ajo picado • 1 cucharadita de salsa picante • sal al gusto

Preparación:
- En un tazón integre todos los ingredientes y revuelva.

216 MÉXICO ENTRA EN LA ZONA

Para hacer el aderezo:
- Combine el aceite, el vinagre, la albahaca, las alcaparras, el ajo, la sal y la salsa, revuelva para integrar.

Colación vespertina 8:
MARINOS EN ESCABECHE
(1 ración)

Ingredientes:
45 g camarones cocidos picados • 2 rodajas delgadas de cebolla • ¼ taza de vinagre • 1 cucharada de jugo de limón • 1 diente de ajo a la mitad • 1 chile jalapeño a la mitad • ½ taza de calabacitas en tiras delgadas • ½ taza de champiñones • ⅓ cucharadita de oliva EV1EF • sal y pimienta

Preparación:
- Hierva por 3 minutos todos los ingredientes excepto los camarones.
- Agregue los camarones y deje hervir otros 5 minutos, sazone.
- Retire los camarones y las verduras del líquido y bañe con el aceite de oliva, salpimiente.
- Sirva.

Cena 8:
PULPOS CON PICO DE GALLO
(1 ración)

Ingredientes:
195 g de pulpos cocidos en trocitos • gotas de limón • sal

Pico de gallo:
3 cucharaditas de aguacate • 2 cucharaditas de cilantro finamente picado • 2 cucharadas de cebolla picada • chile serrano picado (opcional) • sal • gotas de limón

Preparación:
- Agregue limón y sal a los pulpos y déjelos en un plato.
- Para el pico de gallo mezcle todos los ingredientes suavemente.
- Coloque sobre el pulpo el pico de gallo y sirva.

Menús en La Zona   217

SORBETE ROJO
(1 ración)

Ingredientes:

¾ taza de zarzamoras congeladas • 1 manzana roja con cáscara • edulcorante no calórico

Preparación:

- Corte la manzana en la parte superior como quitando una tapa y por ahí retire el corazón de la manzana y saque la pulpa con una cuchara, dejando 2 o 3 milímetros de grosor de ésta pegada a la cáscara. Cuide de no romper la cáscara.
- Meta la cáscara de la manzana al congelador en un plato, y déjela ahí hasta que se congele y se ponga dura.
- Muela las zarzamoras a velocidad alta con la pulpa de la manzana y el edulcorante, luego baje la velocidad, deje algunos pedacitos no completamente molidos.
- Saque la cáscara congelada, y rellénela con la fruta molida.
- Vuelva a congelar por 3 o 4 horas más o de un día para otro.

Menú 9:

Desayuno 9: Tiras ahogadas • Copa de duraznos

Colación matutina 9: Sierra al limón

Comida 9: Ensalada del mar • Espinaca salteada • Esponja de mandarina

Colación vespertina 9: Pollo con alcaparras

Cena 9: Caldo tlalpeño

Desayuno 9:
TIRAS AHOGADAS
(1 ración)

Ingredientes:

135 g de filete de pollo en tiras • 1 ½ taza de nopales cocidos, cortados en tiras • 1 chile ancho • 2 jitomates saladet asados y pelados • 1 diente de ajo • 1 trozo de cebolla pequeño • 1 cucharadita de aceite de oliva EV1EF • 3 cucharadas de cebolla picada • sal y pimienta • spray de aceite de oliva

218 MÉXICO ENTRA EN LA ZONA

Preparación:
- Cocine el pollo en un sartén con spray de aceite de oliva hasta que dore.
- Salpimiente. Déjela aparte.
- Lave y ase el chile, déjelo remojando en agua caliente.
- Licue el chile con el jitomate asado, el ajo y el trozo de cebolla.
- Saltee en el aceite de oliva la cebolla picada.
- Agregue el chile molido, el pollo, los nopalitos y salpimiente.
- Sirva caliente.

COPA DE DURAZNOS
(1 ración)

Ingredientes:
1 ½ durazno pelado y partido en cubitos • gotas de limón • 1 cucharadita de extracto de vainilla • edulcorante no calórico

Preparación:
- Revuelva la vainilla con el limón y mezcle con los cubos de durazno. Sirva en una copa y espolvoree con el edulcorante no calórico.

Colación matutina 9:
SIERRA AL LIMÓN
(1 ración)

Ingredientes:
45 g de sierra fresca, cortada en tiras • gotas de limón • 1 cucharadita de cilantro picado • ½ cucharadita de jengibre rallado • ⅓ cucharadita de aceite de oliva EV1EF • ½ cucharadita de ajo machacado • sal • spray de aceite de oliva • ½ toronja en gajos • chile piquín

Preparación:
- Marine las tiras de sierra con el limón, el cilantro, el jengibre, el aceite de oliva y el ajo, por lo menos durante 30 minutos.
- Ase la sierra en un sartén con spray de aceite de oliva y sazone.
- Acompañe con los gajos de toronja espolvoreados con chile piquín.

Menús en La Zona 219

Comida 9:
ENSALADA DEL MAR
(1 ración)

Ingredientes:
90 g de camarón cocido • 65 g de pulpo cocido en trocitos • 1 diente de ajo partido en cuadritos • 3 limones grandes (en jugo) • 1 cucharadita de aceite de oliva EV1EF • sal y pimienta • apio cortado en cuadritos (una rama grande) • cilantro fresco (abundante) • hojas de lechuga grandes

Preparación:
- Mezclar el camarón y el pulpo en un refractario.
- Bañarlos con el limón, sazonar con la sal, la pimienta y el ajo.
- Agregar el aceite de oliva y por último incorporar el apio y el cilantro.
- Hacer esta preparación un día antes de consumirlo.
- Servirlo al día siguiente sobre las hojas de lechuga.

ESPINACA SALTEADA
(1 ración)

Ingredientes:
1 cucharadita de aceite de oliva EV1EF • 4 cebollitas de Cambray finamente rebanadas • 1 diente de ajo finamente picado • 3 tazas de hojas de espinaca lavada • sal de ajo • sal y pimienta

Preparación:
- Acitrone en el aceite de oliva, el ajo y las cebollitas de Cambray por 1 minuto sin dejar que doren, mientras revuelve continuamente.
- Agregue las espinacas y la sal de ajo.
- Salpimiente.
- Revuelva y retire del fuego.
- Sirva.

ESPONJA DE MANDARINA
(1 ración)

Ingredientes:
1 mandarina pequeña o tangerina • 1 clara de huevo • ½ sobre de

220 MÉXICO ENTRA EN LA ZONA

grenetina • ¼ taza de agua fría • ¼ taza de agua caliente • edulcorante no calórico

Preparación:
- Saque todos los gajos de la mandarina, retire el pellejo por completo y los huesos.
- Machaque los gajos en una cacerola y cocínelos hasta que se consuma el líquido, deje enfriar.
- Disuelva la grenetina en el agua fría y agregue el agua caliente. Deje cuajar en el refrigerador.
- Bata la clara a punto de turrón.
- Licue la gelatina ya cuajada, con la mandarina concentrada y agregue el edulcorante, vacíe en un tazón.
- Agregue en forma envolvente la clara y meta rápido al refrigerador, enfríe por 3 horas.

Colación vespertina 9:
POLLO CON ALCAPARRAS
(1 ración)

Ingredientes:
45 g de muslo o pierna de pollo en trocitos • 1 cucharada de alcaparras • ⅓ cucharadita de aceite de oliva EV1EF • gotas de limón
• sal y pimienta • 1 ciruela negra

Preparación:
- Ase el pollo sazonado con sal y pimienta.
- Retire y mantenga caliente.
- Mezcle las alcaparras, el aceite de oliva y el limón y caliente en el mismo sartén, bañe la pechuga con esta salsa.
- Acompañe con la ciruela en rebanaditas.

Cena 9:
CALDO TLALPEÑO
(1 ración)

Ingredientes:
135 g de pechuga de pollo cocida y deshebrada • 2 tazas de caldo
de pechuga de pollo • 1 ½ taza de ejotes cocidos cortados • ½ taza

Menús en La Zona 221

de zanahoria cocida • ½ taza de calabacitas cocidas al *dente* • Chile chipotle adobado al gusto

Guarnición:

Cebolla picada al gusto • perejil picado al gusto • gotas de limón • 3 cucharaditas de aguacate • sal • ½ taza de frambuesas

Preparación:
- Caliente en una cazuela el caldo de pollo, cuando suelte el hervor baje la flama y agregue el pollo, los ejotes, la zanahoria y las calabacitas, deje hervir por 1 minuto y agregue el chipotle.
- Retire del fuego y sirva en plato de sopa. Agregue la cebolla, el perejil, el aguacate y el limón.
- Sazone.
- Acompañe con las frambuesas.

Menú 10:

Desayuno 10: Jamón Virgilio • Plato sano
Colación matutina 10: Raspado de frutas
Comida 10: Salmón empapelado • Pepinos con aderezo de eneldo • Ensalada de espinacas y frutas
Colación vespertina 10: Rollitos de col
Cena 10: Ceviche de pescado • Sartén de verduras

Desayuno 10:
JAMÓN VIRGILIO
(1 ración)

Ingredientes:

90 g de jamón de pavo en 3 rebanadas • 1 ½ cucharadita de mostaza preparada • ⅔ cucharadita de aceite de oliva EV1EF • gajos de ½ toronja, limpios y sin huesos • 2 cucharadas de vinagre de manzana • 1 cucharada de edulcorante no calórico granulado • sal y pimienta

Preparación:
- Precaliente el horno a 200°C.

222   MÉXICO ENTRA EN LA ZONA

- Combine la mostaza con el aceite de oliva y unte las rebanadas de jamón, colóquelas en un recipiente refractario.
- Licue los gajos de toronja con el vinagre y el edulcorante y vierta sobre cada rebanada de jamón.
- Sazone con sal y pimienta.
- Tape y hornee 10 minutos.
- Destape y deje que se dore otros 3 minutos.

PLATO SANO
(1 ración)

Ingredientes:
12 espárragos verdes • spray de aceite de oliva • ½ taza de fresas en rebanadas

Aderezo:
½ taza de fresas en rebanadas • 1 cucharada de vinagre balsámico • ⅓ cucharadita de aceite de oliva EV1EF • 1 cucharadita de edulcorante • sal y pimienta molido grueso

Preparación:
- Cocine al vapor los espárragos hasta que estén al *dente*, retire y saltee en un sartén con spray de aceite de oliva y salpimiente.
- Muela en la licuadora los ingredientes del aderezo.
- Para *emplatar* coloque un espejo de aderezo en un plato, encima los espárragos y decore con las fresas rebanadas.

Colación matutina 10:
RASPADO DE FRUTAS
(1 ración)

Ingredientes:
½ sobre de grenetina • ¼ taza de agua fría • 2 claras • ¼ manzana Peron Golden pelada y sin corazón • ½ taza de frambuesas lavadas y desinfectadas • 2 cucharaditas de edulcorante no calórico al gusto • 3 almendras peladas y troceadas

Preparación:
- Hidrate la grenetina en el agua fría, y caliente 30 segundos esta preparación de preferencia en un horno de microondas, deje enfriar.

Menús en La Zona 223

- Muela la manzana con las frambuesas hasta obtener un puré terso, agregue el edulcorante y la grenetina hidratada.
- Bata las claras a punto de turrón y agregue en forma envolvente el puré de frutas.
- Sirva en un tazón y espolvoree las almendras,
- Congele por espacio de 2 a 3 horas o hasta que cuaje.

Comida 10:
SALMÓN EMPAPELADO
(1 ración)

Ingredientes:
135 gramos de salmón fresco • 2 jitomates miniatura • 1 cucharadita de aceite de oliva • eneldo al gusto • sal al gusto • pimienta al justo • zanahoria (una rajita) • albahaca fresca (1hojita)

Preparación:
- Preparar una mezcla con el aceite de oliva, el eneldo, la sal y la pimienta al gusto.
- Colocar el salmón en un cuadrito de papel aluminio y untarle la mezcla anterior por ambos lados. Poner encima una rajita de zanahoria cruda, la hojita de albahaca fresca y los jitomates cherry abiertos por la mitad.
- Cerrar el papel aluminio y meterlo al horno por 20 minutos a temperatura moderada.

PEPINOS CON ADEREZO DE ENELDO
(1 ración)

Ingredientes:
1 pieza de pepino sin semillas, cortado en rebanadas muy delgadas • 1 cucharadita de eneldo • 2 hojas de menta fresca lavada • jugo de ½ limón • ½ cucharadita de edulcorante no calórico • sal y pimienta

Preparación:
- Muela en la licuadora ¼ taza del pepino ya rebanado, con ½ cucharadita de eneldo, la menta, el limón y el edulcorante.
- Salpimiente.

224 MÉXICO ENTRA EN LA ZONA

- Vierta el aderezo sobre la otra parte de pepino cortado, espolvoree con el resto del eneldo.

ENSALADA DE ESPINACA Y FRUTAS
(1 ración)

Ingredientes:

Espinaca, lavada y desinfectada, cortada en trozos • ½ pimiento rojo en tiras delgadas • gajos de ½ mandarina limpios y sin huesos • gajos de ½ toronja limpios y sin huesos

Aderezo:

¼ taza de vinagre de manzana • ⅔ cucharadita de aceite de aceite de oliva • 1 cucharadita de mostaza de Dijón o antigua

Preparación:
- Muela en la licuadora los ingredientes del aderezo.
- Vierta sobre una cama de espinacas con pimiento, los gajos de mandarina y de toronja.

Colación vespertina 10:
ROLLITOS DE COL
(1 ración)

Ingredientes:

2 hojas de col grandes • ⅓ cucharadita de aceite de oliva EV1EF • ½ diente de ajo picado finamente • 2 cucharadas de cebolla finamente picada • 45 g pechuga de pollo, cocida, deshebrada finamente • ½ taza de chile poblano cocido en rajas • 1 jitomate asado y pelado • 1 trozo chico de cebolla • 1 cucharada de cilantro picado • sal y pimienta • 1 durazno

Preparación:
- Remoje la col en agua caliente con sal hasta que se suavice, pero sin que se desbaraten las hojas.
- Retire y reserve.
- En un sartén, acitrone el ajo y la cebolla.
- Agregue la pechuga y el poblano, dore la pechuga.
- Licue el jitomate con la cebolla y agregue la mitad de la salsa al pollo y guise 2 minutos más.

Menús en La Zona 225

- Rellene con esta preparación la col. Enrolle las hojas y colóquelas en un refractario.
- Bañe con el resto de la salsa y hornee en el microondas por 3 minutos.
- Decore con el cilantro picado y sirva.
- Acompañe con el durazno.

Cena 10:
CEVICHE DE PESCADO
(1 ración)

Ingredientes:

135 g de filete muy delgados de pescado (preferible: róbalo, huachinango o mero) • 1 jitomate bola cortado en cubitos • 3 cucharadas de cebolla picada • 1 chile serrano picado • 1 cucharadita de aceite de oliva EV1EF • jugo de 2 limones • sal y pimienta

Preparación:
- Lave los filetes y pártalos en trocitos.
- Báñelos con el limón y la sal.
- Refrigere por 4 horas.
- Aparte, mezcle el jitomate con la cebolla y el chile, deje reposar una hora.
- Escurra muy bien el pescado, báñelo con la mezcla de jitomate, el aceite y sazone con sal y pimienta.

SARTÉN DE VERDURAS
(1 ración)

Ingredientes:

1 taza de champiñones picados, al vapor • spray de aceite de oliva • 4 cebollitas de Cambray • 1 diente de ajo picado • ½ tallo de apio picado • 1 taza de calabacita picada, al vapor • sal y pimienta al gusto • 1 cucharadita de salsa inglesa • 1 taza de frambuesas

Preparación:
- Remoje los champiñones en un recipiente con 1 taza de agua caliente y deje reposar por 30 minutos.
- Retírelos del agua y reserve ½ taza de agua de remojo.
- Rebane las cebollitas de Cambray.

226 MÉXICO ENTRA EN LA ZONA

- Saltee en un sartén con spray de aceite de oliva las cebollitas y el ajo, añada el apio y cocine un minuto.
- Agregue las calabacitas y cocine 1 minuto.
- Sazone con sal, pimienta, salsa inglesa y la media taza de agua de remojo.
- Agregue los champiñones, revuelva y sirva.
- Acompañe con las frambuesas.

Menú 11:

Desayuno 11: Pastel campesino • Cerezas escarchadas
Colación matutina 11: Dip de atún con vegetales
Comida 11: Sopa de nopales • Salmón almendrado • Endivias con jitomate • Gelatina con kiwi
Colación vespertina 11: Bocadillos
Cena11: Tortita de pavo con Portobello

Desayuno 11
PASTEL CAMPESINO
(1 ración)

Ingredientes:
6 claras • 3 cucharadas de cebolla picada • 1 diente de ajo finamente picado • 1 chile serrano picado • 2 tazas de flor de calabaza lavada y picada • 1 jitomate saladet picado • $\frac{2}{3}$ cucharadita de aceite de oliva EV1EF • sal y pimienta negra molido grueso • spray de aceite de oliva

Preparación:
- En un sartén acitrone con spray de aceite de oliva, la cebolla y el ajo.
- Agregue el chile serrano y espere a que dore.
- Incorpore la flor de calabaza y cocine por un minuto, moviendo constantemente.
- Bata ligeramente las claras y salpimiente.
- Vierta éstas sobre las verduras y encima el jitomate, tape sin mover y baje el fuego.
- Cocine hasta que cuaje la clara completamente.
- Rocíe el aceite de oliva encima del pastel.
- Sirva en un plato.

Menús en La Zona 227

CEREZAS ESCARCHADAS
(1 ración)

Ingredientes:
16 cerezas frescas deshuesadas • 1 ½ cucharadita de almendra molida • 1 cucharadita de edulcorante no calórico

Preparación:
• Combine la almendra con el edulcorante en un plato.
• Parta las cerezas a la mitad y páselas por la mezcla anterior.
• Colóquelas en una copa y deje reposar 15 minutos.
• Sirva.

Colación matutina 11:
DIP DE ATÚN CON VEGETALES
(1 ración)

Ingredientes:
30 g de atún de lata drenado • 1 cucharada de aguacate • ½ cucharadita de mayonesa *light* • gotitas de limón • ½ cucharadita de salsa inglesa • gotas de salsa tabasco • 1 cucharadita de salsa verde* • 1 cucharadita de cilantro picado • 1 taza de crudités (tiras de pepino, zanahoria y jícama)

*Salsa verde:
4 tomates verdes • 1 taza de agua • 1 manojo mediano de cilantro, lavado y desinfectado • ½ cebolla en trozo • 1 diente de ajo • chile serrano al gusto • sal

Preparación:
• Mezcle todos los ingredientes, excepto los crudités, hasta obtener una consistencia cremosa.
• Acompañe las verduras crudas con el dip.

Salsa verde:
• Hierva en el agua los tomates hasta que la cáscara se ponga transparente.
• Licue los tomates sin agua, con el cilantro, la cebolla, el ajo, el chile y la sal.
• Utilice lo necesario y reserve el resto en un frasco de vidrio bien tapado en el refrigerador, se puede utilizar, con discreción, para acompañar otros alimentos.

228 MÉXICO ENTRA EN LA ZONA

Comida 11:
SOPA DE NOPALES
(1 ración)

Ingredientes:
½ taza de nopales en cubos pequeños, cocidos y escurridos • 1 ½ tazas de champiñones picados • 2 cucharadas de cebolla picada • 1 jitomate picado • ½ chile guajillo lavado y desvenado • 1 ½ taza de caldo de pechuga de pollo desgrasado • sal y pimienta

Preparación:
- En una olla acitrone la cebolla con el aceite de oliva, agregue el chile en trozos grandes y deje que se cocine por 3 minutos.
- Agregue el jitomate y cocine hasta que se desbarate.
- Incorpore los nopales y los champiñones y cocine por 3 minutos más.
- Agregue el caldo de pollo y salpimiente, deje hervir por 5 minutos y sirva caliente.

SALMÓN ALMENDRADO
(1 ración)

Ingredientes:
135 g de salmón en filete • sal y pimienta • spray de aceite de oliva • 4 ½ cucharaditas de almendras fileteadas • 1 cucharadita de perejil fresco picado • gotas de limón

Preparación:
- Sazone con sal y pimienta el filete por los dos lados y áselo en un sartén con spray de aceite de oliva. Retírelo y póngalo en un plato.
- En el mismo sartén con un poco más de spray, dore las almendras, agregue el perejil y el jugo de limón.
- Coloque esta preparación sobre el salmón y sirva caliente.

ENDIVIAS CON JITOMATE
(1 ración)

Ingredientes:
Endivias rebanadas al gusto • 1 cucharada de cebolla picada • 1 diente de ajo picado • 1 jitomate en cubos • 1 cucharadita de albahaca fresca picada • sal y pimienta • spray de aceite de oliva

Menús en La Zona 229

Preparación:
- Saltee en un sartén con spray de aceite de oliva la cebolla y el ajo.
- Agregue las endivias y el jitomate, saltee 1 minuto.
- Agregue la albahaca y salpimiente.
- Sirva.

GELATINA CON KIWI
(1 ración)

Ingredientes:
¼ sobre de gelatina *light* sabor fresa • ½ taza de agua caliente • ½ taza de agua fría • 2 kiwis en rebanadas

Preparación:
- Disuelva la gelatina en la taza de agua caliente y agregue el agua fría.
- Coloque en un molde las rebanadas de kiwi y vierta la gelatina suavemente.
- Refrigere hasta que cuaje.

Colación vespertina 11:
BOCADILLOS
(1 ración)

Ingredientes:
45 g de pechuga de pollo aplanada • gotas de limón • sal y pimienta blanca • ⅓ cucharadita de aceite de oliva EV1EF • 1 durazno cortado en rebanadas • edulcorante no calórico granulado • spray de aceite de oliva

Preparación:
- Corte la pechuga en cuadros, únteles el jugo del limón, sal y pimienta y el aceite de oliva, déjelos reposar 5 minutos.
- Ase la pechuga en una parrilla.
- Coloque los cuadros en una charolita de horno, puede ser eléctrico, previamente engrasada con spray de aceite de oliva.
- Encima de cada cuadro coloque las rebanaditas de durazno y espolvoree el edulcorante.
- Hornee por 10 minutos.

Cena 11:
TORTITA DE PAVO CON PORTOBELLO
(1 ración)

Ingredientes:
105 g de carne de pechuga de pavo molida • 1 cucharadita de aceite de oliva EV1EF • 1 chile serrano, desvenado y picado finamente • 1 diente de ajo machacado • 1 cucharadita de comino • sal y pimienta

Para acompañar:
2 hongos Portobello o 1 taza de cualquier tipo de hongos • 1 jitomate partido a la mitad • hojas de albahaca fresca picada finamente • sal de ajo • 1 cucharadita de mostaza

Guarnición:
1 nectarina en rebanaditas • 1 ciruela en rebanaditas

Preparación:
- Vierta en un sartén caliente el aceite de oliva y sofría el chile y el ajo hasta que dore, agregue el comino, retire del fuego.
- Agregue esta mezcla a la carne de pavo y sazone con sal y pimienta y mézclela muy bien.
- Forme una tortita plana.
- En un sartén con spray de aceite de oliva, ásela de cada lado hasta que se cocine.
- En el mismo sartén rocíe un poco más de spray de aceite de oliva y ase los hongos Portobello y el jitomate, por los dos lados, rocíelos con el mismo spray y procure voltearlos una sola vez.
- Cuando ya los haya volteado rocíelos con la albahaca y espolvoree la sal de ajo.
- Sirva en el plato la tortita en el centro con la cucharadita de mostaza y alrededor los hongos Portobello, el jitomate y la nectarina y la ciruela para acompañar.

Variante:
- Esta receta se puede hacer con 135 g de carne molida de pechuga de pollo.

Menús en La Zona

Menú 12:
Desayuno 12: Huevos ahogados • Conga de frutas
Colación matutina 12: Nieve de frutas silvestres
Comida 12: Pulpos con aguacate • Lomitos de pescado con espárragos al vino blanco • Espinacas asadas • Bebida de cítricos
Colación vespertina 12: Paté de salmón
Cena 12: Pollo al cascabel

Desayuno 12:
HUEVOS AHOGADOS
(1 ración)

Ingredientes:
6 claras de huevo • salsa verde (licuar tomate y chile serrano al gusto con 1 ajo y poco cilantro) • 1 taza de nopales cocidos y cortados en tiras largas • 1 cucharadita de aceite de oliva • sal al gusto

Preparación:
- Calentar un poco de aceite de oliva y vaciar la salsa verde, sazonar con sal.
- Ya que esté hirviendo vaciar las claras para que se cocinen e incorporar los nopales.
- Servir caliente.

CONGA DE FRUTAS
(1 ración)

Ingredientes:
1 taza de fresas • ½ manzana • 1 kiwi pelado • agua • edulcorante no calórico al gusto

Preparación:
- Licue en la licuadora todas las frutas con la misma cantidad de agua, y edulcorante al gusto.
- Sirva sin colar.

232 MÉXICO ENTRA EN LA ZONA

Colación matutina 12:
NIEVE DE FRUTAS SILVESTRES
(1 ración)

Ingredientes:

gotas de limón • ½ sobre de bebida de limón *light* • 1 taza de frambuesas picadas • 1 taza de agua • ¼ cucharadita de ralladura fina de limón • 2 claras de huevo • 1 nuez de Macadamia picada

Preparación:
- En un tazón de batidora, combine el agua con el limón y la bebida *light* y congele 1 hora. Saque del congelador y agregue las frutas silvestres, bata a velocidad media y congele 2 horas más.
- Vuelva a sacar cada 30 minutos, bata unos segundos y vuelva a congelar, hasta obtener una mezcla tersa.
- Bata las claras a punto de turrón e incorpórelas en forma envolvente a la nieve, incorpore también las Macadamias y la ralladura igualmente.
- Congele nuevamente por 3 horas más revolviendo ligeramente unas 2 veces.
- Decore con rodajas delgadas de limón.

Comida 12:
PULPOS CON AGUACATE
(1 ración)

Ingredientes:

65 g de pulpos • 1 jitomate asado y molido • 1 diente de ajo • perejil picado • 2 cucharadas de vinagre • ¼ taza de cebolla rebanada • sal y pimienta • spray de aceite de oliva • 2 cucharadas de aguacate picado • endivias lavadas y desinfectadas

Preparación:
- Ponga los pulpos con sal en un tazón, tállelos y enjuáguelos.
- Hierva por 15 minutos en una olla con agua.
- Parta el pulpo en cuadritos.
- Muela con el jitomate, el ajo, el perejil, el vinagre, la sal y la pimienta.
- En una olla de presión acitrone el ¼ de cebolla con spray de aceite de oliva, agregue el jitomate molido y el pulpo, revuelva y tape.
- Cocine por 20 minutos.

Menús en La Zona 233

- Coloque en un plato una cama de endivias y encima el aguacate, bañe con la mezcla de pulpos.
- Es importante considerar que el pulpo se reduce a la mitad en cantidad al cocinarse.

LOMITOS DE PESCADO CON ESPÁRRAGOS AL VINO BLANCO
(1 ración)

Ingredientes:
90 g de pescado blanco en lomos • Hojitas de laurel • 2 echalotes picados finamente • ½ taza de caldo de pollo desgrasado • 4 cucharadas de vino blanco seco • 12 espárragos verdes enteros • sal y pimienta

Preparación:
- En una cacerola cocine los lomitos de pescado con el laurel, el echalote, el caldo y el vino, por 10 minutos.
- Retire los lomos en un plato y mantenga caliente.
- Concentre el caldo y resérvelo.
- Hierva en agua con un poco de sal los espárragos hasta que ablanden.
- Blanquee en agua con hielo un minuto, escúrralos muy bien.
- Ponga los espárragos cocidos en el caldo concentrado y caliente por 1 minuto.
- Vierta la salsa con los espárragos sobre los lomos y decore con ramas de perejil.

ESPINACAS ASADAS
(1 ración)

Ingredientes:
2 tazas de espinacas crudas sin tallos • gotas de limón • salsa de soya • 4 cebollitas Cambray • ⅓ cucharadita de aceite de oliva • pimienta negra

Preparación:
- Rebane las cebollitas.
- Mezcle el limón con la soya y las cebollitas, cocine en un sartén hasta que se ablanden las cebollitas.
- Incorpore las espinacas y cocine 2 minutos más a fuego alto.
- Bañe con el aceite de oliva, sazone con pimienta y sirva.

BEBIDA DE CÍTRICOS
(1 ración)

Ingredientes:

gajos de 1 mandarina limpios y sin huesos • gajos de ½ toronja limpios y sin huesos • ½ taza de agua • edulcorante no calórico al gusto • 1 taza de agua mineral • hielo

Preparación:

- Licue los gajos de mandarina y la naranja con el agua.
- Agregue el edulcorante, el agua mineral y el hielo.

Colación vespertina 12:
PATÉ DE SALMÓN
(1 ración)

Ingredientes:

45 g de salmón ahumado • hierbas frescas picadas de eneldo y perejil • ½ chile chipotle de lata • ⅓ cucharadita de aceite de oliva EV1EF • 2 tazas de floretes de coliflor al vapor • pimienta negra • apio en tiras

Preparación:

- En un procesador de alimentos muela el salmón con las hierbas, el chile chipotle, el aceite de oliva, la coliflor y la pimienta, hasta obtener una consistencia tersa.
- Coloque la mezcla en un tazón para servir y refrigere 1 hora.
- Lave y desinfecte el apio y sirva con el paté.

Cena 12:
PEPITO ABIERTO DE FILETE
(1 ración)

Ingredientes:

110 g de carne magra de res en mariposa • 1 taza de calabaza japonesa chica en rebanada gruesas • 1 cucharadita de aceite de oliva EV1EF • 1 cucharadita de ajo en polvo • 1 rebanada fina de cebolla • hojas de lechuga lavada y desinfectada • 1 jitomate saladet rebanado • mostaza Dijón o preparada al gusto • sal y pimienta • chiles jalapeños al gusto • 2 ciruelas rebanadas

Menús en La Zona

Preparación:
- Puede dejar la cebolla una hora en agua para que pierda el sabor fuerte.
- Unte el aceite al filete y áselo por ambos lados hasta alcanzar el punto de cocción que desee, sazone con el ajo en polvo y salpimiente.
- Unte un poco de mostaza a las rebanadas de calabaza y coloque el filete encima, luego la lechuga, el jitomate, la cebolla y los chiles, sazone con sal y pimienta.
- Acompañe con las ciruelas.

Menú 13:

Desayuno 13: Dobladitas en chile • Mosimba de fresas
Colación matutina 13: Cocktail de mandarinas
Comida 13: Pescado en salsa de menta • Calabacitas rellenas
• Ensalada de lechugas
Colación vespertina 13: Botanita de jaiba
Cena 13: Rajas preparadas • Frutas aderezadas

Desayuno13:
DOBLADITAS EN CHILE
(1 ración)

Ingredientes:
4 rebanadas de jamón de pavo de 20 g cada una • 45 g de pechuga de pollo cocida deshebrada • 4 tomates verdes • 1 trozo de cebolla chico • 1 manojo pequeño de cilantro picado • 1 diente de ajo • 1 chile serrano • sal

Preparación:
- Coloque el pollo y las rajas de poblano en cada rebanada de jamón y dóblelas.
- Hierva los tomates con el chile en una cazuela con agua, cuando estén suaves muélalos en la licuadora con el ajo, la cebolla, el cilantro y la sal.
- Vierta sobre las dobladitas de jamón y caliente todo junto en horno de microondas por 1 minuto.
- Sirva.

MOSIMBA DE FRESAS
(1 ración)

Ingredientes:

3 tazas de fresas • 9 almendras peladas • 1 ½ taza de agua • edulcorante no calórico • ¼ taza de hielo

Preparación:

• Licue todo junto, si queda muy espeso se puede agregar un poco más de agua.

Colación matutina 13:
COCKTAIL DE MANDARINAS
(1 ración)

Ingredientes:

gajos de una mandarina sin pellejos ni huesitos • 35 g de pechuga de pavo • 1 cucharadita de cebolla finamente picada • 1 cucharadita de perejil fresco picado • ½ cucharadita de ralladura de mandarina • 6 cacahuates troceados

Preparación:

• Corte la pechuga de pavo en cubos.
• En una ensaladera pequeña mezcle la pechuga, le cebolla, el perejil y la ralladura de mandarina.
• Incorpore los gajos en forma envolvente y espolvoree los cacahuates.

Comida 13:
PESCADO EN SALSA DE MENTA
(1 ración)

Ingredientes:

135 g de pescado blanco en filete • hojas de menta al gusto • 2 hojas de lechuga • 1 cucharada de jugo de limón • sal y pimienta blanca • 1 cucharadita de aceite de oliva

Preparación:

• Lave y desinfecte las hojas de lechuga, escúrralas y licúelas con la menta, el jugo de limón y ½ cucharadita de aceite de oliva, hasta lograr una mezcla homogénea. Sazone con sal y pimienta.

Menús en La Zona 237

- Vacíe en un tazón y dejar reposar a temperatura ambiente.
- Sazone los filetes y fríalos en un sartén con el resto del aceite hasta que este cocido vierta la salsa de menta, baje el fuego y cocine.

CALABACITAS RELLENAS
(1 ración)

Ingredientes:

2 calabacitas redondas grandes (1 taza) • ½ diente de ajo finamente picado • 1 echalote rebanado • 1 jitomate pequeño picado • spray de aceite de oliva • sal y pimienta

Preparación:

- Precaliente el horno a 200°C.
- Corte la punta de las calabacitas (del lado del rabo, como si quisiera quitar una tapa) y cocínelas en una vaporera hasta que se suavice el relleno.
- Blanquee en agua con hielo por 30 segundos.
- Retírelas.
- Saque la pulpa con una cuchara pequeña, sin hacer daño a la costra y reserve.
- En un sartén con spray de aceite de oliva sofría el ajo y el echalote hasta que doren, agregue el jitomate y deje que se cocine, agregue la pulpa y revuelva muy bien, cocine hasta que el líquido se evapore. Salpimiente.
- Rellene las calabacitas con esta pulpa preparada.
- Hornee en hornito eléctrico por 5 a 10 minutos.

ENSALADA DE LECHUGAS
(1 ración)

Ingredientes:

Combinación de lechuga francesa, escarola y orejona lavadas y desinfectadas. • 1 durazno en cubos • vinagre balsámico al gusto • sal y pimienta • ½ manzana

Preparación:

- Corte en trozos las lechugas con los dedos, parta la manzana y colóquelas en un plato.
- Añada los cubitos de durazno.
- Báñelas con vinagre balsámico, y sazone con sal y pimienta.

238 MÉXICO ENTRA EN LA ZONA

Colación vespertina 13:
BOTANITA DE JAIBA
(1 ración)

Ingredientes:

45 g de jaiba cocida y deshebrada • 1 jitomate picado • 1 cucharadita de cebollín finamente picado • gotas de limón • salsa inglesa al gusto • salsa tabasco al gusto • 1 rebanada delgada de aguacate • gotas de aceite de oliva EV1EF • sal • 1 kiwi en rebanaditas

Preparación:
- Mezcle la jaiba con el jitomate, el cebollín, el limón, salsa inglesa y salsa tabasco.
- Coloque la mezcla sobre la rebanada de aguacate, sazone con gotas de aceite de oliva y sal.
- Acompañe con el kiwi.

Cena 13:
RAJAS PREPARADAS
(1 ración)

Ingredientes:

135 g de pechuga de pollo cocido, deshebrado. • 1 taza de rajas de chile poblano naturales • salsa inglesa • 2 cucharadas de cebolla picada • 1 cucharadita de aceite de oliva • spray de aceite de oliva • sal y pimienta

Preparación:
- Acitrone la cebolla en un sartén con el aceite de oliva, y agregue las rajas, mezcle muy bien.
- Incorpore la pechuga y sazone con la salsa inglesa, sal y pimienta.

FRUTAS ADEREZADAS
(1 ración)

Ingredientes:

¾ taza de melón chino en rebanadas delgadas • 1 taza de frambuesas • jugo de un limón • edulcorante no calórico al gusto

Menús en La Zona 239

Preparación:
- En un plato coloque alrededor el melón y en medio las frambuesas.
- Mezcle el limón con el edulcorante y vierta sobre la fruta.

Menú 14:

Desayuno 14: Pavo frito a la toronja
Colación matutina 14: Ponche de fresas
Comida 14: Ensalada de nopalitos • Pescado con aderezo de anchoas • Brochetas bicolor
Colación vespertina 14: Tartaleta de manzana
Cena 14: Ensalada de atún con salsa de aguacate

Desayuno 14:
PAVO FRITO A LA TORONJA
(1 ración)

Ingredientes:
gajos de media toronja machacados • gajos de una toronja sin pellejos, en trozos • 1 cucharadita de granos de mostaza • 2 echalotes finamente picados • 105 g carne de pechuga de pavo sin piel, cortada en tiras • 1 cucharadita de aceite de oliva • 2 cucharadas de cebolla picada • sal y pimienta • 2 tazas de berros sin tallos

Guarnición:
Apio en trozos medianos • gotas de salsa tabasco

Preparación:
- Revuelva en un tazón los gajos de la toronja machacados, la mostaza y el echalote, marine el pavo por 15 minutos.
- En un wok grande o una cacerola caliente el aceite y saltee las tiras del pavo hasta que doren.
- Añada la cebolla y cocine 1 minuto. Sazone con sal y pimienta.
- Vierta lo que queda de la marinada y espere a que hierva.
- Añada los gajos de toronja en trozos y los berros, revuelva y sirva caliente.
- Si desea puede añadir edulcorante no calórico al gusto al retirar del calor.

240 MÉXICO ENTRA EN LA ZONA

- Sirva con guarnición de apio en trozos, rociado con unas gotas de salsa tabasco.
- Esta receta también se puede hacer con 105 g de pato en vez de pavo.

Colación matutina 14:
PONCHE DE FRESAS
(1 ración)

Ingredientes:

1 ½ taza de agua • 1 puñito de flores de jamaica lavadas y escurridas • ¼ manzana roja en trozos • 1 raja de canela • 2 cucharadas de edulcorante no calórico granulado • ½ taza de fresas en cubitos • 30 g de atún • gotas de limón • 1 cucharadita de cebolla finamente picada • 1 cucharadita de perejil picado • 6 cacahuates • sal

Preparación:

- En una ollita hierva en el agua la jamaica por dos minutos y cuélela.
- Agregue al agua la manzana, la canela y el edulcorante y hierva por 3 minutos, o hasta que la manzana se suavice y suelte su sabor.
- Retire del fuego.
- Quite la canela, agregue las fresas y sirva caliente.
- Rocíe el atún con el limón, y agregue la cebolla y el perejil.
- Sazone.
- Espolvoree los cacahuates troceados, mezcle y sirva.
- Acompañe con el ponche.

Comida 14:
ENSALADA DE NOPALITOS
(1 ración)

Ingredientes:

1 taza de lechugas combinadas lavadas y troceadas • 1 taza de nopales, en tiras delgadas • 1 jitomate saladet en rebanadas • cilantro picado • 1 rebanada delgada de cebolla • 1 cucharada de vinagre de manzana • ⅓ cucharadita de aceite de oliva EV1EF • sal y pimienta

Preparación:

- Cueza los nopales con agua y sal y un trozo de cebolla.
- Escúrralos y combínelos con el jitomate, la cebolla, el vinagre y el aceite.

Menús en La Zona

- Mezcle muy bien y sazone con sal y pimienta.
- Sirva los nopalitos sobre una cama de lechugas.

PESCADO CON ADEREZO DE ANCHOAS
(1 ración)

Ingredientes:

135 g de filete de pescado • 1 filete de anchoa de lata, escurrido • 1 diente de ajo machacado • ralladura de ½ limón • gotas de limón • perejil fresco finamente picado • ⅔ cucharadita de aceite de oliva EV1EF • pimienta gruesa molida • spray de aceite de oliva

Preparación:

- Pique la anchoa finamente, revuelva con el ajo, la ralladura de limón, el jugo y el perejil.
- Sazone con pimienta.
- Incorpore el aceite y revuelva.
- Rocíe el filete de pescado con spray de aceite de oliva y áselo en un sartén de teflón por ambos lados.
- Al voltearlo úntele el aderezo anterior y sirva caliente.

BROCHETAS BICOLOR
(1 ración)

Ingredientes:

½ taza de fresas pequeñas enteras • ¾ taza de melón chino en cubos

Marinada:

Ralladura de toronja • Jugo de ½ toronja • ½ cucharadita de extracto de naranja • edulcorante no calórico • pizca de canela en polvo • pizca de nuez moscada • palitos de brochetas pequeños

Preparación:

- Para la marinada, mezcle en un tazón, la ralladura de toronja, el jugo de toronja y el extracto, la canela y la nuez moscada, revuelva muy bien.
- Sumerja la fruta en esta preparación y refrigere al menos por 3 horas o hasta una noche completa.
- Saque e inserte, alternadamente, la fruta en palitos de brocheta y áselas 2 minutos por cada lado.

242 MÉXICO ENTRA EN LA ZONA

- Colóquelas en un plato.
- Agregue edulcorante a la marinada y viértala sobre las brochetas.

Colación vespertina 14:
TARTALETAS DE MANZANA
(1 ración)

Ingredientes:

1 rebanada de pechuga de pavo cocida de 35 g • ½ manzana rebanada finamente • ½ cucharadita de sazonador de pay de manzana o canela molida • 1 cucharadita de edulcorante no calórico granulado • 1 cucharadita de nuez picada

Preparación:
- En un refractario pequeño, acomode las rebanadas de manzana sobre la pechuga de pavo en forma de abanico, espolvoree la canela, la nuez y el edulcorante.
- Hornee por 15 minutos o hasta que se suavice la manzana.

Cena 14:
ENSALADA DE ATÚN CON SALSA DE AGUACATE
(1 ración)

Ingredientes:

90 g de atún de lata, escurrido • 4 tomates verdes, lavados • 3 cucharadas de aguacate • un manojo pequeño de cilantro • 1 chile serrano • ½ diente de ajo • un trozo chico de cebolla • sal • lechugas mixtas troceadas • 1 taza de jitomate cerezo • 3 duraznos amarillos en rebanadas

Preparación:
- Licue el tomate verde con el aguacate, el cilantro, el chile, el ajo y la cebolla, sazone con sal.
- Mezcle un poco de este aderezo con el atún y forme una bola con una cuchara para helado.
- Para emplatar: sobre un plato, coloque una cama de lechuga, en el centro la bola de atún y alrededor los jitomates cerezo.
- Vierta el resto del aderezo sobre toda la ensalada.
- Acompañe con las rebanadas de durazno.

Menús en La Zona

Menú 15:
Desayuno 15: Tortilla de brócoli • Coktail de duraznos
Colación matutina 15: Crepa de mora azul
Comida 15: Fricasé de verduras tiernas • Pescado al nectarín
• Ensalada con rollitos de jícama
Colación vespertina 15: Brocheta de pollo con ciruela
Cena 15: Ensalada de camarones • Gelatina de cítricos

Desayuno 15:
TORTILLA DE BRÓCOLI
(1 ración)

Ingredientes:
2 tazas de brotes de brócoli lavado • sal y pimienta negra • páprika • 4 claras de huevo • ⅔ cucharadita de aceite de oliva • spray de aceite de oliva

Salsa chile de árbol:
4 tomates verdes asados • 15 chiles de árbol tostados • 1 diente de ajo • 1 trozo de cebolla pequeño • sal

Preparación:
• Cocine en una vaporera los brotes, por 5 minutos.
• Retire y pique los brotes finamente.
• Fríalos en un sartén con aceite de oliva y salpimiente.
• Bata las claras hasta que espumen, y sazone con sal, pimienta y páprika.
• Agregue el brócoli, revuelva muy bien y vierta la preparación en un sartén con spray de aceite de oliva, tape y cocine hasta que cuaje por ambos lados.
• Sirva acompañando con unas cucharaditas de salsa de chile de árbol.

Salsa de chile de árbol:
• Licue perfectamente todos los ingredientes, utilice unas cucharaditas para esta receta y guarde el resto en refrigeración en un bote de vidrio bien tapado.
• Esta salsa se puede utilizar al gusto para acompañar otros alimentos.

COCKTAIL DE DURAZNOS
(1 ración)

Ingredientes:

35 g de pechuga de pavo picada en cubitos muy pequeños • 1 durazno, pelado y picado • gajos de 1 mandarina limpios y sin huesos • gotas de limón • edulcorante no calórico • 1 ½ cucharadita de almendra picada

Preparación:

• Sirva el durazno en una copa, agregue la pechuga de pavo y revuelva muy bien.
• Machaque los gajos de mandarina con gotas de limón y agregue el edulcorante, revuelva y vierta sobre los duraznos.
• Adorne con las almendras.

Colación matutina 15:
CREPA DE MORA AZUL
(1 ración)

Ingredientes:

2 claras • 1 ½ cucharadita de almendra picada • ½ taza de mora azul (*blueberries*) o 1 taza de frambuesas • 2 cucharadas de edulcorante no calórico granulado

Preparación:

• Bata las claras junto con las almendras y una cucharada de edulcorante.
• Viértalas en un sartén con spray de aceite de oliva y cocine por ambos lados como una crepa.
• Reserve en un plato.
• Aparte en una ollita, cocine las moras con la otra cucharada de edulcorante hasta que la fruta se comience a desbaratar.
• Deje enfriar completamente y bañe la crepa con esta fruta, si desea puede doblar la crepa.
• Sirva.

Menús en La Zona 245

Comida 15:
FRICASÉ DE VERDURAS TIERNAS
(1 ración)

Ingredientes:

1 taza de floretes de coliflor lavados • ½ pimiento verde y amarillo o rojo en rebanadas • un trozo pequeño de cebolla • ¼ taza de calabacitas en cubos • 1 cucharada de vermouth seco • 1 hoja de laurel • 1 rama de perejil fresco • 1 rama de tomillo fresco • sal y pimienta negra • spray de aceite de oliva • ½ cucharadita de mejorana picada

Preparación:
- Hierva en una cacerola, 2 tazas de agua con el vermouth, el laurel, el perejil, el tomillo, la sal y la pimienta.
- Al soltar el hervor añada todas las verduras y cocine a fuego lento por 2 minutos, retire las verduras del agua en una coladera y deje que se escurran muy bien.
- Coloque las verduras en un refractario, rocíe el spray de aceite de oliva, espolvoree la mejorana y hornee 5 minutos.
- Sirva caliente.

PESCADO AL NECTARÍN
(1 ración)

Ingredientes:

135 g de filete de pescado • 1 cucharadita de cebolla picada • 1 cucharadita de salsa de soya *light* • ½ diente de ajo picado • 1 cucharadita de aceite de oliva • 2 duraznos rebanados • sal y pimienta al gusto

Preparación:
- A fuego lento en una cacerola, cocinar la cebolla, la salsa soya, el ajo, el jengibre y los duraznos hasta que estén suaves.
- Sazonar los filetes con sal y pimienta.
- En un sartén guisarlos con el aceite, hasta cocerlos.
- Vaciar la salsa de durazno, revolver sin desbaratar el filete.

ENSALADA CON ROLLITOS DE JÍCAMA
(1 ración)

Ingredientes:

hojas de lechuga romana grandes, lavadas y desinfectadas • 1 rabo de apio en juliana • 1 pepino sin semillas cortado en juliana • ½ taza de zanahoria en juliana • 5 rebanadas muy delgadas de jícama • gotas de limón • chile piquín

Preparación:

- Pele y rebane la jícama con un cortador de queso grande para que queden 5 rebanadas delgadas y se puedan enrollar.
- Rellene cada rebanada con el apio, el pepino y la zanahoria, agregue el limón y el chile piquín.
- Coloque los rollitos sobre las hojas de lechuga y sirva.

Colación vespertina 15:
BROCHETAS DE POLLO CON CIRUELA
(1 ración)

Ingredientes:

45 g de pechuga de pollo en cubos • 1 ciruela • palitos para brochetas chiquitos • ⅓ cucharadita de aceite de oliva EV1EF • ½ cucharadita de licor de anís • sal y pimienta • eneldo seco

Preparación:

- Mezcle en un recipiente el aceite, el licor, sal, pimienta y el eneldo.
- Agregue la pechuga y marine en refrigerador por 20 minutos.
- Retire la piel de la ciruela con mucho cuidado y pártala en cubos.
- Ensarte las brochetas alternando la ciruela con la pechuga.
- Ase las brochetas a la plancha durante 10 minutos, báñelas con la marinada, dándoles vuelta varias veces hasta que el pollo esté cocido.
- Sirva.

Cena 15:
ENSALADA DE CAMARONES
(1 ración)

Ingredientes:

135 g de camarón • 3 cucharadas de cebolla picada • 1 cuchara-

dita de aceite de oliva EV1EF • 1 cucharadita de cebollín picado finamente • 1 cucharada de apio finamente picado • salsa inglesa al gusto • gotas de limón • 3 cucharadas de perejil finamente picado • sal y pimienta • lechuga, lavada, desinfectada y troceada • 1 jitomate en rebanadas

Preparación:
- Cocine los camarones en agua y límpielos.
- En un tazón combine la cebolla, el aceite de oliva, el cebollín, el apio, la salsa inglesa y el limón.
- Adicione los camarones.
- Incorpore el perejil.
- Sazone con sal y pimienta, mezcle y refrigere.
- Sirva sobre una cama de lechuga y jitomate.

GELATINA DE CÍTRICOS
(1 ración)

Ingredientes:
½ sobre de gelatina *light* sabor naranja • 1 cucharada de cáscara de naranja finamente cortada • 1 toronja en gajos • 1 mandarina en gajos

Preparación:
- Disuelva la gelatina en una taza de agua caliente y adicione una taza de agua fría.
- Vierta en un molde y refrigere hasta medio cuajar.
- Pele los gajos de la toronja y de la mandarina, retirando completamente todos los pellejos y los huesos.
- Incorpore los gajos de mandarina y toronja a la gelatina junto con la ralladura de naranja, revuelva ligeramente.
- Vuelva a refrigerar hasta que cuaje por completo.
- Sirva.

248   MÉXICO ENTRA EN LA ZONA

Menús Plata para hombres

Ocho menús Plata en **La Zona** para hombres, de tres bloques en horarios principales y un bloque entre comidas.

Menú 1:

Desayuno 1: Nopal asado con rajas • Suprema de toronja
Colación matutina 1: Ensalada de jamón picado
Comida 1: Pepinos con especias • Pescado tallado a las brasas • Guarnición de jitomate con albahaca • Duraznos en coulis de frambuesa
Colación vespertina 1: Melón picado
Cena 1: Hamburguesas de pollo • Espárragos sazonados • Postre de mandarina

Menú 2:

Desayuno 2: Omelette en salsa poblana • Tropicalada de frutas
Colación matutina 2: Pechuga de pavo con fruta
Comida 2: Atún con berenjenas • Ensalada mixta • Manzana vainilla
Colación vespertina 2: Botana de pulpos
Cena 2: Sardinas a la mexicana • Puré de frutas

Menú 3:

Desayuno 3: Brochetas de jamón y fruta • Compota de ciruelas
Colación matutina 3: *Souffle* de calabaza
Comida 3: Crema de brócoli • Pechugas de pollo al vino blanco • Ensalada con aguacate
Colación vespertina 3: Rodajas de endivia con manzana
Cena 3: Ensalada *Nicoise* • Compota de frutas

Menú 4:

Desayuno 4: Pizza omelette • Manzanas salteadas
Colación matutina 4: Salmón con aderezo italiano
Comida 4: Sopa de champiñones
Colación vespertina 4: Taquito de atún
Cena 4: Róbalo a las finas hiervas • Bebida fresca

Menús en La Zona 249

Menú 5:

Desayuno 5: Rollitos de pavo con salsa mexicana • Licuado de melón
Colación matutina 5: Dulce de durazno
Comida 5: Sopa de cebolla gratinada • Albóndigas de ternera al chipotle • Verduras asadas • Compota de fresas
Colación vespertina 5: Ejotes con hierbas
Cena 5: Muslos en escabeche

Menú 6:

Desayuno 6: Tinga para empezar • Frambuesas para desayunar
Colación matutina 6: Deditos de pescado
Comida 6: Trucha empapelada • Dip de pepino
Colación vespertina 6: Taco de pavo
Cena 6: Pechuga con ensalada de cítricos

Menú 7:

Desayuno 7: Omelette con salsa borracha • Suprema con fresas
Colación matutina 7: Corazones de alcachofa preparados
Comida 7: Crema de espinaca • Pollo en salsa de champiñones • Acelgas agridulces • Copa de jícama
Colación vespertina 7: Torrecitas con pechuga de pavo
Cena 7: Pollo con ramitas de verdolagas • Zanahorias

Menú 8:

Desayuno 8: Huevos rancheros especiales • Fruta de la estación
Colación matutina 8: Tartaleta de fresas
Comida 8: Pechugas al ajo • Espinacas con aderezo de almendras • Gelatina multicolor
Colación vespertina 8: Ensalada Thai
Cena 8: Cazuela de pescado

250 MÉXICO ENTRA EN LA ZONA

> **Menú 1:**
> **Desayuno 1:** Nopal asado con rajas • Suprema de toronja
> **Colación matutina 1:** Ensalada de jamón picado
> **Comida 1:** Pepinos con especias • Pescado tallado a las brasas
> • Guarnición de jitomate con albahaca • Duraznos en
> *coulis* de frambuesa
> **Colación vespertina 1:** Melón picado
> **Cena 1:** Hamburguesas de pollo • Espárragos sazonados •
> Postre de mandarina

Desayuno 1:
NOPAL ASADO CON RAJAS
(1 ración)

Ingredientes:

135 g de pechuga de pollo en tiras delgadas • ¼ taza de rajas poblanas • ½ diente de ajo • 1 nopal grande • sal • spray de aceite de oliva • 1 cucharadita de aceite de oliva EV1EF • 3 cucharaditas de salsa verde (ver receta menú oro-colación matutina 11)

Preparación:
- Rocíe un sartén con spray de aceite de oliva y unte el ajo.
- Ase la pechuga hasta que dore, salpimiente y retire.
- En otro sartén ase el nopal por ambos lados con un poco de spray de aceite de oliva y sazone.
- Distribuya encima del nopal las rajas y la pechuga, tape y deje que se caliente.
- Sirva en un plato, rocíe el aceite de oliva sobre el nopal preparado y cubra con la salsa verde.

SUPREMA DE TORONJA
(1 ración)

Ingredientes:

gajos de una toronja • edulcorante no calórico al gusto (opcional)

Menús en La Zona   251

Preparación:
- Pele la toronja, retire la membrana blanca de alrededor y separe los gajos, quite el pellejo que cubre los gajos.
- Sirva los gajos en una copa y agregue el edulcorante.

Colación matutina 1:
ENSALADA DE JAMÓN PICADO
(1 ración)

Ingredientes:
> 30 g de jamón cortado en cubos pequeños • ½ taza de zanahorias, en cubos, cocidas • 1 taza combinada de floretes de brócoli y coliflor cocidas • 1 cucharadita de mayonesa ligera • sal y pimienta

Preparación:
- Combine en un tazón todas las verduras.
- Agregue el jamón y la mayonesa.
- Salpimiente, revuelva y sirva.

Comida 1:
PEPINOS CON ESPECIAS
(1 ración)

Ingredientes:
> 1 echalote • ¼ taza de vinagre de vino • 2 cucharaditas de edulcorante no calórico • sal • 1 cucharada de agua • 1 pepino grande, sin semillas, cortado en juliana • 5 hojas de menta picadas • 3 chiles de árbol rebanados • cilantro picado • 2 cucharadas de cebolla picada • 6 cacahuates tostados y picados • spray de aceite de oliva

Preparación:
- Rebane el echalote y áselo en un sartén con spray de aceite de oliva hasta que dore.
- Mezcle en un tazón el vinagre con el edulcorante, la sal y el agua, revuelva bien.
- Incorpore los pepinos, la menta, el chile, el cilantro, la cebolla y el echalote.
- Deje reposar un par de horas para que se combinen los sabores.
- Al servir, adorne con los cacahuates.

PESCADO TALLADO A LAS BRASAS
(1 ración)

Ingredientes:

135 g de filete de pescado de róbalo • sal • gotas de limón • 1 chile guajillo seco, sin semillas y abierto por la mitad • hojas de lechuga • aros de cebolla cruda

Preparación:
- Sumerja los aros de cebolla en agua por 10 minutos.
- Sumerja el chile en agua tibia por un minuto y resérvelo en un plato.
- Macere el pescado en una mezcla de limón y sal por 5 minutos.
- Escúrralo y áselo en una parrilla por 5 minutos.
- Tállelo con el chile guajillo por ambos lados.
- Sirva sobre una cama de lechuga y decore con la cebolla.

GUARNICIÓN DE JITOMATE CON ALBAHACA
(1 ración)

Ingredientes:

1 jitomate bola maduro firme en rebanadas • ⅔ cucharadita de aceite de oliva EV1EF • albahaca seca • sal y pimienta

Preparación:
- Coloque las rebanadas de jitomate en un plato.
- Aparte, mezcle el aceite de oliva con la albahaca, la sal y la pimienta y bañe las rebanadas de jitomate.

DURAZNOS EN *COULIS* DE FRAMBUESA
(1 ración)

Ingredientes:

2 duraznos pelados, deshuesados • ½ taza de agua • ½ cucharadita de extracto de vainilla • gotas de limón

Coulis *de frambuesa:*

2 cucharadas de frambuesas • 1 cucharadita de vino blanco • edulcorante no calórico

Menús en La Zona   253

Preparación:
- Parta los duraznos en cuatro partes.
- Hierva el agua con la vainilla y el jugo de limón, agregue los duraznos y cocine 3 minutos a fuego bajo.
- Para el *coulis*, caliente las frambuesas un minuto en microondas, macháquelas con un tenedor con el vino y el edulcorante no calórico y cuélelas con un colador pequeño.
- Vierta el *coulis* en un plato extendido y coloque encima los duraznos partidos.

Colación vespertina 1:
MELÓN PICADO
(1 ración)

Ingredientes:
¾ taza de melón picado • 35 g pechuga de pavo picada • 3 pistaches pelados y troceados

Preparación:
- Coloque el melón en un tazón pequeño.
- Revuelva el pavo y adorne con los pistaches.

Cena 1:
HAMBURGUESA DE POLLO
(1 ración)

Ingredientes:
135 g de pechuga de pollo molida • 1 clara • perejil picado al gusto • 1 chile serrano picado finamente • ½ cucharadita de mostaza • salsa inglesa • sal y pimienta • spray de aceite de oliva

Aderezo:
2 cucharadas de puré de tomate no condimentado casero • 1 cucharadita de vinagre de manzana • 1 cucharadita de edulcorante no calórico • sal y pimienta

Preparación:
- En un recipiente mezcle el pollo con la clara, el perejil, el chile, la mostaza y la salsa inglesa.

254   MÉXICO ENTRA EN LA ZONA

- Salpimiente.
- Forme 1 hamburguesa y cocínela por ambos lados en sartén con spray de aceite de oliva.

Para el aderezo:
- Mezcle todos los ingredientes, y sirva la hamburguesa acompañando con este aderezo.

ESPÁRRAGOS SAZONADOS
(1 ración)

Ingredientes:
> 12 espárragos • ⅔ cucharadita de aceite de oliva EV1EF • 3 rebanadas delgadas de cebolla • pizca de páprika

Preparación:
- Blanquee los espárragos por 4 minutos en agua con sal y luego en agua con hielo por 2 minutos.
- Saltee la cebolla con el aceite de oliva y agregue los espárragos.
- Sazone con páprika y sirva.

POSTRE DE MANDARINA
(1 ración)

Ingredientes:
> ½ sobre de grenetina • ¼ taza de agua fría • ¼ taza de agua caliente • gajos de dos mandarinas limpios y sin huesos • 1 cucharada de edulcorante no calórico • 1 ½ cucharadita de almendras picadas

Preparación:
- Disuelva la grenetina en el agua fría, y agregue el agua caliente.
- Muela esta mezcla con los gajos de mandarina, agregue el edulcorante y la almendra y refrigere en una copa hasta que cuaje.

Menús en La Zona 255

> **Menú 2:**
> **Desayuno 2:** Omelette en salsa poblana • Tropicalada de frutas
> **Colación matutina 2:** Pechuga de pavo con fruta
> **Comida 2:** Atún con berenjenas • Ensalada mixta • Manzana vainilla
> **Colación vespertina 2:** Botana de pulpos
> **Cena 2:** Sardinas a la mexicana • Puré de frutas

Desayuno 2:
OMELETTE EN SALSA POBLANA
(1 ración)

Ingredientes:
6 claras de huevo • ¼ de cebolla fileteada • ½ taza de champiñones cocidos • sal al gusto • 1 cucharadita de aceite de oliva

Para la salsa:
1 chile poblano asado y desvenado • sal y pimienta al gusto

Preparación:
- Bata ligeramente las claras con la sal y viértala en el sartén hasta que se haga una tortilla y cuaje bien por la parte de abajo.
- En otro sartén sofría en el aceite la cebolla con los champiñones y cuando la cebolla se dore retire del fuego.
- Agregue, sobre la tortilla, la preparación de los champiñones.
- Doble, sirva y bañe con la salsa.

Para hacer la salsa:
- Ase el chile poblano, pélelo y retírele las venas; lícuelo con poquito agua, sal y pimienta.
- Vacíe la salsa a una cacerola, ya que suelte el hervor, rectifique el sazón.

TROPICALADA DE FRUTAS
(1 ración)

Ingredientes:
½ taza de fresas picadas • 1 durazno pelado y picado • ½ ciruela

pelada y picada • ½ toronja en gajos • edulcorante sustituto no calórico

Preparación:
- Pele la toronja y retire el pellejo de los gajos por completo, sirva en un tazón.
- Machaque los gajos con un tenedor.
- Agregue las demás frutas y revuelva.
- Endulce con edulcorante no calórico si desea.

Colación matutina 2:
PAVO AHUMADO CON FRUTA
(1 ración)

Ingredientes:
45 g de pierna o muslo de pavo ahumado en cubos • 1 taza de moras variadas • 3 aceitunas deshuesadas • palillos

Preparación:
- Coloque todo por separado en un plato botanero y clave los palillos en los diferentes tipos de alimentos.
- Sirva.

Comida 2:
ATÚN CON BERENJENAS
(1 ración)

Ingredientes:
1 cucharadita de aceite de oliva • chile serrano picado al gusto • 1 taza de berenjena cortada en cubos • 1 pimiento rojo picado • ¼ de cebolla picada • 90 g de atún en lata escurrido • 1 taza de calabacita picada • sal

Preparación:
- Remojar los cubos de berenjena en agua con sal, después escurrirlo bien.
- En el aceite fría la cebolla, ajo, chile, pimiento, los cubos de berenjena y la calabacita, mover hasta que cambie de color, agregue el atún, cocinar hasta que se caliente.

Menús en La Zona

ENSALADA MIXTA
(1 ración)

Ingredientes:
hojas de lechugas mixtas • hojas de berros • ½ apio en tiras delgadas

Aderezo:
3 cucharaditas de aguacate • gotas de limón • salsa inglesa • sal y pimienta • ¼ taza de vinagre de vino

Preparación:
• Lave y desinfecte las hojas de lechuga y los berros.
• Mezcle las lechugas con los berros y el apio.
• Aparte, mezcle los ingredientes del aderezo y salpimiente al gusto.
• Vierta sobre la ensalada y sirva.

MANZANA VAINILLA
(1 ración)

Ingredientes:
½ manzana verde • 1 cucharadita de vainilla • edulcorante sustituto no calórico

Preparación:
• Retire el centro de la manzana y pártala en trocitos, rocíelos con la vainilla.
• Cocine en microondas por 1 minuto, agregue el edulcorante al gusto.

Colación vespertina 2:
BOTANA DE PULPOS
(1 ración)

Ingredientes:
65 g de pulpo cocido y picado • cilantro picado finamente • 1 cucharada de cebolla picada finamente • gotas de limón • sal marina • ⅓ cucharadita de aceite de oliva EV1EF • 1 taza de fresas lavadas y desinfectadas • palillos

258 MÉXICO ENTRA EN LA ZONA

Preparación:
- Mezcle en un tazón el pulpo con el cilantro, la cebolla, el limón, la sal marina y el aceite de oliva.
- Deje marinar una hora en el refrigerador.
- Sirva y acompañe con las fresas.

Cena 2:
SARDINAS A LA MEXICANA
(1 ración)

Ingredientes:

90 g de sardinas en aceite de oliva • 1 jitomate saladet picado • 2 cucharadas de cebolla picada • chile serrano picado al gusto • sal • gotas de limón • hojas de lechuga romana picada • 2 cucharaditas de aguacate picado

Preparación:
- Escurra las sardinas y pártalas en trozos más pequeños, coloque en un tazón.
- Agregue el jitomate, la cebolla y el chile, revuelva bien.
- Sazone con sal y el jugo de limón.
- Sirva sobre una cama de lechuga y aguacate.

PURÉ DE FRUTAS
(1 ración)

Ingredientes:

2 tazas de fresas congeladas • 1 kiwi pelado • edulcorante no calórico • 1 ½ cucharadita de almendras picadas

Preparación:
- Licue las frutas en una licuadora y agregue edulcorante al gusto.
- Sirva en una copa, decore con las almendras y refrigere.

Menús en La Zona   259

Menú 3:

Desayuno 3: Brochetas de jamón y fruta • Compota de ciruelas

Colación matutina 3: *Souffle* de calabaza

Comida 3: Crema de brócoli • Pechugas de pollo al vino blanco • Ensalada con aguacate

Colación vespertina 3: Rodajas de endivia con manzana

Cena 3: Ensalada *Nicoise* • Compota de frutas

Desayuno 3:
BROCHETAS DE JAMÓN Y FRUTA
(1 ración)

Ingredientes:

105 g de jamón de pavo • 1 manzana roja • 1 kiwi

Para el dip:

Jugo de ½ limón • 1 cucharadita de ralladura de cáscara de limón • 9 mitades de nueces

Preparación:
- Corte el jamón en cubos de 1 centímetro por lado, quite el corazón de la manzana y córtelo en cubos.
- Pele y rebane el kiwi.
- En un tazón mezclar el jugo de limón y la ralladura.
- Servir en un plato, bañarlo con el dip y espolvorear las nueces.

COMPOTA DE CIRUELAS
(1 ración)

Ingredientes:

3 ciruelas negras o asiáticas, deshuesadas (no usar ciruela pasa) • ½ taza de agua • ½ cucharadita de extracto de vainilla • 2 cucharaditas de edulcorante sustituto no calórico granulado

Preparación:
- Hierva a fuego lento las ciruelas con ½ taza de agua, la vainilla y el edulcorante, por espacio de 5 minutos.

- Retire del fuego y deje enfriar
- Sirva.

Colación matutina 3:
SOUFFLE DE CALABAZA
(1 ración)

Ingredientes:

1 taza de cáscara de calabaza japonesa, rallada • pizca de páprika • ½ cucharadita de salsa de soya • sal marina • 2 claras batidas a punto de turrón • 1 cucharadita de nuez picada

Preparación:
- Cocine al vapor las calabazas y desprenda la pulpa con una cuchara y deséchela. Ralle finamente las cáscaras.
- Condimente con la páprika, la soya y la sal marina.
- En un tazón, mezcle en forma envolvente, primero la calabaza rallada y la nuez, luego la las claras batidas.
- Coloque en un molde pequeño para hornear.
- Hornee a 180°C por 30 minutos.
- Enfríe y sirva.

Comida 3:
CREMA DE BRÓCOLI
(1 ración)

Ingredientes:

1 taza de floretes de brócoli lavado • ¼ taza de cebolla en cuadros medianos • ½ ajo picado • 1 taza de caldo de vegetales • sal y pimienta • pizca de nuez moscada • ½ cucharadita de almendra fileteada y tostada • spray de aceite de oliva

Preparación:
- Acitrone el ajo y la cebolla en una cazuela por un minuto.
- Agregue el brócoli y saltee 4 minutos.
- Salpimiente y condimente con la nuez moscada.
- Agregue el caldo y hierva por 4 minutos.
- Retire del fuego, deje enfriar y licue.
- Vuelva a calentar y al soltar el hervor apague y sirva.
- Decore con las almendras.

Menús en La Zona

PECHUGAS DE POLLO AL VINO BLANCO
(1 ración)

Ingredientes:

135 g de pechuga de pollo • 1 taza de vino blanco • 2 cucharadas de vinagre balsámico • 2 cucharadas de cebolla picada • 1 cucharada de apio picado • 2 hojas de lechuga rizada lavada, desinfectada y picada. • el jugo de 1 limón • sal y pimienta al gusto • 1 cucharadita de aceite de oliva

Preparación:

- En un recipiente revolver el vino con el vinagre, sal y pimienta, incorporar las pechugas e impregnarlas. Tapar con plástico autoadherible y dejar marinar por media hora.
- Acitronar la cebolla en aceite, agregar las pechugas y cocinar hasta que doren, retirarlas y cortarlas en rebanadas delgadas.
- Poner la lechuga en un recipiente, bañarla con el jugo del limón, sazonar con sal y pimienta.
- Servirlo acompañado con lechuga y apio.

ENSALADA CON AGUACATE
(1 ración)

Ingredientes:

hojas de lechugas mixtas lavadas y desinfectadas • hojas de espinaca lavada y desinfectada • 1 ½ pieza de manzana rallada

Aderezo:

1 echalote picado • 1 cucharadita de aguacate • 4 cucharadas de vinagre balsámico • 1 cucharadita de mostaza • gotas de limón • sal y pimienta

Preparación:

- Coloque los vegetales en un platón y mezcle muy bien.
- Adorne con la manzana.
- Muela en un procesador de alimentos los ingredientes del aderezo y bañe con éstos la ensalada.

262 MÉXICO ENTRA EN LA ZONA

Colación vespertina 3:
RODAJAS DE ENDIVIA CON MANZANA
(1 ración)

Ingredientes:

hojas de endivias • ½ manzana pelada en rebanadas • 30 g de lomo canadiense en cubitos o 35 g de pechuga de pavo en cubitos • 1 ½ cucharadita de almendras picadas

Aderezo:

1 cucharada de vinagre balsámico • pimienta verde molida

Preparación:
- Corte las endivias en rodajas.
- Mezcle con los demás ingredientes en un tazón.
- Combine los ingredientes del aderezo y bañe la preparación anterior.
- Sirva.

Cena 3:
ENSALADA *NICOISE*
(1 ración)

Ingredientes:

1 jitomate bola chico sin semillas y en ocho trozos • ¼ pimiento verde limpio en tiras delgadas • 1 rebanada de cebolla delgada • 1 diente de ajo pelado • 1 cucharadita de alcaparras • 3 aceitunas negras deshuesadas en rebanaditas • 90 g de atún de lata bien drenado • ⅔ cucharadita de aceite de oliva EV1EF • sal y pimienta

Preparación:
- Ensarte el ajo en un tenedor y úntelo en las paredes de un plato de vidrio para ensalada.
- Coloque los jitomates, el pimiento, la cebolla, las alcaparras, las aceitunas y el atún.
- Aderece con el aceite y salpimiente.

Menús en La Zona 263

COMPOTA DE FRUTAS
(1 ración)

Ingredientes:

1 ½ taza de agua • 2 cucharadas de edulcorante no calórico granulado • 1 raja de canela • ½ manzana roja • 1 durazno amarillo pelado y cortado en tiras • 1 taza de fresas lavadas y desinfectadas en rebanadas delgadas

Preparación:

- En una cacerola con agua hierva el edulcorante y la canela por 3 minutos.
- Retire la canela y agregue la fruta exceptuando las fresas, hierva 2 minutos.
- Agregue las fresas y hierva 2 minutos más.
- Retire del fuego.
- Sirva frío en una copa.

Menú 4:

Desayuno 4: Pizza omelette • Manzanas salteadas
Colación matutina 4: Salmón con aderezo italiano
Comida 4: Sopa de champiñones
Colación vespertina 4: Taquito de atún
Cena 4: Róbalo a las finas hierbas • Bebida fresca

Desayuno 4:
PIZZA OMELETTE
(1 ración)

Ingredientes:

4 claras • sal y pimienta • 1 cucharadita de albahaca • 2 rebanadas delgadas de cebolla • 1 diente de ajo machacado • ⅔ cucharadita de aceite de oliva EV1EF • 5 cucharadas de puré de tomate • 1 cucharadita de orégano • pizca de sal y pimienta • 1 cucharadita de vinagre de manzana • 1 cucharadita de edulcorante no calórico • 35 g de pechuga de pavo en cuadritos • rebanadas delgaditas de jitomates cherry • 1 taza de champiñones rebanados • 3 aceitunas negras en mitades • spray de aceite de oliva

264 MÉXICO ENTRA EN LA ZONA

Preparación:
- Precaliente el horno.
- Bata las claras con albahaca, sal y pimienta en un tazón.
- Acitrone en un sartén de teflón rociado con spray de aceite de oliva, el ajo y la cebolla a fuego lento.
- Vierta las claras y deje que se extienda por toda la superficie, deje que cuaje hasta obtener una especie de base para pizza .
- Deslícela sobre una charola de horno rociada con spray de aceite de oliva.
- Con una brocha unte el aceite en toda la superficie de la pizza.
- Combine en una taza el puré con el orégano, la sal, la pimienta, el vinagre y el edulcorante, mezcle muy bien y vierta esta mezcla sobre la pizza.
- Coloque bien distribuidos y en orden los siguientes ingredientes: el pavo, el jitomate, los champiñones cortados en rebanadas delgadas.
- Decore con las aceitunas.
- Hornee a 180°C durante 7 minutos.
- Sirva caliente.

MANZANAS SALTEADAS
(1 ración)

Ingredientes:
1 manzana pelada troceada y rociada con gotas de limón para que no se ennegrezca • edulcorante no calórico al gusto granulado • ½ cucharadita de pasitas • canela en polvo • spray de aceite de oliva • sal marina

Preparación
- Caliente un sartén con spray de aceite de oliva.
- Añada las manzana y una pizca de sal marina
- Revuelva durante 4 o 5 minutos
- Agregue el edulcorante, las pasitas y la canela.
- Sirva caliente.

Colación matutina 4:
SALMÓN CON ADEREZO ITALIANO
(1 ración)

Ingredientes:
gajos de ½ toronja limpios y sin huesos • hojas de lechuga romana

Menús en La Zona

y escarola lavada y desinfectada • 45 g de salmón ahumado en cubitos

Aderezo italiano:
⅓ taza de caldo de pollo caliente • 1 cucharada de pimiento morrón picado • 1 cucharada de hierbas a la italiana • ½ diente de ajo • 2 cucharadas de vinagre de vino • 1 cucharadita de aceite de oliva EV1EF

Preparación:
- Coloque en un platón las lechugas y alrededor los gajos alternados.
- Encima agregue el salmón.

Para el aderezo italiano:
- Licue, junto con el caldo, todos los ingredientes excepto el aceite.
- Licuando a velocidad muy baja añada en forma de hilo el aceite hasta obtener una consistencia cremosa.
- Bañe la ensalada con la tercera parte del aderezo y sirva.
- Reserve el resto del aderezo para otra ocasión en un recipiente de vidrio en el refrigerador, dura hasta 15 días.

Comida 4:
SOPA DE CHAMPIÑONES
(1 ración)

Ingredientes:
2 tazas de nopales cortados en tiras • 2 tazas de setas o champiñones • 135 g de pechuga de pollo cortada en tiras • cebolla fileteada • 1 rama de epazote • ½ litro de caldo de pollo • sal y pimienta al gusto • ⅔ cucharadita de aceite de oliva

Preparación:
- Caliente el aceite en una cacerola, añada la cebolla, cuando esté transparente agregue el pollo y sazone con sal y pimienta.
- Cuando el pollo casi esté cocido agregue el epazote y las setas; cocine durante 10 minutos o hasta que estén cocidas.
- Integre el caldo y los nopales, cuando suelte el hervor retire del fuego y sirva.

Colación vespertina 4:
TAQUITO DE ATÚN
(1 ración)

Ingredientes:

30 g de atún en agua bien escurrido • spray de aceite de oliva • 1 cucharada de cebolla finamente picada • 1 cucharadita de chile chipotle picado • 1 jitomate saladet picado • salsa inglesa • ½ cucharadita de alcaparras

Para emplatar:

1 cucharada de aguacate • 1 hoja de col remojada en agua tibia para suavizarla

Preparación:
- Fría en un sartén con spray de aceite de oliva la cebolla.
- Agregue el atún y deje freír.
- Incorpore el jitomate y deje cocinar por 2 minutos.
- Añada el chipotle, los condimentos y las alcaparras, revuelva y retire del fuego.
- Retire la hoja de col del agua y séquela.
- Rellénela con el atún y el aguacate. Enróllela y sirva.

Cena 4:
RÓBALO A LAS FINAS HIERBAS
(1 ración)

Ingredientes:

1 ramita de albahaca picada • 1 ramita de perejil • 1 ramita de mejorana • ½ cucharadita de orégano • 1 ramita de tomillo • 1 hoja santa • 135 g de róbalo en trozo sin cabeza ni cola (puedes utilizar el pescado de tu preferencia) • el jugo de un limón • cebolla fileteada • sal y pimienta al gusto • acompañar con 2 tazas de ejotes cocidos al vapor y servir con 3 cucharaditas de aguacate

Preparación:
- Sazonar el pescado con sal, pimienta y el jugo de limón, dejar reposar 10 minutos en el refrigerador.
- Engrasar con la mitad de las hierbas un refractario en una cama junto con la cebolla, rellenar el pescado con el resto de las finas hierbas.

Menús en La Zona 267

- Colocar el róbalo en el refractario, vaciarle una taza de agua y el jugo del limón.
- Cubrir el pescado con papel aluminio.
- Meter al horno por 25 minutos y, una vez cocido, retirar las capas y cortar.

BEBIDA FRESCA
(1 ración)

Ingredientes:
   1 limón real (grande sin semillas) • 1 taza de agua • hielo al gusto
   • edulcorante no calórico al gusto

Preparación:
- Licue, a velocidad alta, el limón con cáscara y los demás ingredientes, hasta que se desbarate el limón por completo.
- Sirva sin colar y consúmase de inmediato.

Menú 5:
Desayuno 5: Rollitos de pavo con salsa mexicana • Licuado de melón
Colación matutina 5: Dulce de durazno
Comida 5: Sopa de cebolla gratinada • Albóndigas de ternera al chipotle • Verduras asadas • Compota de fresas
Colación vespertina 5: Ejotes con hierbas
Cena 5: Muslos en escabeche

Desayuno 5:
ROLLITOS DE PAVO CON SALSA MEXICANA
(1 ración)

Ingredientes:
   110 g de pechuga de pavo en rebanadas

Salsa mexicana:
   4 jitomates picados finamente • ¾ taza de cebolla finamente picada
   • 1 taza de chiles nachos en vinagre • 2 cucharadas de vinagre de los chiles • sal • gajos de una mandarina limpios y sin huesos

268 MÉXICO ENTRA EN LA ZONA

Preparación:
- Enrolle las rebanadas de pechuga de pavo y caliéntelas en el horno del microondas por 1 minuto.
- Sirva y acompañe con unas cucharaditas de la salsa mexicana.

Salsa mexicana:
- Pique los chiles nachos y revuelva con el jitomate y la cebolla.
- Agregue el vinagre y revuelva.
- Reserve en el refrigerador el resto para otra ocasión en un frasco de vidrio tapado, dura hasta 5 días.
- Sirva el pavo acompañado con la mandarina.

LICUADO DE MELÓN
(1 ración)

Ingredientes:
> 1 ½ taza de melón chino picado • 1 taza de agua • gotas de limón • hielo al gusto

Preparación:
- Licue todos los ingredientes juntos y sirva frío sin colar.

Colación matutina 5:
DULCE DE DURAZNO
(1 ración)

Ingredientes:
> 1 durazno pelado y picado • ¼ taza de agua • 1 cucharadita de edulcorante sustituto no calórico granulado • gotas de limón • 1 ½ cucharadita de almendras picadas • 45 g de pechuga de pollo finamente picada

Preparación:
- Hierva el durazno en el agua con el edulcorante y el limón.
- Agregue las almendras y la pechuga. Revuelva y hierva a fuego bajo hasta que se evapore toda el agua.
- Sirva en una taza y refrigere.

Menús en La Zona 269

Comida 5:
SOPA DE CEBOLLA
(1 ración)

Ingredientes:
½ taza de cebolla en rodajas • 1 ½ taza de caldo de res desgrasado • ⅓ cucharadita de aceite de oliva EV1EF • salsa inglesa al gusto

Preparación:
- Acitrone la cebolla en una cazuela, con el aceite de oliva.
- Agregue el caldo de res y al soltar el hervor adicione la salsa inglesa.
- Hierva hasta que la cebolla se suavice.
- Sirva caliente en un plato de sopa.

ALBÓNDIGAS DE POLLO AL CHIPOTLE
(1 ración)

Ingredientes:
115 g de pechuga molida de pollo • 1 clara batida • 2 cucharadas de cebolla picada • 1 diente de ajo picado • ½ cucharadita de mostaza • 1 cucharadita de hierbabuena fresca picada • sal, sal de ajo, pimienta

Caldillo:
½ taza de puré de tomate no condimentado casero • ½ diente de ajo • 1 trozo pequeño de cebolla • 1 chile chipotle en adobo • caldo de pollo desgrasado • sal

Preparación:
- Revuelva todos los ingredientes de las albóndigas, sazone y forme bolitas.
- Refrigere.

Para el caldillo:
- Licue el puré de tomate con el ajo y la cebolla y póngalo en una cacerola a hervir.
- Agregue un poco de caldo de pollo.
- Incorpore las albóndigas y hierva a fuego bajo durante 15 o 20 minutos.

270 MÉXICO ENTRA EN LA ZONA

- Sazone.
- Agregue el chipotle y retírelo de la salsa en cuanto la salsa pique tanto como desee.
- Si es necesario agregue más caldo de pollo para hacer más líquida la salsa.
- Rectifique el sazón y sirva.

VERDURAS ASADAS
(1 ración)

Ingredientes:

1 taza de calabaza japonesa cortada en rebanadas largas • ½ pimiento amarillo o rojo en trozos • sal marina y sal de ajo • salsa de soya • pimientas combinadas molido grueso • ⅔ cucharadita de aceite de oliva EV1EF

Preparación:
- Ase en un sartén con spray de aceite de oliva las calabazas. Sazone con la sal marina, la de ajo y la soya. Retire.
- Ase en el mismo sartén el germinado, sazone igualmente y retire.
- Y por último, el pimiento.
- Al servir bañe con el aceite y agregue la pimienta.

COMPOTA DE FRESAS
(1 ración)

Ingredientes:

1 taza de fresas rebanadas • ½ taza de agua • 1 cucharadita de edulcorante sustituto no calórico granulado (sirve para cocinar) • canela en raja • ralladura de 1 limón • 1 clavo de olor

Preparación:
- Coloque las fresas en un molde para horno de microondas bien tapadas y cocínelas por 30 segundos.
- Aparte cocine en una cazuela pequeña con el agua la canela, el clavo, el edulcorante y la ralladura de limón.
- Bañe las fresas con esta preparación y cocine 30 segundos más.

Menús en La Zona   271

Colación vespertina 5:
EJOTES CON HIERBAS
(1 ración)

Ingredientes:

1 taza de ejotes sin puntas • ⅓ cucharadita de aceite de oliva EV1EF • orégano seco al gusto • albahaca en seco al gusto • 5 cebollitas de Cambray en salmuera • 30 g de jamón de pavo en tiras • sal

Preparación:

- Hierva por 3 minutos los ejotes en agua con sal o hasta que se suavicen.
- Vacíe en un refractario para horno y agregue el aceite de oliva, las hierbas y las cebollitas.
- Incorpore el jamón y revuelva muy bien.
- Sazone.
- Hornee por 3 minutos más o hasta que la cebolla suelte su sabor.

Cena 5:
MUSLOS EN ESCABECHE
(1 ración)

Ingredientes:

90 g de muslo de pollo • 1 taza de zanahoria • ¼ de taza de cebolla fileteada • 1 diente de ajo • ¼ de taza de vinagre • 2 hojas de laurel • 2 pimientas negras • 1 rama de tomatillo • sal al gusto • 2 cucharaditas de aceite de oliva • 1 manzana de postre

Preparación:

- Sazone los muslos con sal y pimienta, cocínelos con el aceite y, ya guisados, retire del fuego. En la misma cacerola agregue la zanahoria, la cebolla y el ajo y, cuando la cebolla se transparente, incorpore el pollo y revuelva.
- Añada el vinagre, las hojas de laurel, la pimienta, el tomillo y la sal.
- Agregue 1 taza de agua, tape y cocine a fuego lento.

272 MÉXICO ENTRA EN LA ZONA

Menú 6:
Desayuno 6: Tinga para empezar • Frambuesas para desayunar
Colación matutina 6: Deditos de pescado
Comida 6: Trucha empapelada • Dip de pepino
Colación vespertina 6: Taco de pavo
Cena 6: Pechuga con ensalada de cítricos

Desayuno 6:
TINGA PARA EMPEZAR
(1 ración)

Ingredientes:
90 g de pechuga de pollo cocida, deshebrada • 1 jitomate asado, pelado y picado • 3 rodajas de cebolla • 1 chile verde en juliana • ½ taza de zanahoria en juliana muy fina • ⅔ cucharadita de aceite de oliva EV1EF • sal

Preparación:
- En un sartén con oliva, acitrone la cebolla.
- Agregue el pollo y deje que dore.
- Enseguida incorpore el jitomate, la zanahoria y el chile, sazone y cocine por 2 minutos moviendo para que no se pegue.
- Sirva caliente.

FRAMBUESAS PARA DESAYUNAR
(1 ración)

Ingredientes:
1 taza de frambuesas lavadas y desinfectadas • ½ mandarina en gajos, sin pellejos ni huesos • 1 sobre de edulcorante sustituto no calórico

Preparación:
- En un procesador de alimentos, muela ligeramente las frutas con el edulcorante, sirva en una copa y refrigere.

Menús en La Zona   273

Colación matutina 6:
DEDITOS DE PESCADO
(1 ración)

Ingredientes:
45 g de filete de pescado en tiras • salvado de trigo molido • spray de aceite de oliva • sal, sal de ajo • 1 cucharadita de mayonesa ligera • 1 taza de fresas frescas lavadas y desinfectadas

Preparación:
- Rocíe las tiras de pescado con spray de aceite de oliva y páselas por el salvado combinado con la sal y sal de ajo.
- Cocínelas en un sartén con spray de aceite de oliva hasta que doren.
- Sirva acompañando con la mayonesa y las fresas.

Comida 6:
TRUCHA EMPAPELADA
(1 ración)

Ingredientes:
1 trucha mediana, sin escamas y sin espinas de 135 g aproximadamente • sal y pimienta • gotas de limón • 1 hojita de laurel • 1 chile güero • 2 rebanadas de cebolla • 1 cucharadita de epazote picado • 1 cucharadita de aceite de oliva EV1EF • papel de aluminio

Preparación:
- Lave muy bien la trucha y colóquela en papel de aluminio.
- Sazone con limón, sal, pimienta y una hojita de laurel.
- Encima ponga los chiles, la cebolla y el epazote y rocíe un poco de aceite de oliva.
- Envuelva y selle bien el papel de aluminio.
- Cocine en un sartén con tapa o en el horno por 20 minutos.
- Sirva caliente.

DIP DE PEPINO
(1 ración)

Ingredientes:
3 pepinos grandes • 1 tallo de apio • 2 cucharaditas de cebollín picado • 1 sobre de edulcorante bajo en calorías • 1 cucharada de vinagre de manzana • sal y pimienta negra al gusto

274   MÉXICO ENTRA EN LA ZONA

Preparación:
- Pelar los pepinos, partirlos a la mitad en forma de triángulo y ponerlos en un recipiente.
- Licuar el apio, cebollín, edulcorante, vinagre, sal y pimienta, con 3 cucharadas de agua hasta integrarlos.
- Verterlo en un tazón y dejar reposar por 20 minutos a temperatura ambiente antes de bañar los pepinos.

Colación vespertina 6:
TACO DE PAVO
(1 ración)

Ingredientes:
> 1 hoja de lechuga romanita • 35 g de carne de pavo • 1 jitomate picado • 1 chile serrano • 2 cucharadas de cebolla picada • ⅓ cucharadita de aceite de oliva • sal • salsa mexicana (ver menú plata desayuno 5) • 1 ciruela roja

Preparación:
- Acitrone la cebolla en un sartén con el aceite de oliva.
- Agregue el jitomate, el chile y el pavo.
- Sazone.
- Rellene la hoja de lechuga con el pavo guisado y bañe con la salsa mexicana.
- Acompañe con la ciruela.

Cena 6:
PECHUGA CON ENSALADA DE CíTRICOS
(1 ración)

Ingredientes:
> 1 ½ cucharada de pasta de achiote • ½ taza de jugo de naranja • ¼ taza de jugo de limón • 1 pechuga aplanada de 135 g deshuesada • sal

Para la ensalada:
> gajos de ½ naranja • gajos de 1 mandarina • gajos de ½ de toronja • 2 aros de cebolla morada • hojas de cilantro • 1 cucharadita de aceite de oliva EV1EF

Menús en La Zona 275

Preparación:
- Disuelva el achiote en los jugos.
- Marine el pollo por 3 horas o una noche.
- Escurra la pechuga y cocine en una parrilla o al carbón y sazone.
- Para la ensalada, pele la fruta y retire todos los pellejos, desprenda los gajos.
- Colóquelos en una ensaladera y agregue la cebolla, el cilantro y el aceite de oliva.
- Rebane la pechuga y sirva sobre la ensalada.

Menú 7:

Desayuno 7: Omelette con salsa borracha • Suprema con fresas
Colación matutina 7: Corazones de alcachofa preparados
Comida 7: Crema de espinaca • Pollo en salsa de champiñones • Acelgas agridulces • Copa de jícama
Colación vespertina 7: Torrecitas con pechuga de pavo
Cena 7: Pollo con ramitas de verdolagas • Zanahorias

OMELETTE CON SALSA BORRACHA
(1 ración)

Ingredientes:
6 claras • 1 taza de ejotes al vapor, picados • 1 cucharadita de aceite de oliva • cebolla rebanada • sal y pimienta

Salsa Borracha:
2 chiles pasilla, desvenados y remojados en agua caliente • 1 jitomate asado y pelado • 1 diente de ajo • 2 cucharadas de vinagre de manzana • sal

Preparación:
- En un sartén con spray de aceite de oliva ase los ejotes previamente cocidos.
- Bata las claras con sal y vierta sobre los ejotes.
- Tape y deje que se cocine por ambos lados.
- Sirva y bañe con la salsa borracha.

Para la salsa:
- Licue todos los ingredientes.

SUPREMA CON FRESAS
(1 ración)

Ingredientes:

gajos de ½ toronja limpios y sin huesos • 1 taza de fresas lavadas y desinfectadas • 4 hojitas de menta • edulcorante sustituto no calórico

Preparación:
- Deje en un tazón pequeño las fresas con el edulcorante y las hojitas de menta por espacio de una hora, revuelva constantemente.
- Coloque los gajos de toronja en una copa y báñelos con las fresas preparadas.

Colación matutina 7:
CORAZONES DE ALCACHOFA PREPARADOS
(1 ración)

Ingredientes:

½ taza de corazones de alcachofa en rebanadas • ¼ manzana pelada, en tiras delgadas • 35 g de pechuga de pavo ahumada en cubitos

Aderezo:

1 cucharada de menta fresca, cebollín y perejil picado • ½ cucharadita de mostaza • 2 cucharadas de vinagre de manzana • ⅓ cucharadita de aceite de oliva EV1EF • sal y pimienta negra molida

Preparación:
- Unte un poco de limón en la manzana para evitar que se ponga oscura.
- Mezcle en un tazón con las alcachofas y la pechuga.
- Mezcle todos los ingredientes del aderezo y bañe la ensalada.
- Sirva.

Menús en La Zona 277

Comida 7:
CREMA DE ESPINACA
(1 ración)

Ingredientes:

½ taza de espinacas cocidas • 1 taza de caldo de pollo desgrasado • 2 cucharadas de cebolla picada • spray de aceite de oliva • sal • pimienta blanca molida • sal de ajo y de cebolla • canela molida

Preparación:
- Acitrone la cebolla en una cazuela con el spray de aceite de oliva.
- Muela en la licuadora la espinaca con el caldo.
- Vierta esta mezcla en la cazuela y salpimiente.
- Al soltar el hervor disminuya el fuego y sazone con una pizca de sal de ajo y canela y con la cebolla deje hervir por unos 2 minutos.
- Sirva inmediatamente.

POLLO EN SALSA DE CHAMPIÑONES
(1 ración)

Ingredientes:

90 g de carne de muslo de pollo deshuesado y sin piel • 1 cucharadita de aceite de oliva EV1EF • 1 taza de champiñones rebanados • 1 diente de ajo picado • 1 cucharadita de perejil fresco picado • sal y pimienta

Preparación:
- Selle la carne de muslo en un refractario con tapa, con el aceite de oliva y salpimiente.
- En otro sartén dore el ajo con spray de aceite de oliva y agregue los champiñones, cocine hasta que suelten su jugo.
- Agregue el perejil y salpimiente.
- Añada esta mezcla al muslo y revuelva todo muy bien, deje hervir unos minutos, rectifique el sazón y sirva caliente.

ACELGAS AGRIDULCES
(1 ración)

Ingredientes:
2 tazas de hojas de acelgas lavadas • 1 diente de ajo finamente picado • 2 cucharadas de vinagre balsámico • 1 durazno pelado en cubitos • 1 cucharadita de edulcorante no calórico granulado • sal marina • pimienta molida gruesa • spray de aceite de oliva

Preparación:
- Retire el tallo grueso de las acelgas.
- Saltee el ajo en el spray de aceite de oliva y agregue el vinagre, las acelgas, el durazno y el edulcorante.
- Cocine hasta que se suavicen, añada un poco de agua si fuera necesario.
- Salpimiente.
- Sirva.

COPA DE JÍCAMA
(1 ración)

Ingredientes:
½ taza de jícama rallada • Jugo de medio limón • sal

Preparación:
- Marine la jícama durante 1 hora en el jugo de limón mezclado con sal.
- Escurra y sirva en una copa.

Colación vespertina 7:
TORRECITAS CON PECHUGA DE PAVO
(1 ración)

Ingredientes:
½ taza de palmitos en juliana • 1 jitomate picado • 1 cucharadita de aguacate picado • un poco de lechugas mixtas lavadas y desinfectadas picadas finamente • 4 rebanadas de pepino con cáscara cortado en ruedas muy delgadas • 35 g de pechuga de pavo en cubos pequeños • ⅓ cucharadita de aceite de oliva EV1EF • 1 chorrito de vinagre balsámico • sal y pimienta • 1 taza de fresas lavadas y desinfectadas

Menús en La Zona

Preparación:
- Incorpore los ingredientes de uno en uno con el aliño (aceite y vinagre con sal y pimienta) sin mezclarlos.
- Forme torres, montando primero las rodajas de pepino, enseguida la lechuga, el aguacate, el palmito, el jitomate y, por último, el pavo.
- Acompañe con las fresas.

Cena 7:
POLLO CON RAMITAS DE VERDOLAGAS
(1 ración)

Ingredientes:
1 taza de verdolagas frescas y limpias • 135 g de pechuga de pollo en trozos • 250 g de tomate verde • 1 chile serrano • 1 ramita de cilantro • 1 taza de caldo de pollo o agua • sal al gusto • ⅔ de cucharadita de aceite de oliva

Preparación:
- En un comal ase los tomates y los chiles, retírelos y licue con el cilantro y ½ taza de agua o caldo de pollo; reserve.
- Fría el pollo en el aceite, cuando comience a dorar agregue la salsa de tomate, sazone y cocine 10 minutos o hasta que espese un poco; revuelva de vez en cuando.
- Agregue el caldo de pollo, cuando hierva 5 minutos, rectifique el sazón y añada las verdolagas; cocine hasta que el pollo esté bien cocido.

ZANAHORIAS
(1 ración)

Ingredientes:
2 tazas de zanahorias ralladas • jugo de un limón • sal y chile piquín al gusto

Preparación:
- Mezcle todos los ingredientes y sirva.

280 MÉXICO ENTRA EN LA ZONA

> **Menú 8:**
> **Desayuno 8:** Huevos rancheros especiales • Fruta de la estación
> **Colación matutina 8:** Tartaleta de fresas
> **Comida 8:** Pechugas al ajo • Espinacas con aderezo de almendras • Gelatina multicolor
> **Colación vespertina 8:** Ensalada Thai
> **Cena 8:** Cazuela de pescado

Desayuno 8:
HUEVOS RANCHEROS ESPECIALES
(1 ración)

Ingredientes:

4 claras • 1 rebanada de jamón de pavo de 30 g • 1 cucharadita de aceite de oliva EV1EF

Salsa de jitomate:

1 jitomate asado y pelado • 1 trozo chico de cebolla • 1 chile serrano toreado • sal

Preparación de la salsa:

- Licue el jitomate con la cebolla y ponga a hervir en una olla pequeña, agregue el chile toreado y sazone.
- Hierva 2 minutos y retire.
- Mantenga caliente.
- En un sartén, con el aceite de oliva, fría los huevos.
- Caliente 1 rebanada de jamón de pavo coloque encima los huevos fritos.
- Báñelos con la salsa caliente.
- Sirva inmediatamente.

FRUTA DE LA ESTACIÓN
(1 ración)

Ingredientes:

½ manzana picada • ⅓ pera picada • gajos de media naranja, limpios y sin huesos • 1 cucharadita de nuez picada

Menús en La Zona   281

Preparación:
• Revuelva suavemente en un tazón las frutas y adorne con la nuez, sirva.

Colación matutina 8:
TARTALETA DE FRESAS
(1 ración)

Ingredientes para la base:
½ cucharada de avena • 2 claras de huevo • ½ cucharadita de edulcorante no calórico • ½ taza de fresas frescas, rebanadas, lavadas y desinfectadas • ⅓ cucharadita de mantequilla de almendra o ½ cucharadita de mantequilla de cacahuate • edulcorante sustituto no calórico granulado suficiente • 1 cucharada de vinagre balsámico • spray de aceite de oliva

Preparación de la base de pan:
• Mezcle las clara con la avena, vierta en un sartén rociado con spray de aceite de oliva, formando un círculo.
• Cocine, por ambos lados. Vacíe en un plato pequeño.
• Saltee las fresas en un sartén con la mantequilla de almendra.
• Agregue el edulcorante granulado, el vinagre y caliente 1 minuto. Retire las fresas.
• Siga calentando la salsa hasta que se reduzca la salsa.
• Coloque las fresas sobre la base de pan, rocíelas con la salsa reducida.

Comida 8:
PECHUGAS AL AJO
(1 ración)

Ingredientes:
135 g de pechuga de pollo abierta • 1 limón • 2 dientes de ajo pelados • 2 ramitas de tomillo picada • sal y pimienta al gusto • 1/3 cucharadita de aceite de oliva

Preparación:
• Machaque los ajos, añada el tomillo y el limón, mezcle bien.
• Salpimiente la pechuga y macérela con la mezcla anterior por 20 minutos.

282 MÉXICO ENTRA EN LA ZONA

- Fría la pechuga en un sartén con el aceite, hasta que comience a dorar, voltee y cocine hasta que el líquido se evapore.
- Sirva.

ESPINACAS CON ADEREZO DE ALMENDRAS
(1 ración)

Ingredientes:
hojas de espinaca lavada y desinfectada

Aderezo:
⅓ cucharadita de aceite de oliva EV1EF • 6 almendras • ½ diente de ajo machacado • 2 cucharadas de vinagre de vino • sal y pimienta

Preparación:
- Sumerja las almendras en agua caliente y pélelas.
- Muela las almendras con el ajo, el aceite y el vinagre, agregue sal y pimienta y rectifique el sazón.
- Sirva la espinaca y bañe con el aderezo.

GELATINA MULTICOLOR
(1 ración)

Ingredientes:
¼ sobre de gelatina *light*, sabor fresa • ¼ gelatina *light* sabor piña • 2 medias tazas de agua caliente • 2 medias tazas de agua fría • 1 kiwi pelado y en cubitos • 1 durazno pelado y en cubitos

Preparación:
- Disuelva la gelatina de fresa en media taza de agua caliente y agregue la fría, vacíe en un molde pequeño de forma cuadrada.
- Deje enfriar hasta que cuaje por completo.
- Desmolde y corte la gelatina de fresa en cubos.
- Aparte disuelva la gelatina de piña con media taza de agua caliente y agregue el agua fría.
- Vacíe en un molde y agregue los cubos de gelatina de fresa cuajada y los cubos de kiwi.
- Refrigere y deje cuajar por completo.

Menús en La Zona   283

Colación vespertina 8:
ENSALADA THAI
(1 ración)

Ingredientes:

hojas de lechuga francesa lavada y desinfectada • gajos de ½ toronja, limpios y sin huesos • 6 cacahuates tostados

Aderezo:

Salsa de soya • edulcorante no calórico • 2 cucharadas de vinagre blanco

Preparación:

- Colocar la lechuga en una ensaladera ya troceada.
- Encima ponga los gajos de toronja y los cacahuates.

Para el aderezo:

- Mezcle los ingredientes y bañe la ensalada.

Cena 8:
CAZUELA DE PESCADO
(1 ración)

Ingredientes:

135 g del pescado de tu preferencia cortado en trozos. • Jugo de 1 limón • 1 hoja de laurel • ¼ de cebolla rebanada • 2 pimientos rojos picados en cuadros • 1 taza de zanahoria cortada en tiras • 1 jitomate pelado sin semillas y picado • 1 cucharadita de perejil picado • 3 aceitunas • ⅔ cucharadita de aceite de oliva • sal y pimienta

Preparación:

- Cocinar el pescado con el jugo de limón, laurel y ½ taza de agua durante 10 minutos a fuego lento hasta que esté cocido.
- Retire de la estufa, escurra el pescado, póngalo en otro recipiente, dejar enfriar y desmenuce.
- Acitrone la cebolla en el aceite de oliva, añada el pimiento, el jitomate, la zanahoria, el perejil y las aceitunas, sazone con sal y pimienta, cuando cambie de color, integre el pescado, revuelva y retire.
- Sirva en hojas de lechuga.

284 MÉXICO ENTRA EN LA ZONA

Menús Bronce para hombres

7 menús Bronce en La Zona para hombres, de tres bloques en horarios principales y un bloque entre comidas.

Menú 1:

Desayuno 1: Ponqué de zarzamoras • *Steak* de pavo con pico de gallo
Colación matutina 1: Jícamas-pepinos-zanahorias
Comida 1: Sopa de lenteja • Puntas de filete estilo norteño • Cebollitas marinadas • Gelatina de frambuesa
Colación vespertina 1: Dulce de pera
Cena 1: Empanada de nopal

Menú 2:

Desayuno 2: Machaca de huevo
Colación matutina 2: Botana de jocoque seco o requesón
Comida 2: Calabaza con queso
Colación vespertina 2: Atún con cuaresmeños
Cena 2: Raclette de mozzarella

Menú 3:

Desayuno 3: Chilaquiles con pollo o queso • Licuado de fresas
Colación matutina 3: Cocktail tutifruti
Comida 3: Sopa de hongos • Entomatada de res • Ensalada de rábanos
Colación vespertina 3: Palitos de jamón
Cena 3: Kebabs de ternera con jitomates deshidratados

Menú 4:

Desayuno 4: Pan gratinado
Colación matutina 4: Pasta de pollo con nuez
Comida 4: Ensalada de espinaca y pera • Pescado con salsa de eneldo • Helado de fresa
Colación vespertina 4: Pepinos con camarón
Cena 4: Pollo frito en el horno • Rollos campesinos

Menús en La Zona 285

Menú 5:

Desayuno 5: Claras mestizas • Escarcha de frambuesa
Colación matutina 5: Gelatina de leche y fruta
Comida 5: Sopa de palmito • Ropa vieja • Ensalada con aderezo silvestre
Colación vespertina 5: *Nuggets* de pollo
Cena 5: Tostadas de marlin ahumado • Ollita de cítricos

Menú 6:

Desayuno 6: Conos de jamón con queso • *Frosty* de frutas rojas
Colación matutina 6: Curry de verduritas
Comida 6: Ensalada primavera • Chile poblano de queso
Colación vespertina 6: Paté de trucha ahumada
Cena 6: Salpicón

Menú 7:

Desayuno 7: Enchiladas • Licuado de mora azul
Colación matutina 7: Dip de berenjena
Comida 7: Sopa de avena • Pescado a la mostaza • Acelgas salteadas • Frutas en vino blanco
Colación vespertina 7: Flan
Cena 7: Ceviche de pescado

Menú 1:
Desayuno 1: Ponqué de zarzamoras • *Steak* de pavo con pico de gallo
Colación matutina 1: Jícamas-pepinos-zanahorias
Comida 1: Sopa de lenteja • Puntas de filete estilo norteño • Cebollitas marinadas • Gelatina de frambuesa
Colación vespertina 1: Dulce de pera
Cena 1: Empanada de nopal

286 MÉXICO ENTRA EN LA ZONA

Desayuno 1:
PONQUÉ DE ZARZAMORAS
(1 ración)

Ingredientes:

2 claras de huevo • 1 cucharada de avena en hojuelas • 1 cucharadita de edulcorante granulado no calórico (del que se puede cocinar) • ¾ tazas de zarzamoras lavadas y desinfectadas • 1 taza de fresas rebanadas • spray de aceite de oliva

Preparación:
- En un plato hondo bata las claras con la avena.
- Vacíe en un sartén caliente, rociado con spray de aceite de oliva, tape y deje que se cocine por un lado perfectamente sin mover por 2 minutos.
- Voltee y deje dorar por este lado otros 2 minutos tapado el sartén.
- Coloque el ponqué en un plato.
- Aparte, en una cazuela, caliente las zarzamoras y macháquelas, agregue el edulcorante, retire al soltar el hervor.
- Deje enfriar completamente.
- Vierta la fruta sobre el ponqué, adorne con las fresas y sirva.

STEAK DE PAVO CON PICO DE GALLO
(1 ración)

Ingredientes:

2 rebanadas de pechuga de pavo de 35 g cada una • 3 cucharaditas de aguacate • 1 cucharada de cebolla picada • cilantro picado suficiente • chile serrano al gusto picado finamente • sal • gotas de limón

Preparación:
- Mezcle el aguacate con la cebolla, el cilantro y el chile.
- Sazone y agregue el limón.
- Ase el *steak* de pavo en una parrilla.
- Sírvalo acompañando con el pico de gallo.

Menús en La Zona

Colación matutina 1:
JÍCAMAS-PEPINOS-ZANAHORIAS
(1 ración)

Ingredientes:

½ taza de jícama rallada • ½ taza de zanahoria rallada • gotas de limón • sal y chile piquín al gusto • 45 g de sierra ahumada en pedacitos • 3 aceitunas deshuesadas naturales o rellenas de pimiento o anchoas • palillos

Preparación:
- Combine la jícama y la zanahoria en un tazón y báñelas con jugo de limón.
- Revuelva muy bien y agregue sal y chile piquín.
- Sirva.
- Combine la sierra con las aceitunas y acompañe con las verduras.

Comida 1:
SOPA DE LENTEJA
(1 ración)

Ingredientes:

1 diente de ajo picado • 2 cucharadas de cebolla picada • ½ jitomate picado • ¼ taza de lentejas ya cocidas • 1 ½ taza de caldo de pechuga de pollo desgrasado • spray de aceite de oliva • sal y pimienta • 1 ramita de cilantro

Preparación:
- En una cazuela acitrone el ajo y la cebolla con el aceite de oliva.
- Adicione el jitomate y cocine hasta que se desbarate.
- Incorpore las lentejas y revuelva bien.
- Vierta el caldo y cuando suelte el hervor agregue el cilantro y salpimiente, deje hervir por 5 minutos más y sirva caliente.

PUNTAS DE FILETE ESTILO NORTEÑO
(1 ración)

Ingredientes:

110 g de filete de res cortado en cubos pequeños • 3 cucharadas de cebolla finamente picada • spray de aceite de oliva

288 MÉXICO ENTRA EN LA ZONA

Salsa:

1 cucharadita de aceite de oliva • 3 rebanadas de cebolla • 3 chiles serranos cortados en rajitas • 2 jitomates picados • sal y pimienta recién molida • cilantro finamente picado

Preparación:
- Saltee en un sartén la cebolla con spray de aceite de oliva, hasta que esté ligeramente dorada.
- Agregue la carne y cocínela hasta que se dore, salpimiente.
- Retire y conserve caliente.
- Reserve el sartén en donde cocinó la carne.

Para la salsa:
- En otro sartén, acitrone la cebolla y los chiles en el aceite de oliva hasta que doren.
- Agregue el jitomate y salpimiente.
- Hierva a fuego lento.
- Vacíe la salsa en el sartén donde se cocinó la carne, y añada la carne, deje hervir un minuto hasta que se incorpore bien la salsa.
- Al servir adorne con el cilantro.

CEBOLLITAS MARINADAS
(1 ración)

Ingredientes:

1 taza de cebollitas Cambray sin rabo • 1 cucharada de salsa Maggy • 1 cucharadita de salsa inglesa • gotas de limón • spray de aceite de oliva

Preparación:
- Acitrone las cebollitas en un sartén con spray de aceite de oliva, tape el sartén y deje que se ablanden.
- Agregue las salsas y el limón, revuelva y sirva.

GELATINA DE FRAMBUESA
(1 ración)

Ingredientes:

¼ sobre de gelatina *light* sabor frambuesa o fresa • ½ taza de agua caliente • ½ taza de agua fría • 1 taza de frambuesas lavadas y desinfectadas

Menús en La Zona 289

Preparación:
- Disuelva la gelatina en el agua hirviendo.
- Agregue el agua fría.
- Vacíe en un molde refractario y refrigere por media hora, saque y añada las frambuesas, vuelva a refrigerar hasta que cuaje totalmente.
- Sirva.

Colación vespertina 1:
DULCE DE PERA
(1 ración)

Ingredientes:
¼ taza de queso cottage • ⅓ pieza pera dulce • 1 sobre de edulcorante no calórico • 3 almendras peladas

Preparación:
- Muela en la licuadora todos los ingredientes.
- Sirva en un tazón y refrigere.

Cena 1:
EMPANADA DE NOPAL
(1 ración)

Ingredientes:
2 tazas de nopales enteros grandes y cocidos • ¾ taza de queso de panela rebanado • 1 jitomate rebanado • 1 cucharada de salsa inglesa • ½ limón en jugo • ½ cucharadita de salsa de soya • sal y pimienta al gusto • 3 cucharaditas de aguacate

Preparación:
- Con un cuchillo filoso abra los nopales a la mitad y sazónelos con sal y pimienta por dentro y por fuera.
- Rellénelos con el queso y el jitomate y ciérrelos, si es necesario atore con un palillo de madera.
- En un recipiente combine la salsa inglesa, la soya, el jugo de limón y sal, introduzca los nopales y déjelos marinar por 30 minutos a temperatura ambiente.
- Ya para servir escurra los nopales y áselos en un sartén hasta que estén cocidos.

290 MÉXICO ENTRA EN LA ZONA

- Acompañe con una cucharadita de aguacate y la salsa picante de su preferencia.

Menú 2:
Desayuno 2: Machaca de huevo
Colación matutina 2: Botana de jocoque seco o requesón
Comida 2: Calabaza con queso
Colación vespertina 2: Atún con cuaresmeños
Cena 2: Raclette de mozzarella

Desayuno 2:
MACHACA CON HUEVO
(1 ración)

Ingredientes:

4 claras de huevo • 30 g de carne seca machacada y deshebrada • 1 jitomate • 2 chiles serranos • 1 ajo • 1 cucharadita de cebolla picada • 1 cucharadita de aceite de oliva • sal y pimienta • 1 manzana de postre y 1 mandarina

Preparación:

- Fría la carne, la cebolla y el ajo en el aceite.
- Agregue el jitomate y los chiles picados, sazone con sal y pimienta.
- Cuando se seque la salsa, agregue las claras batidas ligeramente y mueva hasta que cuajen.
- Retire del fuego.

Colación matutina 2:
BOTANA DE JOCOQUE SECO O REQUESÓN
(1 ración)

Ingredientes:

30 g de jocoque seco o requesón, suavizado • ⅓ cucharadita de aceite de oliva EV1EF • sal • pimienta molida gruesa • *zatar* (opcional) • 1 pieza de pepino en tiras delgadas, sin semillas

Menús en La Zona 291

Preparación:
- Mezcle el jocoque o requesón con el oliva, la sal, la pimienta y el *Zatar*.
- Si está muy dura la mezcla se puede suavizar con media cucharadita de jocoque líquido o yogurt ácido.
- Sirva el pepino con el jocoque.

Comida 2:
CALABAZAS CON QUESO
(1 ración)

Ingredientes:
3 calabazas grandes • 1 taza de zanahoria picada al vapor • ¾ taza de queso fresco o panela • 1 cucharadita de aceite de oliva • ¼ de cebolla picada

Preparación:
- Corte las calabazas por la parte superior y con una cuchara retire un poco la pulpa.
- Sumérjalas en agua caliente durante 5 minutos (no dejar que se hagan muy blandas), escurra y reserve.
- Mezcle la zanahoria, la cebolla y el queso; rellene las calabazas.
- Acomódelas en un refractario.
- Hornee por 10 minutos hasta que el queso gratine o en microondas, retirar y servir.

Colación vespertina 2:
ATÚN CON CUARESMEÑOS
(1 ración)

Ingredientes:
2 rebanadas de cebolla • 1 chile cuaresmeño • ⅓ cucharadita de aceite de oliva • 30 g de atún fresco en cubos • 1 cucharadita de salsa de soya • gotas de salsa inglesa • pimienta • ½ taza de zanahoria rallada • ½ mandarina en gajos machacados

Preparación:
- Acitrone la cebolla en un sartén con spray de aceite de oliva.
- Agregue el chile y deje que dore.
- Incorpore el atún, y deje que se cocine.

MÉXICO ENTRA EN LA ZONA

- Agregue la soya, la salsa inglesa, el aceite de oliva y la pimienta.
- Mezcle la zanahoria con la mandarina y sirva acompañando el atún.

Cena 2:
RACLETTE CON MOZARELLA
(1 ración)

Ingredientes:

½ taza de floretes de coliflor • ½ taza de calabacitas cortadas en cuadros • 6 puntas de espárragos verdes • ½ taza de champiñones en escabeche • 6 cebollitas en escabeche • 4 rebanaditas de pepinillos encurtidos • 9 aceitunas rellenas • sal y pimienta • pizca de nuez moscada • spray de aceite de oliva • 90 g de queso mozarella rallado o en rebanadas delgadas • 1 copa de 120 ml de vino tinto o ½ manzana en rebanaditas

Preparación:

- Caliente previamente el horno a 200°C.
- Rocíe un refractario con spray de aceite de oliva.
- Coloque las verduras, los encurtidos y las aceitunas, de forma uniforme. Salpimiente y espolvoree la nuez moscada.
- Agregue el queso, y hornee por 20 minutos o hasta que el queso se derrita.
- Sirva caliente.
- Acompañe con el vino o la manzana.

Menú 3:

Desayuno 3: Chilaquiles con pollo o queso • Licuado de fresas
Colación matutina 3: Cocktail tutifruti
Comida 3: Sopa de hongos • Entomatada de res • Ensalada de rábanos
Colación vespertina 3: Palitos de jamón
Cena 3: Kebabs de ternera con jitomates deshidratados

Menús en La Zona 293

Desayuno 3:
CHILAQUILES CON POLLO O QUESO
(1 ración)

Ingredientes:

2 tortillas de maiz partidas en cuadritos (de un día anterior) • 135 g de pechuga de pollo cocida y desmenuzada o ¾ taza de queso fresco o panela • 1 chile ancho • 1 chile mirasol • 1 jitomate • 1 ajo • cebolla al gusto • ⅔ de cucharadita de aceite de oliva • sal al gusto

Preparación:
- Dorar las tortillas en aceite de oliva y dejar escurrir, aparte poner a cocer en poco agua el jitomate y los chiles. Licuar el jitomate y los chiles con el ajo y la sal.
- Verter la salsa en las tortillas, cocinar un poco.
- Servir con el queso desmoronado o el pollo desmenuzado y agregar la cebolla.

LICUADO DE FRESA
(1 ración)

Ingredientes:

1 taza de agua • 1 taza de fresas frescas lavadas, desinfectadas y rebanadas • ¼ taza de hielo • edulcorante sustituto no calórico

Preparación:
- Licue las fresas y el edulcorante, hasta que se haga una mezcla homogénea, agregue el agua y el hielo y licue a máxima velocidad por 15 segundos o hasta que el hielo se escarche por completo.
- Sirva.

Colación matutina 3:
COCKTAIL TUTIFRUTI
(1 ración)

Ingredientes:

½ kiwi pelado y picado • ⅓ pera picada • ¼ taza de queso cottage bien escurrido • 1 cucharadita de nuez picada

294   MÉXICO ENTRA EN LA ZONA

Preparación:
- Mezcle en una copa las frutas.
- Agregue el queso cottage y revuelva en forma envolvente.
- Puede agregar edulcorante al gusto a esta mezcla.
- Espolvoree la nuez sobre la fruta.

Comida 3:
SOPA DE HONGOS
(1 ración)

Ingredientes:
> 1 taza de hongos picados • 2 cucharadas de cebolla picada • ½ diente de ajo picado finamente • 1 ramita de epazote • 1 ½ taza de caldo de pollo desgrasado • pizca de sal de ajo y de cebolla • sal marina y pimienta • spray de aceite de oliva

Preparación:
- Acitrone la cebolla y el ajo en una cazuela con el spray de aceite de oliva.
- Adicione los hongos, cuando suelten su jugo, adicione el caldo y hierva por 15 minutos.
- Añada el epazote, la sal de ajo y de cebolla y salpimiente.
- Sirva caliente.

ENTOMATADA DE RES
(1 ración)

Ingredientes:
> 1 taza de nopales cocidos y cortados en tiras • 105 g de carne de res magra • cebolla • ajo

Para la salsa:
> 5 tomates • ¼ de cebolla • ½ diente de ajo • 1 ramita de cilantro • 1 chile cuaresmeño • sal y pimienta al gusto • ⅓ de cucharadita de aceite de oliva

Preparación:
- Cocine la carne con agua suficiente con un trozo de cebolla, ajo y sal; ya que esté cocida escurra la carne y reserve 1 taza de caldo, córtela en trozos pequeños.

Menús en La Zona 295

- Para hacer la salsa:
- Cocine todos los ingredientes en agua suficiente, cuando los tomates cambien de color, retírelos y lícuelos.
- Fría la salsa en una cacerola, agregue la carne, los nopales y el caldo; cocine a fuego medio hasta que hierva; retire y sirva.

ENSALADA DE RÁBANOS
(1 ración)

Ingredientes:
½ taza de rábanos cortados en rebanadas • ½ taza de col cortada finamente • ¼ taza de vinagre de manzana • 1 manzana en cuadritos • 1 cucharadita de aceite de oliva EV1EF • sal

Preparación:
- Marine una noche antes los rábanos y la col en vinagre con sal.
- Escurra perfectamente antes de servir.
- Agregue el aceite de oliva y acompañe con la manzana.

Colación vespertina 3:
PALITOS DE JAMÓN
(1 ración)

Ingredientes:
30 g de jamón de pavo cortado en cubos medianos • ¾ taza de melón cortado en cubos medianos • 3 aceitunas deshuesadas • gotas de limón • salsa de soya al gusto • palitos para brochetas

Preparación:
- Inserte en los palitos, alternadamente, el pavo, el melón y las aceitunas.
- Mezcle el limón y la soya en un plato hondo y sumerja los palitos de jamón en la mezcla dejando que se bañen perfectamente.
- Sirva.

Cena 3:
KEBABS DE TERNERA
(1 ración)

Ingredientes:
100 g de carne molida de ternera • sal y pimienta • orégano seco

- 1 pizca de canela • 1 clara ligeramente batida • spray de aceite de oliva • palitos de brocheta

Preparación:
- Sazone la carne molida con un poco de sal, pimienta, orégano y canela.
- Incorpore la clara y revuelva perfectamente.
- Forme varios rollos con esta mezcla, inserte los palitos de brocheta.
- Rocíe los rollos con spray de aceite de oliva y cocínelos en un sartén cubierto hasta que doren.

JITOMATES DESHIDRATADOS
(1 ración)

Ingredientes:
2 jitomates partidos por la mitad • 2 cucharadas de edulcorante no calórico granulado • 1 diente de ajo • 1 cucharadita de aceite de oliva EV1EF • albahaca seca • 3 duraznos en rebanaditas

Preparación:
- Coloque los jitomates en un silicón sobre una charola.
- Machaque el ajo y mézclelo con el aceite en un tazón. Agregue el edulcorante.
- Bañe los jitomates con esta mezcla.
- Espolvoree la albahaca.
- Hornee a 160°C hasta que la piel se arrugue.
- Sirva con el *kebabs*.
- Acompañe con los duraznos.

Menú 4:
Desayuno 4: Pan gratinado
Colación matutina 4: Pasta de pollo con nuez
Comida 4: Ensalada de espinaca y pera • Pescado con salsa de eneldo • Helado de fresa
Colación vespertina 4: Pepinos con camarón
Cena 4: Pollo frito en el horno • Rollos campesinos

Menús en La Zona   297

Desayuno 4:
PAN GRATINADO
(1 ración)

Ingredientes:
3 rebanadas de pan integral (buscar el más bajo en carbohidratos) • 1 jitomate rebanado • ¾ taza de queso adobera o panela para fundir • 3 cucharaditas de aguacate en gajo • 1 hoja de espinaca picada • cebolla fileteada al gusto

Preparación:
- Sobre las rebanadas de pan colocar el queso, el jitomate, la cebolla y la espinaca.
- Hornear en horno precalentado durante 10 minutos a 180°C o hasta que el pan esté dorado y el queso gratinado (puede gratinarse también en un horno eléctrico o en una cacerola a fuego lento).
- Retirar del horno, repartir en las porciones el aguacate en gajo y servir.

Colación matutina 4:
PASTA DE POLLO CON NUEZ
(1 ración)

Ingredientes:
15 g de jocoque seco o requesón • 30 g de pechuga de pollo cocida, sin piel y deshuesada • sal • 1 cucharadita de nuez picada • 4 galletas habaneras • salsa tabasco al gusto

Preparación:
- Licue el jocoque o el requesón con el pollo y la nuez hasta obtener una mezcla pastosa, si es necesario se puede agregar una cucharadita de yogurt natural sin endulzar para darle la consistencia adecuada.
- Sazone.
- Unte la pasta sobre las galletas y agregue unas gotitas de salsa picante.

298 MÉXICO ENTRA EN LA ZONA

Comida 4:
ENSALADA DE ESPINACA Y PERA
(1 ración)

Ingredientes:
hojas de espinaca lavada y desinfectada • ⅔ pera • gotas de limón • 3 jitomates cherry

Aderezo:
2 cucharadas de menta fresca, cebollín y perejil picado • 1 cucharadita de mostaza • 4 cucharadas de vinagre de manzana • ⅓ cucharadita de aceite de oliva EV1EF • sal y pimienta negra molida

Preparación:
- Pele la pera y córtela en tiras delgadas, rociándole limón para evitar que se ponga oscura.
- Parta la espinaca con las manos, en trozos medianos y colóquela junto con la pera en una ensaladera.
- Licue los ingredientes del aderezo y bañe la ensalada.

PESCADO CON SALSA DE ENELDO
(1 ración)

Ingredientes:
1 filete de pescado de 135 g • ⅔ cucharadita de aceite de oliva EV1EF • 2 cucharadas de eneldo fresco picado • gotas de limón • 1 cucharadita de alcaparras en salmuera, picadas • pizca de edulcorante no calórico • 1 filete de anchoa machacado • sal • rodajas de limón

Preparación:
- Mezcle el aceite con el eneldo, el limón, las alcaparras, el edulcorante y las anchoas.
- Sale el filete y úntelo con la preparación de eneldo.
- Áselo sin voltear, en una parrilla, por 10 minutos.
- Cubra y cocine 3 minutos más.
- Adorne con las rodajas de limón.

Menús en La Zona 299

RASPADO DE FRESA
(1 ración)

Ingredientes:
1 taza de fresas lavadas y desinfectadas • gotas de limón • ¼ paquete de gelatina de fresa *light* • ½ taza de agua hirviendo • ¼ taza de agua fría

Preparación:
- Disuelva la gelatina en el agua caliente y agregue el agua fría.
- Licue las fresas y el limón y agregue la gelatina.
- Vacíe en un tazón y congele por una hora.
- Saque del congelador y vuelva a licuar ligeramente, regrese al congelador por 30 minutos y sirva.

Colación vespertina 4:
PEPINOS CON CAMARÓN
(1 ración)

Ingredientes:
½ pepino sin pelar • ½ taza de zanahorias en tiras delgadas • gotas de limón • sal

Relleno:
45 g de camarones cocidos y picados finamente • 1 cucharadita de mayonesa ligera • ½ cucharadita de apio finamente picado • chile serrano finamente picado • 1 cucharadita de cebolla finamente picada

Preparación:
- Combine los ingredientes del relleno y mezcle hasta obtener una consistencia de pasta.
- Refrigere.
- Corte el pepino en ruedas gruesas y retire las semillas.
- Rellene con la pasta de camarón, y decore con tiras de zanahoria.
- Acompañe las zanahorias con limón y sal.

300 MÉXICO ENTRA EN LA ZONA

Cena 4:
BROCHETA MIXTA
(1 ración)

Ingredientes:

2 tazas de nopales cortados en trozos y cocidos • 90 g de pescado de su preferencia cortado en trozos • sal y pimienta al gusto • ¼ de taza de queso panela cortado en cubos

Para la marinada:

1 ramita de cilantro finamente picada • 1 cucharadita de salsa inglesa • 1 cucharadita de salsa de soya • sal y pimienta al gusto

Preparación:
Para hacer la marinada:

- En un recipiente combine todos los ingredientes, introduzca el queso y deje marinar durante 3 horas a temperatura ambiente.
- En un comal, ase los cubos de queso y nopales.
- Sazone los filetes de pescado con sal y pimienta e insértelos alternadamente en palillos de brocheta mojados.
- Áselos en un comal caliente hasta que el pescado este cocido, retire y sirva al momento.

ROLLOS CAMPESINOS
(1 ración)

Ingredientes:

2 cucharadas de cebolla finamente picada • ½ diente de ajo finamente picado • 1 cucharadita de aceite de oliva EV1EF • 1 taza de flor de calabaza lavada • 1 tortilla de maíz • sal y sal de ajo

Preparación:

- Acitrone en un sartén la cebolla y el ajo, con el aceite de oliva.
- Agregue la flor de calabaza y los champiñones, sazone y agregue la sal de ajo, cocine por 5 minutos y retire del fuego.
- Rellene las tortillas con esta preparación y enrolle.

Menús en La Zona

301

> **Menú 5:**
> **Desayuno 5:** Claras mestizas • Escarcha de frambuesa
> **Colación matutina 5:** Gelatina de leche y fruta
> **Comida 5:** Sopa de palmito • Ropa vieja • Ensalada con aderezo silvestre
> **Colación vespertina 5:** *Nuggets* de pollo
> **Cena 5:** Tostadas de marlin ahumado • Ollita de cítricos

Desayuno 5:
CLARAS MESTIZAS
(1 ración)

Ingredientes:
¼ taza de queso fresco • 4 claras cocidas • 2 jitomates asados y molidos • ¼ de cebolla rebanada • 1 chile poblano en rajas • ⅔ cucharadita de aceite de oliva • sal y pimienta al gusto

Preparación:
- Acitrone en el aceite la cebolla y las rajas de chile, deje sazonar unos minutos.
- Incorpore la salsa de jitomate.
- Añada los huevos cocidos y el queso rebanado, sal y pimienta.
- Sirva calientes.

ESCARCHA DE FRAMBUESA
(1 ración)

Ingredientes:
1 taza de frambuesas congeladas • 2 cucharadas de avena en hojuelas • 3 almendras peladas • edulcorante sustituto no calórico al gusto

Preparación:
- Licue todos los ingredientes hasta obtener una mezcla homogénea.
- Rectifique el dulzor y sirva.

Colación matutina 5:
GELATINA DE LECHE Y FRUTA
(1 ración)

Ingredientes:

¼ sobre de gelatina *light* sabor limón o piña • ¼ taza de queso cottage o 1 medida de suero de leche de **La Zona** • 1 durazno pelado y picado • 1 cucharadita de nuez picada • edulcorante no calórico

Preparación:

- Prepare la gelatina con ½ taza de agua hirviendo y agregue ¼ taza de agua fría.
- Deje enfriar completamente sin que cuaje.
- Licue con el queso o con el suero de leche.
- Vierta en un tazón, añada el durazno picado y la nuez, mueva y refrigere hasta que cuaje.

Comida 5:
SOPA DE PALMITO
(1 ración)

Ingredientes:

2 cucharadas de cebolla picada • ½ diente de ajo picado • ½ taza de palmitos escurridos y picados • ½ manzana ácida, pelada y partida en trozos pequeños • gotas de limón • 1 ½ taza de caldo de pechuga de pollo desgrasado • sal y pimienta • tiras de chile guajillo • spray de aceite de oliva

Preparación:

- Acitrone la cebolla y el ajo en una olla con el spray de aceite de oliva.
- Añada los palmitos y la manzana, previamente untada de limón, para evitar que se oscurezca.
- Salpimiente.
- Agregue el caldo de pollo, reduzca el fuego y deje hervir por 15 minutos.
- Deje enfriar y licue la preparación.
- Sin colar regrese a la olla con un poco de spray de aceite de oliva y hierva 5 minutos.
- Verifique el sazón.

Menús en La Zona   303

- Fría el chile en un sartén con spray de aceite de oliva.
- Sirva caliente decorando con el chile guajillo.

ROPA VIEJA
(1 ración)

Ingredientes:

110 g de carne magra de res (preferible falda) • Un trozo grande de cebolla • 1 zanahoria chica • ½ hoja de laurel • 1 taza de agua

Para guisar:

1 cucharadita de aceite de oliva • 2 rodajas delgadas de cebolla • ¼ de pimiento rojo, limpio, en tiras delgadas • 1 diente de ajo picado • 1 chile serrano sin semillas • pizca de canela en polvo • sal • 1 jitomate bola asado, pelado y molido

Preparación:

- En una olla con tapa, hierva la carne con la cebolla, la zanahoria y el laurel con 2 tazas de agua, por 30 o 45 minutos a fuego lento. No permita que el agua se consuma por completo, adicione agua hirviendo, si es necesario.
- También la puede cocinar en olla de presión con una taza de agua por 20 minutos.
- Retire la carne, deje reposar y deshébrela.
- Descarte las verduras y reserve el caldo.
- Aparte en un sartén, acitrone la cebolla y el pimiento, sazone y deje cocinar por 5 minutos.
- Agregue el ajo, el chile y la canela.
- Incorpore el jitomate y deje hervir por 2 minutos.
- Agregue la carne y un poco del caldo para hacer más líquida la salsa.
- Sazone y deje hervir otros 5 minutos hasta que se incorporen los sabores perfectamente.
- Si desea la salsa más caldosa, puede adicionar poco a poco más caldo, hasta obtener la consistencia deseada.

ENSALADA CON ADEREZO SILVESTRE
(1 ración)

Ingredientes:

hojas de lechugas variadas lavadas y desinfectadas • 1 taza de espinaca baby lavada y desinfectada • 1 tallo de apio en tiras delgadas • gajos de una mandarina limpios y sin huesos

Aderezo:

⅓ taza de zarzamoras • 2 cucharadas de vinagre de vino tinto • sal y pimienta blanca • ¼ cucharadita de mostaza • pizca de edulcorante no calórico

Preparación:

- Licue las zarzamoras con el resto de los ingredientes.
- Sirva la ensalada con los gajos de la mandarina y aderece.
- Puede dejar unas zarzamoras sin moler para adornar.

Colación vespertina 5:
NUGGETS DE POLLO
(1 ración)

Ingredientes:

45 g de pechuga de pollo en brochetas • ½ diente de ajo • perejil picado suficiente • salvado de trigo molido suficiente • sal • spray de aceite de oliva

Dip de frijol:

¼ taza de frijoles cocidos • ⅓ cucharadita de aceite de oliva • hojitas de hierbabuena molida

Preparación:

- Rocíe los trozos de pechuga con spray de aceite de oliva.
- En un mortero machaque el ajo con el perejil. Combínelo con el salvado y la sal.
- Pase las brochetas de pechuga por esta mezcla, hornee por 15 minutos a 180°C o hasta que doren.

Menús en La Zona 305

Dip de frijol:
- Muela los frijoles con el aceite de oliva.
- Caliente, agregue la hierbabuena cuando hierva y deje espesar.
- Sirva los nuggets con el dip.

Cena 5:
TOSTADAS DE MARLIN AHUMADO
(1 ración)

Ingredientes:
90 g de marlin ahumado o sierra ahumada • 1 cucharadita de aceite de oliva EV1EF • 1 diente de ajo picado • 2 cucharadas de cebolla picada finamente • 1 chile serrano picado • 1 jitomate pequeño, picado finamente • cilantro lavado y desinfectado

Tostadas:
3 tostadas deshidratadas chicas

Salsa:
¼ taza de puré de tomate casero • ½ chile chipotle picado • 1 cucharadita de vinagre de manzana • ½ sobre de edulcorante no calórico • sal y pimienta

Preparación:
- Desmenuce el marlin quitando los cartílagos y la piel gruesa.
- Acitrone el ajo y la cebolla en el aceite, agregue el chile serrano, el jitomate y el cilantro picado finamente. Cocine por un minuto.
- Incorpore el marlin, reduzca el fuego y cocine por 5 minutos.
- Sirva el marlín sobre las tostadas.
- Bañe con la salsa.

Tostadas:
- En un comal caliente las tortillas por ambos lados hasta que se tuesten, deje enfriar.

Salsa:
- Combine todos los ingredientes.

OLLITA DE CÍTRICOS
(1 ración)

Ingredientes:

    1 cáscara de naranja limpia • gajos de media naranja limpios y sin huesos • 1 taza de fresas congeladas • edulcorante no calórico al gusto

Preparación:

- Para obtener la cáscara de naranja: haga un corte en la parte superior de una naranja y extraiga la pulpa con una cuchara o un cuchillo pequeño filoso, cuide de no perforarla.
- Muela en el procesador de alimentos los gajos de naranja y las fresas.
- Adicione el edulcorante.
- Rellene la cáscara y refrigere o congele por una hora.
- Sirva.

Menú 6:

Desayuno 6: Conos de jamón con queso • *Frosty* de frutas rojas

Colación matutina 6: Curry de verduritas

Comida 6: Ensalada primavera • Chile poblano de queso

Colación vespertina 6: Paté de trucha ahumada

Cena 6: Salpicón

Desayuno 6:
CONOS DE JAMÓN CON QUESO
(1 ración)

Ingredientes:

    4 rebanadas de jamón de pavo de 20 g cada rebanada. • ¼ de taza de queso fresco o panela • 1 cucharadita de cebollín picado • 1 diente de ajo finamente picado

Para la vinagreta:

    1 cucharadita de aceite de oliva • jugo de ½ limón • ½ cucharadita de mostaza • sal y pimienta al gusto

Menús en La Zona

Preparación:
- Mezcle el aceite con el jugo de limón, la mostaza, la sal y la pimienta hasta integrarlos.
- Desmorone el queso, póngalo en un recipiente; agregue el ajo y el cebollín; revuelva hasta hacer una masa.
- Haga dos conos con las rebanadas de jamón (atorados con un palillo).
- Haga dos bolitas de queso y acomódelas en los conos.
- Báñelos con la vinagreta.

FROSTY DE FRUTAS ROJAS
(1 ración)

Ingredientes:
1 ¼ taza de frambuesas frescas • 1 ½ taza de fresas frescas • edulcorante no calórico al gusto • hielo suficiente • 6 mitades de nueces

Preparación:
- Lave y desinfecte las moras.
- Licue las moras y el edulcorante no calórico.
- Añada el hielo hasta obtener una bebida escarchada.

Colación matutina 6:
CURRY DE VERDURITAS
(1 ración)

Ingredientes:
1 taza de brotes de coliflor • ¼ taza de calabacitas en cuadritos • ¼ taza de zanahorias peladas en cuadritos • ⅓ cucharadita de aceite de oliva EV1EF • 1 trozo de jengibre pequeño • 1 diente de ajo • 1 cucharadita de curry • 1 cucharada de perejil picado • sal • 30 g de jamón de pollo picado finamente

Preparación:
- Lavar y desinfectar la coliflor.
- En una cazuela calentar el aceite y freír el jengibre y el ajo.
- Añada las verduras y cubra con ¼ taza de agua, sazone con el curry y la sal.
- Revuelva y cocine tapado por 3 minutos a fuego bajo.

308 MÉXICO ENTRA EN LA ZONA

- Retire del fuego.
- Sirva escurriendo el agua restante.
- Añada el jamón y revuelva.

Comida 6:
ENSALADA PRIMAVERA
(1 ración)

Ingredientes:

1 naranja • ½ taza de jícama pelada y cortada en cubos • rábanos cortados en rodajas • chile verde cortado en rodajas • sal y chile piquín al gusto

Preparación:
- Partir las naranjas ya lavadas en gajos (déjeles las cáscara) y póngalos en una ensaladera, agregue la jícama, los rábanos y el chile.
- Revuelva y sazone con chile piquín.

CHILE POBLANO DE QUESO
(1 ración)

Ingredientes:

2 chiles poblanos • ½ taza de queso Oaxaca deshebrado • caldillo: • 1 jitomate bola asado y pelado • 1 trozo pequeño de cebolla • 1 diente de ajo • spray de aceite de oliva • sal

Preparación:
- Ase los chiles en una hornilla, métalos en una bolsa de plástico a que suden.
- Saque y retire la piel.
- Quite la vena y las semillas de dentro y rellénelos con el queso.
- Envuélvalos en papel de aluminio y hornee a 150°C por 10 minutos.

Para el caldillo:
- Licue el jitomate con la cebolla y el ajo.
- Hierva el caldillo con el spray de aceite de oliva en un refractario con tapa por 3 minutos y sazone.
- Agregue los chiles sin el papel de aluminio y déjelos hervir por 2 minutos a fuego lento.

Menús en La Zona   309

- Rectifique el sazón.
- Sirva caliente junto con el caldillo.

Colación vespertina 6:
PATÉ DE TRUCHA AHUMADA
(1 ración)

Ingredientes:
30 g de trucha ahumada o salmón ahumado • 15 g de queso ricotta • 1 cucharadita de mayonesa ligera • gotas de limón • pimienta negra molida • 1 cucharadita de cebollín picado finamente

Para acompañar:
1 pepino en tiras delgadas sin semillas

Preparación:
- Muela todos los ingredientes del paté.
- Rectifique el sazón.
- Sirva con el pepino.

Cena 6:
SALPICÓN
(1 ración)

Ingredientes:
105 g de falda de res en trozo • 2 tazas de chayote • 1 taza de zanahoria • Jitomate picado • cebolla • ½ diente de ajo • lechuga lavada y desinfectada picada • 1 rama de cilantro picado • 3 cucharaditas de aguacate • vinagre blanco • sal y pimienta al gusto

Preparación:
- Cocine en agua suficiente la carne, con un trozo de cebolla, ajo y sal hasta que la carne esté suave.
- Escurra y deshébrela finamente.
- Aparte, cocine los chayotes y cuando estén suaves, retire, pélelos y corte en cubos.
- Coloque la carne en un plato, añada los chayotes, el jitomate, la cebolla restante fileteada, la lechuga y el cilantro, revuelva ligeramente.

310 MÉXICO ENTRA EN LA ZONA

- En un tazón mezcle el vinagre con el aceite y bañe el salpicón.
- Mezcle, cubra y refrigere hasta el momento de servir.
- Adorne con el aguacate.

Menú 7:

Desayuno 7: Enchiladas • Licuado de mora azul
Colación matutina 7: Dip de berenjena
Comida 7: Sopa de avena • Pescado a la mostaza • Acelgas salteadas • Frutas en vino blanco
Colación vespertina 7: Flan
Cena 7: Ceviche de pescado

Desayuno 7:
ENCHILADAS
(1 ración)

Ingredientes:

70 g de pechuga de pollo cocida, deshebrada • 5 tortillas taqueras de 10 g cada una • 15 g de queso cotija o añejo • 2 rebanadas de cebolla delgada • 1 chile ancho • 1 trozo de cebolla • 1 diente de ajo • 1 cucharadita de aceite de oliva • 1 cucharadita de vinagre • sal • agua • spray de aceite de oliva

Preparación:

- Desvene el chile, lávelo y remójelo en agua.
- Muela el chile con el agua de remojo, ajo, cebolla en trozo y sal.
- Desfleme las rebanadas de cebolla en agua con sal y vinagre.
- Caliente las tortillas en un sartén rociado con spray de aceite de oliva y luego sumérjalas en el chile.
- Sin escurrir el chile, colóquelas en un platón, rellénelas de pollo, cierre a la mitad y espolvoree el queso.
- Adorne con la cebolla desflemada.

Menús en La Zona 311

LICUADO DE MORA AZUL
(1 ración)

Ingredientes:
1 taza de leche descremada • ½ taza de moras azules lavadas y desinfectadas • edulcorante no calórico al gusto

Preparación:
• Licue la leche con la fruta y agregue el edulcorante.
• Sirva.

Colación matutina 7:
DIP DE BERENJENA
(1 ración)

Ingredientes:
1 berenjena grande • 1 diente de ajo cortado en rodajas finas • ⅓ cucharadita de aceite de oliva • gotas de limón • sal • pimienta negra molida • perejil fresco picado • menta fresca picada

Guarnición:
30 g de atún ahumado en tiras • ½ pan árabe chico, tostado cortado en trozos

Preparación:
• Precaliente el horno a 200°C.
• Lave la berenjena y haga unas incisiones alrededor de ella, introduzca las rebanadas de ajo en estas ranuras.
• Hornee por espacio de una hora hasta que se deshidrate por completo la berenjena, tiene que perder su forma.
• Retire y deje enfriar.
• Córtela por la mitad, retire la carne con una cuchara y déjela escurrir en un cedazo o coladera.
• Licue la pulpa con el resto de los ingredientes, excepto la menta, hasta obtener una consistencia de puré.
• Vacíe en un tazón, añada la menta y revuelva.
• Acompañe con el atún y el pan árabe.

312 MÉXICO ENTRA EN LA ZONA

Comida 7:
SOPA DE AVENA
(1 ración)

Ingredientes:
3 cucharadas de avena en hojuela • 1 ½ taza de caldo de pollo desgrasado • ½ jitomate picado • 2 cucharadas de cebolla picada • sal • spray de aceite de oliva

Preparación:
- En una cazuela acitrone la cebolla hasta que dore, agregue el jitomate y deje que se desbarate.
- Adicione la avena y revuelva.
- Incorpore el caldo de pollo y mezcle muy bien, deje hervir por 5 minutos y sazone.
- Sirva caliente.

ACELGAS SALTEADAS
(1 ración)

Ingredientes:
1 taza de acelgas crudas cortadas en tiras delgadas • 2 chiles de árbol tostados • 1 diente de ajo picado • sal • spray de aceite de oliva

Preparación:
- Saltee en un sartén con spray de aceite de oliva el ajo hasta que dore, agregue el chile.
- Adicione las acelgas y déjelas tostar, sazone y sirva.

FRUTAS EN VINO BLANCO
(1 ración)

Ingredientes:
30 ml de vino blanco • 1 cucharadita de edulcorante no calórico • 1 ¾ taza de fresas rebanadas

Preparación:
- Mezcle el vino con el edulcorante y bañe la fruta.
- Refrigere por una hora y mueva de vez en cuando hasta que la fruta se impregne con el sabor del vino.

Menús en La Zona

Colación vespertina 7:
FLAN
(1 ración)

Ingredientes:

2 cucharadas de cebolla picada • ½ diente de ajo picado • ⅓ cucharadita de aceite de oliva • 1 taza de flor de calabaza lavada • 2 claras • 2 cucharadas de leche evaporada descremada • 2 cucharadas de agua • pizca de sal de ajo • pizca de sal de cebolla • sal y pimienta • spray de aceite de oliva • 2 cucharadas de granos de elote de lata

Salsa:

2 tomates verdes • ½ taza de chile poblano de lata • 2 ramitas de cilantro • 1 trozo pequeño de cebolla • sal

Preparación
- Acitrone en el aceite la cebolla y el ajo.
- Agregue la flor de calabaza.
- Ya cocida, licue con la clara, la leche, el agua y los condimentos.
- Rocíe una flanera mediana con el spray de aceite de oliva, coloque los granos de elote hasta abajo y llénela con la mezcla.
- Cubra con papel de aluminio y cocine a baño maría por 10 minutos.
- Retire y deje reposar 1 hora.

Para la salsa:
- Cueza el tomate en agua y licúelo con el chile, el cilantro y la cebolla.
- Hierva la salsa 5 minutos y sazone.
- Desmolde el flan y bañe con la salsa.

Cena 7:
CEVICHE DE PESCADO
(1 ración)

Ingredientes:

2 tazas de nopales cocidos y cortados en cubitos • 135 g de filete de pescado (*sierra* de preferencia) • el jugo de un limón grande • 1 jitomate • cebolla picada • chile serrano al gusto • 1 cucharadita de aceite de oliva • sal y pimienta al gusto

314 MÉXICO ENTRA EN LA ZONA

Preparación:
- Lave el pescado, córtelo en trozos pequeños, báñelos con el jugo de limón, sazónelos con sal; déjelos reposar 4 horas en el refrigerador.
- Quite las semillas del jitomate y píquelo, póngalo en un tazón, añada la cebolla, los nopales, el chile y el orégano, revuelva para integrarlos.
- Agregue el pescado y también el jugo de limón.
- Incorpore el aceite, sazone con sal y pimienta y revuelva.

Menús Oro para mujeres

15 menús *Oro* en **La Zona** para mujeres, de dos bloques en horarios principales y un bloque entre comidas.

Menú 1:

Desayuno 1: Omelette de champiñón • cocktail de frutas
Colación matutina 1: Salmón con fruta y aceite de oliva
Comida 1: Juliana • Fajitas de pollo con guacamole • Ensalada mixta con aderezo de vinagreta • Manzana al horno con canela
Colación vespertina 1: Botana de pavo, jícamas y aceitunas
Cena 1: Pastel de atún • Jitomates provenzal

Menú 2:

Desayuno 2: Claras a la mexicana • Bolitas de fruta
Colación matutina 2: Tapas de sardinas
Comida 2: Crema de cilantro • Chiles rellenos de picadillo • Ensalada de berros con aderezo de mostaza • Compota de manzana
Colación vespertina 2: Gelatina de durazno
Cena 2: *Teppan yaki* de pollo

Menú 3:

Desayuno 3: Atún por la mañana • Fresas bañadas
Colación matutina 3: Rollitos de jamón con aguacate y pepinos
Comida 3: Ejotes almendrados • Pescado a la veracruzana • Ensalada verde con aderezo de hierbas • Melón con salsa de jengibre
Colación vespertina 3: Pechuga de pollo con ciruela y pistaches
Cena 3: Tamales de nopal • Ensalada de jícama

Menús en La Zona   315

Menú 4:

Desayuno 4: Claras con chile pasilla • Nectarina y toronja
Colación matutina 4: Taco de pavo con cacahuates
Comida 4: Calabacitas a la mexicana • Pechuga empanizada • Ensalada francesa • Agua de frutas silvestres
Colacion vespertina 4: Botana de camarón
Cena 4: Salpicón de sierra ahumada

Menú 5:

Desayuno 5: Crepa de champiñones con salsa roja • Tazón de zarzamoras
Colación matutina 5: Gelatina de fresas a la menta
Comida 5: Crema de coliflor • Pacholas • Setas con epazote • Paleta de frambuesa
Colación vespertina 5: Pescadillas
Cena 5: Ensalada de pechuga marinada

Menú 6:

Desayuno 6: Omelette de pimiento • Fruta con nueces tostadas
Colación matutina 6: Cocktail marinero
Comida 6: Sopa poblana • Salmón a las finas hierbas • Ensalada César • Manzana al vino
Colación vespertina 6: Pavo con aceitunas
Cena 6: Verduras empapeladas

Menú 7:

Desayuno 7: Burritos de pechuga de pollo • Té helado
Colación matutina 7: Botana con fresas
Comida 7: Pescado al cilantro • Aguacate a la vinagreta • Ensalada fresca • Flotante de limón
Colación vespertina 7: Melón sorpresa
Cena 7: Champiñones rellenos • Postre de kiwi

Menú 8:

Desayuno 8: Huevo multicolor • Licuado tropical
Colación matutina 8: Carpaccio de salmón ahumado
Comida 8: Pollo arriero • Ensalada fresca
Colación vespertina 8: Marinos en escabeche
Cena 8: Pulpos con pico de gallo • Sorbete rojo

Menú 9:

Desayuno 9: Tiras ahogadas • Copa de duraznos
Colación matutina 9: Sierra al limón
Comida 9: Ensalada del mar • Espinaca salteada • Esponja de mandarina
Colación vespertina 9: Pollo con alcaparras
Cena 9: Caldo tlalpeño

Menú 10:

Desayuno 10: Jamón Virgilio • Plato sano
Colación matutina 10: Raspado de frutas
Comida 10: Salmón empapelado • Pepinos con aderezo de eneldo • Ensalada de espinacas y frutas
Colación vespertina 10: Rollitos de col
Cena 10: Ceviche de pescado • Sartén de verduras

Menú 11:

Desayuno 11: Pastel campesino • Cerezas escarchadas
Colación matutina 11: Dip de atún con vegetales
Comida 11: Sopa de nopales • Salmón almendrado • Gelatina con kiwi
Colación vespertina 11: Bocadillos
Cena11: Tortita de pavo con Portobello

Menús en La Zona 317

Menú 12:

Desayuno 12: Huevos ahogados • Conga de frutas
Colación matutina 12: Nieve de frutas silvestres
Comida 12: Pulpos con aguacate • Lomitos de pescado con espárragos al vino blanco • Espinacas asadas • Bebida de cítricos
Colación vespertina 12: Paté de salmón
Cena 12: Pollo al cascabel

Menú 13:

Desayuno 13: Dobladitas en chile • Mosimba de fresas
Colación matutina 13: Cocktail de mandarinas
Comida 13: Pescado en salsa de menta • Calabacitas rellenas • Ensalada de lechugas
Colación vespertina 13: Botanita de jaiba
Cena 13: Rajas preparadas • Frutas aderezadas

Menú 14:

Desayuno 14: Pavo frito a la toronja
Colación matutina 14: Ponche de frutas
Comida 14: Ensalada de nopalitos • Pescado con aderezo de anchoas • Brochetas bicolor
Colación vespertina 14: Tartaleta de manzana
Cena 14: Ensalada de atún con salsa de aguacate

Menú 15:

Desayuno 15: Tortilla de brócoli • Coktail de duraznos
Colación matutina 15: Crepa de mora azul
Comida 15: Fricasé de verduras tiernas • Pescado al nectarin • Ensalada con rollitos de jícama
Colación vespertina 15: Brocheta de pollo con ciruela
Cena 15: Ensalada de camarones • Gelatina de cítricos

318 MÉXICO ENTRA EN LA ZONA

> **Menú 1:**
> **Desayuno 1:** Omelette de champiñón • Cocktail de frutas
> **Colación matutina 1:** Salmón con fruta y aceite de oliva
> **Comida 1:** Juliana • Fajitas de pollo con guacamole • Ensalada mixta con aderezo de vinagreta • Manzana al horno con canela
> **Colación vespertina 1:** Botana de pavo, jícamas y aceitunas
> **Cena 1:** Pastel de atún • Jitomates provenzal

Desayuno 1:
OMELETTE DE CHAMPIÑÓN
(1 ración)

Ingredientes:

2 claras de huevo • 35 g de pechuga de pavo* picada finamente • 1 taza de champiñones de lata • 1 cucharada de cebolla picada • spray de aceite de oliva • ⅓ cucharadita de aceite de oliva EV1EF • hojitas de epazote lavadas • sal y pimienta • EV1EF = oliva extra virgen primera extracción en frío.

Preparación:

- En un sartén caliente el aceite de oliva y sofría la cebolla hasta que dore un poco.
- Agregue los champiñones y deje que se sazonen con la cebolla.
- Salpimiente y adicione epazote, deje hervir hasta que el epazote suelte su sabor, 1 minuto aproximadamente.
- Aparte rocíe un sartén de teflón con spray de aceite de oliva.
- En un plato hondo, mezcle las claras de huevo con el pavo y salpimiente.
- Vierta esta mezcla en el sartén, tape y deje que se cocine muy bien, voltee el omelette para que se termine de cocinar.
- Sirva el omelette extendido en un plato grande y rellénelo con la mezcla de champiñones.
- Sirva adornando con una ramita de epazote.

* En cualquiera de los casos la pechuga de pavo puede ser carne de pavo cocida o embutido de pechuga de pavo.

Menús en La Zona 319

COCKTAIL DE FRUTAS
(1 ración)

Ingredientes:

½ taza de fresas en rebanaditas • ½ durazno pelado y picado • gajos de ½ mandarina • 1½ cucharaditas de almendras fileteadas

Preparación:

- Dore las almendras en un sartén sin grasa, moviendo constantemente para que no se quemen.
- Coloque las fresas y el durazno en un tazón.
- Aparte, retire el pellejo a los gajos de mandarina y macháquelos, viértalos sobre las frutas y revuelva muy bien.
- Encima, esparza las almendras.
- Si se desea se puede adicionar un edulcorante no calórico al mezclar la fruta.

Colación matutina 1:
SALMÓN CON FRUTA Y OLIVA
(1 ración)

Ingredientes:

45 g de salmón cocido • ⅓ cucharadita de aceite de oliva EV1EF • ½ cucharadita de mostaza • sal y pimienta • ½ manzana en rebanadas

Preparación:

- Mezcle el salmón con el aceite de oliva y la mostaza.
- Salpimiente.
- Acompañe el salmón con la manzana.

Comida 1:
JULIANA
(1 ración)

Ingredientes:

½ jitomate asado y pelado • ½ diente de ajo • 1 cucharada de cebolla picada • spray de aceite de oliva • ½ taza de calabaza cortada en juliana • ¼ taza de chayote pelado y cortado en juliana • ¼ taza de zanahoria cortada en juliana • ½ taza de espinaca lavada y desinfectada cortada en juliana • 1½ tazas de agua • sal, sal de ajo y de cebolla • una pizca de canela en polvo • spray de aceite de oliva

Preparación:
- Acitrone la cebolla y el ajo en una cazuela pequeña con spray de aceite de oliva.
- Adicione el jitomate picado y deje que suelte el hervor.
- Agregue la calabaza, el chayote, la zanahoria y la espinaca, revuelva.
- Agregue el agua y deje hervir.
- Sazone con sal, sal de ajo, sal de cebolla y una pizca de canela, hierva hasta que la zanahoria esté al dente.
- Sirva caliente.

FAJITAS DE POLLO CON GUACAMOLE
(1 ración)

Ingredientes:
90 g de pechuga de pollo, cocida, cortada en tiras • ½ taza de pimiento verde cortados en cuadros medianos • ½ taza de cebolla en cuadros grandes • gotas de limón • sal y pimienta • salsa inglesa al gusto • 1 cucharadita de salsa de soya • spray de aceite de oliva

Ingredientes del guacamole:
2 cucharadas de aguacate picado • 1 cucharada de cebolla picada finamente • 2 cucharadas de cilantro picado finamente • chile serrano al gusto (opcional) • sal

Preparación:
- Sofría en un sartén de teflón con spray de aceite de oliva la cebolla, hasta que se suavice, agregue el pimiento y cocine hasta que se dore un poco, aparte esta preparación.
- En otro sartén dore el pollo con un poco de spray de aceite de oliva y salpimiente.
- Junte todo en el mismo sartén y adicione la salsa inglesa, la salsa de soya y deje calentar un minuto más.

Preparación del guacamole:
- Mezcle todos los ingredientes y acompañe con las fajitas.

Menús en La Zona 321

ENSALADA MIXTA CON ADEREZO DE VINAGRETA
(1 ración)

Ingredientes:
2 tazas de lechugas combinadas romana y escarola lavadas y desinfectadas • 3 jitomates cherry • 1 rabo de cebolla Cambray

Aderezo:
3 cucharadas de vinagre balsámico o de vino • hierbas provenzal • sal y pimienta molida en grueso

Preparación:
• Corte el rabo de cebolla Cambray en pedazos pequeños.
• Coloque en una ensaladera las lechugas, el jitomate y los rabitos de cebolla.
• Mezcle aparte el vinagre con las hierbas, sal y pimienta al gusto.
• Aderece la ensalada.

MANZANA AL HORNO CON CANELA
(1 ración)

Ingredientes:
½ manzana roja sin pelar en rebanaditas • canela en polvo • edulcorante no calórico granulado al gusto

Preparación:
• Coloque las rebanadas de manzana en una charolita para horno, espolvoree la canela y el edulcorante.
• Hornee por 10 a 15 minutos en horno de gas a 100°C o en horno eléctrico.
• Sirva.

Colación vespertina 1:
PLATO BOTANA DE PAVO, JÍCAMAS Y ACEITUNAS
(1 ración)

Ingredientes:
30 g de jamón de pavo en cubitos • 3 aceitunas deshuesadas • 1 taza de jícamas cortadas en palitos • jugo de ½ limón • sal • chile piquín sin azúcar al gusto (opcional)

322 MÉXICO ENTRA EN LA ZONA

Preparación:
- Adicione el jugo del limón sobre la jícama y agregue sal y chile piquín.
- Sirva en un plato botanero con divisiones, por un lado el pavo y las aceitunas, en otra división la jícama ya preparada.

Cena 1:
PASTEL DE ATÚN
(1 ración)

Ingredientes:
1 clara de huevo • 1 cucharadita de mostaza • 1 cucharadita de salsa maggy • 45 g de atún enlatado en agua y drenado • ½ taza de calabacitas cocidas cortadas en cubitos • ½ taza de zanahorias cocidas cortadas en cubitos • 1 cucharada de cebolla finamente picada • sal y pimienta • spray de aceite de oliva

Preparación:
- En un tazón mezcle la clara de huevo, la mostaza y la salsa Maggy.
- Agregue el resto de los ingredientes y mezcle hasta obtener una mezcla homogénea.
- Coloque la mezcla en un molde refractario rociado con spray de aceite de oliva, tape con aluminio y hornee a 180°C por 15 minutos.
- Retire el aluminio y deje dorar.
- Se puede cocinar en microondas por 7 minutos.

JITOMATES PROVENZAL
(1 ración)

Ingredientes:
1 jitomate bola pequeño • ½ taza de ejotes cocidos • 2 cucharadas de cebolla picada • ½ diente de ajo picado • 1 cucharada de perejil picado finamente • sal y pimienta • ⅔ cucharadita de aceite de oliva EV1EF • spray de aceite de oliva • ½ taza de frambuesas

Preparación:
- Corte el jitomate a la mitad, saque la pulpa y apártela.
- En un sartén rociado con spray de aceite de oliva cocine las mitades del jitomate, hacia abajo hasta que se ablande por los dos lados.
- Aparte, pique los ejotes finamente y dórelos en otro sartén, adicione la pulpa, la cebolla, el ajo y el perejil, cocine 3 minutos más.

Menús en La Zona 323

- Rellene las mitades de jitomate con esta preparación, y báñelas con el aceite de oliva.
- Acompañe con las frambuesas.

> **Menu 2:**
> **Desayuno 2:** Claras a la mexicana • Bolitas de fruta
> **Colación matutina 2:** Tapas de sardinas
> **Comida 2:** Crema de cilantro • Chiles rellenos de picadillo • Ensalada de berros con aderezo de mostaza • Compota de manzana
> **Colación vespertina 2:** Gelatina de durazno
> **Cena 2:** *Teppan yaki* de pollo

Desayuno 2:
CLARAS A LA MEXICANA
(1 ración)

Ingredientes:
4 claras • 1 jitomate bola en cuadros pequeños • ½ taza de cebolla cortada en cuadros medianos • 1 chile serrano en rebanaditas (opcional) • sal • ⅔ cucharadita de aceite de oliva EV1EF

Preparación:
- En una cazuela saltee la cebolla con el aceite de oliva hasta que dore, agregue el chile y deje que éste se cocine por 2 minutos.
- Incorpore las claras, todas juntas, y sazone. Revuelva de vez en cuando para que se combinen bien los ingredientes y las claras se cocinen.
- Adicione el jitomate y revuelva. Cocine 1 o 2 minutos más sin dejar que el jitomate se desbarate.
- Sirva.

BOLITAS DE FRUTA
(1 ración)

Ingredientes:
½ taza de zarzamoras • ½ kiwi • ¾ taza de bolitas de melón chino • edulcorante no calórico al gusto

324 — MÉXICO ENTRA EN LA ZONA

Preparación:
- Saque las bolitas del kiwi con un cortador de fruta de media esfera pequeño.
- Coloque las frutas juntas en un tazón.
- Rocíelas con el edulcorante.
- Déjelas reposar por 3 horas y revuelva bien hasta combinar los jugos que soltaron todas las frutas.
- Sirva.

Colación matutina 2:
TAPAS DE SARDINAS
(1 ración)

Ingredientes:
1 calabaza de bola cortada en rebanadas muy delgadas • sal marina • 30 g de sardinas drenadas • 1 cucharada de aguacate • 2 jitomates deshidratados en aceite de oliva • rajas de chile picadas (opcional) o salsa tabasco • gotas de limón • sal al gusto • ½ ciruela

Preparación:
- Corte la calabaza en rebanadas muy delgadas y rocíelas con sal marina, déjelas reposar por espacio de una hora.
- Hornee 30 minutos o hasta que estén deshidratadas las rebanadas.
- Retire y deje enfriar.

Para las tapas:
- Coloque las sardinas sobre las rebanadas de calabaza y cúbralas con el aguacate y un pedazo de jitomate deshidratado.
- Sazone con las rajas o la salsa tabasco, el limón y sal al gusto.
- Acompañe con la ciruela.

Comida 2:
CREMA DE CILANTRO
(1 ración)

Ingredientes:
1 taza de hojas de cilantro lavado y desinfectado • ½ taza de calabacita japonesa al vapor • 1 diente pequeño de ajo picado finamente • 1 cucharada de cebolla picada • 1 ½ tazas de agua • sal y pimienta • sal de cebolla y de ajo • spray de aceite de oliva

Menús en La Zona 325

Preparación:
- Licue la calabacita con el cilantro y el agua.
- Acitrone el ajo y la cebolla en una cazuela con spray de aceite de oliva.
- Agregue la mezcla molida y salpimiente.
- Al soltar el hervor agregue la sal de ajo y la de cebolla y deje hervir 2 minutos a fuego bajo, verifique el sazón.

CHILES RELLENOS DE PICADILLO
(1 ración)

Ingredientes:
1 chile poblano grande • 70 g de pechuga de pollo molida • ½ taza de ejotes cocidos picados • 1 ½ aceituna picada • ½ cucharadita de alcaparras baby • 1 jitomate grande asado y pelado • 2 cucharadas de cebolla picada • ½ diente de ajo • sal y pimienta • 1 hoja de laurel • spray de aceite de oliva

Preparación:
- Ase el chile poblano y déjelo reposar en una bolsa de plástico por 1 hora.
- Desprenda la piel del chile y retire las semillas.
- En un sartén guise la carne con spray de aceite de oliva y deje que se cocine completamente.
- Muela el jitomate con el ajo y la cebolla, sazónelo.
- Vierta la mitad sobre la carne y salpimiente, reserve la otra mitad de la salsa.
- Deje hervir por 5 minutos más y añada los ejotes cocidos, la aceituna, la alcaparra y el laurel.
- Cocine hasta que se consuma el líquido.
- Rellene el chile con el picadillo y colóquelo en un refractario para horno rociado con spray de aceite de oliva.
- Mientras tanto, guise en un sartén con spray de aceite de oliva la otra mitad del jitomate ya molido hasta que éste se ponga transparente, bañe el chile con la salsa y caliéntelo por 5 minutos en un horno de microondas o 15 minutos en un horno de gas.
- Sirva caliente.

326 MÉXICO ENTRA EN LA ZONA

ENSALADA DE BERROS CON ADEREZO DE MOSTAZA
(1 ración)

Ingredientes:

Berros lavados y desinfectados al gusto • aderezo de mostaza: • 2 cucharadas de mostaza de Dijón • 1 diente de ajo machacado • 1 cucharada de perejil fresco picado • gotas de limón • ⅓ cucharadita de aceite de oliva EV1EF • 2 cucharadas de vinagre de vino • sal y pimienta

Preparación:

- Revuelva, en un tazón, la mostaza y el perejil, sazone con sal y pimienta.
- Agregue el ajo machacado y el jugo de limón. Incorpore el aceite poco a poco sin dejar de mezclar.
- Añada el vinagre, mezcle, y refrigere.
- Coloque en un tazón los berros.
- Bañe con el aderezo, revuelva muy bien y deje reposar una hora en el refrigerador, revuelva otra vez y sirva.

COMPOTA DE MANZANA
(1 ración)

Ingredientes:

½ manzana en cuadritos • ¼ taza de agua • ½ cucharadita de extracto de vainilla • ½ cucharadita de edulcorante no calórico • 1 ½ cucharadita de almendras picadas

Preparación:

- Hierva la manzana con el agua hasta que se suavice.
- Deje enfriar.
- Licue la manzana con la vainilla y el edulcorante hasta obtener una consistencia de puré.
- Sirva y espolvoree las almendras.

Colación vespertina 2:
GELATINA DE DURAZNO
(1 ración)

Ingredientes:

1 durazno grande pelado y sin hueso • ½ sobre de grenetina • ¼

Menús en La Zona

taza de agua fría • ¼ taza agua caliente • ½ taza de agua al tiempo • ½ sobre de edulcorante no calórico • 3 almendras peladas enteras • 35 g de pechuga de pavo en rollitos

Preparación:
- Disuelva la grenetina en el agua fría y adicione la caliente.
- Disuelva el edulcorante en el agua al tiempo y adicione a la mezcla de la grenetina, refrigere por 1 hora o hasta que esté a medio cuajar.
- Saque del refrigerador y vacíe en una licuadora junto con el durazno y las almendras, muela todo junto hasta obtener una mezcla homogénea.
- Sirva en un tazón y vuelva a refrigerar hasta que esté completamente cuajada.
- Sirva acompañando con los rollitos de pavo.

Cena 2:
TEPPAN YAKI DE POLLO
(1 ración)

Ingredientes:
90 g de pechuga de pollo, en trocitos • ¼ taza de cebolla en cuadros • ½ pimiento verde partido en cuadros • ½ taza de champiñones, al vapor, rebanados • 1 taza de brócoli en floretes • ½ taza de salsa de soya • gotas de limón • ⅔ cucharaditas de aceite de oliva EV1EF • sal y pimienta recién molida • ½ nectarina rebanada • spray de aceite de oliva

Preparación:
- Lave y desinfecte toda la verdura, excepto la cebolla.
- En una plancha de teflón o eléctrica rociada con spray de aceite de oliva, ase las verduras, una por una y retírelas hasta que se doren, evite que se reblandezcan.
- Mientras se asan salpimiéntelas.
- Agregue en la misma plancha las tiras de pollo y cocine por ambos lados, salpimiente y rocíelas con el aceite de oliva.
- En un tazón mezcle la salsa de soya con el limón.
- Antes de consumir sumerja el pollo y las verduras en la salsa de soya.
- Decore con guarnición de nectarinas.

328 MÉXICO ENTRA EN LA ZONA

Menú 3:
Desayuno 3: Atún por la mañana • Fresas bañadas
Colación matutina 3: Rollitos de jamón con aguacate y pepinos
Comida 3: Ejotes almendrados • Pescado a la veracruzana •
Ensalada verde con aderezo de hierbas • Melón con salsa
de jengibre
Colación vespertina 3: Pechuga de pollo con ciruela y pistaches
Cena 3: Tamales de nopal • Ensalada de jícama

Desayuno 3:
ATÚN POR LA MAÑANA
(1 ración)

Ingredientes:
⅔ cucharadita de aceite de oliva EV1EF • 1 chile serrano desvenado
• ½ diente de ajo machacado • 1 cucharadita de cebollín picado •
30 g de atún fresco o de lata • 1 jitomate en cubos • 2 claras de
huevo • 1 cucharadita de perejil fresco picado • gotas de limón •
sal y pimienta al gusto

Preparación:
- En un sartén con oliva, saltee el chile, el ajo y el cebollín.
- Añada el atún y fría hasta que dore.
- Añada el jitomate y cocine 1 minuto.
- Bata las claras ligeramente con el perejil, el limón, la sal y la pimienta, vierta en el sartén y revuelva hasta que se cocinen las claras.
- Sirva.

FRESAS PREPARADAS
(1 ración)

Ingredientes:
1 taza de fresas frescas, lavadas y desinfectadas • ½ toronja en gajos
• edulcorante no calórico al gusto

Preparación:
- Pele la toronja y retire por completo, el pellejo y los huesos y macháquelos.

Menús en La Zona 329

- Adicione el edulcorante y mezcle.
- Coloque las fresas en una copa y báñelas con esta preparación.
- Sirva.

Colación matutina 3:
ROLLITOS DE JAMÓN CON AGUACATE Y PEPINOS
(1 ración)

Ingredientes:

30 g de jamón de pavo en rebanadas delgadas • 1 cucharadita de aguacate • gotas de limón • cilantro picado al gusto • sal • 1 pepino pelado, sin semillas y rallado finamente

Preparación:
- Machaque en una taza el aguacate y agregue unas gotas de limón.
- Adicione el cilantro y el pepino.
- Sazone.
- Coloque las rebanadas de jamón extendidas en un plato y rellénelas con la preparación de aguacate, enróllelas como taquitos.

Comida 3.
EJOTES ALMENDRADOS
(1 ración)

Ingredientes:

1 taza de ejotes sin puntas, cortados • sal y pimienta • 1 ½ cucharadita de almendras fileteadas • 2 cucharadas de perejil picado

Preparación:
- Cocine los ejotes en agua con sal hasta que se ablanden, y blanquéelos por 2 minutos en agua con hielo.
- Escurra y salpimiente.
- Dore las almendras en un sartén sin grasa, agregue los ejotes y el perejil.
- Revuelva y sirva.

PESCADO A LA VERACRUZANA
(1 ración)

Ingredientes:

1 filete de pescado de 90 g • (huachinango, róbalo, mero o mojarra)

330 MÉXICO ENTRA EN LA ZONA

- 2 cucharadas de cebolla picada • 1 diente de ajo picado • 1 cucharada de perejil • ¼ taza de pimiento rojo hervido y picado. • 1 jitomate bola mediano, asado y pelado • chile largo o güero al gusto • alcaparras al gusto • sal marina y pimienta blanca molida • spray de aceite de oliva

Preparación:
- En una cazuela extendida con tapa, acitrone el ajo y la cebolla con el spray de aceite de oliva.
- Agregue el perejil y el pimiento.
- Muela el jitomate en la licuadora y cuélelo.
- Vierta en la cazuela.
- Salpimiente.
- Agregue las alcaparras y chiles, revuelva y hierva por 5 minutos tapado.
- Coloque el filete en el caldillo y déjelo cocinar por 10 minutos tapado.
- Adicione un poco de agua caliente para diluir el caldillo si fuera necesario mientras se cocina el pescado.
- Sirva caliente.

ENSALADA VERDE CON ADEREZO DE HIERBAS
(1 ración)

Ingredientes:
2 tazas de mezcla de lechugas (orejona, romana) • ¼ taza de floretes pequeños de brócoli crudo • ⅓ pieza de pepino

Aderezo de hierbas:
⅓ cucharadita de aceite de oliva EV1EF • 2 cucharadas de vinagre de estragón • 1 cebollita Cambray • 1 cucharadita de cebollín picado • 1 cucharadita de hojas de perejil, albahaca o cilantro frescos • sal y pimienta negra

Preparación:
- Lave y desinfecte las lechugas y el brócoli.
- Lave y pele el pepino, retire las semillas y pártalo en tiras muy delgadas.
- En un plato acomode las lechugas y encima el brócoli y el pepino.
- Para el aderezo mezcle en una taza pequeña todos los ingredientes.
- Bañe la ensalada con este aderezo.

Menús en La Zona   331

MELÓN CON SALSA DE JENGIBRE
(1 ración)

Ingredientes:
¼ taza de melón en cubitos

Salsa:
2 cucharaditas de raíz de jengibre rallado • 2 cucharadas de edulcorante no calórico granulado • ½ taza de agua • gotas de limón

Preparación:
- Hierva en una cacerola el agua con la ralladura del jengibre, el jugo de limón y el edulcorante hasta que se concentre la salsa.
- Retire del fuego y refrigere.
- Vierta la salsa sobre el melón y sirva.

Colación vespertina 3:
PECHUGA DE POLLO CON CIRUELA Y PISTACHES
(1 ración)

Ingredientes:
45 g de pechuga de pollo deshuesada y aplanada • 1 ciruela negra en rebanadas • 3 pistaches troceados • edulcorante no calórico

Preparación:
- En un teflón dore la pechuga por ambos lados, cuando esté dorando por el segundo lado cubra con las rebanadas de ciruela y tape, deje cocinar 1 minuto y retire del fuego.
- Al servir espolvoree los pistaches y el edulcorante.

Cena 3:
TAMALES DE NOPAL
(1 ración)

Ingredientes:
1 taza de nopales picados finamente • 70 g de carne de res magra, molida • 3 tomates verdes cocidos machacados • 2 cucharadas de cebolla picada • ¼ paquete de achiote • ¼ taza de agua • 1 diente de ajo • 2 pimientas enteras • 1 clavo • 2 chiles de árbol sin rabito • sal • 2 hojas de elote lavadas y remojadas.

332 MÉXICO ENTRA EN LA ZONA

Preparación:
- Disuelva el achiote en el agua.
- Tueste los chiles en un sartén.
- Muela el achiote con el ajo, la pimienta y los chiles.
- Mezcle la carne con los nopales, el tomate, la cebolla y la sal.
- Añada el achiote y mezcle todo muy bien.
- Rellene las hojas del elote con esta mezcla y cueza al vapor en olla de presión por 20 minutos.
- Sirva.

ENSALADA DE JÍCAMA
(1 ración)

Ingredientes:

1 taza de jícama • 1 lechuga italiana • jugo de ½ lima • rebanadas de lima para decorar • 1 cucharadita de aceite de oliva • sal y pimienta

Preparación:
- Lavar y desinfectar la jícama y la lechuga.
- Pelar la jícama y cortarla en tiras largas.
- En un tazón mezclar todos los ingredientes y dejarlos marinar por 30 minutos.
- Sirva en un platón y decore con las rebanadas de lima.

Menú 4:

Desayuno 4: Claras con chile pasilla • Nectarina y toronja
Colación matutina 4: Taco de pavo con cacahuates
Comida 4: Calabacitas a la mexicana • Pechuga empanizada • Ensalada francesa • Agua de frutas silvestres
Colacion vespertina 4: Botana de camarón
Cena 4: Salpicón de sierra ahumada

Desayuno 4:
CLARAS CON CHILE PASILLA
(1 ración)

Ingredientes:

4 claras • 1 chile pasilla • 2 cucharadas de cebolla picada • ⅔ cu-

Menús en La Zona

charadita de aceite de oliva EV1EF • 1 pedazo pequeño de cebolla
• 1 diente de ajo chico • sal

Preparación:
- Lave el chile bajo el chorro de agua y quite todas las semillas, póngalo a hervir con un poco de agua.
- Muela con el agua, el chile, el ajo y el pedazo de cebolla.
- En un sartén grande saltee con oliva la cebolla picada, agregue el chile molido, mueva hasta que hierva.
- Bata las claras ligeramente con la sal, y vacíelas en la salsa moviendo constantemente hasta que la clara se cocine.
- Sirva.

NECTARINA Y TORONJA
(1 ración)

Ingredientes:
½ nectarina pelada y rebanada • gajos de ½ toronja, limpios y sin huesos • 1 cucharadita de edulcorante no calórico granulado • ½ cucharadita de ralladura de limón • ½ cucharadita de ralladura de naranja

Preparación:
- Hierva la toronja con el edulcorante y las ralladuras de limón y naranja.
- Coloque las rebanadas de nectarina en un plato y báñelas con la preparación de toronja.
- Sirva.

Colación matutina 4:
PAVO CON CACAHUATES
(1 ración)

Ingredientes:
35 g de pavo cocido en cubitos pequeños • ½ manzana picada • 6 cacahuates troceados sin sal • 1 hoja de lechuga romanita lavada y desinfectada

Preparación:
- Mezcle el pavo con la manzana y los cacahuates y rellene la hoja de lechuga.
- Enróllela en forma de taco y sirva.

334 México entra en La Zona

Comida 4:
CALABACITAS A LA MEXICANA
(1 ración)

Ingredientes:

1 taza de calabaza japonesa en cubitos • 1 jitomate bola chico en cuadritos • 2 cucharadas de cebolla picada • chile serrano picado, al gusto • sal • spray de aceite de oliva

Preparación:

- Saltee la cebolla en un sartén de teflón con spray de aceite de oliva, cuando dore agregue el chile y el jitomate, cocine 1 minuto más y agregue las calabazas.
- Sazone, cubra y cocine por 2 minutos o hasta que las calabazas estén al dente.

PECHUGA EMPANIZADA
(1 ración)

Ingredientes:

1 pechuga aplanada de 90 g • orégano seco suficiente • albahaca seca suficiente • 1 cucharadita de sal con ajo • 1 cucharadita de pimienta molida • spray de aceite de oliva

Preparación:

- Precaliente el horno a 200°C.
- Mezcle en un procesador de alimentos el orégano, la albahaca, el ajo en polvo y la pimienta.
- Rocíe la pechuga con el spray de aceite de oliva y pásela por la mezcla de hierbas, colóquela en un refractario para horno de gas.
- Hornee hasta que dore por un lado y luego voltee la pechuga y deje que dore por el otro lado.
- Sirva.

ENSALADA FRANCESA
(1 ración)

Ingredientes:

2 tazas de lechuga francesa • ½ taza de hojas de berros • 2 rábanos en rebanaditas

Menús en La Zona 335

Aderezo:
2 cucharadas de vinagre balsámico • ⅔ cucharadita de aceite de oliva EV1EF • 1 cucharada de vino tinto • ½ cucharadita de chalote molido • sal y pimienta negra

Preparación:
- Lave y desinfecte la lechuga y pártala en trozos con las manos.
- Acomode los trozos de lechuga en una ensaladera, luego los berros y, finalmente, adorne con los rábanos.
- Mezcle los ingredientes del aderezo y vierta sobre la ensalada.
- Sirva.

AGUA DE FRUTAS SILVESTRES
(1 ración)

Ingredientes:
½ taza de frambuesas • ½ taza de fresas rebanadas • 1 taza de agua de filtro • edulcorante no calórico al gusto

Preparación:
- Muela en la licuadora todos los ingredientes y sirva.
- Puede adicionar hielo en el vaso.

Colación vespertina 4:
BOTANA DE CAMARÓN
(1 ración)

Ingredientes:
45 g de camarón cocido y picado • 1 chile guajillo, lavado, desvenado y remojado en agua tibia • ½ diente de ajo machacado • jugo de 1 limón • sal • ⅓ cucharadita de aceite de oliva EV1EF • apio lavado y desinfectado • 1 durazno

Preparación:
- Machaque el chile con el ajo y el limón, sazone.
- Agregue el aceite y mezcle muy bien.
- Revuelva el camarón picado con esta mezcla y colóquela sobre el apio.
- Sirva y acompañe con el durazno.

336 MÉXICO ENTRA EN LA ZONA

Cena 4:
SALPICÓN DE SIERRA AHUMADA
(1 ración)

Ingredientes:

70 g de sierra ahumada desmenuzada • 1 taza de calabacitas ralladas, sin relleno • 1 rebanada de cebolla en círculos • 1 jitomate picado • 1 clara de huevo cocida picada finamente • ½ chile chipotle de lata • ⅔ cucharadita de aceite de oliva EV1EF • 2 cucharadas de vinagre de manzana • hojas de cilantro al gusto • 1 taza de lechuga rebanada finamente • pimienta molida en grueso • 1 ciruela

Preparación:

- Mezcle la sierra ahumada con la clara, el jitomate, la cebolla y las calabacitas.
- Revuelva el aceite con el vinagre y machaque con éstos el chile. Condimente con la pimienta y mezcle con el salpicón.
- Coloque sobre una cama de lechuga.
- Adorne con el cilantro.
- Acompañe con la ciruela.

Menú 5:

Desayuno 5: Crepa de champiñones con salsa roja • Tazón de zarzamoras

Colación matutina 5: Gelatina de fresas a la menta

Comida 5: Crema de coliflor • Pacholas • Setas con epazote • Paleta de frambuesa

Colación vespertina 5: Pescadillas

Cena 5: Ensalada de pechuga marinada

Desayuno 5:
CREPA DE CHAMPIÑONES CON SALSA ROJA
(1 ración)

Ingredientes:

4 claras • ½ diente de ajo picado • ½ echalote finamente rebanado • sal y pimienta • 1 taza de champiñones picados, al vapor • 1 cucharadita de hierbas aromáticas • spray de aceite de oliva

Menús en La Zona

Salsa roja:

4 cucharadas de puré de tomate • ½ cucharadita de ajo en polvo • ½ cucharadita de sal de cebolla • pimienta negra • pizca de orégano

Preparación:
- En un sartén de teflón, dore, con spray de aceite de oliva, el ajo y el echalote.
- Vierta las claras ligeramente batidas con la sal y la pimienta.
- Deje que se extienda como una crepa o tortilla.
- Cubra el sartén y, sin revolver, cocine por ambos lados.
- Ya cocida, deslice la tortilla en un plato y reserve.
- En un sartén precalentado, ase los hongos hasta que suelten su jugo, espolvoree las hierbas.
- Vacíe esta preparación bien escurrida en la crepa y doble.

Salsa roja:
- Mezcle todos los ingredientes y caliente ligeramente en un sartén.
- Bañe la crepa con la salsa roja y sirva caliente.

TAZÓN DE ZARZAMORAS
(1 ración)

Ingredientes:

¾ taza de zarzamoras • 2 nueces de Macadamia picadas o 3 almendras picadas • edulcorante no calórico al gusto

Preparación:
- Combine las zarzamoras en un tazón con el edulcorante y refrigere hasta que las zarzamoras suelten su jugo.
- Espolvoree las nueces y sirva.

Colación matutina 5:
GELATINA DE FRESAS A LA MENTA
(1 ración)

Ingredientes:

½ de taza de fresa • 1 cucharada de cáscara de naranja cortada en tiritas • 2 sobres de edulcorante bajo en calorías • 2 hojas de menta • ½ sobre de grenetina • Jugo de ½ limon • 3 mitades de nueces

338 MÉXICO ENTRA EN LA ZONA

Preparación:
- Lavar, desinfectar y rebanar la fresa.
- En un recipiente hidrate la grenetina con ½ de taza de agua y vierta el sustituto de azúcar, mueva hasta disolver y cuando hierva retirar del fuego.
- Añada la cáscara, la menta, las fresas y revuelva ligeramente.
- Caliente la grenetina y cuando se disuelva, agréguela a la preparación anterior, junto con el jugo.
- Vierta en un molde y refrigere hasta cuajar, espolvorear la nuez partida en trozos.

Comida 5:
CREMA DE COLIFLOR
(1 ración)

Ingredientes:
1 taza de coliflor al vapor • ¼ taza de pimiento verde en rajitas • 1 taza de agua • ½ chile guajillo lavado sin semillas • 2 cucharadas de cebolla picada • sal y pimienta • spray de aceite de oliva

Preparación:
- Remoje por 2 minutos el chile guajillo en agua tibia.
- Lícuelo con la coliflor y el agua.
- Acitrone la cebolla en una olla y el pimiento verde.
- Agregue la coliflor molida, salpimiente y cocine hasta que suelte el hervor.
- Sirva caliente.

PACHOLAS
(1 ración)

Ingredientes:
70 g de carne de res magra, molida • 2 cucharadas de perejil picado finamente • 1 cucharada de cebolla finamente picada • chile serrano finamente picado (opcional) • spray de aceite de oliva

Preparación:
- Mezcle la carne molida con el perejil, la cebolla y el chile hasta formar una masa uniforme.

Menús en La Zona 339

- Forme bolitas medianas, y extiéndalas con un rodillo o con una tortilladora entre dos papeles de plástico para que queden muy delgadas. Áselas en un sartén con spray de aceite de oliva.

SETAS CON EPAZOTE
(1 ración)

Ingredientes:
1 taza de setas lavadas partidas en tiras • 1 ajo machacado • 2 cucharadas de cebolla picada • ⅔ cucharadita de aceite de oliva EV1EF • 5 hojitas de epazote fresco lavado • sal y pimienta • spray de aceite de oliva

Preparación:
- Salteee el ajo y la cebolla en un sartén con el spray de aceite de oliva.
- Agregue las setas y salpimiente.
- Revuelva bien y añada el epazote, tape.
- Cocine por 3 minutos más o hasta que se suden las setas.

PALETA DE FRAMBUESA
(1 ración)

Ingredientes:
½ taza de frambuesas • ½ taza de agua • edulcorante no calórico al gusto

Preparación:
- Muela en la licuadora las frambuesas con el agua y el edulcorante.
- Vacíe en un vasito con un palito de paleta y congele hasta que se endurezca.
- Saque y consuma antes de que se desbarate.

Colación vespertina 5:
PESCADILLAS
(1 ración)

Ingredientes:
45 g de filete de pescado en pulpa • 1 jitomate picado • 1 cucharadita de cebolla picada • cilantro picado al gusto • sal y pimienta

340   MÉXICO ENTRA EN LA ZONA

- ⅓ cucharadita de aceite de oliva EV1EF • 2 nopalitos baby abiertos por la mitad como una empanada • spray de aceite de oliva • salsa tabasco al gusto • 1 tangerina en gajos

Preparación:
- En un sartén acitrone la cebolla con el aceite de oliva.
- Agregue el pescado y cocine hasta dorar.
- Adicione el jitomate, el cilantro y salpimiente.
- Rellene los nopalitos con esta preparación y áselos en un sartén con spray de aceite de oliva, por ambos lados.
- Puede aderezar con salsa tabasco al gusto.
- Sirva acompañando con la tangerina.

Cena 5:
ENSALADA DE PECHUGA MARINADA
(1 ración)

Ingredientes:
90 g de pechuga de pollo en bisteces • ½ diente de ajo machacado • gotas de limón • 2 cucharadas de salsa de soya • pimienta negra molido grueso • spray de aceite de oliva

Ensalada:
Lechuga orejona en trozos, lavada y desinfectada • tiras de pepino, sin semillas • ½ jitomate en cuarterones • 1 rebanada de cebolla en círculos • 1 manzana verde en rebanadas delgadas

Aderezo:
1 diente de ajo machacado • 1 ramo de hierbabuena • ⅔ cucharadita de aceite de oliva EV1EF • gotas de limón • 2 cucharadas de vinagre de manzana • sal y pimienta

Preparación:
- Para la pechuga: mezcle el ajo con el limón, la soya y la pimienta.
- Macere la pechuga en esta mezcla por 15 minutos o una noche previa.
- Ásela en una parrilla.
- Córtela en tiras no muy delgadas.

Menús en La Zona

341

Para la ensalada:
- Coloque en un plato trinche, en el siguiente orden, la lechuga, los pepinos, el jitomate y la cebolla, y, hasta arriba, las tiras de pollo.

Para el aderezo:
- En un mortero machaque el ajo y la hierbabuena.
- Agregue el limón, el vinagre y el aceite.
- Salpimiente al gusto.
- Aderece la ensalada.
- Adorne con la manzana

Menú 6:

Desayuno 6: Omelette de pimiento • Fruta con nueces tostadas

Colación matutina 6: Cocktail marinero

Comida 6: Sopa poblana • Salmón a las finas hierbas • Ensalada César • Manzana al vino

Colación vespertina 6: Pavo con aceitunas

Cena 6: Verduras empapeladas

Desayuno 6:
OMELETTE DE PIMIENTO
(1 ración)

Ingredientes:
2 claras • 35 g de pechuga de pavo picada • ½ taza de pimiento verde en rebanadas • ½ taza de calabacita cortada en tiras • pizca de sal de ajo • pimienta molida en grueso • sal • spray de aceite de oliva

Preparación:
- Rocíe un sartén con spray de aceite de oliva y ase las calabacitas y el pimiento hasta que estén un poco dorados.
- Agregue el pavo y el jitomate.
- Bata las claras con sal de ajo, sal y pimienta, vierta sobre las verduras y tape hasta que cuaje.
- Voltee el omelette para dorar por el otro lado y sirva caliente.

FRUTA CON NUECES TOSTADAS
(1 ración)

Ingredientes:

1 ciruela negra • gajos de ½ mandarina limpios y sin huesos • edulcorante no calórico • nueces tostadas • 6 cacahuates troceados • 1 ½ cucharadita de almendras fileteadas

Preparación:

- Pele, deshuese y parta en cuadritos la ciruela.
- Colóquela en un tazón con la mandarina y espolvoree el edulcorante.
- Tueste los cacahuates y las nueces en un sartén sin aceite hasta que doren, mueva de vez en cuando para que el tostado sea uniforme.
- Deje enfriar y espárzalos encima de las frutas.

Colación matutina 6:
COCKTAIL MARINERO
(1 ración)

Ingredientes:

45 g de camarón cocido picado o 35 g de atún ahumado en trocitos • gotas de limón • 1 cucharada de cebolla picada finamente • 1 cucharada de jugo Maggy • 1 cucharada de cilantro picado • ⅓ cucharadita de oliva EV1EF • ½ toronja en gajos • chile piquín al gusto

Preparación:

- Mezcle el jugo de limón con la cebolla, el jugo Maggy, el cilantro y el aceite de oliva.
- Bañe el camarón o el atún con esta mezcla y refrigere.
- Sirva.
- Aparte, retire la cáscara de la toronja y el pellejo de los gajos, espolvoree chile piquín al gusto y acompañe con el cocktail.

Comida 6:
SOPA POBLANA
(1 ración)

Ingredientes:

¼ taza de chayote pelado, cocido y picado • ½ taza de rajas de chile poblano, asadas y lavadas • ¼ taza de poro lavado y cortado en ra-

Menús en La Zona   343

jas delgadas • 2 cucharadas de cebolla picada • 1 cucharadita de
ajo machacado • spray de aceite de oliva • 1½ taza de agua • sal,
sal de ajo y de cebolla

Preparación:
- Saltee la cebolla, el ajo y el poro en un sartén con spray de aceite de oliva, guise hasta que el poro se suavice.
- Agregue el chayote y saltee por 2 minutos.
- En una licuadora muela esta preparación con el agua y las rajas.
- Vacíe en una olla con spray de aceite de oliva, deje hervir y sazone.
- Sirva caliente.

SALMÓN A LAS FINAS HIERBAS
(1 ración)

Ingredientes:
90 g de salmón en lomo o filete • 2 cucharaditas de finas hierbas en
seco • gotitas de limón • sal y pimienta • spray de aceite de oliva

Preparación:
- Rocíe, con spray de aceite de oliva, un refractario con tapa.
- Coloque el lomo de salmón.
- Condimente con las hierbas, sal y pimienta y gotas de limón.
- Tape y cocine por 10 minutos.
- Apague el fuego y, sin retirar de la hornilla, deje que se dore el salmón por abajo.
- Sirva caliente.

ENSALADA CÉSAR
(1 ración)

Ingredientes:
hojas de lechuga orejona lavada y desinfectada

Aderezo:
1 filete de anchoa • ½ diente de ajo • ⅔ cucharadita de aceite
de oliva EV1EF • 1 cucharadita de mostaza • 2 cucharadas de
vinagre de manzana • 1 cucharadita de salsa inglesa • sal y pimienta

344   MÉXICO ENTRA EN LA ZONA

Preparación:
- Divida las hojas de lechuga en 4 platos.
- En un mortero o tazón pequeño machaque las anchoas, enseguida el ajo, agregue el aceite y revuelva muy bien.
- Adicione la mostaza y mezcle.
- Vierta el vinagre, la salsa inglesa y salpimiente.
- Aderece la lechuga.

MANZANA AL VINO
(1 ración)

Ingredientes:
½ manzana semimadura pelada

Salsa de vino:
½ taza de agua • 1 cucharada de vino tinto • 1 raja de canela partida por la mitad • 1 clavo de olor • ½ cucharadita de pimienta negra en grano • 1 anís estrella (opcional) • 1 cucharada de edulcorante no calórico granulado

Preparación:
- Para el almíbar ligero: en una cacerola vierta el agua con el vino, la canela, el clavo, la pimienta, el anís, y el edulcorante; deje hervir por 5 minutos o hasta que el líquido se haya reducido a la mitad.
- Cuélelo y déjelo enfriar.
- Coloque la manzana en una cacerola pequeña y báñela con el almíbar.
- Deje hervir a fuego bajo hasta que se cocine la manzana.
- Retire la manzana y deje hervir el almíbar hasta que se reduzca a la mitad.
- Para servir, deje enfriar la mezcla anterior, coloque la manzana en una copa y báñela con el almíbar.

Colación vespertina 6:
PAVO CON ACEITUNAS
(1 ración)

Ingredientes:
35 g de pechuga de pavo picada • 3 aceitunas deshuesadas picadas • 1 cucharadita de cebolla finamente picada • gotas de limón • chile jalapeño al gusto • ¾ de taza de melón en rebanadas

Menús en La Zona 345

Preparación:
- Mezcle el pavo con las aceitunas, la cebolla, el jugo de limón y el jalapeño.
- Coloque un poco de esta preparación sobre cada rebanada de melón y sirva.

Cena 6:
VERDURAS EMPAPELADAS
(1 ración)

Ingredientes:
½ taza de calabazas en trozos • 1 taza de coliflor en floretes • 4 cebollitas Cambray • 1 diente de ajo picado • ⅔ cucharadita de aceite de oliva EV1EF • ½ cucharadita de vinagre de manzana • 1 cucharadita de albahaca • sal y pimienta gruesa • 1 cuadro grande de papel de aluminio • 90 g de pechuga de pollo en cubitos • gajos de ½ toronja pelados

Preparación:
- En un recipiente mezcle bien las verduras con la pechuga.
- En una taza mezcle el ajo, el aceite, el vinagre y la albahaca.
- Vierta sobre las verduras y la pechuga, mezcle muy bien y sazone, rectifique el sazón.
- Vacíe la preparación en el papel de aluminio y séllelo muy bien.
- Ase en el horno el paquete por 5 minutos.
- Ábralo con cuidado y sirva acompañando con la suprema de toronja.

Menú 7:
Desayuno 7: Burritos de pechuga de pollo • Té helado
Colación matutina 7: Botana con fresas
Comida 7: Pescado al cilantro • Aguacate a la vinagreta • Ensalada fresca • Flotante de limón
Colación vespertina 7: Melón sorpresa
Cena 7: Champiñones rellenos • Postre de kiwi

346 México entra en La Zona

Desayuno 7:
BURRITOS DE PECHUGA DE POLLO
(1 ración)

Ingredientes:

90 g de pechuga de pollo en tiras • hojas de lechuga romana grandes y frescas • 1 chile cascabel • ⅔ cucharadita de aceite de oliva EV1EF • 1 cucharada de cebolla picada • ½ diente de ajo • 1 taza de verduras mixtas precocidas (brócoli, coliflor, ejote) • sal y pimienta

Preparación:

- Ase la pechuga en una parrilla y salpimiente.
- Ase el chile y déjelo remojando 5 minutos.
- Córtelo en rajas.
- Acitrone la cebolla y el ajo en el aceite, agregue el chile y fría por 2 minutos.
- Adicione las verduras y guise por 3 minutos, tapado.
- Agregue la pechuga y sazone, revuelva todo y rectifique el sazón.
- Lave y desinfecte las hojas de lechuga, rellénelas con esta preparación y enróllelas como taquitos.

TÉ HELADO
(1 ración)

Ingredientes:

gajos de una mandarina sin pellejos • 2 bolsitas de té verde o de limón • ½ taza de agua hirviendo • 1 taza de agua fría • hielo • edulcorante no calórico

Preparación:

- Coloque las bolsitas de té en el agua hirviendo y retírela del fuego, espere 5 minutos hasta obtener una infusión concentrada.
- Escurra las bolsitas y deséchelas.
- Deje enfriar la infusión.
- Coloque los gajos de la mandarina en un vaso grande.
- Adicione el agua fría y el edulcorante.
- Revuelva.
- Vierta la infusión de té, los hielos y revuelva.

Menús en La Zona

Colación matutina 7:
BOTANA CON FRESAS
(1 ración)

Ingredientes:

1 taza de fresas lavadas y desinfectadas • 30 g de sardina desmenuzada • 1 cucharadita de aguacate • cilantro al gusto • jugo de limón • sal

Preparación:
- Mezcle la sardina con el aguacate, el cilantro, el limón y la sal.
- Revuelva.
- Acompañe con las fresas.

Comida 7:
PESCADO AL CILANTRO
(1 ración)

Ingredientes:

90 g de filete de pescado blanco • 2 tomates verdes, chicos, lavados • ½ taza de hojas de cilantro lavadas y desinfectadas. • ½ diente de ajo • 1 trozo pequeño de cebolla • sal marina • gotas de limón. • papel de aluminio

Preparación:
- Corte un cuadro de papel aluminio y forme una cazuelita.
- Coloque encima el filete, agregue unas gotitas de limón y sal marina.
- Licue el tomate con el cilantro, el ajo y la cebolla.
- Vierta la mezcla sobre el pescado.
- Envuélvalo bien con el papel de aluminio y séllelo.
- Hornee a 150°C por 15 minutos.
- También se puede cocinar en una vaporera, el mismo tiempo.
- Sirva caliente.

AGUACATE A LA VINAGRETA
(1 ración)

Ingredientes:

2 cucharaditas de aguacate • 1 cucharada de vinagre de vino • ½ cucharadita de edulcorante no calórico • ½ echalote finamente re-

348 MÉXICO ENTRA EN LA ZONA

banado • ½ cucharadita de perejil picado • gotas de limón • hojas de endivia lavadas y desinfectadas

Preparación:
- Combine en un tazón, el vinagre, el edulcorante, el echalote, el perejil y el limón.
- Vierta esta vinagreta sobre el aguacate, revuelva ligeramente y refrigere 2 horas para marinar.
- Sirva el aguacate sobre las endivias.

ENSALADA FRESCA
(1 ración)

Ingredientes:
½ pepino en tiras sin semillas • ½ taza de jícama en tiras delgadas • 1 durazno pelado en tiras delgadas • gotas de limón • chile piquín

Preparación:
- Mezcle todos los ingredientes.
- Espolvoree chile piquín al gusto.

FLOTANTE DE LIMÓN
(1 ración)

Ingredientes:
½ sobre de polvo sabor limón para hacer una bebida sin calorías • 1 taza de agua • refresco sin calorías (no de cola) • 1 popote

Preparación:
- Mezcle, en un molde de plástico, el polvo con el agua y congele completamente.
- Desmolde y muela en la licuadora a velocidad media, hasta que se escarche.
- Forme 1 bola y vuelva a congelar 3 horas.
- Vacíe la bola de nieve en un vaso con refresco sin calorías.

Menús en La Zona 349

Colación vespertina 7:
MELÓN SORPRESA
(1 ración)

Ingredientes:
¾ taza de melón en rebanadas • 30 g de jamón de pavo en tiras delgadas • 6 cacahuates

Preparación:
- Enrolle las rebanadas del melón con el jamón de pavo.
- Acompañe con los cacahuates.

Cena 7:
CHAMPIÑONES RELLENOS
(1 ración)

Ingredientes:
4 champiñones grandes para rellenar • ⅔ cucharadita de aceite de oliva EV1EF • 2 cucharadas de cebolla picada • 2 cucharadas de cilantro fresco picado • chile serrano picado al gusto • pimentón en polvo • 70 g de carne magra de res o de ternera, molida • ½ diente de ajo picado • sal y pimienta • sal de ajo • spray de aceite de oliva

Preparación:
- Precaliente el horno a 180°C.
- Lave y desinfecte los champiñones, y desprenda el rabo.
- Coloque los champiñones en un refractario rociado de spray de aceite de oliva, y barnice los champiñones con el aceite de oliva.
- Salpimiente.
- Pique los rabos.
- Saltee en un sartén con spray de aceite de oliva los rabos con la cebolla, el cilantro y el chile, sazone con el pimentón, sal y sal de ajo.
- Aparte acitrone el ajo en un sartén con spray de aceite de oliva y agregue la carne, salpimiente y cocine por completo.
- Vierta la mezcla de los rabos y hierva hasta que se consuma el líquido.
- Rellene los champiñones y hornee por 15 minutos.

350   México entra en La Zona

POSTRE DE KIWI
(1 ración)

Ingredientes:

1 kiwi pelado • ½ sobre de grenetina • ¼ taza de agua fría • ¼ taza de agua caliente • ½ cucharadita de ralladura de limón • edulcorante no calórico • ½ taza de agua

Preparación:

- Disuelva la grenetina en ½ taza de agua fría y adicione el ¼ taza de agua caliente.
- Agregue ¼ taza de agua y refrigere.
- A medio cuajar, saque y licue a velocidad baja con el kiwi, la ralladura y el edulcorante.
- Rectifique el dulzor.
- Vuelva a refrigerar hasta que cuaje por completo.

Menú 8:

Desayuno 8: Huevo multicolor • Licuado tropical
Colación matutina 8: Carpaccio de salmón ahumado
Comida 8: Pollo arriero • Ensalada fresca
Colación vespertina 8: Marinos en escabeche
Cena 8: Pulpos con pico de gallo • Sorbete rojo

Desayuno 8:
HUEVO MULTICOLOR
(1 ración)

Ingredientes:

4 claras de huevo • ¼ de pimiento verde • ¼ de pimiento rojo • ¼ de pimiento amarillo • 1 jitomate • 1 ajo • ⅔ cucharadita de aceite de oliva • sal y pimienta al gusto

Preparación:

- Corte el pimiento en tiras delgadas. Pele los jitomates, quíteles las semillas y píquelos junto con el ajo.
- En un sartén ponga a calentar el aceite; sofría los pimientos, cebolla y ajo durante 1 minuto.

Menús en La Zona

- Añadir los jitomates, incorporar bien.
- Aparte bata las claras, añada sal y pimienta, viértalas en la verdura y cuézalos.

LICUADO TROPICAL
(1 ración)

Ingredientes:
¼ taza melón chino • ¼ manzana roja pelada y en trozos • agua suficiente • edulcorante no calórico al gusto

Preparación:
- Licue toda la fruta agregando agua sólo hasta que se cubra la fruta, agregue el edulcorante y sirva sin colar.

Colación matutina 8:
CARPACCIO DE SALMÓN AHUMADO
(1 ración)

Ingredientes:
45 g de salmón ahumado en carpaccio • 1 cucharadita de alcaparras baby • ⅓ cucharadita de aceite de oliva EV1EF • ½ cucharadita de perejil picado • 1 cucharadita de cebolla finamente picada • 1 taza de fresas rebanadas

Preparación:
- Coloque el carpaccio de salmón en un plato, rocíe el aceite de oliva, distribuya las alcaparras, la cebolla y el perejil picado.
- Acompañe con las fresas.

Comida 8:
POLLO ARRIERO
(1 ración)

Ingredientes:
90 g de pechuga de pollo en tiras • 2 tomates verde, chicos y picados • ½ diente de ajo • 1 chile chipotle adobado • rodajas de cebolla • sal y pimienta

352 MÉXICO ENTRA EN LA ZONA

Preparación:
- Ase las tiras de pollo en una parrilla, salpimiente.
- Licue el ajo con el tomate, vacíe en una cazuela y deje hervir.
- Agregue el chipotle, revuelva muy bien y sazone. Hierva 1 minuto más.
- Añada el pollo, mezcle muy bien y hierva unos minutos más, rectifique el sazón y sirva con la cebolla rebanada.

ENSALADA FRESCA
(1 ración)

Ingredientes:
1 jitomate cortado en trozos grandes • ¼ de cebolla fileteada • 1 pepino grande pelado y cortado en trozos grandes • 1 mandarina en gajos • ¼ de pimiento rojo cortado en trozos • ¼ pimiento amarillo cortado en trozos • 3 aceitunas negras • 2 hojas de lechuga orejona

Para el aderezo:
⅔ de cucharadita de aceite de oliva • 1 cucharadita de vinagre balsamico • hojitas de albahaca frescas y picadas • ½ cucharadita de alcaparra • ½ diente de ajo picado • 1 cucharadita de salsa picante • sal al gusto

Preparación:
- En un tazón integre todos los ingrdientes y revuelva.

Para hacer el aderezo:
- Combine el aceite, el vinagre, la albahaca, las alcaparras, el ajo, la sal y la salsa, revuelva para integrar.

Colación vespertina 8:
MARINOS EN ESCABECHE
(1 ración)

Ingredientes:
45 g camarones cocidos picados • 2 rodajas delgadas de cebolla • ¼ taza de vinagre • 1 cucharada de jugo de limón • 1 diente de ajo a la mitad • 1 chile jalapeño a la mitad • ½ taza de calabacitas en tiras delgadas • ½ taza de champiñones • ⅓ cucharadita de aceite de oliva EV1EF • sal y pimienta

Menús en La Zona 353

Preparación:
- Hierva por 3 minutos todos los ingredientes excepto los camarones.
- Agregue los camarones y deje hervir otros 5 minutos, sazone.
- Retire los camarones y las verduras del líquido y bañe con el aceite de oliva, salpimiente.
- Sirva.

Cena 8:
PULPOS CON PICO DE GALLO
(1 ración)

Ingredientes:
130 g de pulpos cocidos en trocitos • gotas de limón • sal

Pico de Gallo:
2 cucharaditas de aguacate • 1 cucharadita de cilantro picado • 1 cucharada de cebolla picada • chile serrano picado (opcional) • sal • gotas de limón

Preparación:
- Agregue limón y sal a los pulpos y déjelos en un plato.
- Para el pico de gallo mezcle todos los ingredientes suavemente.
- Coloque el pico de gallo sobre el pulpo y sirva.

SORBETE ROJO
(1 ración)

Ingredientes:
¾ taza de zarzamoras congeladas • ½ manzana roja con cáscara • edulcorante no calórico

Preparación:
- Retire el corazón de la manzana y saque la pulpa con una cuchara, dejando 2 o 3 milímetros de grosor de ésta pegada a la cáscara, cuide de no romper la cáscara.
- Meta la cáscara de la manzana al congelador en un plato, y déjala ahí hasta que se congele y se ponga dura.
- Muela las zarzamoras a velocidad alta con la pulpa de la manzana y el edulcorante, luego baje la velocidad. Deje que queden algunos pedacitos sin moler.

354 MÉXICO ENTRA EN LA ZONA

- Saque la cáscara congelada y rellénela con la fruta molida.
- Vuelva a congelar por 3 o 4 horas más o de un día para otro.

> **Menú 9:**
> **Desayuno 9:** Tiras ahogadas • Copa de duraznos
> **Colación matutina 9:** Sierra al limón
> **Comida 9:** Ensalada del mar • Espinaca salteada • Esponja de mandarina
> **Colación vespertina 9:** Pollo con alcaparras
> **Cena 9:** Caldo tlalpeño

Desayuno 9:
TIRAS AHOGADAS
(1 ración)

Ingredientes:

70 g de pollo en tiras • 1 taza de nopales cocidos y cortados en tiras • 1 chile ancho • 1 jitomate saladet asado y pelado • 1 diente de ajo • 1 trozo de cebolla pequeño • ⅔ cucharadita de aceite de oliva EV1EF • 2 cucharadas de cebolla picada • sal y pimienta • spray de aceite de oliva

Preparación:

- Cocine el pollo en un sartén con spray de aceite de oliva, hasta que dore.
- Salpimiente y déjelo aparte.
- Lave y ase el chile, déjelo remojando en agua caliente.
- Licue el chile con el jitomate asado, el ajo y el trozo de cebolla.
- Saltee en el aceite de oliva la cebolla picada.
- Agregue el chile molido, el pollo y los nopalitos, salpimiente.
- Sirva caliente.

COPA DE DURAZNOS
(1 ración)

Ingredientes:

1 durazno pelado y partido en cubitos • gotas de limón • 1 cucharadita de extracto de vainilla • edulcorante no calórico

Menús en La Zona 355

Preparación:
- Revuelva la vainilla con el limón y mezcle con los cubos de durazno. Sirva en una copa y espolvoree con el edulcorante no calórico.

Colación matutina 9:
SIERRA AL LIMÓN
(1 ración)

Ingredientes:
45 g de sierra cortada en tiras (puede usarse cualquier pescado) • gotas de limón • 1 cucharadita de cilantro picado • ½ cucharadita de jengibre rallado • ⅓ cucharadita de aceite de oliva EV1EF • ½ cucharadita de ajo machacado • sal • spray de aceite de oliva • ½ toronja en gajos • chile piquín

Preparación:
- Marine las tiras de sierra con el limón, el cilantro, el jengibre, el aceite de oliva y el ajo, por lo menos 30 minutos.
- Ase la sierra en un sartén con spray de aceite de oliva y sazone.
- Acompañe con los gajos de toronja espolvoreados con chile piquín.

Comida 9:
ENSALADA DEL MAR
(1 ración)

Ingredientes:
45 g de camarón cocido • 65 g de pulpo cocido en trocitos • 1 diente de ajo partido en cuadritos • 2 limones grandes (en jugo) • 1 cucharadita de aceite de oliva EV1EF • sal y pimienta • apio cortado en cuadritos (una rama grande) • cilantro fresco (abundante) • hojas de lechuga grandes

Preparación:
- Mezclar el camarón y el pulpo en un refractario.
- Bañarlos con el limón.
- Sazonar con la sal, la pimienta y el ajo.
- Agregar el aceite de oliva y, por último, incorporar el apio y el cilantro.
- Hacer esta preparación un día antes de consumirlo, servirlo al día siguiente sobre las hojas de lechuga.

ESPINACA SALTEADA
(1 ración)

Ingredientes:

⅔ cucharadita de aceite de oliva EV1EF • 3 cebollitas de Cambray finamente rebanadas • ½ diente de ajo finamente picado • 2 tazas de hojas de espinaca lavada • sal de ajo • sal y pimienta

Preparación:

- Acitrone en el aceite de oliva el ajo y las cebollitas de Cambray por 1 minuto sin dejar que doren, mientras revuelve continuamente.
- Agregue la espinaca y la sal de ajo.
- Salpimiente.
- Revuelva y retire del fuego.
- Sirva inmediatamente.

ESPONJA DE MANDARINA
(1 ración)

Ingredientes:

1 mandarina pequeña o tangerina • 1 clara de huevo • ½ sobre de grenetina • ¼ taza de agua fría • ¼ taza de agua caliente • edulcorante no calórico

Preparación:

- Saque todos los gajos de la mandarina y retire el pellejo por completo.
- Macháquela en una cacerola y cocínela hasta que se consuma el líquido, deje enfriar.
- Disuelva la grenetina en el agua fría y agregue el agua caliente. Deje cuajar en el refrigerador.
- Bata la clara a punto de turrón.
- Licue la gelatina ya cuajada, con la mandarina concentrada y agregue el edulcorante, vacíe en un tazón.
- Agregue en forma envolvente la clara y meta rápido al refrigerador, enfríe por 3 horas.

Menús en La Zona 357

Colación vespertina 9:
POLLO CON ALCAPARRAS
(1 ración)

Ingredientes:

45 g de muslo o pierna de pollo en trocitos • 1 cucharada de alcaparras • ⅓ cucharadita de aceite de oliva EV1EF • gotas de limón • sal y pimienta • 1 ciruela negra

Preparación:

- Ase el pollo sazonado con sal y pimienta.
- Retire y mantenga caliente.
- Mezcle las alcaparras, el aceite de oliva y el limón y, caliente en el mismo sartén. Bañe la pechuga con esta salsa.
- Acompañe con la ciruela en rebanaditas.

Cena 9:
CALDO TLALPEÑO
(1 ración)

Ingredientes:

90 g de pechuga de pollo cocida y deshebrada • 1½ taza de caldo de pechuga de pollo • ½ taza de ejotes cocidos cortados • ½ taza de zanahoria cocida • ½ taza de calabacitas cocidas al dente • chile chipotle adobado al gusto

Guarnición:

cebolla picada al gusto • perejil picado al gusto • gotas de limón • 2 cucharaditas de aguacate • sal • ½ taza de fresas

Preparación:

- Ponga en una cazuela a calentar el caldo de pollo y cuando suelte el hervor, baje la flama y agregue el pollo, los ejotes, la zanahoria y las calabacitas.
- Deje hervir por 1 minuto y agregue el chipotle.
- Retire del fuego y sirva en plato de sopa. Agregue la cebolla, el perejil, el aguacate y el limón.
- Sazone.
- Acompañe con las fresas.

358 MÉXICO ENTRA EN LA ZONA

> **Menú 10:**
> **Desayuno 10:** Jamón Virgilio • Plato sano
> **Colación matutina 10:** Raspado de frutas
> **Comida 10:** Salmón empapelado • Pepinos con aderezo de eneldo • Ensalada de espinacas y frutas
> **Colación vespertina 10:** Rollitos de col
> **Cena 10:** Ceviche de pescado • Sartén de verduras

Desayuno 10:
JAMÓN VIRGILIO
(1 ración)

Ingredientes:

60 g de jamón de pavo en 2 rebanadas • 1cucharadita de mostaza preparada • ⅓ cucharadita de aceite de oliva EV1EF • gajos de ½ toronja, limpios y sin huesos • 2 cucharadas de vinagre de manzana • 1 cucharada de edulcorante no calórico granulado • sal y pimienta

Preparación:
- Precaliente el horno a 200°C.
- Combine la mostaza con el aceite de oliva y unte las rebanadas de jamón. Colóquelas en un recipiente refractario.
- Licue los gajos de toronja con el vinagre y el edulcorante y vierta esta mezcla sobre cada rebanada de jamón.
- Sazone con sal y pimienta.
- Tape y hornee 10 minutos.
- Destape y deje que se dore otros 3 minutos.

PLATO SANO
(1 ración)

Ingredientes:

6 espárragos verdes • spray de aceite de oliva • ¼ taza de fresas en rebanadas

Aderezo:

¼ taza de fresas en rebanadas • 1 cucharada de vinagre balsámico •

Menús en La Zona

359

⅓ cucharadita de aceite de oliva EV1EF • 1 cucharadita de edulcorante • sal y pimienta molido grueso

Preparación:
- Cocine al vapor los espárragos hasta que estén al dente, retire y saltee en un sartén con spray de aceite de oliva y salpimiente.
- Muela en la licuadora los ingredientes del aderezo.
- Para emplatar, coloque un espejo de aderezo al centro de un plato extendido, encima acomode los espárragos y decore con las fresas rebanadas.

Colación matutina 10:
RASPADO DE FRUTAS
(1 ración)

Ingredientes:
½ sobre de grenetina • ¼ taza de agua fría • 2 claras • ¼ manzana Peron Golden pelada y sin corazón • ½ taza de frambuesas lavadas y desinfectadas • 2 cucharaditas de edulcorante no calórico al gusto • 3 almendras peladas y troceadas

Preparación:
- Hidrate la grenetina en el agua fría y caliente 30 segundos esta preparación, de preferencia en un horno de microondas, deje enfriar.
- Muela la manzana con las frambuesas hasta obtener un puré terso, agregue el edulcorante y la grenetina hidratada.
- Bata las claras a punto de turrón y agregue en forma envolvente el puré de frutas.
- Sirva en un tazón y espolvoree las almendras.
- Congele por espacio de 2 a 3 horas o hasta que cuaje.

Comida 10:
SALMÓN EMPAPELADO
(1 ración)

Ingredientes:
90 gramos de salmón fresco • 2 jitomates miniatura • ⅔ cucharadita de aceite de oliva • eneldo al gusto • sal al gusto • pimienta al justo • zanahoria (una rajita) • albahaca fresca (una hojita)

360   MÉXICO ENTRA EN LA ZONA

Preparación:
- Preparar una mezcla con el aceite de oliva, el eneldo, la sal y la pimienta al gusto.
- Colocar el salmón en un cuadrito de papel aluminio y untarle la mezcla anterior por ambos lados, colocar encima la rajita de zanahoria cruda, la hojita de albahaca fresca y los jitomates cherry abiertos por la mitad.
- Cerrar el papel aluminio y meterlo al horno por 20 minutos a temperatura moderada.

PEPINOS CON ADEREZO DE ENELDO
(1 ración)

Ingredientes:
½ taza de pepino sin semillas, cortado en rebanadas muy delgadas • 1 cucharadita de eneldo • 2 hojas de menta fresca lavada • jugo de ½ limón • ½ cucharadita de edulcorante no calórico • sal y pimienta

Preparación:
- Muela en la licuadora ½ taza del pepino ya rebanado con ½ cucharadita de eneldo, la menta, el limón y el edulcorante.
- Salpimiente.
- Vierta el aderezo sobre la otra parte del pepino cortado, espolvoree con el resto del eneldo.

ENSALADA DE ESPINACA Y FRUTAS
(1 ración)

Ingredientes:
Espinaca, lavada y desinfectada, cortada en trozos • ½ pimiento rojo en tiras delgadas • gajos limpios de 1 mandarina
Aderezo:
¼ taza de vinagre de manzana • ⅓ cucharadita de aceite de oliva EV1EF • 1 cucharadita de mostaza de Dijón o antigua

Preparación:
- Muela en la licuadora los ingredientes del aderezo.
- Vierta sobre una cama de espinacas con el pimiento y los gajos de mandarina.

Menús en La Zona 361

Colación vespertina 10:
ROLLITOS DE COL
(1 ración)

Ingredientes:

2 hojas de col grandes • ⅓ cucharadita de aceite de oliva EV1EF • ½ diente de ajo picado finamente • 2 cucharadas de cebolla finamente picada • 45 g de pechuga de pollo cocida y deshebrada finamente • ½ taza de chile poblano cocido en rajas • 1 jitomate asado y pelado • 1 trozo chico de cebolla • 1 cucharada de cilantro picado • sal y pimienta • 1 durazno

Preparación:

- Remoje la col en agua caliente con sal hasta que se suavice sin que se desbarate.
- Retire y reserve.
- En un sartén acitrone el ajo y la cebolla.
- Agregue la pechuga y el poblano hasta que se dore la pechuga.
- Licue el jitomate con la cebolla, agregue la mitad de la salsa al pollo y guise 2 minutos más.
- Rellene con esta preparación la col, enrolle las hojas y colóquelas en un refractario.
- Bañe con el resto de la salsa y hornee en microondas por 3 minutos.
- Decore con el cilantro picado y sirva.
- Acompañe con el durazno.

Cena 10:
CEVICHE DE PESCADO
(1 ración)

Ingredientes:

90 g de filetes muy delgados de pescado (preferible: róbalo, huachinango o mero) • 1 jitomate bola cortado en cubitos • 3 cucharadas de cebolla picada • 1 chile serrano picado • ⅔ cucharadita de aceite de oliva EV1EF • jugo de 1 limón grande o 2 pequeños • sal y pimienta

Preparación:

- Lave los filetes y pártalos en trocitos.

362   MÉXICO ENTRA EN LA ZONA

- Báñelos con el limón y la sal.
- Refrigere por 4 horas.
- Aparte, mezcle el jitomate con la cebolla y el chile, deje reposar una hora.
- Escurra muy bien el pescado, báñelo con la mezcla de jitomate y con el aceite y sazone con sal y pimienta.

SARTÉN DE VERDURAS
(1 ración)

Ingredientes:

½ taza de champiñones al vapor y picados • spray de aceite de oliva • 4 cebollitas de Cambray • 1 diente de ajo picado • ½ tallo de apio picado • ½ taza de calabacita cocinada al vapor, picada • sal y pimienta al gusto • 1 cucharadita de salsa inglesa

Preparación:

- Remoje los champiñones en un recipiente con 1 taza de agua caliente y deje reposar por 30 minutos.
- Retírelos del agua y reserve ½ taza de agua de remojo.
- Rebane las cebollitas de Cambray.
- Saltee en un sartén con spray de aceite de oliva las cebollitas y el ajo, añada el apio y cocine un minuto.
- Agregue las calabacitas y cocine 1 minuto.
- Sazone con sal, pimienta, salsa inglesa y la media taza de agua de remojo.
- Agregue los champiñones, revuelva y sirva.

Menú 11:

Desayuno 11: Pastel campesino • Cerezas escarchadas
Colación matutina 11: Dip de atún con vegetales
Comida 11: Sopa de nopales • Salmón almendrado • Gelatina con kiwi
Colación vespertina 11: Bocadillos
Cena11: Tortita de pavo con Portobello

Menús en La Zona 363

Desayuno 11
PASTEL CAMPESINO
(1 ración)

Ingredientes:
4 claras • 3 cucharadas de cebolla picada • 1 diente de ajo finamente picado • 1 chile serrano picado • 1 taza de flor de calabaza lavada y picada • 1 jitomate saladet picado • ⅓ cucharadita de aceite de oliva EV1EF • sal y pimienta negra molida gruesa • spray de aceite de oliva

Preparación:
- Acitrone con spray de aceite de oliva, en un sartén, la cebolla y el ajo.
- Agregue el chile serrano y espere a que dore.
- Incorpore la flor de calabaza y cocine por un minuto, moviendo constantemente.
- Bata ligeramente las claras y salpimiente.
- Vierta sobre las verduras y encima el jitomate, tape sin mover y baje el fuego.
- Cocine hasta que cuaje la clara completamente.
- Rocíe el aceite de oliva encima del pastel.
- Sirva en un plato.

CEREZAS ESCARCHADAS
(1 ración)

Ingredientes:
12 cerezas frescas deshuesadas • 1½ cucharadita de almendras molidas • 1 cucharadita de edulcorante

Preparación:
- Combine la almendra con el edulcorante en un plato.
- Parta las cerezas a la mitad y páselas por la mezcla anterior.
- Colóquelas en una copa y deje reposar 15 minutos.
- Sirva.

364 MÉXICO ENTRA EN LA ZONA

Colación matutina 11:
DIP DE ATÚN CON VEGETALES
(1 ración)

Ingredientes:

30 g de atún de lata drenado • 1 cucharadita de aguacate • gotitas de limón • ½ cucharadita de salsa inglesa • gotas de salsa Tabasco • 1 cucharadita de salsa verde • 1 cucharadita de cilantro picado • 1 taza de crudités (tiras de pepino, zanahoria y jícama) • salsa verde: • 4 tomates verdes • 1 taza de agua • 1 manojo mediano de cilantro lavado y desinfectado • ½ cebolla en trozo • 1 diente de ajo • chile serrano al gusto • sal

Preparación:
- Mezcle todos los ingredientes, excepto los crudités, hasta obtener una consistencia cremosa.
- Acompañe las verduras crudas con el dip.

Salsa verde:
- Hierva en el agua los tomates hasta que la cáscara se ponga transparente.
- Licue los tomates sin agua, con el cilantro, la cebolla, el ajo, el chile y la sal.
- Utilice lo necesario y reserve el resto en un frasco de vidrio bien tapado en el refrigerador, se puede utilizar, con moderación, para acompañar otros alimentos.

Comida 11:
SOPA DE NOPALES
(1 ración)

Ingredientes:

½ taza de nopales, cocidos y escurridos, en cubos pequeños • ½ taza de champiñones al vapor, picados • 2 cucharadas de cebolla picada • ½ jitomate picado • ½ chile guajillo lavado y desvenado • 1 ½ taza de caldo de pechuga de pollo desgrasado • spray de aceite de oliva EV1EF • sal y pimienta

Preparación:
- En una olla acitrone la cebolla con el spray de aceite de oliva, agregue el chile en trozos grandes y deje que se cocine por 3 minutos.

Menús en La Zona

- Agregue el jitomate y cocine hasta que se desbarate.
- Incorpore los nopales y los champiñones y cocine por 3 minutos más.
- Agregue el caldo de pollo y salpimiente, deje hervir por 5 minutos y sirva caliente.

SALMÓN ALMENDRADO
(1 ración)

Ingredientes:
90 g de salmón en filete • sal y pimienta • spray de aceite de oliva • 3 cucharaditas de almendras fileteadas • 1 cucharadita de perejil fresco picado • gotas de limón

Preparación:
- Sazone con sal y pimienta el filete por los dos lados y áselo en un sartén con spray de aceite de oliva. Retírelo y póngalo en un plato.
- En el mismo sartén, con un poco más de spray, dore las almendras, agregue el perejil y el jugo de limón.
- Coloque esta preparación sobre el salmón y sirva caliente.

GELATINA CON KIWI
(1 ración)

Ingredientes:
¼ sobre de gelatina *light* sabor fresa • ½ taza de agua caliente • ½ taza de agua fría • 1 kiwi en rebanadas

Preparación:
- Disuelva la gelatina en la taza de agua caliente y agregue el agua fría.
- Coloque en un molde las rebanadas de kiwi y vierta la gelatina suavemente.
- Refrigere hasta que cuaje.

Colación vespertina 11:
BOCADILLOS
(1 ración)

Ingredientes:
45 g de pechuga de pollo aplanada • gotas de limón • sal y pimienta blanca • ⅓ cucharadita de oliva EV1EF • 1 durazno cortado en rebanadas • edulcorante no calórico granulado spray de aceite de oliva

366 México entra en La Zona

Preparación:
- Corte la pechuga en cuadros.
- Únteles limón, sal, pimienta y el aceite de oliva, y déjelos reposar 5 minutos.
- Ase la pechuga en una parrilla.
- Coloque los cuadros en una charolita de horno (que puede también ser eléctrico), previamente engrasada con spray de aceite de oliva.
- Encima de cada cuadro coloque las rebanaditas de durazno y espolvoree el edulcorante.
- Hornee por 10 minutos.

Cena 11:
TORTITA DE PAVO CON PORTOBELLO
(1 ración)

Ingredientes:
70 g de carne de pechuga de pavo molida • ⅔ cucharadita de aceite de oliva EV1EF • 1 chile serrano, desvenado y picado finamente • 1 diente de ajo machacado • ½ cucharadita de comino • sal y pimienta

Para acompañar:
2 hongos Portobello o cualquier tipo de hongos • 1 jitomate partido a la mitad • hojas de albahaca fresca picada finamente • sal de ajo • 1 cucharadita de mostaza

Guarnición:
1 nectarina en rebanaditas

Preparación:
- En un sartén, caliente el aceite de oliva y sofría el chile y el ajo hasta que dore, agregue el comino y retire del fuego.
- Agregue esta mezcla a la carne de pavo y sazone con sal y pimienta y mézclela muy bien.
- Forme una tortita plana.
- En un sartén con spray de aceite de oliva, ásela de cada lado hasta que se cocine.
- En el mismo sartén, rocíe un poco más de spray de aceite de oliva y ase los hongos Portobello y el jitomate, por los dos lados, rocíelos con el mismo spray y procure voltearlos una sola vez.
- Cuando ya los haya volteado rocíelos con la albahaca y espolvoree la sal de ajo.

Menús en La Zona

- Sirva en el centro del plato la tortita con una cucharadita de mostaza encima y coloque alrededor los hongos Portobello, el jitomate y la nectarina para acompañar.

Variante:
- Esta receta se puede hacer con 90 g de carne molida de pechuga de pollo.

Menú 12:

Desayuno 12: Huevos ahogados • Conga de frutas
Colación matutina 12: Nieve de frutas silvestres
Comida 12: Pulpos con aguacate • Lomitos de pescado con espárragos al vino blanco • Espinacas asadas • Bebida de cítricos
Colación vespertina 12: Paté de salmón
Cena 12: Pollo al cascabel

Desayuno 12:
HUEVOS AHOGADOS
(1 ración)

Ingredientes:
4 claras de huevo • salsa verde (licuar tomate y chile serrano al gusto con 1 ajo y un poco de cilantro) • ½ taza de nopales cocidos y cortados en tiras largas • ⅔ cucharadita de aceite de oliva • sal al gusto

Preparación:
- Calentar un poco de aceite de oliva y vaciar la salsa verde, sazonar con sal.
- Ya que esté hirviendo, vaciar las claras para que se cocinen, e incorporar los nopales.
- Servir caliente.

CONGA DE FRUTAS
(1 ración)

Ingredientes:
½ taza de fresas • ½ manzana • ⅓ taza de melón chino picado • agua • edulcorante no calórico al gusto

368 MÉXICO ENTRA EN LA ZONA

Preparación:
- Muela en la licuadora todas las frutas con agua y edulcorante al gusto.
- Sirva sin colar.

Colación matutina 12:
NIEVE DE FRUTAS SILVESTRES
(1 ración)

Ingredientes:
1 taza de agua • gotas de limón • ½ sobre de bebida de limón *light* • 1 taza de frambuesas picadas • 2 claras de huevo • 1 nuez de Macadamia picada • ¼ cucharadita de ralladura fina de limón

Preparación:
- En un tazón de batidora, combine el agua con el limón y la bebida *light* y congele 1 hora. Saque del congelador y agregue las frutas silvestres, bata a velocidad media y congele 2 horas más.
- Vuelva a sacar cada 30 minutos, bata unos segundos, y vuelva a congelar, hasta obtener una mezcla tersa.
- Bata las claras a punto de turrón e incorpórelas en forma envolvente a la nieve, incorpore también las macadamias y la ralladura.
- Congele nuevamente por 3 horas más revolviendo ligeramente unas 2 veces.
- Decore con rodajas delgadas de limón.

Comida 12:
PULPOS CON AGUACATE
(1 ración)

Ingredientes:
30 g de pulpos • 1 jitomate asado y molido • 1 diente de ajo • perejil picado • 2 cucharadas de vinagre • ¼ taza de cebolla rebanada • sal y pimienta • spray de aceite de oliva • 2 cucharadas de aguacate picado • endivias lavadas y desinfectadas

Preparación:
- Ponga los pulpos con sal en un tazón, tállelos y enjuáguelos.
- Hierva por 15 minutos en una olla con agua.
- Parta el pulpo en cuadritos.
- Muela con el jitomate, el ajo, el perejil, el vinagre, la sal y la pimienta.

Menús en La Zona 369

- En una olla de presión acitrone el ½ de cebolla con spray de aceite de oliva, agregue el jitomate molido y el pulpo, revuelva y tape. Cocine por 10 minutos.
- Coloque en un plato una cama de endivias y encima el aguacate. Bañe el aguacate con la mezcla de pulpos.
- Es importante considerar que el pulpo se reduce a la mitad en cantidad al cocinarse.

LOMITOS DE PESCADO CON ESPÁRRAGOS
AL VINO BLANCO
(1 ración)

Ingredientes:
70 g de pescado blanco en lomos • hojitas de laurel • 2 echalotes picados finamente • ½ taza de caldo de pollo desgrasado • 2 cucharadas de vino blanco seco • 12 espárragos verdes enteros • sal y pimienta

Preparación:
- En una cacerola cocine los lomitos de pescado con el laurel, el echalote, el caldo y el vino, por 10 minutos.
- Reserve los lomos en un plato y manténgalos caliente.
- Concentre el caldo y resérvelo.
- Hierva en agua, con un poco de sal, los espárragos hasta que ablanden.
- Blanquee en agua con hielo un minuto, escúrralos muy bien.
- Ponga los espárragos cocidos en el caldo concentrado y caliente por 1 minuto.
- Vierta la salsa con los espárragos sobre los lomos y decore con ramas de perejil.

ESPINACAS ASADAS
(1 ración)

Ingredientes:
2 tazas de espinacas crudas sin tallos • gotas de limón • salsa inglesa • 4 cebollitas Cambray • pimienta negra

Preparación:
- Rebane las cebollitas.

370 MÉXICO ENTRA EN LA ZONA

- Mezcle el limón y la salsa inglesa con las cebollitas, cocine en un sartén hasta que se ablanden éstas.
- Incorpore las espinacas y cocine 1 minuto más a fuego alto.
- Sazone con pimienta y sirva.

BEBIDA DE CÍTRICOS
(1 ración)

Ingredientes:

gajos de una mandarina limpios y sin huesos • ¼ taza de agua • edulcorante no calórico al gusto • 1 tazas de agua mineral • hielo

Preparación:
- Licue la mandarina con el agua.
- Agregue el edulcorante, el agua mineral y el hielo.

Colación vespertina 12:
PATE DE SALMÓN
(1 ración)

Ingredientes:

45 g de salmón ahumado • hierbas frescas picadas de eneldo y perejil • ½ chile chipotle de lata • ⅓ cucharadita de aceite de oliva EV1EF • 1 taza de floretes de coliflor al vapor • pimienta negra • apio en tiras

Preparación:
- En un procesador de alimentos muela el salmón con las hierbas, el chile chipotle, el aceite de oliva, la coliflor y la pimienta hasta obtener una consistencia tersa.
- Coloque la mezcla en un tazón para servir y refrigere 1 hora.
- Lave y desinfecte el apio y sirva con el paté.

Cena 12:
POLLO AL CASCABEL
(1 ración)

Ingredientes:

2 tazas de nopales cocidos y cortados en tiras • 90 g de pechuga de pollo • 2 chiles cascabel • 2 jitomates • ¼ de cebolla • 1 diente

Menús en La Zona 371

de ajo • 1 ramita de cilantro • sal y pimienta al gusto • 2 tazas de caldo de pollo sin grasa • ⅔ cucharadita de aceite de oliva.

Preparación:
- Cocine el pollo en agua suficiente con ½ trozo de cebolla, ½ diente de ajo y ½ ramita de cilantro hasta que esté cocido; retire el pollo y cuele el caldo.
- Ase los chiles, los jitomates, la cebolla y el ajo restante en un comal; lícuelos junto con la otra ½ ramita de cilantro y la taza de caldo de pollo, la sal y la pimienta.
- Cuele y fría la salsa en un poco de aceite hasta que hierva.
- Añada el resto del caldo, los nopales y el pollo; cocine a fuego medio para que se caliente, retire y sirva.

Menú 13:

Desayuno 13: Dobladitas en chile • Mosimba de fresas
Colación matutina 13: Cocktail de mandarinas
Comida 13: Pescado en salsa de menta • Calabacitas rellenas • Ensalada de lechugas
Colación vespertina 13: Botanita de jaiba
Cena 13: Rajas preparadas • Frutas aderezadas

Desayuno 13:
DOBLADITAS EN CHILE
(1 ración)

Ingredientes:
2 rebanadas de jamón de pavo de 15 g cada una • 45 g de pechuga de pollo cocida y deshebrada • 2 tomates verdes • 1 trozo dé cebolla chico • 1 manojo pequeño de cilantro picado • ½ diente de ajo • 1 chile serrano • sal

Preparación:
- Coloque el pollo en cada rebanada de jamón y dóblelas.
- Hierva los tomates con el chile en una cazuela con agua, cuando estén suaves muélalos en la licuadora con el ajo, la cebolla, el cilantro y la sal.

MÉXICO ENTRA EN LA ZONA

- Vierta sobre las dobladitas de jamón y caliente de nuevo en el horno de microondas por 1 minuto.
- Sirva.

MOSIMBA DE FRESAS
(1 ración)

Ingredientes:

1 taza de fresas • 6 almendras peladas • 1 taza de agua • edulcorante no calórico • ¼ taza de hielo

Preparación:
- Licue todos los ingredientes a velocidad alta.
- Si queda muy espesa la mezcla se puede agregar un poco más de agua.

Colación matutina 13:
COCKTAIL DE MANDARINAS
(1 ración)

Ingredientes:

gajos de una mandarina sin pellejos ni huesitos • 35 g de pechuga de pavo • 1 cucharadita de cebolla finamente picada • 1 cucharadita de perejil fresco picado • ⅔ cucharadita de ralladura de mandarina • 6 cacahuates troceados

Preparación:
- Corte la pechuga de pavo en cubos.
- En una ensaladera pequeña mezcle la pechuga, le cebolla, el perejil y la ralladura de mandarina.
- Incorpore los gajos en forma envolvente.
- Espolvoree los cacahuates.
- Sirva.

Comida 13:
PESCADO EN SALSA DE MENTA
(1 ración)

Ingredientes:

90 g de pescado blanco en filete • hojas de menta al gusto • 2 ho-

Menús en La Zona   373

jas de lechuga • 1 cucharada de jugo de limón • sal y pimienta
blanca • ⅔ cucharadita de aceite de oliva

Preparación:
- Lave y desinfecte las hojas de lechuga. Escúrralas y lícuelas con la menta, el jugo de limón y una cucharadita de aceite de oliva, hasta lograr una mezcla homogénea. Sazone con sal y pimienta.
- Vacíe en un tazón y deje reposar a temperatura ambiente.
- Sazone los filetes y fríalos en un sartén con el resto del aceite y, hasta que estén cocidos, vierta la salsa de menta, baje el fuego y cocine un poco más.

CALABACITAS RELLENAS
(1 ración)

Ingredientes:
1 taza de calabacitas redondas grandes • ½ diente de ajo finamente picado • 1 echalote rebanado • 1 jitomate pequeño picado • spray de aceite de oliva • sal y pimienta

Preparación:
- Precaliente el horno a 200°C.
- Corte la punta de las calabacitas (del lado del rabo, como si quisiera quitar una tapa) y cocínelas en una vaporera hasta que se suavice el relleno.
- Blanquee en agua con hielo por 30 segundos.
- Retírelas.
- Saque la pulpa con una cuchara pequeña, sin hacer daño a la costra y reserve.
- En un sartén con spray de aceite de oliva sofría el ajo y el echalote hasta que doren, agregue el jitomate y deje que se cocine, agregue la pulpa y revuelva muy bien, cocine hasta que el líquido se evapore. Salpimiente.
- Rellene las calabacitas con esta pulpa preparada.
- Hornee en hornito eléctrico por 5 a 10 minutos.

ENSALADA DE LECHUGAS
(1 ración)

Ingredientes:
Combinación de lechuga francesa, escarola y orejona, lavadas y de-

374 MÉXICO ENTRA EN LA ZONA

sinfectadas. • vinagre balsámico al gusto • sal y pimienta • ½ manzana

Preparación:
- Corte, con los dedos, las lechugas en trozos y colóquelas en un plato.
- Báñelas con vinagre balsámico y sazone con sal y pimienta.

Colación vespertina 13:
BOTANITA DE JAIBA
(1 ración)

Ingredientes:
45 g de jaiba cocida y deshebrada • 1 jitomate picado • 1 cucharadita de cebollín finamente picado • gotas de limón • salsa inglesa al gusto • salsa tabasco al gusto • 1 rebanada delgada de aguacate • gotas de aceite de oliva EV1EF • sal • 1 kiwi en rebanaditas

Preparación:
- Mezcle la jaiba con el jitomate, el cebollín, el limón, la salsa inglesa y la salsa tabasco.
- Coloque la mezcla sobre la rebanada de aguacate, sazone con gotas de aceite de oliva y sal.
- Acompañe con el kiwi.

Cena 13:
RAJAS PREPARADAS
(1 ración)

Ingredientes:
90 g de pechuga de pollo cocida, deshebrada. • ½ taza de rajas de chile poblano naturales • 2 cucharadas de cebolla picada • ⅔ cucharadita de aceite de oliva • spray de aceite de oliva • salsa inglesa • sal y pimienta

Preparación:
- Acitrone la cebolla en un sartén con el aceite de oliva y agregue las rajas.
- Mezcle muy bien.
- Incorpore la pechuga y sazone con la salsa inglesa, sal y pimienta.

Menús en La Zona 375

FRUTAS ADEREZADAS
(1 ración)

Ingredientes:
¾ taza de melón chino en rebanadas delgadas • ½ taza de frambuesas • jugo de un limón • edulcorante no calórico al gusto

Preparación:
• En un plato coloque el melón y acompáñelo con las frambuesas.
• Mezcle el limón con el edulcorante y vierta sobre la fruta.

> **Menú 14:**
> **Desayuno 14:** Pavo frito a la toronja
> **Colación matutina 14:** Ponche de frutas
> **Comida 14:** Ensalada de nopalitos • Pescado con aderezo de anchoas • Brochetas bicolor
> **Colación vespertina 14:** Tartaleta de manzana
> **Cena 14:** Ensalada de atún con salsa de aguacate

Desayuno 14:
PAVO FRITO A LA TORONJA
(1 ración)

Ingredientes:
gajos de media toronja, limpios y machacados • gajos de media toronja sin pellejos, en trozos • 1 cucharadita de granos de mostaza • 1 echalote finamente picado • 70 g carne de pechuga de pavo sin piel, cortada en tiras • ⅔ cucharadita de aceite de oliva EV1EF • 2 cucharadas de cebolla picada • sal y pimienta • 1 taza de berros sin tallos
Guarnición:
apio en trozos medianos • gotas de salsa tabasco

Preparación:
• Revuelva en un tazón los gajos de la naranja machacados, la mostaza y el echalote y marine el pavo por 15 minutos.
• En un wok grande o en una cacerola, caliente el aceite y saltee las tiras de pavo hasta que doren.

376   MÉXICO ENTRA EN LA ZONA

- Añada la cebolla y cocine por 1 minuto. Salpimiente.
- Vierta lo que queda de la marinada y espere a que hierva.
- Añada los gajos de toronja en trozos y los berros, revuelva y sirva caliente.
- Si desea, puede añadir edulcorante no calórico al gusto, al retirar del calor.
- Sirva con guarnición de apio en trozos, rociado con unas gotas de salsa tabasco.
- Esta receta también se puede hacer con 70 g de pato en vez de pavo.

Colación matutina 14:
PONCHE DE FRESAS
(1 ración)

Ingredientes:

1½ taza de agua • 1 puñito de flores de jamaica lavadas y escurridas • ¼ manzana roja en trozos • 1 raja de canela • 2 cucharadas de edulcorante no calórico granulado • ½ taza de fresas en cubitos • 30 g de atún • gotas de limón • 1 cucharadita de cebolla finamente picada • 1 cucharadita de perejil picado • 6 cacahuates • sal

Preparación:

- En una ollita, hierva en el agua, la jamaica por dos minutos y cuélela.
- Agregue al agua, la manzana, la canela y el edulcorante y hierva por 3 minutos o hasta que la manzana se suavice y suelte su sabor.
- Retire del fuego.
- Quite la canela, agregue las fresas y sirva caliente.
- Rocíe el atún con el limón, y agregue la cebolla y el perejil, sazone.
- Espolvoree los cacahuates troceados, mezcle y sirva.
- Acompañe con el ponche.

Comida 14:
ENSALADA DE NOPALITOS
(1 ración)

Ingredientes:

1 taza de lechugas combinadas lavadas y troceadas • 1 taza de nopales en tiras delgadas • 1 jitomate saladet en rebanadas • cilantro picado • 1 rebanada delgada de cebolla • 1 cucharada de vinagre

Menús en La Zona 377

de manzana • ⅓ cucharadita de aceite de oliva EV1EF • sal y pimienta

Preparación:
- Cueza los nopales con agua, sal y un trozo de cebolla.
- Escúrralos y combínelos con el jitomate, la cebolla, el vinagre y el aceite, mezcle muy bien y sazone con sal y pimienta.
- Para servir, coloque en un plato una cama de lechugas y encima los nopalitos.

PESCADO CON ADEREZO DE ANCHOAS
(1 ración)

Ingredientes:
90 g de filete de pescado • 1 filete de anchoa de lata escurrida • 1 diente de ajo machacado • ralladura de ½ limón • gotas de limón • perejil fresco finamente picado • ⅓ cucharadita de aceite de oliva EV1EF • pimienta molido grueso • spray de aceite de oliva

Preparación:
- Pique la anchoa finamente, revuelva con el ajo, la ralladura de limón, el jugo y el perejil.
- Sazone con pimienta.
- Incorpore el aceite y revuelva.
- Rocíe el filete de pescado con spray de aceite de oliva y áselo en un sartén de teflón por ambos lados. Al voltearlo, cubra la parte ya cocida con el aderezo anterior y sirva caliente.

BROCHETAS BICOLOR
(1 ración)

Ingredientes:
⅓ taza de melón chino en cubos • ½ kiwi cortado en cubitos o ½ taza de fresas

Marinada:
Ralladura de una naranja • Jugo de 1 toronja • ½ cucharadita de extracto de naranja • edulcorante no calórico • pizca de canela en polvo • pizca de nuez moscada • Palitos de brochetas pequeños

378 MÉXICO ENTRA EN LA ZONA

Preparación:
- Para la marinada, mezcle en un tazón la ralladura de naranja, el jugo de toronja, el extracto, la canela y la nuez moscada, revuelva muy bien.
- Sumerja la fruta en esta preparación y refrigere por 3 horas o una noche completa.
- Saque e inserte la fruta alternadamente, en palitos de brocheta y áselas 1 minuto por cada lado. Colóquelas en un plato.
- Agregue edulcorante a la marinada y viértala sobre las brochetas.

Colación vespertina 14:
TARTALETAS DE MANZANA
(1 ración)

Ingredientes:
1 rebanada de pechuga de pavo cocida de 35g • ½ manzana rebanada finamente • ½ cucharadita de sazonador de pay de manzana o canela molida • 1 cucharadita de edulcorante no calórico granulado • 1 cucharadita de nuez picada

Preparación:
- En un refractario pequeño, acomode las rebanadas de manzana sobre la pechuga de pavo en forma de abanico, espolvoree la canela, la nuez y el edulcorante.
- Hornee por 15 minutos o hasta que se suavice la manzana.

Cena 14:
ENSALADA DE ATÚN CON SALSA DE AGUACATE
(1 ración)

Ingredientes:
60 g de atún de lata, escurrido • 2 tomates verdes, lavados • 2 cucharaditas de aguacate • un manojo pequeño de cilantro • 1 chile serrano • ½ diente de ajo • un trozo chico de cebolla • sal • lechugas mixtas troceadas • 1 taza de jitomate cerezo • 2 duraznos amarillos en rebanadas

Preparación:
- Licue el tomate verde con el aguacate, el cilantro, el chile, el ajo y la cebolla. Sazone.

Menús en La Zona 379

- Mezcle un poco de este aderezo con el atún y forme una bola con una cuchara para helado.
- Para emplatar: coloque en un plato, sobre una cama de lechuga, la bola de atún en el centro y alrededor los jitomates cerezo.
- Vierta el resto del aderezo a toda la ensalada.
- Acompañe con las rebanadas de durazno.

Menú 15:

Desayuno 15: Tortilla de brócoli • Coktail de duraznos
Colación matutina 15: Crepa de mora azul
Comida 15: Fricasé de verduras tiernas • Pescado al nectarín
• Ensalada con rollitos de jícama
Colación vespertina 15: Brocheta de pollo con ciruela
Cena 15: Ensalada de camarones • Gelatina de cítricos

Desayuno 15:
TORTILLA DE BRÓCOLI
(1 ración)

Ingredientes:
1 taza de brotes de brócoli lavado • sal y pimienta negra • páprika • 2 claras de huevo • ⅓ cucharadita de aceite de oliva EV1EF • spray de aceite de oliva

Salsa chile de árbol:
4 tomates verdes asados • 15 chiles de árbol tostados • 1 diente de ajo • 1 trozo de cebolla pequeño • sal

Preparación:
- Cocine en una vaporera los brotes, por 5 minutos.
- Retire y pique los brotes finamente.
- Fríalos en un sartén con aceite de oliva y salpimiente.
- Bata las claras hasta que espumen y sazone con sal, pimienta y páprika.
- Agregue el brócoli, revuelva muy bien y vierta la preparación en un sartén con spray de aceite de oliva, tape y cocine hasta que cuaje por ambos lados.
- Sirva acompañando con unas cucharaditas de salsa de chile de árbol.

380 MÉXICO ENTRA EN LA ZONA

Salsa chile de árbol:
- Licue perfectamente todos los ingredientes, utilice unas cucharaditas y guarde el resto en refrigeración en un bote de vidrio bien tapado.
- Esta salsa se puede utilizar al gusto para acompañar otros alimentos.

COCKTAIL DE DURAZNOS
(1 ración)

Ingredientes:
35 g de pechuga de pavo picada en cubitos muy pequeños • ½ durazno, pelado y picado • gajos de ½ mandarina limpios y sin huesos • gotas de limón • edulcorante no calórico • 1 ½ cucharadita de almendra picada

Preparación:
- Sirva el durazno en una copa, agregue la pechuga de pavo y revuelva muy bien.
- Machaque los gajos de mandarina con gotas de limón y agregue el edulcorante, revuelva y vierta sobre los duraznos.
- Adorne con las almendras.

Colación matutina 15:
CREPA DE MORA AZUL
(1 ración)

Ingredientes:
2 claras • 1 ½ cucharadita de almendra picada • ½ taza de mora azul (*blueberries*) o 1 taza de frambuesas • 2 cucharadas de edulcorante no calórico granulado

Preparación:
- Bata las claras junto con las almendras y una cucharada de edulcorante.
- Vierta en un sartén con spray de aceite de oliva y cocine por ambos lados como una crepa.
- Reserve en un plato.
- Aparte, en una ollita, cocine las moras con la otra cucharada de edulcorante hasta que la fruta se comience a desbaratar.
- Deje enfriar completamente y bañe la crepa con esta fruta, si desea puede doblar la crepa.
- Sirva.

Menús en La Zona 381

Comida 15:
FRICASÉ DE VERDURAS TIERNAS
(1 ración)

Ingredientes:

¼ taza de floretes de coliflor lavados • ½ pimiento verde y amarillo o rojo en rebanadas • un trozo pequeño de cebolla • ¼ taza de calabacitas en cubos • ¼ taza de poro • 1 cucharada de vermouth seco • 1 hoja de laurel • 1 rama de perejil fresco • 1 rama de tomillo fresco • sal y pimienta negra • spray de aceite de oliva • ½ cucharadita de mejorana picada

Preparación:

- Hierva 2 tazas de agua en una cacerola, con el vermouth, el laurel, el perejil, el tomillo, la sal y la pimienta.
- Al soltar el hervor añada todas las verduras y cocine a fuego lento por 2 minutos, retire las verduras del agua en una coladera y deje que se escurran muy bien.
- Coloque las verduras en un refractario, rocíe el spray de aceite de oliva, espolvoree la mejorana y hornee 5 minutos.
- Sirva caliente.

PESCADO AL NECTARÍN
(1 ración)

Ingredientes:

90 g de filete de pescado • 1 cucharadita de cebolla picada • 1 cucharadita de salsa de soya *light* • ½ diente de ajo picado • ⅔ cucharadita de aceite de oliva • 2 duraznos rebanados • sal y pimienta al gusto

Preparación:

- A fuego lento, en una cacerola, cocinar la cebolla, la salsa de soya, el ajo, el jengibre y los duraznos hasta que estén suaves.
- Sazonar los filetes con sal y pimienta.
- En un sartén, guisarlos con el aceite, hasta cocerlos. Vaciar la salsa de durazno.
- Revolver sin desbaratar el filete.

382 Mέxico entra en La Zona

ENSALADA CON ROLLITOS DE JÍCAMA
(1 ración)

Ingredientes:

hojas de lechuga romana grandes, lavadas y desinfectadas • 1 rabo de apio en juliana • ½ pepino sin semillas cortado en juliana • ½ taza de zanahoria en juliana • 3 rebanadas muy delgadas de jícama • gotas de limón • chile piquín

Preparación:

- Pele y rebane la jícama con un cortador de queso grande para que queden muy delgadas y se puedan enrollar.
- Rellene cada rebanada con el apio, el pepino y la zanahoria, agregue el limón y el chile piquín.
- Coloque los rollitos sobre las hojas de lechuga y sirva.

Colación vespertina 15:
BROCHETAS DE POLLO CON CIRUELA
(1 ración)

Ingredientes:

45 g de pechuga de pollo en cubos • 1 ciruela • palitos para brochetas chiquitos • ⅓ cucharadita de aceite de oliva EV1EF • ½ cucharadita de licor de anís • sal y pimienta • eneldo seco

Preparación:

- Mezcle en un recipiente el aceite, el licor, la sal, la pimienta y el eneldo.
- Agregue la pechuga y marine en el refrigerador por 20 minutos.
- Retire la piel de la ciruela con mucho cuidado y pártala en cubos.
- Ensarte las brochetas alternando la ciruela con el pollo.
- Ase las brochetas a la plancha durante 10 minutos, báñelas con la marinada, dándoles vuelta varias veces hasta que la pechuga se cocine.
- Sirva.

Menús en La Zona   383

Cena 15:
ENSALADA DE CAMARONES
(1 ración)

Ingredientes:

90 g de camarón • 2 cucharadas de cebolla picada • ⅔ cucharadita de aceite de oliva EV1EF • 1 cucharadita de cebollín picado finamente • 1 cucharada de apio finamente picado • salsa inglesa al
gusto • gotas de limón • 2 cucharadas de perejil finamente picado. • sal y pimienta • lechuga lavada, desinfectada y troceada •
1 jitomate en rebanadas

Preparación:
* Cocine los camarones en agua y límpielos.
* En un tazón combine la cebolla, el aceite de oliva, el cebollín, el apio,
  la salsa inglesa y el limón.
* Adicione los camarones.
* Incorpore el perejil.
* Sazone con sal y pimienta, mezcle y refrigere.
* Sirva sobre una cama de lechuga y jitomate.

GELATINA DE CÍTRICOS
(1 ración)

Ingredientes:

½ sobre de gelatina *light* sabor naranja • 1 cucharada de cáscara de
naranja finamente cortada • gajos de una toronja

Preparación:
* Disuelva la gelatina en media taza de agua caliente, y adicione media
  taza de agua fría.
* Vierta en un refractario y refrigere hasta medio cuajar.
* Pele los gajos perfectamente, retirando completamente todos los pelle-
  jos y los huesos.
* Incorpore los gajos de toronja a la gelatina, y la cáscara de la naranja,
  revuelva ligeramente.
* Refrigere nuevamente hasta que cuaje.
* Sirva.

384 MÉXICO ENTRA EN LA ZONA

Menús Plata para mujeres

8 menús *Plata* en **La Zona** para mujeres, de dos bloques en horarios principales y un bloque entre comidas.

Menú 1:

Desayuno 1: Nopal asado con rajas • Suprema de toronja
Colación matutina 1: Ensalada de jamón picado
Comida 1: Pepinos con especias • Pescado tallado a las brasas • Guarnición de jitomate con albahaca • Duraznos en *coulis* de frambuesa
Colación vespertina 1: Melón picado
Cena 1: Hamburguesas de pollo • Espárragos sazonados • Postre de mandarina

Menú 2:

Desayuno 2: Omelette en salsa poblana tropicalada de frutas
Colación matutina 2: Pechuga de pavo con fruta
Comida 2: Atún con berenjenas • Ensalada mixta • Manzana vainilla
Colación vespertina 2: Botana de pulpos
Cena 2: Sardinas a la mexicana • Puré de frutas

Menú 3:

Desayuno 3: Brochetas de jamón y fruta • Compota de ciruelas
Colación matutina 3: *Souffle* de calabaza
Comida 3: Crema de brócoli • Pechugas de pollo al vino blanco • Ensalada con aguacate
Colación vespertina 3: Rodajas de endivia con manzana
Cena 3: Ensalada *Nicoise* • Compota de frutas

Menú 4:

Desayuno 4: Pizza omelette • Manzanas salteadas
Colación matutina 4: Salmón con aderezo italiano
Comida 4: Sopa de champiñones
Colación vespertina 4: Taquito de atún
Cena 4: Róbalo a las finas hierbas • Bebida fresca

Menú 5:

Desayuno 5: Rollitos de pavo con salsa mexicana • Licuado de melón
Colación matutina 5: Dulce de durazno
Comida 5: Sopa de cebolla gratinada • Albóndigas de pollo al chipotle
• Verduras asadas • Compota de fresas
Colación vespertina 5: Ejotes con hierbas
Cena 5: Muslos en escabeche

Menú 6:

Desayuno 6: Tinga para empezar • Frambuesas para desayunar
Colación matutina 6: Deditos de pescado
Comida 6: Trucha empapelada • Dip de pepino
Colación vespertina 6: Taco de pavo
Cena 6: Pechuga con ensalada de cítricos

Menú 7:

Desayuno 7: Omelette con salsa borracha • Suprema con fresas
Colación matutina 7: Corazones de alcachofa preparados
Comida 7: Crema de espinaca • Pollo en salsa de champiñones •
Acelgas agridulces • Copa de jícama
Colación vespertina 7: Torrecitas con pechuga de pavo
Cena 7: Pollo con ramitas de verdolagas • Zanahorias

Menú 8:

Desayuno 8: Huevo ranchero especial • Fruta de la estación
Colación matutina 8: Tartaleta de fresas
Comida 8: Pechugas al ajo • Espinacas con aderezo de almendras •
Gelatina multicolor
Colación vespertina 8: Ensalada thai
Cena 8: Cazuela de pescado

386 MÉXICO ENTRA EN LA ZONA

Menú 1:

Desayuno 1: Nopal asado con rajas • Suprema de toronja
Colación matutina 1: Ensalada de jamón picado
Comida 1: Pepinos con especias • Pescado tallado a las brasas
• Guarnición de jitomate con albahaca • Duraznos en
coulis de frambuesa
Colación vespertina 1: Melón picado
Cena 1: Hamburguesas de pollo • Espárragos sazonados •
Postre de mandarina

Desayuno 1:
NOPAL ASADO CON RAJAS
(1 ración)

Ingredientes:

90 g de pechuga de pollo en tiras delgadas • ¼ taza de rajas poblanas • ½ diente de ajo • 1 nopal grande • sal • spray de aceite de
oliva • ⅔ cucharadita de aceite de oliva EV1EF • 2 cucharaditas de
salsa verde (ver receta menú Oro-colación matutina 11).

Preparación:

• Rocíe un sartén con spray de aceite de oliva y unte el ajo, ase la pechuga hasta que dore y salpimiente. Retire.
• En otro sartén, ase el nopal por ambos lados con un poco de spray de
aceite de oliva y sazone.
• Distribuya encima del nopal, las rajas y la pechuga, tape y deje que se
caliente.
• Sirva en un plato, rocíe el aceite de oliva sobre el nopal preparado y la
salsa verde.

SUPREMA DE TORONJA
(1 ración)

Ingredientes:

gajos de media toronja • edulcorante no calórico al gusto (opcional)

Preparación:

• Pele la toronja, retire la membrana blanca de alrededor y separe los gajos, quite el pellejo que cubre los gajos.

Menús en La Zona 387

- Sirva los gajos en una copa y agregue el edulcorante.

Colación matutina 1:
ENSALADA DE JAMÓN PICADO
(1 ración)

Ingredientes:

30 g de jamón de pavo cortado en cubos pequeños • ½ taza de zanahorias, en cubos, cocidas • 1 taza de floretes combinación brócoli y coliflor cocidas • 1 cucharadita de mayonesa ligera • sal y pimienta

Preparación:
- Combine en un tazón todas las verduras.
- Agregue el jamón y la mayonesa.
- Salpimiente, revuelva y sirva.

Comida 1:
PEPINOS CON ESPECIAS
(1 ración)

Ingredientes:

1 echalote • ¼ taza de vinagre de vino • 2 cucharaditas de edulcorante no calórico • sal • 1 cucharada de agua • 1 pepino grande, sin semillas, cortado en juliana • 5 hojas de menta picadas • 3 chiles de árbol rebanados • cilantro picado • 2 cucharadas de cebolla picada • 6 cacahuates, tostados, picados • spray de aceite de oliva

Preparación:
- Rebane el echalote y áselo en un sartén con spray de aceite de oliva hasta que dore.
- Mezcle en un tazón, el vinagre, con el edulcorante, la sal y el agua, revuelva bien.
- Incorpore los pepinos, la menta, el chile, el cilantro, la cebolla y el echalote; deje reposar un par de horas para que se combinen los sabores.
- Al servir, adorne con los cacahuates.

MÉXICO ENTRA EN LA ZONA

PESCADO TALLADO A LAS BRASAS
(1 ración)

Ingredientes:

1 filete de pescado de róbalo de 90 g • sal • gotas de limón • 1 chile guajillo seco, sin semillas y abierto por la mitad • hojas de lechuga • aros de cebolla cruda

Preparación:

- Sumerja los aros de cebolla en agua por 10 minutos.
- Sumerja el chile en agua tibia por un minuto y resérvelo en un plato.
- Macere el pescado en una mezcla de limón y sal por 5 minutos.
- Escúrralo y áselo en una parrilla por 5 minutos.
- Tállelo con el chile guajillo por ambos lados.
- Sirva sobre una cama de lechuga y decore con la cebolla.
- Acompañe con guarnición de jitomates con albahaca.

GUARNICIÓN DE JITOMATE CON ALBAHACA
(1 ración)

Ingredientes:

1 jitomate bola maduro firme en rebanadas • ⅓ cucharadita de aceite de oliva EV1EF • albahaca seca • sal y pimienta

Preparación:

- Coloque las rebanadas de jitomate en un plato.
- Mezcle aparte, el oliva con la albahaca, la sal y la pimienta y bañe las rebanadas de jitomate.

DURAZNOS EN *COULIS* DE FRAMBUESA
(1 ración)

Ingredientes:

1 durazno pelado, deshuesado • ½ taza de agua • ½ cucharadita de extracto de vainilla • gotas de limón

Coulis de frambuesa:

2 cucharadas de frambuesas • 1 cucharadita de vino blanco • edulcorante no calórico

Menús en La Zona   389

Preparación:
- Parta el durazno en cuatro partes.
- Hierva el agua con la vainilla y el jugo de limón, agregue el durazno y cocine 3 minutos a fuego bajo.
- Para el *coulis*, caliente las frambuesas 1 minuto en microondas, macháquelas con un tenedor junto con el vino y el edulcorante no calórico y cuélelas con un colador pequeño.
- Vierta el *coulis* en un plato extendido y coloque encima el durazno partido.

Colación vespertina 1:
MELÓN PICADO
(1 ración)

Ingredientes:
¾ taza de melón picado • 35 g pechuga de pavo picada • 3 pistaches pelados y troceados

Preparación:
- Coloque el melón en un tazón pequeño.
- Revuelva el pavo y adorne con los pistaches.

Cena 1:
HAMBURGUESA DE POLLO
(1 ración)

Ingredientes:
90 g de pechuga de pollo molida • 1 clara • perejil picado al gusto • 1 chile serrano picado finamente • ½ cucharadita de mostaza • salsa inglesa • sal y pimienta • spray de aceite de oliva

Aderezo:
2 cucharadas de puré de tomate no condimentado casero • 1 cucharadita de vinagre de manzana • 1 cucharadita de edulcorante no calórico • sal y pimienta

Preparación:
- En un recipiente, mezcle la carne con la clara, el perejil, el chile, la mostaza y la salsa inglesa.

390 MÉXICO ENTRA EN LA ZONA

- Salpimiente.
- Forme 1 hamburguesa y cocínela por ambos lados en sartén con spray de aceite de oliva.

Para el aderezo:
- Mezcle todos los ingredientes.
- Sirva la hamburguesa acompañada con este aderezo.

ESPÁRRAGOS SAZONADOS
(1 ración)

Ingredientes:

12 espárragos • ⅓ cucharadita de aceite de oliva EV1EF • 2 rebanadas delgadas de cebolla • pizca de páprika

Preparación:
- Blanquee los espárragos 4 minutos en agua con sal y luego en agua con hielo 2 minutos.
- Saltee la cebolla con el aceite de oliva y agregue los espárragos.
- Sazone con páprika y sirva.

POSTRE DE MANDARINA
(1 ración)

Ingredientes:

½ sobre de grenetina • ¼ taza de agua fría • ¼ taza de agua caliente • gajos de 1 mandarina, limpios y sin huesos • 1 cucharada de edulcorante no calórico • 1 ½ cucharadita de almendras picadas

Preparación:
- Disuelva la grenetina en el agua fría y agregue el agua caliente.
- Muela con los gajos de mandarina, agregue el edulcorante y la almendra y refrigere en una copa hasta que cuaje.

Menús en La Zona

Menú 2:
Desayuno 2: Omelette en salsa poblana tropicalada de frutas
Colación matutina 2: Pechuga de pavo con fruta
Comida 2: Atún con berenjenas • Ensalada mixta manzana vainilla
Colación vespertina 2: Botana de pulpos
Cena 2: Sardinas a la mexicana • Puré de frutas

Desayuno 2:
OMELETTE EN SALSA POBLANA
(1 ración)

Ingredientes:
4 claras • ¼ de cebolla fileteada • ½ taza de champiñones cocidos • sal al gusto • 1 cucharadita de aceite de oliva

Para la salsa:
1 chile poblano asado y desvenado • sal y pimienta al gusto

Preparación:
Para hacer la salsa:
- Ase el chile poblano, pélelo y retírele las venas; lícuelo con poquita agua, sal y pimienta.
- Vacíe la salsa a una cacerola, ya que suelte el hervor, rectifique el sazón, retire y reserve.
- En un sartén, sofría la cebolla con los champiñones en el aceite, cuando la cebolla se dore retire del fuego.
- Bata ligeramente las claras con la sal, viértala en el sartén hasta que se haga una tortilla y se cuaje bien por la parte de abajo.
- Agregue la preparación de los champiñones, doble, sirva y cubra con la salsa.

TROPICALADA DE FRUTAS
(1 ración)

Ingredientes:
½ taza de fresas picadas • ½ toronja en gajos • ½ durazno pelado y picado • edulcorante sustituto no calórico

México entra en La Zona

Preparación:
- Pele la toronja y retire el pellejo de los gajos por completo, sirva en un tazón.
- Machaque los gajos con un tenedor.
- Agregue las demás frutas y revuelva.
- Endulce con edulcorante no calórico si desea.

Colación matutina 2:
PAVO AHUMADO CON FRUTA
(1 ración)

Ingredientes:
45 g de pierna o muslo de pavo ahumado en cubos • 1 tazas de moras variadas • 3 aceitunas deshuesadas • palillos

Preparación:
- Coloque todo por separado en un plato botanero y clave los palillos en los diferentes tipos de alimentos.
- Sirva.

Comida 2:
ATÚN CON BERENJENAS
(1 ración)

Ingredientes:
1 cucharadita de aceite de oliva • chile serrano picado al gusto • ½ taza de berenjena cortada en cubos • 1 pimiento rojo picado • ¼ de cebolla picada • 60 g de atún en lata escurrido • ½ taza de calabacita picada • sal

Preparación:
- Remojar los cubos de berenjena en agua con sal, después escurrirlos bien.
- En el aceite fría la cebolla, el ajo, el chile, el pimiento, los cubos de berenjena y la calabacita, mover hasta que cambie de color, agregue el atún, cocinar hasta que se caliente.

Menús en La Zona

ENSALADA MIXTA
(1 ración)

Ingredientes:
hojas de lechugas mixtas • hojas de berros • ½ apio en tiras delgadas

Aderezo:
2 cucharaditas de aguacate • gotas de limón • salsa inglesa • sal y pimienta • ¼ taza de vinagre de vino

Preparación:
- Lave y desinfecte las hojas de lechuga y los berros.
- Mezcle las lechugas con los berros y el apio.
- Aparte, mezcle los ingredientes del aderezo y salpimiente al gusto.
- Vierta sobre la ensalada y sirva.

MANZANA VAINILLA
(1 ración)

Ingredientes:
½ manzana verde • 1 cucharadita de vainilla • edulcorante sustituto no calórico

Preparación:
- Parta la manzana en trocitos y rocíelos con la vainilla.
- Cocine en microondas por 1 minuto, agregue el edulcorante al gusto.

Colación vespertina 2:
BOTANA DE PULPOS
(1 ración)

Ingredientes:
65 g de pulpo cocido y picado • cilantro picado finamente • 1 cucharada de cebolla picada finamente • gotas de limón • sal marina • ⅓ cucharadita de aceite de oliva EV1EF • 1 taza de fresas lavadas y desinfectadas • palillos

Preparación:
- Mezcle, en un tazón, el pulpo con el cilantro, la cebolla, el limón, la sal marina y el aceite de oliva.

394   MÉXICO ENTRA EN LA ZONA

- Deje marinar una hora en el refrigerador.
- Sirva y acompañe con las fresas.

Cena 2:
SARDINAS A LA MEXICANA
(1 ración)

Ingredientes:

    60 g de sardinas en aceite de oliva • 1 jitomate saladet picado • 2 cucharadas de cebolla picada • chile serrano picado al gusto • sal • gotas de limón • hojas de lechuga romana picada • 2 cucharadas de aguacate picado

Preparación:

- Escurra las sardinas y pártalas en trozos más pequeños, coloque en un tazón.
- Agregue el jitomate, la cebolla y el chile, revuelva bien.
- Sazone con sal y el jugo de limón.
- Sirva sobre una cama de lechuga y aguacate.

PURÉ DE FRUTAS
(1 ración)

Ingredientes:

    1 taza de fresas congeladas • 1 kiwi pelado • edulcorante no calórico

Preparación:

- Licue las frutas en una licuadora y agregue edulcorante al gusto.
- Sirva en una copa y refrigere.

Menú 3:

Desayuno 3: Brochetas de jamón y fruta • Compota de ciruelas

Colación matutina 3: *Souffle* de calabaza

Comida 3: Crema de brócoli • Pechugas de pollo al vino blanco • Ensalada con aguacate

Colación vespertina 3: Rodajas de endivia con manzana

Cena 3: Ensalada *Nicoise* • Compota de frutas

Menús en La Zona 395

Desayuno 3:
BROCHETAS DE JAMÓN Y FRUTA
(1 ración)

Ingredientes:
70 g de jamón de pavo • ½ manzana roja • 1 kiwi

Para el dip:
Jugo de ½ limón • 1 cucharadita de rayadura de cáscara de limón • 6 mitades de nueces

Preparación:
- Corte el jamón en cubos de 1 centímetro por lado; quite el corazón de la manzana y córtelo en cubos.
- Pele y rebane el kiwi.
- En un tazón mezclar el jugo de limón y la rayadura.
- Servir en un plato, bañarlo con el *dip* y espolvorear las nueces.

COMPOTA DE CIRUELAS
(1 ración)

Ingredientes:
2 ciruelas negras o asiáticas, deshuesadas (no usar ciruela pasa) • ½ taza de agua • ½ cucharadita de extracto de vainilla • 2 cucharaditas de edulcorante sustituto no calórico granulado

Preparación:
- Hierva, a fuego lento, las ciruelas con ½ taza de agua, la vainilla y el edulcorante, por espacio de 5 minutos.
- Retire del fuego y deje enfriar.
- Sirva.

Colación matutina 3:
SOUFFLE DE CALABAZA
(1 ración)

Ingredientes:
1 taza de cáscara de calabaza japonesa, rallada • pizca de páprika • ½ cucharadita de salsa de soya • sal marina • 2 claras batidas a punto de turrón • 1 cucharadita de nuez picada

MÉXICO ENTRA EN LA ZONA

Preparación:

- Cocine al vapor las calabazas y desprenda la pulpa con una cuchara y deséchela. Ralle finamente las cáscaras.
- Condimente con la páprika, la soya y la sal marina.
- En un tazón, mezcle en forma envolvente, primero la calabaza rallada, segundo, la nuez y luego las claras batidas.
- Coloque en un molde pequeño para hornear.
- Hornee a 180°C por 30 minutos.
- Enfríe y sirva.

Comida 3:
CREMA DE BRÓCOLI
(1 ración)

Ingredientes:

1 taza de floretes de brócoli lavado • ¼ taza de cebolla en cuadros medianos • ½ ajo picado • 1 taza de caldo de vegetales • sal y pimienta • pizca de nuez moscada • 1 ½ cucharadita de almendra fileteada, tostada • spray de aceite de oliva

Preparación:

- Acitrone el ajo y la cebolla en una cazuela, por un minuto.
- Agregue el brócoli y saltee 4 minutos.
- Salpimiente y condimente con la nuez moscada.
- Agregue el caldo y hierva por 4 minutos.
- Retire del fuego, deje enfriar y licue.
- Vuelva a calentar y, al soltar el hervor, apague y sirva.
- Decore con las almendras.

PECHUGAS DE POLLO AL VINO BLANCO
(1 ración)

Ingredientes:

90 g de pechuga de pollo • ½ taza de vino blanco • 2 cucharadas de vinagre balsámico • 2 cucharadas de cebolla picada • 1 cucharada de apio picado • 2 hojas de lechuga rizada lavada, desinfectada y picada • el jugo de ½ limón • sal y pimienta al gusto

Preparación:

- En un recipiente, revolver el vino con el vinagre, la sal y la pimienta, in-

Menús en La Zona

corporar las pechugas e impregnarlas. Tapar con plástico autoadherible y dejar marinar por media hora.
- Acitronar la cebolla en aceite, agregar las pechugas y cocinar hasta que doren, retirarlas y cortarlas en rebanadas delgadas.
- Poner la lechuga en un recipiente, bañarla con el jugo de limón, sazonar con sal y pimienta.
- Servir acompañado con lechuga y apio.

ENSALADA CON AGUACATE
(1 ración)

Ingredientes:
hojas de lechugas mixtas lavadas y desinfectadas • hojas de espinaca lavada y desinfectada • ½ manzana rallada

Aderezo:
1 echalote picado • 1 cucharadita de aguacate • 4 cucharadas de vinagre balsámico • 1 cucharadita de mostaza • gotas de limón • sal y pimienta

Preparación:
- Coloque los vegetales en un platón y mezcle muy bien.
- Adorne con la manzana.
- Muela en un procesador de alimentos los ingredientes del aderezo y bañe la ensalada.

Colación vespertina 3:
RODAJAS DE ENDIVIA CON MANZANA
(1 ración)

Ingredientes:
hojas de endivias • ½ manzana pelada en rebanadas • 30 g de lomo canadiense en cubitos o 35 g de pechuga de pavo en cubitos • 1 ½ cucharadita de almendras picadas

Aderezo:
1 cucharada de vinagre balsámico • pimienta verde molida

Preparación:
- Corte las endivias en rodajas.

398 MÉXICO ENTRA EN LA ZONA

- Mezcle con los demás ingredientes en un tazón.
- Combine los ingredientes del aderezo y bañe la preparación anterior.
- Sirva.

Cena 3:
ENSALADA *NICOISE*
(1 ración)

Ingredientes:

1 jitomate bola chico sin semillas y en ocho trozos • ¼ pimiento verde limpio en tiras delgadas • 1 rebanada de cebolla delgada • 1 diente de ajo pelado • 1 cucharadita de alcaparras • 1 aceituna negra deshuesada en rebanaditas • 60 g de atún de lata bien drenado • ⅔ cucharadita de aceite de oliva EV1EF • sal y pimienta

Preparación:

- Ensarte el ajo en un tenedor y úntelo en las paredes de un plato de vidrio para ensalada.
- Coloque los jitomates, el pimiento, la cebolla, las alcaparras, la aceituna y el atún.
- Aderece con el aceite y salpimiente.

COMPOTA DE FRUTAS
(1 ración)

Ingredientes:

1 taza de agua • 1 cucharada de edulcorante no calórico granulado • 1 raja de canela • ½ manzana roja • ½ durazno amarillo pelado y cortado en tiras • ½ taza de fresas lavadas y desinfectadas

Preparación:

- En una cacerola con el agua, hierva el edulcorante y la canela por 3 minutos.
- Retire la canela y agregue la fruta, exceptuando las fresas, hierva 2 minutos más.
- Agregue las fresas y hierva por 1 minuto más.
- Retire del fuego.
- Sirva frío en una copa.

Menús en La Zona   399

Menú 4:

Desayuno 4: Pizza omelette • Manzanas salteadas
Colación matutina 4: Salmón con aderezo italiano
Comida 4: Sopa de champiñones
Colación vespertina 4: Taquito de atún
Cena 4: Róbalo a las finas hierbas • Bebida fresca

Desayuno 4:
PIZZA OMELETTE
(1 ración)

Ingredientes:

2 claras • sal y pimienta • 1 cucharadita de albahaca • 2 rebanadas delgadas de cebolla • 1 diente de ajo machacado • ⅓ cucharadita de aceite de oliva EV1EF • 4 cucharadas de puré de tomate • ½ cucharadita de orégano • pizca de sal y pimienta • ½ cucharadita de vinagre de manzana • pizca de edulcorante sustituto no calórico • 35 g de pechuga de pavo en cuadritos • rebanadas delgaditas de jitomates cherry • 1 taza de champiñones rebanados • 3 aceitunas negras en mitades • spray de aceite de oliva

Preparación:

- Precaliente el horno.
- Bata las claras con albahaca, sal y pimienta en un tazón.
- Acitrone, en un sartén de teflón rociado con spray de aceite de oliva, el ajo y la cebolla a fuego lento.
- Vierta las claras y deje que se extienda por toda la superficie, deje que cuaje hasta obtener una especie de base para pizza.
- Deslícela sobre una charola de horno rociada con spray de aceite de oliva.
- Con una brocha unte el aceite en toda la superficie de la pizza.
- Combine en una taza el puré con el orégano, la sal, la pimienta, el vinagre y el edulcorante, mezcle muy bien y embarre esta mezcla sobre la pizza.
- Coloque, bien distribuidos y en orden, los siguientes ingredientes: el pavo, el jitomate, los champiñones cortados en rebanadas delgadas.
- Decore con las aceitunas.
- Hornee a 180°C por 5 minutos.
- Sirva caliente.

MANZANAS SALTEADAS
(1 ración)

Ingredientes:

½ manzana pelada troceada y rociada con gotas de limón para que no se ennegrezca • edulcorante no calórico al gusto granulado • ½ cucharadita de pasitas • canela en polvo • spray de aceite de oliva • pizca de sal marina

Preparación
- Caliente un sartén con spray de aceite de oliva.
- Añada las manzana y una pizca de sal marina.
- Revuelva durante 4 o 5 minutos
- Agregue el edulcorante, las pasitas y la canela.
- Sirva caliente.

Colación matutina 4:
SALMÓN CON ADEREZO ITALIANO
(1 ración)

Ingredientes:

gajos de ½ toronja limpios y sin huesos • hojas de lechuga romana y escarola lavada y desinfectada • 45 g de salmón ahumado en cubitos

Aderezo italiano:

⅓ taza de caldo de pollo caliente • 1 cucharada de pimiento morrón picado • 1 cucharada de hierbas a la italiana • ½ diente de ajo • 2 cucharadas de vinagre de vino • 1 cucharadita de aceite de oliva EV1EF

Preparación:
- Coloque, en un platón, las lechugas y alrededor los gajos alternados.
- Encima agregue el salmón.

Para el aderezo italiano:
- Licue con el caldo, todos los ingredientes excepto el aceite.
- Licuando a velocidad muy baja añada en forma de hilo el aceite hasta obtener una consistencia cremosa.
- Bañe la ensalada con la tercera parte del aderezo y sirva.

Menús en La Zona

401

- Reserve el resto del aderezo para otra ocasión en un recipiente de vidrio. (En refrigeración dura hasta 15 días.)

Comida 4:
SOPA DE CHAMPIÑONES
(1 ración)

Ingredientes:
1 taza de nopales cortados en tiras • 1 taza de setas o champiñones • 90 g de pechuga de pollo cortada en tiras • cebolla fileteada • 1 rama de epazote • ½ litro de caldo de pollo • sal y pimienta al gusto • ⅔ cucharadita de aceite de oliva

Preparación:
- Caliente el aceite en una cacerola, añada la cebolla y, cuando esté transparente, agregue el pollo y sazone con sal y pimienta.
- Cuando el pollo casi esté cocido agregue el epazote y las setas; cocine durante 10 minutos o hasta que estén cocidas.
- Integre el caldo y los nopales y, cuando suelte el hervor, retire del fuego y sirva.

Colación vespertina 4:
TAQUITO DE ATÚN
(1 ración)

Ingredientes:
30 g de atún en agua bien escurrido • spray de aceite de oliva • 1 cucharada de cebolla finamente picada • 1 cucharadita de chile chipotle picado • 1 jitomate saladet picado • salsa inglesa • ½ cucharadita de alcaparras

Para emplatar:
1 cucharadita de aguacate • 1 hoja de col remojada en agua tibia para suavizarla

Preparación:
- Fría, en un sartén con spray de aceite de oliva, la cebolla.
- Agregue el atún y deje freír.
- Incorpore el jitomate y deje cocinar por 2 minutos.

402 MÉXICO ENTRA EN LA ZONA

- Añada el chipotle, los condimentos y las alcaparras, revuelva y retire del fuego.
- Retire la hoja de col del agua y séquela.
- Rellénela con el atún, coloque el aguacate y enróllela.

Cena 4:
RÓBALO A LA FINAS HIERBAS
(1 ración)

Ingredientes:

1 ramita de albahaca picada • 1 ramita de perejil • 1 ramita de mejorana • ½ cucharadita de orégano • 1 ramita de tomillo • 1 hoja santa • 90 g de róbalo en trozo sin cabeza ni cola (puedes utilizar el pescado de tu preferencia) • el jugo de un limón • cebolla fileteada • sal y pimienta al gusto • acompañar con 1 taza de ejotes cocidos al vapor • servir con 1 cucharadita de aguacate

Preparación:

- Sazone el pescado con sal y pimienta y el jugo de limon, dejar reposar 10 minutos en el refrigerador.
- Engrasar con la mitad de las hierbas un refractario en una cama junto con la cebolla; rellene el pescado con el resto de las finas hierbas.
- Coloque el róbalo en el refractario, vacíe una taza de agua y el jugo de limón; cubra el pescado con papel aluminio.
- Meter al horno por 25 minutos, una vez cocido retirar las capas y cortar.

BEBIDA FRESCA
(1 ración)

Ingredientes:

1 limón real (grande sin semillas) • 1 taza de agua • hielo al gusto • edulcorante no calórico al gusto

Preparación:

- Licue, a velocidad alta, el limón con cáscara y los demás ingredientes hasta que se desbarate por completo el limón.
- Sirva sin colar y consuma de inmediato.

Menús en La Zona   403

Menú 5:

Desayuno 5: Rollitos de pavo con salsa mexicana • Licuado de melón
Colación matutina 5: Dulce de durazno
Comida 5: Sopa de cebolla gratinada • Albóndigas de pollo al chipotle • Verduras asadas • Compota de fresas
Colación vespertina 5: Ejotes con hierbas
Cena 5: Muslos en escabeche

Desayuno 5:
ROLLITOS DE PAVO CON SALSA MEXICANA
(1 ración)

Ingredientes:
70 g de pechuga de pavo en rebanadas

Salsa mexicana:
4 jitomates picados finamente • ¾ taza de cebolla finamente picada • 1 taza de chiles nachos en vinagre • 2 cucharadas de vinagre de los chiles • sal

Preparación:
• Enrolle las rebanadas de pechuga de pavo y caliente en un horno de microondas por 1 minuto.
• Sirva y acompañe con unas cucharaditas de la salsa mexicana.

Salsa mexicana:
• Pique los chiles nachos y revuelva con el jitomate y la cebolla.
• Agregue el vinagre y revuelva.
• Reserve el resto para otra ocasión en un frasco de vidrio tapado. (En refrigeración dura hasta 5 días.)

LICUADO DE MELÓN
(1 ración)

Ingredientes:
1 ½ taza de melón chino picado • 1 taza de agua • gotas de limón • hielo al gusto

404 MÉXICO ENTRA EN LA ZONA

Preparación:
- Licue todos los ingredientes juntos y sirva frío sin colar.

Colación matutina 5:
DULCE DE DURAZNO
(1 ración)

Ingredientes:

1 durazno pelado y picado • ¼ taza de agua • 1 cucharadita de edulcorante sustituto no calórico granulado • gotas de limón • 1 ½ cucharadita de almendras picadas • 45 g de pechuga de pollo finamente picada

Preparación:
- Hierva el durazno en el agua, con el edulcorante y el limón.
- Agregue las almendras y la pechuga, revuelva y hierva a fuego bajo hasta que se evapore toda el agua.
- Sirva en una taza y refrigere.

Comida 5:
SOPA DE CEBOLLA
(1 ración)

Ingredientes:

½ taza de cebolla en rodajas • 1 ½ taza de caldo de res desgrasado • ⅓ cucharadita de aceite de oliva EV1EF • salsa inglesa al gusto

Preparación:
- Acitrone la cebolla, en una cazuela, con el aceite de oliva.
- Agregue el caldo de res y, al soltar el hervor, adicione la salsa inglesa.
- Hierva hasta que la cebolla se suavice.
- Sirva caliente en un plato sopero.

ALBÓNDIGAS DE POLLO AL CHIPOTLE
(1 ración)

Ingredientes:

70 g de pechuga molida de pollo • 1 clara batida • 2 cucharadas de cebolla picada • 1 diente de ajo picado • ½ cucharadita de

Menús en La Zona

mostaza • 1 cucharadita de hierbabuena fresca picada • sal, sal de ajo, pimienta

Caldillo:

½ taza de puré de tomate no condimentado casero • ½ diente de ajo • 1 trozo pequeño de cebolla • 1 chile chipotle en adobo • caldo de pollo desgrasado • sal

Preparación:

- Revuelva todos los ingredientes de las albóndigas, sazone y forme bolitas.
- Refrigere.

Para el caldillo:

- Licue el puré de tomate con el ajo y la cebolla y póngalo en una cacerola a hervir.
- Agregue un poco de caldo de pollo.
- Incorpore las albóndigas y hierva a fuego bajo durante 15 o 20 minutos.
- Sazone.
- Agregue el chipotle y retírelo de la salsa en cuanto la salsa pique tanto como desee.
- Si es necesario, agregue más caldo de pollo para hacer más líquida la salsa.
- Rectifique el sazón y sirva.

VERDURAS ASADAS
(1 ración)

Ingredientes:

½ taza de calabaza japonesa cortada en rebanadas largas • ½ pimiento amarillo o rojo en trocitos • sal marina, sal de ajo • salsa de soya • pimientas combinadas molido grueso • ⅓ cucharadita de aceite de oliva EV1EF

Preparación:

- Ase en un sartén, con spray de aceite de oliva, las calabazas.
- Sazone con sal marina, de ajo y soya, retire.
- Ase, en el mismo sartén, el pimiento, sazone igualmente y retire.
- Al servir bañe con el aceite y agregue la pimienta.

406 MÉXICO ENTRA EN LA ZONA

COMPOTA DE FRESAS
(1 ración)

Ingredientes:

½ taza de fresas rebanadas • ¼ taza de agua • 1 cucharadita de edulcorante sustituto no calórico granulado para cocinar • canela en raja • ralladura de 1 limón • 1 clavo de olor

Preparación:
- Coloque las fresas en un molde para horno de microondas bien tapadas y cocínelas por 30 segundos.
- Aparte, cocine en una cazuela pequeña, en el agua con la canela, el clavo, el edulcorante y la ralladura de limón.
- Bañe las fresas con esta preparación y cocine 30 segundos más.

Colación vespertina 5:
EJOTES CON HIERBAS
(1 ración)

Ingredientes:

1 taza de ejotes sin puntas • ⅓ cucharadita de aceite de oliva EV1EF • orégano seco al gusto • albahaca en seco al gusto • 5 cebollitas de Cambray en salmuera • 30 g de jamón de pavo en tiras • sal

Preparación:
- Hierva por tres minutos los ejotes en agua con sal, o hasta que se suavicen.
- Vacíe en un refractario para horno y agregue el aceite de oliva, las hierbas y las cebollitas.
- Incorpore el jamón y revuelva muy bien.
- Sazone.
- Hornee por 3 minutos más, o hasta que la cebolla suelte su sabor.

Cena 5:
MUSLOS EN ESCABECHE
(1 ración)

Ingredientes:

60 g de muslo de pollo • 1 taza de zanahoria • ¼ de taza de cebolla fileteada • 1 diente de ajo • ¼ de taza de vinagre • 2 hojas de

Menús en La Zona

laurel • 2 pimientas negras • 1 rama de tomatillo • sal al gusto •
⅔ cucharadita de aceite de oliva • ½ manzana de postre

Preparación:
- Sazone los muslos con sal y pimienta, cocinarlos con el aceite y, ya guisados, retirarlos del fuego. En la misma cacerola agregue la zanahoria, la cebolla y el ajo. Cuando la cebolla se transparente, incorporar el pollo y revolver.
- Añada el vinagre, las hojas de laurel, la pimienta, el tomillo, sal y revuelva.
- Agregue 1 taza de agua, tape y cocine a fuego lento.

Menú 6:

Desayuno 6: Tinga para empezar • Frambuesas para desayunar

Colación matutina 6: Deditos de pescado

Comida 6: Trucha empapelada • Dip de pepino

Colación vespertina 6: Taco de pavo

Cena 6: Pechuga con ensalada de cítricos

Desayuno 6:
TINGA PARA EMPEZAR
(1 ración)

Ingredientes:
90 g de pechuga de pollo, cocida, deshebrada • 1 jitomate asado, pelado y picado • 3 rodajas de cebolla • 1 chile verde en juliana • ½ taza de zanahoria en juliana muy fina • ⅔ cucharadita de oliva EV1EF • sal

Preparación:
- En un sartén con oliva, acitrone la cebolla.
- Agregue el pollo y deje que dore.
- Enseguida, incorpore el jitomate, la zanahoria y el chile.
- Sazone y cocine por 2 minutos moviendo para que no se pegue.
- Sirva caliente.

408 MÉXICO ENTRA EN LA ZONA

FRAMBUESAS PARA DESAYUNAR
(1 ración)

Ingredientes:

1 taza de frambuesas lavadas y desinfectadas • ½ mandarina en gajos, sin pellejos ni huesos • 1 sobre de edulcorante sustituto no calórico

Preparación:
- En un procesador de alimentos, muela ligeramente las frutas con el edulcorante.
- Sirva en una copa y refrigere.

Colación matutina 6:
DEDITOS DE PESCADO
(1 ración)

Ingredientes:

45 g de filete de pescado en tiras • salvado de trigo molido • spray de aceite de oliva • sal, sal de ajo • 1 cucharadita de mayonesa ligera • 1 taza de fresas frescas lavadas y desinfectadas

Preparación:
- Rocíe las tiras de pescado con spray de aceite de oliva y páselas por el salvado combinado con la sal y sal de ajo.
- Cocínelas en un sartén con spray de aceite de oliva hasta que doren.
- Sirva acompañando con la mayonesa.
- Y las fresas.

Comida 6:
TRUCHA EMPAPELADA
(1 ración)

Ingredientes:

1 trucha pequeña, sin escamas y sin espinas de 90 g aproximadamente • sal y pimienta • gotas de limón • 1 hojita de laurel • 1 chile güero • 2 rebanadas de cebolla • 1 cucharadita de epazote picado • ⅓ cucharadita de aceite de oliva EV1EF • papel de aluminio

Menús en La Zona 409

Preparación:
- Lave muy bien la trucha, colóquela en papel de aluminio.
- Sazone con limón, sal, pimienta y una hojita de laurel.
- Encima ponga los chiles y la cebolla.
- Coloque el epazote y rocíe un poco de oliva.
- Envuelva y selle bien el papel de aluminio.
- Cocine en un sartén con tapa o en el horno por 20 minutos.
- Sirva caliente.

DIP DE PEPINO
(1 ración)

Ingredientes:
2 pepinos grandes • 1 tallo de apio • 2 cucharaditas de cebollín picado • 1 sobre de edulcorante bajo en calorías • 1 cucharada de vinagre de manzana • sal y pimienta negra al gusto

Preparación:
- Pelar los pepinos y partirlos por la mitad en forma de triángulo, ponerlos en un recipiente.
- Licuar el apio, el cebollín, el edulcorante, el vinagre, la sal y la pimienta, con 3 cucharadas de agua hasta integrarlos.
- Vertirlo en un tazón y dejar reposar por 20 minutos a temperatura ambiente antes de bañar los pepinos.

Colación vespertina 6:
TACO DE PAVO
(1 ración)

Ingredientes:
1 hoja de lechuga romanita • 35 g de carne de pavo • 1 jitomate picado • 1 chile serrano • 2 cucharadas de cebolla picada • ⅓ cucharadita de aceite de oliva • sal • salsa mexicana (ver Menú Plata-desayuno 5) • 1 ciruela roja

Preparación:
- Acitrone la cebolla en un sartén con el aceite de oliva.
- Agregue el jitomate, el chile y el pavo.
- Sazone.

410 MÉXICO ENTRA EN LA ZONA

- Rellene la hoja de lechuga con el pavo guisado y bañe con la salsa mexicana.
- Acompañe con la ciruela.

Cena 6:
PECHUGA CON ENSALADA DE CÍTRICOS
(1 ración)

Ingredientes:

1 cucharada de pasta de achiote • un poco de jugo de naranja • Un poco de jugo de limón • 1 pechuga aplanada de 90 g • sal

Para la ensalada:

gajos de ¼ naranja • gajos de ½ mandarina • gajos de ¼ de toronja • 2 aros de cebolla morada • hojas de cilantro • ⅔ cucharadita de aceite de oliva EV1EF

Preparación:
- Disuelva el achiote en los jugos.
- Marine el pollo por 3 horas o una noche.
- Escurra la pechuga y cocine en una parrilla o al carbón y sazone.
- Para la ensalada, pele la fruta y retire todos los pellejos, desprenda los gajos.
- Colóquelos en una ensaladera y agregue la cebolla, el cilantro y el aceite de oliva.
- Rebane la pechuga y sirva sobre la ensalada.

Menú 7:

Desayuno 7: Omelette con salsa borracha • Suprema con fresas

Colación matutina 7: Corazones de alcachofa preparados

Comida 7: Crema de espinaca • Pollo en salsa de champiñones • Acelgas agridulces • Copa de jícama

Colación vespertina 7: Torrecitas con pechuga de pavo

Cena 7: Pollo con ramitas de verdolagas • Zanahorias

Menús en La Zona 411

Desayuno 7:
OMELETTE CON SALSA BORRACHA
(1 ración)

Ingredientes:
4 claras • ½ taza de ejotes al vapor, picados • ⅔ cucharadita de aceite de oliva • cebolla rebanada • sal y pimienta

Salsa Borracha:
2 chiles pasilla, desvenados y remojados en agua caliente • 1 jitomate asado y pelado • 1 diente de ajo • 2 cucharadas de vinagre de manzana • sal

Preparación:
- En un sartén, con spray de aceite de oliva, ase los ejotes previamente cocidos.
- Bata las claras con sal y vierta sobre los ejotes.
- Tape y deje que se cocine por ambos lados.
- Sirva y bañe con la salsa borracha.

Para la salsa:
- Licue todos los ingredientes.

SUPREMA CON FRESAS
(1 ración)

Ingredientes:
gajos de ½ toronja limpios y sin huesos • ½ taza de fresas lavadas y desinfectadas • 2 hojitas de menta • edulcorante sustituto no calórico

Preparación:
- Deje en un tazón pequeño las fresas con el edulcorante y las hojitas de menta por espacio de una hora, revuelva constantemente.
- Coloque los gajos de toronja en una copa y báñelos con las fresas preparadas.

Colación matutina 7:
CORAZONES DE ALCACHOFA PREPARADOS
(1 ración)

Ingredientes:
½ taza de corazones de alcachofa en rebanadas • ¼ manzana pelada, en tiras delgadas • 35 g de pechuga de pavo ahumada en cubitos

412 MÉXICO ENTRA EN LA ZONA

Aderezo:

1 cucharada de menta fresca, cebollín y perejil picado • ½ cucharadita de mostaza • 2 cucharadas de vinagre de manzana • ⅓ cucharadita de aceite de oliva EV1EF • sal y pimienta negra molida

Preparación:
- Unte un poco de limón en la manzana para evitar que se ponga oscura.
- Mezcle, en un tazón, con las alcachofas y la pechuga.
- Integre perfectamente todos los ingredientes del aderezo y bañe la ensalada.
- Sirva.

Comida 7:
CREMA DE ESPINACA
(1 ración)

Ingredientes:

½ taza de espinacas cocidas • 1 taza de caldo de pollo desgrasado • 2 cucharadas de cebolla picada • spray de aceite de oliva • sal • pizca de pimienta blanca molida • pizca de sal de ajo y de cebolla • pizca de canela molida

Preparación:
- Acitrone la cebolla en una cazuela con el spray de aceite de oliva.
- Muela, en la licuadora, la espinaca con el caldo.
- Vierta esta mezcla en la cazuela y salpimiente.
- Al soltar el hervor, disminuya el fuego y sazone con la sal de ajo, la de cebolla y la canela, deje hervir por unos 2 minutos.
- Sirva inmediatamente.

POLLO EN SALSA DE CHAMPIÑONES
(1 ración)

Ingredientes:

60 g de carne de muslo de pollo deshuesado y sin piel • ⅔ cucharadita de aceite de oliva EV1EF • ½ taza de champiñones rebanados • 1 diente de ajo picado • 1 cucharadita de perejil fresco picado • sal y pimienta

Menús en La Zona 413

Preparación:
- Selle la carne de muslo con el aceite de oliva, en un refractario con tapa y salpimiente.
- En otro sartén, dore el ajo con spray de aceite de oliva y agregue los champiñones.
- Cocine hasta que suelten su jugo.
- Agregue el perejil y salpimiente.
- Añada esta mezcla al muslo y revuelva todo muy bien, deje hervir unos minutos, rectifique el sazón y sirva caliente.

ACELGAS AGRIDULCES
(1 ración)

Ingredientes:
2 tazas de hojas de acelgas lavadas • 1 diente de ajo finamente picado • 2 cucharadas de vinagre balsámico • ½ durazno pelado, en cubitos • 1 cucharadita de edulcorante no calórico granulado • sal marina • pimienta molido grueso • spray de aceite de oliva

Preparación:
- Retire el tallo grueso de las acelgas.
- Saltee el ajo en el spray de aceite de oliva y agregue el vinagre, las acelgas, el durazno y el edulcorante.
- Cocine hasta que se suavicen, añada un poco de agua si fuera necesario.
- Salpimiente.
- Sirva.

COPA DE JÍCAMA
(1 ración)

Ingredientes:
½ taza de jícama rallada • Jugo de medio limón • sal

Preparación:
- Marine la jícama durante 1 hora en el jugo de limón mezclado con sal.
- Escurra y sirva en una copa.

MÉXICO ENTRA EN LA ZONA

Colación vespertina 7:
TORRECITAS CON PECHUGA DE PAVO
(1 ración)

Ingredientes:

½ taza de palmitos en juliana • 1 jitomate picado • 1 cucharadita de aguacate picado • un poco de lechugas mixtas lavadas y desinfectadas picadas finamente • 4 rebanadas de pepino con cáscara cortado en ruedas muy delgadas • 35 g de pechuga de pavo en cubos pequeños • ⅓ cucharadita de aceite de oliva EV1EF • 1 chorrito de vinagre balsámico • sal y pimienta • ½ taza de fresas lavadas y desinfectadas

Preparación:
- Incorpore los ingredientes, de uno en uno, con el aliño (aceite y vinagre con sal y pimienta), sin mezclarlos.
- Forme torres, montando primero las rodajas de pepino, enseguida la lechuga, el aguacate, el palmito, el jitomate y, por último, el pavo.
- Acompañe con las fresas.

Cena 7:
POLLO CON RAMITAS DE VERDOLAGAS
(1 ración)

Ingredientes:

1 taza de verdolagas frescas y limpias • 90 g de pechuga de pollo en trozos • 250 g de tomate verde • 1 chile serrano • 1 ramita de cilantro • 1 taza de caldo de pollo o agua • sal al gusto • ⅔ de cucharadita de aceite de oliva

Preparación:
- En un comal ase los tomates y los chiles, retírelos y lícuelos con el cilantro y ½ taza de agua o caldo de pollo; reserve.
- Fría el pollo en el aceite y, cuando comience a dorar, agregue la salsa de tomate, sazone y cocine 10 minutos o hasta que espese un poco; revuelva de vez en cuando.
- Agregue el caldo de pollo y, cuando haya hervido por 5 minutos, rectifique el sazón y añada las verdolagas; cocine hasta que el pollo esté bien cocido.

Menús en La Zona 415

ZANAHORIAS
(1 ración)

Ingredientes:
1 taza de zanahorias ralladas • jugo de medio limón • sal y chile piquín al gusto
Preparación:
Mezcle todos los ingredientes y sirva.

Menú 8:
Desayuno 8: Huevo ranchero especial • Fruta de la estación
Colación matutina 8: Tartaleta de fresas
Comida 8: Pechugas al ajo • Espinacas con aderezo de almendras • Gelatina multicolor
Colación vespertina 8: Ensalada thai
Cena 8: Cazuela de pescado

Desayuno 8:
HUEVO RANCHERO ESPECIAL
(1 ración)

Ingredientes:
2 claras • 1 rebanada de jamón de pavo de 30 g • ⅓ cucharadita de aceite de oliva EV1EF
Salsa de jitomate:
1 jitomate asado y pelado • 1 trozo chico de cebolla • 1 chile serrano toreado • sal

Preparación:
Para la salsa:
- Licue el jitomate con la cebolla y póngalo a hervir en una olla pequeña, agregue el chile toreado y sazone.
- Hierva 2 minutos y retire.
- Mantenga caliente.
- En un sartén, con el aceite de oliva, fría las claras.
- Caliente la rebanada de jamón de pavo y coloque encima la clara frita.
- Báñela con la salsa caliente.
- Sirva inmediatamente.

MÉXICO ENTRA EN LA ZONA

FRUTA DE LA ESTACIÓN
(1 ración)

Ingredientes:

½ manzana picada • ½ toronja • 1 cucharadita de nuez picada

Preparación:
- Revuelva, suavemente, en un tazón las frutas y adorne con la nuez.
- Sirva.

Colación matutina 8:
TARTALETA DE FRESAS
(1 ración)

Ingredientes:

½ cucharada de avena • 2 claras de huevo • ½ cucharadita de edulcorante no calórico • ½ taza de fresas frescas, rebanadas, lavadas y desinfectadas • ⅓ cucharadita de mantequilla de almendra o ½ cucharadita de mantequilla de cacahuate • edulcorante sustituto no calórico granulado suficiente • 1 cucharada de vinagre balsámico • spray de aceite de oliva

Preparación:
- Mezcle las clara con la avena y vierta en un sartén, rociado con spray de aceite de oliva, formando un círculo.
- Cocine, por ambos lados.
- Vacíe en un plato pequeño.
- Saltee las fresas en un sartén con la mantequilla de almendra.
- Agregue el edulcorante granulado, el vinagre y caliente 1 minuto.
- Retire las fresas.
- Siga calentando la salsa hasta que se reduzca.
- Coloque las fresas sobre la base de pan y rocíelas con la salsa reducida.

Comida 8:
PECHUGAS DE POLLO AL AJO
(1 ración)

Ingredientes:

90 g de pechuga de pollo abierta • ½ limón • 2 dientes de ajo pe-

Menús en La Zona   417

lados • 2 ramitas de tomillo picada • sal y pimienta al gusto • ⅓ cucharadita de aceite de oliva

Preparación:
- Machacar los ajos, añadir el tomillo y exprimir el limón, mezclar bien.
- Sazonar la pechuga con sal y pimienta e incorporar la mezcla anterior.
- Dejar marinar por 20 minutos.
- Escurra y fríalas en un sartén con el aceite, guisar hasta que comience a dorar, verter el resto de la marinada, cocinar hasta que el líquido se evapore.

ESPINACAS CON ADEREZO DE ALMENDRAS
(1 ración)

Ingredientes:
hojas de espinaca lavada y desinfectada
Aderezo:
3 almendras • ½ diente de ajo machacado • 2 cucharadas de vinagre de vino • sal y pimienta

Preparación:
- Sumerja las almendras en agua caliente y pélelas.
- Muela las almendras con el ajo, el aceite y el vinagre, agregue sal y pimienta y rectifique el sazón.
- Sirva la espinaca y bañe con el aderezo.

GELATINA MULTICOLOR
(1 ración)

Ingredientes:
¼ sobre de gelatina *light* sabor fresa • ¼ gelatina *light* sabor piña • 2 medias tazas de agua caliente • 2 medias tazas de agua fría • 1 kiwi pelado y en cubitos • ½ durazno pelado y en cubitos

Preparación:
- Disuelva la gelatina de fresa en media taza de agua caliente y agregue la fría, vacíe en un molde pequeño de forma cuadrada.
- Deje enfriar hasta que cuaje por completo.

418 MÉXICO ENTRA EN LA ZONA

- Desmolde y corte la gelatina de fresa en cubos.
- Aparte disuelva la gelatina de piña con media taza de agua caliente y agregue el agua fría.
- Vacíe en un molde y agregue los cubos de gelatina de fresa cuajada y los cubos de kiwi y durazno.
- Refrigere y deje cuajar por completo.

Colación vespertina 8:
ENSALADA THAI
(1 ración)

Ingredientes:
hojas de lechuga francesa lavada y desinfectada • gajos de ½ toronja limpios y sin huesos • 6 cacahuates tostados
Aderezo:
Salsa de soya • edulcorante sustituto no calórico • 2 cucharadas de vinagre blanco

Preparación:
- Colocar la lechuga en una ensaladera ya troceada.
- Encima, ponga los gajos de toronja y los cacahuates.
Para el aderezo:
- Mezcle los ingredientes y bañe la ensalada.

Cena 8:
CAZUELA DE PESCADO
(1 ración)

Ingredientes:
90 g del pescado de tu preferencia cortado en trozos • Jugo de 1 limón • 1 hoja de laurel • ¼ de cebolla rebanada • 1 pimiento rojo picado en cuadros • ½ taza de zanahoria cortada en tiras • 1 jitomate pelado sin semillas y picado • 1 cucharadita de perejil picado • 3 aceitunas • ⅓ cucharadita de aceite de oliva • sal y pimienta

Preparación:
- Cocinar el pescado con el jugo de limón, el laurel y ½ taza de agua, durante 10 minutos a fuego lento hasta que esté cocido.

Menús en La Zona 419

- Retire de la estufa, escurra el pescado, póngalo en otro recipiente. Deje enfriar y desmenuce.
- Acitronar la cebolla en el aceite de oliva, añada el pimiento, el jitomate, la zanahoria, el perejil y las aceitunas. Sazone con sal y pimienta, cuando cambie de color, integre el pescado, revuelva y retire.
- Sirva en hojas de lechuga.

Menús Bronce para mujeres

7 menús *Bronce* en La Zona para mujeres, de dos bloques en horarios principales y un bloque entre comidas.

Menú 1:

Desayuno 1: Ponqué de zarzamoras • *Steak* de pavo con pico de gallo
Colación matutina 1: Jícamas-pepinos-zanahorias
Comida 1: Sopa de lenteja • Puntas de filete estilo norteño • Cebollitas marinadas • Gelatina de frambuesa
Colación vespertina 1: Dulce de pera
Cena 1: Empanada de nopal

Menú 2:

Desayuno 2: Machaca de huevo
Colación matutina 2: Botana de jocoque seco o requesón
Comida 2: Calabaza con queso
Colación vespertina 2: Atún con cuaresmeños
Cena 2: Raclette de mozzarella

Menú 3:

Desayuno 3: Chilaquiles con pollo o queso • Licuado de fresas
Colación matutina 3: Cocktail tutifruti
Comida 3: Sopa de hongos • Entomatada de res • Ensalada de rábanos
Colación vespertina 3: Palitos de jamón
Cena 3: *Kebabs* de ternera con jitomates deshidratados

420 — MÉXICO ENTRA EN LA ZONA

Menú 4:

Desayuno 4: Pan gratinado
Colación matutina 4: Pasta de pollo con nuez
Comida 4: Ensalada de espinaca y pera • Pescado con salsa de eneldo • Helado de fresa
Colación vespertina 4: Pepinos con camarón
Cena 4: Pollo frito en el horno • Rollos campesinos

Menú 5:

Desayuno 5: Claras mestizas • Escarcha de frambuesa
Colación matutina 5: Gelatina de leche y fruta
Comida 5: Sopa de palmito • Ropa vieja • Ensalada con aderezo silvestre
Colación vespertina 5: *Nuggets* de pollo
Cena 5: Tostadas de marlín ahumado • Ollita de cítricos

Menú 6:

Desayuno 6: Conos de jamón con queso • *Frosty* de frutas rojas
Colación matutina 6: Curry de verduritas
Comida 6: Ensalada primavera • Chile poblano de queso
Colación vespertina 6: Paté de trucha ahumada
Cena 6: Salpicón

Menú 7:

Desayuno 7: Enchiladas • Licuado de mora azul
Colación matutina 7: Dip de berenjena
Comida 7: Sopa de avena • Pescado a la mostaza • Acelgas salteadas • Frutas en vino blanco
Colación vespertina 7: Flan
Cena 7: Ceviche de pescado

Menús en La Zona 421

> **Menú 1:**
> **Desayuno 1:** Ponqué de zarzamoras • *Steak* de pavo con pico de gallo
> **Colación matutina 1:** Jícamas-pepinos-zanahorias
> **Comida 1:** Sopa de lenteja • Puntas de filete estilo norteño • Cebollitas marinadas • Gelatina de frambuesa
> **Colación vespertina 1:** Dulce de pera
> **Cena 1:** Empanada de nopal

Desayuno 1:
PONQUÉ DE ZARZAMORAS
(1 ración)

Ingredientes:
   2 claras de huevo • 1 cucharada de avena en hojuelas • 1 cucharadita de edulcorante sustituto no calórico granulado, del que se puede cocinar • ¾ tazas de zarzamoras lavadas y desinfectadas • spray de aceite de oliva

Preparación:
- En un plato hondo, bata las claras con la avena.
- Vacíe en un sartén caliente, rociado con spray de aceite de oliva, tape y deje que se cocine por un lado perfectamente sin mover por 2 minutos.
- Voltee y deje dorar por este lado otros 2 minutos con el sartén tapado. Coloque el ponqué en un plato.
- Aparte, en una cazuela caliente las zarzamoras y macháquelas, agregue el edulcorante, retire al soltar el hervor.
- Deje enfriar completamente.
- Vierta la fruta sobre el ponqué y sirva.

STEAK DE PAVO CON PICO DE GALLO
(1 ración)

Ingredientes:
   1 rebanada gruesa de pechuga de pavo de 35 g • 2 cucharaditas de aguacate • 1 cucharada de cebolla picada • cilantro picado suficiente • chile serrano al gusto picado finamente • sal • gotas de limón

422 MÉXICO ENTRA EN LA ZONA

Preparación:
- Mezcle el aguacate con la cebolla, el cilantro y el chile.
- Sazone y agregue el limón.
- Ase el *steak* de pavo en una parrilla.
- Sírvalo acompañando con el pico de gallo.

Colación matutina 1:
JÍCAMAS-PEPINOS-ZANAHORIAS
(1 ración)

Ingredientes:
½ taza de jícama rallada • ½ taza de zanahoria rallada • gotas de limón • sal y chile piquín al gusto • 45 g de sierra ahumada en pedacitos • 3 aceitunas deshuesadas naturales o rellenas de pimiento o anchoas • palillos

Preparación:
- Combine la jícama y la zanahoria en un tazón y báñelas con jugo de limón.
- Revuelva muy bien y agregue sal y chile piquín.
- Sirva.
- Combine la sierra con las aceitunas y acompañe con las verduras.

Comida 1:
SOPA DE LENTEJA
(1 ración)

Ingredientes:
1 diente de ajo picado • 2 cucharadas de cebolla picada • ½ jitomate picado • ¼ taza de lentejas ya cocidas • 1 ½ taza de caldo de pechuga de pollo desgrasado • spray de aceite de oliva • sal y pimienta • 1 ramita de cilantro

Preparación:
- En una cazuela, acitrone el ajo y la cebolla con el spray de aceite de oliva.
- Adicione el jitomate y cocine hasta que se desbarate.
- Incorpore las lentejas y revuelva bien.
- Vierta el caldo y, cuando suelte el hervor agregue el cilantro y salpimiente, deje hervir por 5 minutos más y sirva caliente.

Menús en La Zona 423

PUNTAS DE FILETE ESTILO NORTEÑO
(1 ración)

Ingredientes:
70 g de filete de res cortado en cubos pequeños • 2 cucharadas de cebolla finamente picada • spray de aceite de oliva
salsa:
⅔ cucharadita de aceite de oliva • 2 rebanadas de cebolla • 2 chiles serranos cortados en rajitas • 1 jitomate picado • sal y pimienta recién molida • cilantro finamente picado

Preparación:
• Saltee en un sartén la cebolla con spray de aceite de oliva, hasta que esté ligeramente dorada.
• Agregue la carne y cocínela hasta que se dore, salpimiente.
• Retire y conserve caliente.
• Reserve el sartén en donde cocinó la carne.

Para la salsa:
• En otro sartén, acitrone la cebolla y los chiles en el oliva, hasta que doren.
• Agregue el jitomate y salpimiente
• Hierva a fuego lento.
• Vacíe la salsa en el sartén donde se cocinó la carne, y añada la carne, deje hervir un minuto hasta que se incorpore bien la salsa.
• Al servir adorne con el cilantro.

CEBOLLITAS MARINADAS
(1 ración)

Ingredientes:
1 taza de cebollitas Cambray sin rabo • 1 cucharada de salsa Maggy • 1 cucharadita de salsa inglesa • gotas de limón • spray de aceite de oliva

Preparación:
• Acitrone las cebollitas en un sartén con spray de aceite de oliva, tape el sartén y deje que se ablanden.
• Agregue las salsas y el limón, revuelva y sirva.

424 MÉXICO ENTRA EN LA ZONA

GELATINA DE FRAMBUESA
(1 ración)

Ingredientes:

¼ sobre de gelatina *light* sabor frambuesa o fresa • ½ taza de agua caliente • ½ taza de agua fría • ½ taza de frambuesas lavadas y desinfectadas

Preparación:

- Disuelva la gelatina en el agua hirviendo.
- Agregue el agua fría.
- Vacíe en un molde refractario y refrigere por media hora. Saque y añada las frambuesas, vuelva a refrigerar hasta que cuaje totalmente.
- Sirva.

Colación vespertina 1:
DULCE DE PERA
(1 ración)

Ingredientes:

¼ taza de queso cottage o queso fresco • ⅓ pieza pera dulce • 1 sobre de edulcorante sustituto no calórico • 3 almendras peladas

Preparación:

- Muela en la licuadora todos los ingredientes.
- Sirva en un tazón y refrigere.

Cena 1:
EMPANADA DE NOPAL
(1 ración)

Ingredientes:

1 taza de nopales enteros grandes y cocidos • ½ taza de queso de panela rebanado • 1 jitomate rebanado • 1 cucharada de salsa inglesa • ½ limón en jugo • ½ cucharadita de salsa de soya • sal y pimienta al gusto • 1 cucharadita de aguacate

Preparación:

- Con un cuchillo filoso, abra los nopales a la mitad y sazónelos con sal y pimienta por dentro y por fuera.

Menús en La Zona 425

- Rellénelos con el queso y el jitomate, ciérrelos y, si es necesario, atore con un palillo de madera.
- En un recipiente, combine la salsa inglesa, la soya, el jugo de limón y la sal, introduzca los nopales y déjelos marinar por 30 minutos a temperatura ambiente.
- Ya para servir, escurra los nopales y áselos en un sartén hasta que estén cocidos.
- Acompañe con una cucharadita de aguacate y la salsa picante de su preferencia.

Menú 2:

Desayuno 2: Machaca de huevo
Colación matutina 2: Botana de jocoque seco o requesón
Comida 2: Calabaza con queso
Colación vespertina 2: Atún con cuaresmeños
Cena 2: Raclette de mozzarella

Desayuno 2:
MACHACA DE HUEVO
(1 ración)

Ingredientes:

2 claras de huevo • 30 g de carne seca machacada y deshebrada • 1 jitomate • 2 chiles serranos • 1 ajo • 1 cucharadita de cebolla picada • ⅔ cucharadita de aceite de oliva • sal y pimienta • 1 manzana de postre

Preparación:
- Fría la carne, la cebolla y el ajo en el aceite.
- Agregue el jitomate y los chiles picados, sazone con sal y pimienta.
- Cuando se seque la salsa, agregue las claras batidas ligeramente y mueva hasta que cuajen.
- Retire del fuego.
- Sirva.
- Acompañe con la manzana.

MÉXICO ENTRA EN LA ZONA

Colación matutina 2:
BOTANA DE JOCOQUE SECO O REQUESÓN
(1 ración)

Ingredientes:

30 g de jocoque seco suavizado o requesón • ⅓ cucharadita de aceite de oliva EV1EF • sal • pimienta molido grueso • *Zatar* (opcional) • 1 pieza de pepino en tiras delgadas sin semillas

Preparación:
- Mezcle el jocoque o el requesón, con el aceite de oliva, la sal, la pimienta y el *Zatar*. Si está muy dura la mezcla se puede suavizar con jocoque líquido o yogurt ácido.
- Sirva el pepino con el jocoque.

Comida 2:
CALABAZAS CON QUESO
(1 ración)

Ingredientes:

2 calabazas grandes • ½ taza de zanahoria al vapor, picada • ½ taza de queso fresco o panela • ⅔ cucharadita de aceite de oliva • ½ de cebolla picada

Preparación:
- Corte las calabazas por la parte superior y con una cuchara retire un poco la pulpa.
- Sumerjálas en agua caliente durante 5 minutos (no dejar que se hagan muy blandas), escurra y reserve.
- Mezcle la zanahoria, la cebolla y el queso; rellene las calabazas.
- Acomódelas en un refractario.
- Hornee por 10 minutos hasta que el queso gratine, retire y sirva.

Colación vespertina 2:
ATÚN CON CUARESMEÑOS
(1 ración)

Ingredientes:

2 rebanadas de cebolla • 1 chile cuaresmeño • ⅓ cucharadita de aceite de oliva • 30 g de atún fresco en cubos • 1 cucharadita

Menús en La Zona

de salsa de soya • gotas de salsa inglesa • pimienta • ½ taza de zanahoria rallada • ½ mandarina en gajos machacados

Preparación:
- En un sartén, acitrone la cebolla con spray de aceite de oliva.
- Agregue el chile y deje que dore.
- Incorpore el atún y deje que se cocine.
- Agregue la soya, la salsa inglesa, el oliva y la pimienta.
- Mezcle la zanahoria con la mandarina y sirva acompañando el atún.

Cena 2:
RACLETTE CON MOZARELLA
(1 ración)

Ingredientes:
1 taza de floretes de coliflor • ½ taza de calabacitas cortadas en cuadros • ½ taza de champiñones en escabeche • 3 cebollitas en escabeche • 2 rebanaditas de pepinillos encurtidos • 6 aceitunas rellenas • sal y pimienta • pizca de nuez moscada • spray de aceite de oliva • 60 g de queso mozarella rallado o en rebanadas delgadas • 1 copa de 120 ml de vino tinto o ½ manzana en rebanaditas

Preparación:
- Precaliente el horno a 200°C.
- Rocíe un refractario con spray de aceite de oliva.
- Coloque las verduras, los encurtidos y las aceitunas de forma uniforme. Salpimiente y espolvoree la nuez moscada.
- Agregue el queso y hornee por 20 minutos o hasta que el queso se derrita.
- Sirva caliente.
- Acompañe con el vino o la manzana.

Menú 3:
Desayuno 3: Chilaquiles con pollo o queso • Licuado de fresas
Colación matutina 3: Cocktail tutifruti
Comida 3: Sopa de hongos • Entomatada de res • Ensalada de rábanos
Colación vespertina 3: Palitos de jamón
Cena 3: *Kebabs* de ternera con jitomates deshidratados

428 MÉXICO ENTRA EN LA ZONA

Desayuno 3:
CHILAQUILES CON POLLO O QUESO
(1 ración)

Ingredientes:

1 ½ tortillas de maíz partidas en cuadritos (de un día anterior) • 90 g de pechuga de pollo cocida y desmenuzada o ½ taza de queso fresco o panela • 1 chile ancho • 1 chile mirasol • 1 jitomate • 1 ajo • cebolla al gusto • ⅔ de cucharadita de aceite de oliva • sal al gusto

Preparación:

- Dorar las tortillas en aceite de oliva y dejar escurrir.
- Aparte, poner a cocer en un poco de agua, el jitomate y los chiles. Licuarlos con el ajo y la sal.
- Verter la salsa en las tortillas y dejar cocinar un poco.
- Servir con el queso desmoronado o el pollo desmenuzado y agregar la cebolla.

LICUADO DE FRESAS
(1 ración)

Ingredientes:

1 taza de agua • ½ taza de fresas • ¼ taza de hielo • edulcorante sustituto no calórico

Preparación:

- Licue las fresas y el edulcorante hasta que se haga una mezcla homogénea. Agregue el agua y el hielo y licue a máxima velocidad por 15 segundos o hasta que el hielo se escarche por completo.
- Sirva.

Colación matutina 3:
COCKTAIL TUTIFRUTI
(1 ración)

Ingredientes:

½ kiwi pelado y picado • ⅓ pera picada • ¼ taza de queso cottage bien escurrido • 1 cucharadita de nuez picada

Menús en La Zona 429

Preparación:
- Mezcle en una copa las frutas.
- Agregue el queso cottage y revuelva en forma envolvente.
- Puede agregar edulcorante al gusto a esta mezcla.
- Espolvoree la nuez sobre la fruta.

Comida 3:
SOPA DE HONGOS
(1 ración)

Ingredientes:
1 taza de hongos picados • 2 cucharadas de cebolla picada • ½ diente de ajo picado finamente • 1 ramita de epazote • 1 ½ taza de caldo de pollo desgrasado • pizca de sal de ajo y de cebolla • sal marina y pimienta • spray de aceite de oliva

Preparación:
- Acitrone, la cebolla y el ajo, en una cazuela con el spray de aceite de oliva.
- Adicione los hongos, cuando suelten su jugo adicione el caldo y hierva por 15 minutos.
- Añada el epazote, la sal de ajo y la de cebolla y salpimiente.
- Sirva caliente.

ENTOMATADA DE RES
(1 ración)

Ingredientes:
1 taza de nopales cocidos y cortados en tiras • 70 g de carne de res magra • cebolla • ajo

Para la salsa:
5 tomates • ¼ de cebolla • ½ diente de ajo • 1 ramita de cilantro • 1 chile cuaresmeño • sal y pimienta al gusto • ⅓ de cucharadita de aceite de oliva

Preparación:
- Cocine la carne en agua suficiente con un trozo de cebolla, ajo y sal; ya que esté cocinada, escurra la carne y reserve 1 taza de caldo. Córtela en trozos pequeños.

430   México entra en La Zona

- Para hacer la salsa:
- Cocine todos los ingredientes en agua suficiente, cuando los tomates cambien de color retírelos y lícuelos.
- Fría la salsa en una cacerola, agregue la carne, los nopales y el caldo; cocine a fuego medio hasta que hierva; retire y sirva.

ENSALADA DE RÁBANOS
(1 ración)

Ingredientes:

½ taza de rábanos en rebanadas • ½ taza de col cortada finamente • ¼ taza de vinagre de manzana • ½ manzana en cuadritos • ⅓ cucharadita de aceite de oliva EV1EF • sal

Preparación:
- Marine, una noche antes, los rábanos y la col en vinagre con sal.
- Escurra perfectamente antes de servir.
- Agregue el aceite de oliva y acompañe con la pechuga y la manzana.

Colación vespertina 3:
PALITOS DE JAMÓN
(1 ración)

Ingredientes:

30 g de jamón de pavo cortado en cubos medianos • ¼ taza de melón cortado en cubos medianos • 3 aceitunas deshuesadas • gotas de limón • salsa de soya al gusto • palitos para brochetas

Preparación:
- Inserte, en los palitos, alternadamente el pavo, el melón y las aceitunas.
- Mezcle el limón y la soya en un plato hondo y sumerja los palitos de jamón en la mezcla dejando que se bañen perfectamente.
- Sirva.

Cena 3:
KEBABS DE TERNERA
(1 ración)

Ingredientes:

60 g de carne molida de ternera • sal y pimienta • orégano seco •

Menús en La Zona 431

1 pizca de canela • 1 clara batida ligeramente • spray de aceite de oliva • palitos de brocheta

Preparación:
- Sazone la carne molida con un poco de sal, pimienta, orégano y canela.
- Incorpore la clara y revuelva perfectamente.
- Forme varios rollos con esta mezcla, inserte en los palitos de brocheta.
- Rocíe los rollos con spray de aceite de oliva y cocínelos en un sartén cubierto hasta que doren.

JITOMATES DESHIDRATADOS
(1 ración)

Ingredientes:
2 jitomates partidos por la mitad • 2 cucharadas de edulcorante sustituto no calórico • 1 diente de ajo • ⅔ cucharadita de aceite de oliva EV1EF • albahaca seca • 2 duraznos en rebanaditas

Preparación:
- Coloque los jitomates en un silicón sobre una charola.
- Machaque el ajo y mézclelo con el aceite en un tazón.
- Agregue el edulcorante.
- Bañe los jitomates con esta mezcla.
- Espolvoree la albahaca.
- Hornee a 160°C hasta que la piel se arrugue.
- Sirva con el *kebabs*.
- Acompañe con el durazno.

Menú 4:
Desayuno 4: Pan gratinado
Colación matutina 4: Pasta de pollo con nuez
Comida 4: Ensalada de espinaca y pera • Pescado con salsa de eneldo • Helado de fresa
Colación vespertina 4: Pepinos con camarón
Cena 4: Pollo frito en el horno • Rollos campesinos

432   MÉXICO ENTRA EN LA ZONA

Desayuno 4:
PAN GRATINADO
(1 ración)

Ingredientes:

2 rebanadas de pan integral (buscar el más bajo en carbohidratos) • 1 jitomate rebanado • ½ taza de queso adobera o panela para fundir • 1 cucharadita de aguacate en gajo • 1 hoja de espinaca picada • cebolla fileteada al gusto

Preparación:
- Sobre las rebanadas de pan, colocar el queso, el jitomate, la cebolla y la espinaca.
- Hornear en horno precalentado durante 10 minutos a 180°C o hasta que el pan esté dorado y el queso gratinado (puede gratinarse también en un horno, eléctrico o en una cacerola a fuego lento).
- Retire del horno, reparta en las 2 porciones el aguacate en gajo y sirva.

Colación matutina 4:
PASTA DE POLLO CON NUEZ
(1 ración)

Ingredientes:

15 g de jocoque seco o requesón • 30 g de pechuga de pollo cocida, sin piel y deshuesada • sal • 1 cucharadita de nuez picada • 4 galletas habaneras • salsa tabasco al gusto

Preparación:
- Licue el jocoque o el requesón con el pollo y la nuez hasta obtener una mezcla pastosa, si es necesario se puede agregar una cucharadita de yogurt natural sin endulzar para darle la consistencia adecuada.
- Sazone.
- Unte la pasta sobre las galletas y agregue unas gotitas de salsa picante.

Comida 4:
ENSALADA DE ESPINACA Y PERA
(1 ración)

Ingredientes:

hojas de espinaca lavada y desinfectada • ⅓ pera • gotas de limón • 3 jitomates cherry

Menús en La Zona

Aderezo:

2 cucharadas de menta fresca, cebollín y perejil picado • 1 cucharadita de mostaza • 4 cucharadas de vinagre de manzana • ⅓ cucharadita de aceite de oliva EV1EF • sal y pimienta negra molida

Preparación:

- Pele la pera y córtela en tiras delgadas, rociándole limón para evitar que se ponga oscura.
- Parta la espinaca con las manos, en trozos medianos y colóquela junto con la pera en una ensaladera.
- Licue los ingredientes del aderezo y bañe la ensalada.

PESCADO CON SALSA DE ENELDO
(1 ración)

Ingredientes:

1 filete de pescado de 90 g • ⅓ cucharadita de aceite de oliva EV1EF • 2 cucharadas de eneldo fresco picado • gotas de limón • 1 cucharadita de alcaparras en salmuera, picadas • pizca de edulcorante no calórico • 1 filete de anchoa machacado • sal • rodajas de limón

Preparación:

- Mezcle el aceite, con el eneldo, el limón, las alcaparras, el edulcorante y las anchoas.
- Sale el filete y úntelo con la preparación de eneldo.
- Áselo, sin voltearlo, en una parrilla por 10 minutos.
- Cubra y cocine 3 minutos más.
- Adorne con las rodajas de limón.

RASPADO DE FRESA
(1 ración)

Ingredientes:

1 taza de fresas lavadas y desinfectadas • gotas de limón • ¼ paquete de gelatina de fresa *light* • ½ taza de agua hirviendo • ¼ taza de agua fría

Preparación:

- Disuelva la gelatina en el agua caliente y agregue el agua fría.

434 México entra en La Zona

- Licue las fresas y el limón y agregue la gelatina.
- Vacíe en un tazón y congele por una hora.
- Saque del congelador y vuelva a licuar ligeramente, regréselo al congelador por 30 minutos más y sirva.

Colación vespertina 4:
PEPINOS CON CAMARÓN
(1 ración)

Ingredientes:

½ pepino sin pelar • ½ taza de zanahorias en tiras delgadas • gotas de limón • sal

Relleno:

45 g de camarones cocidos y picados finamente • 1 cucharadita de mayonesa ligera • ½ cucharadita de apio finamente picado • chile serrano finamente picado • 1 cucharadita de cebolla finamente picada

Preparación:
- Combine los ingredientes del relleno y mézclelos hasta obtener una consistencia de pasta.
- Refrigere.
- Corte el pepino en ruedas gruesas y retire las semillas.
- Rellénelas con la pasta de camarón, y decore con tiras de zanahoria.
- Acompañe con el resto de las zanahorias, limón y sal.

Cena 4:
BROCHETA MIXTA
(1 ración)

Ingredientes:

1 taza de nopales cortados en trozos y cocidos • 45 g de pescado de tu preferencia cortado en trozos • sal y pimienta al gusto • ¼ de taza de queso panela cortado en cubos

Para la marinada:

1 ramita de cilantro finamente picada • 1 cucharadita de salsa inglesa • 1 cucharadita de salsa de soya • sal y pimienta al gusto

Menús en La Zona

Preparación de la marinada:
- En un recipiente combine todos los ingredientes, introduzca el queso y deje marinar durante 3 horas a temperatura ambiente.
- En un comal ase los cubos de queso y los nopales.
- Sazone los filetes de pescado con sal y pimienta e insértelos alternadamente en palillos de brocheta mojados.
- Áselas en un comal caliente, hasta que el pescado esté cocido.
- Retire y sirva al momento.

ROLLOS CAMPESINOS
(1 ración)

Ingredientes:
2 cucharadas de cebolla finamente picada • ½ diente de ajo finamente picado • ⅔ cucharadita de aceite de oliva EV1EF • ¼ taza de flor de calabaza lavada • 1 tortilla de maíz • sal y sal de ajo

Preparación:
- Acitrone, en un sartén, la cebolla y el ajo con el aceite de oliva.
- Agregue la flor de calabaza y sazone.
- Agregue la sal de ajo, cocine por 2 minutos y retire del fuego.
- Rellene la tortilla con esta preparación y enrolle.

Menú 5:
Desayuno 5: Claras mestizas • Escarcha de frambuesa
Colación matutina 5: Gelatina de leche y fruta
Comida 5: Sopa de palmito • Ropa vieja • Ensalada con aderezo silvestre
Colación vespertina 5: *Nuggets* de pollo
Cena 5: Tostadas de marlín ahumado • Ollita de cítricos

Desayuno 5:
CLARAS MESTIZAS
(1 ración)

Ingredientes:
¼ taza de queso fresco • 2 claras cocidas • 2 jitomates asados y

molidos • ¼ de cebolla rebanada • 1 chile poblano en rajas • ⅔ cucharadita de aceite de oliva • sal y pimienta al gusto

Preparación:
- Acitrone, en el aceite, la cebolla y las rajas de chile, deje sazonar unos minutos.
- Incorpore la salsa de jitomate.
- Añada los huevos cocidos, el queso rebanado, la sal y la pimienta.
- Sirva calientes.

ESCARCHA DE FRAMBUESAS
(1 ración)

Ingredientes:
1 taza de frambuesas congeladas • ½ cucharada de avena en hojuelas • 3 almendras peladas • edulcorante sustituto no calórico al gusto

Preparación:
- Licue todos los ingredientes hasta obtener una mezcla homogénea.
- Rectifique el dulzor y sirva.

Colación matutina 5:
GELATINA DE LECHE Y FRUTA
(1 ración)

Ingredientes:
¼ sobre de gelatina *light* sabor limón o piña • ¼ taza de queso cottage o 1 medida de suero de leche de *La Zona* • 1 durazno pelado y picado • 1 cucharadita de nuez picada • edulcorante no calórico

Preparación:
- Prepare la gelatina con ½ taza de agua hirviendo y agregue ½ taza de agua fría.
- Deje enfriar completamente sin que cuaje.
- Licue con el queso o con el suero de leche.
- Vierta en un tazón, añada el durazno picado y la nuez, mueva y refrigere hasta que cuaje.

Menús en La Zona 437

Comida 5:
SOPA DE PALMITO
(1 ración)

Ingredientes:

2 cucharadas de cebolla picada • ½ diente de ajo picado • ½ taza de palmitos escurridos y picados • ½ manzana ácida, pelada y partida en trozos pequeños • gotas de limón • 1 ½ taza de caldo de pechuga de pollo desgrasado • sal y pimienta • tiras de chile guajillo • spray de aceite de oliva

Preparación:
- Acitrone la cebolla y el ajo en una olla con el spray de aceite de oliva.
- Añada los palmitos y la manzana, previamente untada de limón para evitar que se oscurezca.
- Salpimiente.
- Agregue el caldo de pollo, reduzca el fuego y deje hervir por 15 minutos.
- Deje enfriar y licue la preparación.
- Sin colar, regrese a la olla con un poco de spray de aceite de oliva y hierva 5 minutos.
- Verifique el sazón.
- En un sartén, con spray de aceite de oliva, fría el chile.
- Sirva caliente.
- Decore con el chile guajillo.

ROPA VIEJA
(1 ración)

Ingredientes:

70 g de carne magra de res (preferible falda) • un trozo grande de cebolla • 1 zanahoria chica • ½ hoja de laurel • 1 taza de agua

Para Guisar:

⅔ cucharadita de aceite de oliva • 2 rodajas delgadas de cebolla • ¼ de pimiento rojo, limpio, en tiras delgadas • 1 diente de ajo picado • 1 chile serrano sin semillas • pizca de canela en polvo • sal
- 1 jitomate bola asado, pelado y molido

438   MÉXICO ENTRA EN LA ZONA

Preparación:
- En una olla con tapa, hierva con 2 tazas de agua, la carne con la cebolla, la zanahoria y el laurel por 30 o 45 minutos a fuego lento. No permita que el agua se consuma por completo, si es necesario, adicione agua hirviendo.
- También la puede cocinar en olla de presión con una taza de agua por 20 minutos.
- Retire la carne, deje reposar y deshébrela.
- Descarte las verduras y reserve el caldo.
- Aparte, en un sartén, acitrone la cebolla y el pimiento, sazone y deje cocinar por 5 minutos.
- Agregue el ajo, el chile y la canela.
- Incorpore el jitomate y deje hervir por 2 minutos.
- Agregue la carne y un poco del caldo para hacer más líquida la salsa.
- Sazone y deje hervir otros 5 minutos hasta que se incorporen los sabores perfectamente.
- Si desea la salsa más caldosa, puede adicionar poco a poco más caldo, hasta obtener la consistencia deseada.

ENSALADA CON ADEREZO SILVESTRE
(1 ración)

Ingredientes:
    hojas de lechugas variadas lavadas y desinfectadas • 1 taza de espinaca baby lavada y desinfectada • 1 tallo de apio en tiras delgadas
Aderezo:
    ⅓ taza de zarzamoras • 2 cucharadas de vinagre de vino tinto • sal y pimienta blanca • ¼ cucharadita de mostaza • pizca de edulcorante

Preparación:
- Licue las zarzamoras con el resto de los ingredientes.
- Sirva la ensalada y aderece.
- Puede dejar unas zarzamoras sin moler para adornar.

Colación vespertina 5:
NUGGETS DE POLLO
(1 ración)

Ingredientes:
    45 g de pechuga de pollo en brochetas • ½ diente de ajo • Perejil

Menús en La Zona

439

picado suficiente • salvado de trigo molido suficiente • sal •
spray de aceite de oliva

Dip de frijol:
¼ taza de frijoles cocidos • ⅓ cucharadita de aceite de oliva • Hojitas de hierbabuena molida

Preparación:
- Rocíe los trozos de pechuga con spray de aceite de oliva.
- En un mortero, machaque el ajo con el perejil.
- Combínelo con el salvado y la sal.
- Pase las brochetas de pechuga por esta mezcla, hornee por 15 minutos a 180°C o hasta que doren.

Dip de frijol:
- Muela los frijoles con el aceite de oliva.
- Caliente, agregue la hierbabuena cuando hierva y deje espesar.
- Sirva los *nuggets* con el dip.

Cena 5:
TOSTADAS DE MARLÍN AHUMADO
(1 ración)

Ingredientes:
60 g de marlín ahumado o sierra ahumada • ⅔ cucharadita de aceite de oliva EV1EF • 1 diente de ajo picado • 2 cucharadas de cebolla picada finamente • 1 chile serrano picado • 1 jitomate pequeño, picado finamente • cilantro lavado y desinfectado

Tostadas:
3 tostadas deshidratadas chicas

Salsa:
¼ taza de puré de tomate casero • ½ chile chipotle picado • 1 cucharadita de vinagre de manzana • ½ sobre de edulcorante no calórico • sal y pimienta

Preparación:
- Desmenuce el marlín quitando los cartílagos y la piel gruesa.
- Acitrone el ajo y la cebolla en el aceite, agregue el chile serrano, el jitomate y el cilantro picado finamente.
- Cocine por un minuto.
- Incorpore el marlín, reduzca el fuego y cocine por 5 minutos.

440 MÉXICO ENTRA EN LA ZONA

- Sirva el marlín sobre las tostadas.
- Bañe con la salsa.

Salsa:
- Combine todos los ingredientes.

OLLITA DE CÍTRICOS
(1 ración)

Ingredientes:

1 cáscara de naranja limpia • 4 gajos de naranja limpios y sin huesos • ½ taza de fresas congeladas • edulcorante sustituto no calórico al gusto

Preparación:
- Para obtener la cáscara de naranja: haga un corte en la parte superior de una naranja y extraiga la pulpa con una cuchara o un cuchillo pequeño filoso, cuide de no perforarla.
- Muela, en el procesador de alimentos, los gajos de naranja y las fresas.
- Adicione el edulcorante.
- Rellene la cáscara y refrigere o congele por una hora.
- Sirva.

Menú 6:

Desayuno 6: Conos de jamón con queso • Frosty de frutas rojas
Colación matutina 6: Curry de verduritas
Comida 6: Ensalada primavera • Chile poblano de queso
Colación vespertina 6: Paté de trucha ahumada
Cena 6: Salpicón

Desayuno 6:
CONOS DE JAMÓN CON QUESO
(1 ración)

Ingredientes:

2 rebanadas de jamón de pavo de 20 g cada rebanada. • ¼ de taza

Menús en La Zona 441

de queso fresco o panela • 1 cucharadita de cebollín picado • 1 diente de ajo finamente picado

Para la vinagreta:
⅔ cucharadita de aceite de oliva • jugo de ½ limon • ½ cucharadita de mostaza • sal y pimienta al gusto

Preparación:
Para hacer la vinagreta:
- Mezcle el aceite con el jugo de limón, la mostaza, la sal y la pimienta hasta integrarlos.
- Desmoronar el queso, ponerlo en un recipiente; agregar el ajo y el cebollín; revuelva hasta hacer una masa.
- Haga dos conos con las rebanadas de jamón (atorados con un palillo)
- Haga dos bolitas de queso y acomódelas en los conos.
- Báñelos con la vinagreta.

FROSTY DE FRUTAS ROJAS
(1 ración)

Ingredientes:
¼ taza de frambuesas frescas • 1 taza de fresas frescas • edulcorante no calórico al gusto • hielo suficiente

Preparación:
- Lave y desinfecte la fruta.
- Lícuelas junto con el edulcorante no calórico.
- Añada el hielo hasta obtener una bebida escarchada.

Colación matutina 6:
CURRY DE VERDURITAS
(1 ración)

Ingredientes:
1 taza de brotes de coliflor • ¼ taza de calabacitas en cuadritos • ¼ taza de zanahorias peladas en cuadritos • ⅓ cucharadita de aceite de oliva EV1EF • 1 trozo de jengibre pequeño • 1 diente de ajo • 1 cucharadita de curry • 1 cucharada de perejil picado • sal • 30 g de jamón de pollo picado finamente

442 MÉXICO ENTRA EN LA ZONA

Preparación:
- Lavar y desinfectar la coliflor.
- En una cazuela calentar el aceite y freír el jengibre y el ajo.
- Añada las verduras y cubra con ½ taza de agua, sazone con el curry y la sal.
- Revuelva y cocine tapado por 3 minutos a fuego bajo.
- Retire del fuego.
- Sirva, escurriendo el agua restante.
- Añada el jamón y revuelva.

Comida 6:
ENSALADA PRIMAVERA
(1 ración)

Ingredientes:
½ naranja • ½ taza de jícama pelada y cortada en cubos • rábanos cortados en rodajas • chile verde cortado en rodajas • sal y chile piquín al gusto

Preparación:
- Partir las naranjas, ya lavadas, en gajos (déjeles la cáscara) y póngalos en una ensaladera.
- Agregue la jícama, los rábanos y el chile; revuelva y sazone con chile piquín.

CHILE POBLANO DE QUESO
(1 ración)

Ingredientes:
1 chile poblano • ½ taza de queso oaxaca deshebrado
Caldillo:
1 jitomate bola asado y pelado • 1 trozo pequeño de cebolla • ½ diente de ajo • spray de aceite de oliva • sal

Preparación:
- Ase el chile poblano en una hornilla, métalo en una bolsa de plástico a que sude.
- Saque y retire la piel.
- Quite la vena y las semillas de dentro y rellénelo con el queso.
- Envuélvalo en papel de aluminio y hornee a 150°C por 10 minutos.

Menús en La Zona   443

Para el caldillo:
- Licue el jitomate con la cebolla y el ajo.
- Hierva el caldillo, con el spray de aceite de oliva, en un refractario con tapa por 3 minutos y sazone.
- Agregue el chile sin el papel de aluminio y déjelo hervir por 2 minutos a fuego lento.
- Rectifique el sazón.
- Sirva caliente junto con el caldillo.

Colación vespertina 6:
PATÉ DE TRUCHA AHUMADA
(1 ración)

Ingredientes:
30 g de trucha ahumada o salmón ahumado • 15 g de queso ricotta • 1 cucharadita de mayonesa ligera • gotas de limón • pimienta negra molida • 1 cucharadita de cebollín picado finamente

Para acompañar:
1 pepino en tiras delgadas sin semillas

Preparación:
- Muela todos los ingredientes del paté.
- Rectifique el sazón.
- Sirva con el pepino.

Cena 6:
SALPICÓN
(1 ración)

Ingredientes:
70 g de falda de res en trozo • 1 taza de chayote • 1 taza de zanahoria • jitomate picado • cebolla • ½ diente de ajo • lechuga lavada y desinfectada picada • 1 rama de cilantro picado • 1 cucharadita de aguacate • vinagre blanco • sal y pimienta al gusto

Preparación:
- Cocinar, en agua suficiente, la carne con un trozo de cebolla, ajo y sal hasta que esté suave; escúrrala y deshébrela finamente.

444 MÉXICO ENTRA EN LA ZONA

- Aparte, cocine los chayotes y, cuando estén suaves, retírelos, pélelos y córtelos en cubos.
- Ponga la carne en un platón, añada los chayotes, el jitomate, la cebolla fileteada restante, la lechuga y el cilantro; revuelva ligeramente.
- En un tazón, mezcle el vinagre con el aceite, bañe el salpicón y revuelva; cubra con un plástico autoadherible y refrigere hasta el momento de servir.
- Adorne con la cucharadita de aguacate.

Menú 7:
Desayuno 7: Enchiladas • Licuado de mora azul
Colación matutina 7: Dip de berenjena
Comida 7: Sopa de avena • Pescado a la mostaza • Acelgas salteadas • Frutas en vino blanco
Colación vespertina 7: Flan
Cena 7: Ceviche de pescado

Desayuno 7:
ENCHILADAS
(1 ración)

Ingredientes:
45 g de pechuga de pollo cocida, deshebrada • 3 tortillas taqueras de 10 g cada una • 15 g de queso cotija o añejo • 2 rebanadas de cebolla delgada • 1 chile ancho • 1 trozo de cebolla • 1 diente de ajo • ⅔ cucharadita de aceite de oliva • 1 cucharadita de vinagre • sal • agua • spray de aceite de oliva

Preparación:
- Desvene el chile, lávelo y remójelo en agua.
- Muela el chile con el agua de remojo, ajo, cebolla en trozo y sal.
- Desfleme las rebanadas de cebolla en agua con sal y vinagre.
- Caliente las tortillas en un sartén rociado con spray de aceite de oliva y luego sumérjalas en el chile.
- Sin escurrir el chile, colóquelas en un platón, rellénelas de pollo, cierre a la mitad y espolvoree el queso.
- Adorne con la cebolla desflemada.

Menús en La Zona 445

LICUADO DE MORA AZUL
(1 ración)

Ingredientes:
½ taza de leche descremada • ½ taza de moras azules lavadas y desinfectadas • edulcorante no calórico al gusto

Preparación:
- Licue la leche con la fruta y agregue el edulcorante.
- Sirva.

Colación matutina 7:
DIP DE BERENJENA
(1 ración)

Ingredientes:
1 berenjena grande • 1 diente de ajo cortado en rodajas finas • ⅓ cucharadita de aceite de oliva • gotas de limón • sal • pimienta negra molida • perejil fresco picado • menta fresca picada

Guarnición:
30 g de atún ahumado en tiras • ½ pan árabe chico, tostado cortado en trozos

Preparación:
- Precaliente el horno a 200°C.
- Lave la berenjena y haga unas incisiones alrededor de ella. Introduzca las rebanadas de ajo en estas ranuras.
- Hornee por espacio de una hora hasta que se deshidrate por completo la berenjena (tiene que perder su forma).
- Retire y deje enfriar.
- Córtela por la mitad, retire la carne con una cuchara y déjela escurrir en un cedazo o coladera.
- Licue la pulpa con el resto de los ingredientes, exceptuando la menta, hasta obtener una consistencia de puré.
- Vacíe en un tazón, añada la menta y revuelva.
- Acompañe con el atún y el pan árabe.

446 México entra en La Zona

Comida 7:
SOPA DE AVENA
(1 ración)

Ingredientes:

2 cucharadas de avena en hojuela • 1 ½ taza de caldo de pollo desgrasado • ½ jitomate picado • 2 cucharadas de cebolla picada • sal • spray de aceite de oliva

Preparación:
- En una cazuela, acitrone la cebolla hasta que dore, agregue el jitomate y deje que se desbarate.
- Adicione la avena y revuelva.
- Incorpore el caldo de pollo y mezcle muy bien, deje hervir por 5 minutos y sazone.
- Sirva caliente.

PESCADO A LA MOSTAZA
(1 ración)

Ingredientes:

1 filete de pescado blanco de 90 g • ⅔ cucharadita de aceite de oliva EV1EF • 1 diente de ajo machacado • ¼ taza de perejil picado • mostaza suficiente • 1 cucharadita de queso parmesano • sal y pimienta

Preparación:
- Mezcle el aceite, el ajo, el perejil y salpimiente.
- Macere el filete en esta salsa por una hora.
- Úntelo con mostaza y póngalo en un refractario con todo y la salsa de perejil.
- Espolvoree el parmesano y hornee a 180°C por 15 minutos.

ACELGAS SALTEADAS
(1 ración)

Ingredientes:

1 taza de acelgas crudas cortadas en tiras delgadas • 2 chiles de árbol tostados • 1 diente de ajo picado • sal • spray de aceite de oliva

Menús en La Zona   447

Preparación:
- Saltee, en un sartén con spray de aceite de oliva, el ajo hasta que dore y agregue el chile.
- Adicione las acelgas y déjelas tostar. Sazone y sirva.

FRUTAS AL VINO BLANCO
(1 ración)

Ingredientes:
30 ml de vino blanco • 1 cucharadita de edulcorante no calórico • ¾ taza de fresas rebanadas

Preparación:
- Mezcle el vino con el edulcorante y bañe la fruta.
- Refrigere por una hora y mueva de vez en cuando hasta que la fruta se impregne con el sabor del vino.

Colación vespertina 7:
FLAN
(1 ración)

Ingredientes:
2 cucharadas de cebolla picada • ½ diente de ajo picado • ⅓ cucharadita de aceite de oliva • 1 taza de flor de calabaza lavada • 2 claras • 2 cucharadas de leche evaporada descremada • 2 cucharadas de agua • pizca de sal de ajo • pizca de sal de cebolla • sal y pimienta • spray de aceite de oliva • 2 cucharadas de granos de elote de lata

Salsa:
2 tomates verdes • ½ taza de chile poblano de lata • 2 ramitas de cilantro • 1 trozo pequeño de cebolla • sal

Preparación
- Acitrone, en el aceite, la cebolla y el ajo.
- Agregue la flor de calabaza.
- Ya cocida, licue con la clara, la leche, el agua y los condimentos.
- Rocíe una flanera mediana, con el spray de aceite de oliva, coloque los granos de elote hasta abajo y llénela con la mezcla.

448 MÉXICO ENTRA EN LA ZONA

- Cubra con papel de aluminio y cocine a baño maría por 10 minutos.
- Retire y deje reposar 1 hora.

Para la salsa:
- Cueza el tomate en agua y lícuelo con el chile, el cilantro y la cebolla.
- Hierva la salsa 5 minutos y sazone.
- Desmolde el flan y bañe con la salsa.

Cena 7:
CEVICHE DE PESCADO
(1 ración)

Ingredientes:
> 1 taza de nopales cocidos y cortados en cubitos • 90 g de filete de pescado (sierra de preferencia) • el jugo de un limón grande • 1 jitomate • cebolla picada • chile serrano al gusto • ⅔ cucharadita de aceite de oliva • sal y pimienta al gusto

Preparación:
- Lave el pescado, córtelo en trozos pequeños, báñelos con el jugo del limón, sazónelos con sal y déjelos reposar 4 horas en el refrigerador.
- Quite las semillas del jitomate y píquelo, póngalo en un tazón, añada la cebolla, los nopales, el chile y el orégano, revuelva para integrarlos.
- Agregue el pescado (también el jugo de limón).
- Incorpore el aceite, sazone con sal y pimienta y revuelva.

Apéndice 1

¿Quiénes somos?

Hace casi 10 años que tenemos una relación de negocios, científica y personal con el doctor Barry Sears creador del concepto de **La Zona** y su empresa llamada *Zone Lab* ubicada en Boston, Massachusetts, EUA y desde entonces hemos obtenido licencia de exclusividad para expandir el concepto de salud antiinflamatoria para México y próximamente para Latinoamérica y comunidad latina en Estados Unidos.

Pero **La Zona en México** es mucho más que eso; tenemos dos líneas de trabajo que van entrelazadas finalmente; una comercial o para el público en general y la otra de investigación científica o para la comunidad médica.

1. ZONEDIET México

Dedicada a difundir los conceptos de salud antiinflamatorios del doctor Barry Sears a través de los siguientes canales:

a) Educación. Impartiendo cursos de certificación en el concepto de **La Zona** a médicos y nutriólogos de la República Mexicana para que lo incorporen a su práctica pública o privada. Hasta el momento más de 500 profesionales de la salud se han beneficiado de esta instrucción. Existen tres variantes en los egresados de dichos cursos:

— Certificado con práctica privada complementada con el concepto de **La Zona**.

— Certificado calificado que su única práctica privada es con el concepto de **La Zona** y es avalado con el programa **Zone Gold Card**.

— Certificado que replica fielmente las instalaciones, manual de

450   MÉXICO ENTRA EN LA ZONA

procedimientos y adquiere una franquicia para poder denominarse MZNC —*Medical Zone Nutrition Center.*

b) Productos nutracéuticos marca **Dr. Sears Zone Lab**. De venta en México exclusivamente a través de médicos y nutriólogos certificados en **La Zona**, incluye óleos antiinflamatorios y antioxidantes de prescripción.

c) Productos nutricionales de anaquel marca **Dr. Sears Zone Lab**. de venta al público en general en tiendas y almacenes de productos nutricionales, incluye Zonewater, barras, etc.

d) Zona Cocina. Comida en el balance de **La Zona** y venta de nutracéuticos de prescripción con receta médica para venta a pacientes y público en general. Están localizadas en puntos estratégicos en algunas ciudades de la República Mexicana.

e) Difusión en medios masivos de comunicación. A través de entrevistas y mesas de discusión en radio y TV nacionales e internacionales, con el objeto de facilitar el acceso a la información de primera mano y de manera clara al público en general.

Para mayores informes de **ZONEDIET MÉXICO, S.A DE C.V.** y afines, favor de acceder a las siguientes páginas web y correos electrónicos:

www.zonediet.com.mx

www.zoneliving.com

www.drsears.com

drasilviaorozco@zonediet.com.mx

infozp@zonediet.com.mx

javierpini@zonediet.com.mx

Teléfonos de contacto: (01-33) 3640 4900/01

Lada sin costo del interior de la República: 01800 777 9662

Apéndice 2

Cómo distinguir a un profesional de la salud en La Zona

Durante casi diez años hemos capacitado a médicos, nutriólogos y profesionales de la salud en general en el concepto de **La Zona** del doctor Barry Sears, sin embargo no todos continúan apegándose a los lineamientos médico-científicos de este programa antiinflamatorio de estilo de vida.

Por doquier pululan centros nutricionales que dicen ser **La Zona** y realmente no lo son ¿por qué?

Por que no recibieron el curso de certificación en **La Zona México** del doctor Sears o lo recibieron por médicos, nutriólogos u otros que ni profesionales de la salud son pero que aseguran ser la "Zona" a pesar de que no tienen nada que ver con el doctor Barry Sears.

Y es que es muy fácil *colgarse* de un concepto de salud tan eficiente, tan difundido, con bases científicas y prestigioso como el que hemos enseñado a más de 500 profesionales de la salud en la República Mexicana y Latinoamérica, sin cumplir con los requerimientos básicos para poder educar en este concepto, engañando con pseudoproductos y pseudo-educadores de **La Zona** cuando lo único que hacen es malinformar, timar y, sobre todo, dañar la salud de la población que ingenuamente se acerca a ellos pensando que es **La Zona del Dr. Barry Sears**.

¿Cómo reconocer el verdadero profesional de la salud en **La Zona del Dr. Barry Sears**?

Un profesional de la salud en **La Zona** se distingue cuando:

- Su centro de trabajo es un *Medical Zone Nutrition Center* (MZNC) y tiene el sello de *Zone Aprove* del doctor Sears en su fachada.
- Posee el diploma y credencial de *Zone Gold Card* en su consultorio.
- Posee el diploma de certificación en **La Zona México** firmado por el doctor Barry Sears —Director de *Inflammation Research Foundation*,

EUA— y del doctor Gustavo Orozco —Director Médico del Instituto de Investigación de la Inflamación AC, México—, avalado y foliado por la Universidad Autónoma de Guadalajara en su consultorio.

- Posee los diplomas de re-certificación en **La Zona México** del doctor Barry Sears —mínimo cada dos años posteriores a su certificación inicial—, avalados por IRF, Estados Unidos e IINVI AC, México.
- El profesional de la salud antes que nada te habla de *inflamación crónica de bajo nivel* como el origen de toda enfermedad crónica y de sus complicaciones si ya existe ésta. Siendo su meta principal la prevención de las enfermedades y no la disminución de peso a cualquier costo.
- El profesional de la salud te solicita el rango AA/EPA en los fosfolípidos del plasma, también llamado Perfil de Inflamación Silencioso (PIS) antes de iniciarte el plan de alimentación, la suplementación, el ejercicio y el control del estrés antiinflamatorios del doctor Barry Sears.
- Los suplementos nutricionales utilizados por el profesional de la salud son única y exclusivamente de la marca *Dr. Sears Zone Lab.*
- El programa nutricional antiinflamatorio indicado por el profesional de la salud sólo incluye carbohidratos de baja carga e índice glucémico —carbohidratos favorables— y omite o limita grandemente los carbohidratos de alta carga e índice glucémico —carbohidratos desfavorables.
- El programa nutricional antiinflamatorio indicado por el profesional de la salud limita el consumo de leche entera de vaca o sus productos fermentados hasta utilizarlos, con tal eventualidad, como si fuese un condimento dada su enorme respuesta insulínica postprandial y, por lo tanto, inflamatoria celular.
- La meta de pérdida ponderal impuesta por el profesional de la salud se basa única y exclusivamente en la disminución gradual y sostenida de la grasa inflamatoria intraabdominal que se reflejará, primero que nada, en una disminución del riesgo cardio-metabólico del paciente.
- La prescripción de los óleos antiinflamatorios del doctor Sears se basa en el análisis concienzudo del perfil de ácidos grasos en los fosfolípidos del plasma y su correlación cercana con el historial clínico del paciente.
- Siempre utiliza antioxidantes de membrana, liposolubles e hidrosolubles marca *Dr. Sears Zone Lab* junto con dosis altas de óleos antiinflamatorios del doctor Sears para evitar la oxidación lipídica.
- Nunca combina el programa nutricional antiinflamatorio del doctor Barry Sears con *otros* aceites de pescado tipo Omega 3 que no contiene

Apéndice 2 453

ni la pureza ni la concentración elevada en EPA y DHA, ni son 5 estrellas, según IFOS, como lo son los óleos antiinflamatorios del doctor Sears.

- Nunca utiliza publicidad implícita o explícita vanagloriándose de logros académicos, científicos o clínicos derivados directa y exclusivamente por el IINVI AC, México.
- Nunca utiliza publicidad implícita o explícita de la imagen del doctor Barry Sears, creador del concepto de **La Zona** mundial ni de sus representantes en México.
- El profesional de la salud le habla de los avances en tecnología de alimentos y suplementos nutricionales derivados de las más recientes investigaciones de *Zone Lab del Dr. Barry Sears* y que en breve se aplicarán en nuestro país y Latinoamérica.
- El profesional de la salud le recomienda la lectura de los libros del doctor Barry Sears sólo como apoyo, guía o reafirmación de su nuevo estilo de vida no como directriz o sustituto de la vigilancia médico-nutricional del certificado en **La Zona México** avalado por el IINVI AC, México.
- Antes que nada el profesional de la salud en cuestión es un vivo y claro ejemplo del estilo de vida antiinflamatorio del doctor Sears y muestra a simple vista sus efectos clínicos —¡nunca confíe en alguien que tiene un abdomen prominente, esa no es **La Zona**!
- Finalmente, quien es un profesional en **La Zona** nunca te engañará sobre los beneficios del programa de estilo de vida antiinflamatorio llamado **La Zona**; él conoce sus límites y los respeta.

Estamos conscientes de que no existe el profesional *perfecto* de la salud en **La Zona,** sin embargo, entre más puntos como los anteriores posea dicho profesional más cercano estará usted como paciente de entrar en el área del total bienestar, de la salud, de la prevención de enfermedades... es decir, en la verdadera **Zona del doctor Barry Sears.**

Apéndice 3

El bajo peso, el bajo mundo, la publicidad y cosas peores

Hace tiempo se exhibió una película mexicana llamada *Malos hábitos* del director Simón Bross donde se muestra la relación que tenemos los mexicanos en general con el alimento. Por una parte, una población obesa y desnutrida —entre el 50 y 70%— y, por otra, un segmento que intenta —y logra, en ocasiones,— perder peso con modos y por motivos distintos pero todos igual de aberrantes: Matilde, una monja que elige ayunar y, en su defecto, vomitar por motivos religiosos —la llegada del segundo diluvio—; Elena, una madre de edad madura de complexión delgada obsesionada con el peso y, Linda, una púber con sobrepeso en medio de una vorágine de presiones familiares, sociales y publicitarias para estar delgada a toda costa. El resultado de todas es fatal.

Los comentarios televisivos, en prensa escrita y en la calle no se hicieron esperar... con *conclusiones* realmente sorprendentes:

— *La solución no es dejar de comer o vomitar sino comer lo que se antoje y Dios dirá.* —Decía una ama de casa.
— *Ahora que puede comer hágalo, luego que esté enfermo e incapacitado ya no podrá.* —comerciante de lácteos.
— *La gente debe amarse así como es... obesa, y no optar por la puerta falsa que es la anorexia y la bulimia* —conductor de televisión nacional.
— *Gordo pero feliz, eso de la bulimia no se me da a mí* —técnico radiólogo.
— *Esta película es el estandarte de aquellos que hemos pasado por el demonio de la obesidad y que algunos ya hemos vencido* —diputado federal sometido a bypass gástrico y promotor de éste en los medios de comunicación.

En mi opinión *conclusiones* igual de aberrantes como las causas y modos para bajar de peso expuestos en la película estrenada el 12 de octubre de 2007.

¿Acaso existe un modo políticamente correcto de bajar de peso? ¿Acaso sólo los que tienen bajo peso son felices o viceversa? ¿Acaso el amor sustituye a la comida? ¿Acaso no es tan perjudicial el bajo peso como el sobrepeso? ¿Acaso no es lo fundamental estar sano, no importando cuánto peses?

Como mencioné hace poco en un programa emitido en Miami para todo el público latino donde se me cuestionaba mi opinión acerca de los resultados de la cirugía bariátrica, mientras permanecía sentado rodeado de personas y personajes que se habían realizado tal tratamiento:

Bajar de peso no es la meta, sino vencer el daño vascular. ¿Quién de los aquí sentados junto a mí y, que han bajado muchos kilogramos por la cirugía, puede asegurarme que no tendrá un infarto agudo al miocardio en la cena de esta noche? La restricción calórica que promueve el bypass gástrico produce una pérdida de peso de forma similar a lo que sucede con la caquexia por cáncer.... ¿qué persona en sus cabales se sometería a una cirugía por elección para culminar como un enfermo terminal? —continuaba.

Hay una suerte de *negación a la realidad* a pesar de las evidencias que muestran que bajar de peso *per se* no es la meta, sino bajar de grasa inflamatoria y conservar la salud vascular y general. Esta negación hace mover a la población en forma de *péndulo* de un extremo inflamatorio el alto peso y del otro, a un mas inflamatorio, y deletéreo **e l b a j o p e s o.**

¿Cuál es el peso ideal?

El que le permita estar libre de enfermedades o sus complicaciones, el que le permita mantener un status antiinflamatorio elevado que prevenga toda enfermedad crónica, y para cada uno de nosotros ese peso ideal es muy diferente. Sólo el médico entrenado en el programa antiinflamatorio de **La Zona** puede predecir cuál es.

La meta es lograr la funcionalidad del adipósito a través de modular la inflamación celular, y la salud vascular se dará en consecuencia.

Dicho de otra manera, el enemigo no es el exceso de peso ni el bajo peso, sino el exceso de inflamación celular y la falta de capacidad antiinflamatoria natural.

Apéndice 3   457

¿Quién debe manejar médica y nutricionalmente al paciente con bajo peso? Aquél que sepa hacerlo, el que conozca su origen, sus causas y sus variantes terapéuticas en **La Zona**, el que sepa monitorizarlo con el PIS y otros métodos eficaces. En general, será el médico o nutriólogo que esté actualizado en sarcopenia e inflamación, oesteopenia e inflamación, caquexia e inflamación, trastornos alimentarios e inflamación.

El bajo peso es como aquel personaje de las películas de Federico Fellini, una bella, misteriosa y seductora mujer que todo mundo desea aunque desconozcan de qué está hecha y qué le puede deparar a uno en el futuro cuando viva con ella.

Apéndice 4

Cálculo de la masa corporal magra

Una manera rápida de determinar uno mismo su masa corporal magra, consiste simplemente en usar una cinta métrica y una báscula. Todas las medidas deberán tomarse tres veces, cada una directamente sobre la piel —no sobre la ropa—, asegurándose de que la cinta métrica ajuste bien, pero sin comprimir la piel ni el tejido subyacente. Una vez hecho esto, se calculará el promedio, siempre en centímetros. Las tablas que aquí presentaremos para calcular el porcentaje de grasa, se usaron con la autorización del doctor Barry Sears y son las mismas que aparecen en su libro *Dieta para estar en La Zona* de Ediciones Urano. Aquí está su mapa de carretera para entrar en **La Zona**.

Cálculo del porcentaje de grasa corporal para las mujeres

Para calcular el porcentaje de grasa corporal debe seguir cinco pasos:

1. Mientras mantiene la cinta horizontal —sin dobleces, ni inclinada—, mida las caderas en donde obtenga la lectura más grande —ver foto—, tome como referencia la cresta iliaca. Después mida su cintura a la altura del ombligo —es muy importante que se mida en ese punto y no en el que la cintura es más estrecha—. Tome tres veces cada una de estas medidas y calcule luego el promedio.

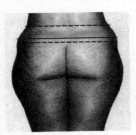 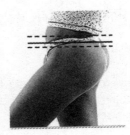

460 MÉXICO ENTRA EN LA ZONA

2. Mídase la altura en centímetros, sin zapatos.
3. Anote las cifras de altura, cintura y caderas en la plantilla de trabajo adjunta o en algún cuaderno que tenga para evaluar sus progresos.
4. Busque cada una de éstas medidas en la columna correspondiente, en las tablas que encontrará después de las instrucciones y anote las constantes en su hoja de trabajo.
5. Sume las constantes A y B (cadera y cintura); a esta suma reste la constante C y redondeae la cifra hacia el número entero más próximo. Este número es su porcentaje de grasa corporal.

Hoja de trabajo para que las mujeres calculen su porcentaje de grasa corporal

Promedio de medida de la cadera _____ (Constante A)

Promedio de medida del abdomen _____ (Constante B)

Estatura _____ (Constante C)

En la columna correspondiente de la tabla 1, busque cada una de las medidas/promedio y también su altura.

Constante A= _____

Constante B= _____

Constante C= _____

Para determinar su porcentaje aproximado de grasa corporal, sume las constantes A y B y, a ese total, reste la constante C. El resultado es su porcentaje de grasa corporal.

Cálculo del porcentaje de grasa corporal para los hombres

Para calcular su porcentaje de grasa corporal, debe seguir cuatro pasos:

1. Mientras mantiene la cinta horizontal —sin dobleces, ni inclinada—, mida el perímetro de su cintura a la altura del ombligo. Hágalo tres veces y saque el promedio.

Apéndice 4

2. Mida el contorno de su muñeca de la mano dominante en el espacio entre el comienzo de la mano y el hueso de la muñeca, en el lugar por donde ésta se dobla —ver foto.

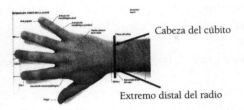

3. Anote las cifras en la hoja de trabajo para hombres.

4. Reste la medida de la muñeca de la medida de la cintura y busque el valor resultante indicado en la tabla 2. Localice su peso a la izquierda de la tabla. Desde este punto, diríjase hacia la derecha hasta encontrar la columna *cintura menos muñeca*. En la intersección de estas dos líneas, encontrará su porcentaje de grasa corporal.

Hoja de trabajo para que los hombres calculen su porcentaje de grasa corporal

Contorno de la cintura _____

Contorno de la muñeca _____

Reste la medida de la muñeca de la medida de la cintura. Use la tabla 2 para encontrar su peso y después busque su cifra de *cintura menos muñeca*. En la intersección de las dos columnas encontrará su porcentaje aproximado de grasa corporal.

Porcentaje de grasa y óptima salud

Género	Bueno	Ideal
Mujeres	22 %	19 %
Hombres	15 %	12 %

Cálculo de la masa corporal magra para hombres y mujeres

Ahora que ya conoce su porcentaje de grasa corporal, el siguiente paso es usar esa cifra para calcular el peso —en kilogramos—, de la porción del peso total de su cuerpo que corresponde a la grasa —recuerde que debe usar la notación decimal, por ejemplo: el 15 por ciento es 0.15.

Peso × % de grasa corporal = peso total de la grasa corporal

Una vez que sepa cuál es el peso de su grasa corporal, réstelo de su peso total y esto le dará como resultado su *masa corporal magra*. La masa corporal magra es el peso total de todos los tejidos corporales que no son grasa.

_____ Su peso total

−_____ Su grasa corporal

=_____ Su masa corporal magra

Masa corporal magra = peso total − peso de la grasa corporal

Tome en cuenta que ésta es una forma sencilla de conocer su porcentaje de grasa corporal. Existen muchas otras maneras, entre ellas, el peso hidrostático, el ultrasonido y, la más popular, la impedancia bioeléctrica, de la que le recomendaríamos un equipo octapolar, o sea, de ocho polos. Las mediciones hechas con impedancia bioeléctrica sólo en las manos o en los pies, tienen mayor margen de error.

A final de cuentas, lo que queremos lograr es calcular el requerimiento de proteínas adecuado para usted, y éste se obtiene de multiplicar la masa corporal magra por el factor de actividad, que podrá considerar en la siguiente tabla.

Cálculo de la masa corporal magra en niños

De acuerdo a las recomendaciones del doctor Sears se considera, como base teórica, que los niños tienen 10% de grasa corporal y por lo tanto, 90 % de su peso es masa magra. Una vez tienes su peso en masa magra,

Menús en La Zona

463

debes considerar su *ritmo de actividad* y aumentar dos niveles del que tiene para calcular su *masa magra*.

Si es un niño obeso, se le dan porciones normales de grasa monoinsaturada favorable. Si es un niño normal o delgado, se le da doble ración de grasa monoinsaturada favorable. ¿Cómo saber si el niño es obeso o normal? Si le levantas la camiseta al niño/a y pudes ver sus costillas, entonces NO es obeso; si no puedes verlas, SI es obeso.

Tabla I: Factores de actividad
Gramos de proteína por kilogramo de masa magra

1.10 Sedentario —sin actividad ni entrenamiento deportivo formal.

1.32 Entrenamiento ligero, como caminar.

1.54 Entrenamiento moderado —3 veces por semana o participación deportiva.

1.76 Entrenamiento aeróbico cotidiano o levantamiento de peso moderado diariamente.

1.98 Entrenamiento diario fuerte de levantamiento de peso.

2.20 Entrenamiento diario fuerte de levantamiento de peso, combinado con entrenamiento deportivo intenso o entrenamiento deportivo intenso dos veces por día.

Cálculo de las necesidades diarias de proteínas

1. Determine su masa corporal magra, con las instrucciones al inicio de este capítulo.
2. Determine su factor de actividad, en base a la tabla I, arriba proporcionada.
3. Por último, calcule su necesidad diaria de proteínas —en gramos—, multiplicando su masa corporal magra —en kilogramos— por su factor de actividad.

La tabla de la página siguiente, le dará las exigencias proteicas representativas basadas en la masa corporal magra y los factores de actividad.

MASA CORPORAL MAGRA (EN KG)	FACTOR DE ACTIVIDAD (GRAMOS DE PROTEÍNA POR KILOGRAMO DE MASA CORPORAL MAGRA)					
	1.10	1.32	1.54	1.76	1.98	2.20
40	44	53	62	70	79	88
45	50	59	69	79	89	99
50	55	66	77	88	99	110
55	61	73	85	97	109	121
60	66	79	92	106	119	132
65	72	86	100	114	129	143
70	77	92	108	123	139	154
75	83	99	115	132	149	165
80	88	106	123	141	158	176
85	94	112	131	150	168	187
90	99	119	139	158	178	198
95	105	125	146	167	188	209
100	110	132	154	176	198	220
105	116	139	162	185	208	231
110	121	145	169	194	218	242
115	126	152	177	202	228	253

NOTA: Los resultados en gramos que se indican en la tabla han sido redondeados a la unidad.

Apéndice 4

Constantes de conversión para calcular el porcentaje de grasa corporal en las mujeres

Tabla 1

Cálculo del porcentaje de grasa corporal en las mujeres

CADERAS		ABDOMEN		ALTURA	
Centímetros	Constante A	Centímetros	Constante B	Centímetros	Constante C
75	32,75	50	14	140	33,59
76	33,39	51	14,27	141	33,83
77	33,83	52	14,55	142	34,07
78	34,44	53	14,83	143	34,31
79	34,98	54	15,11	144	34,55
80	35,70	55	15,39	145	34,79
81	36,14	56	15,67	146	35,03
82	36,59	57	15,95	147	35,27
83	37,30	58	16,23	148	35,51
84	37,75	59	16,51	149	35,75
85	38,20	60	16,79	150	35,99
86	38,90	61	17,07	151	36,23
87	39,35	62	17,35	152	36,47
88	40,05	63	17,64	153	36,71
89	40,45	64	17,92	154	36,95
90	41	65	18,19	155	37,19
91	41,75	66	18,48	156	37,43
92	42,10	67	18,75	157	37,67
93	42,65	68	19,03	158	37,91
94	43,20	69	19,31	159	38,15
95	43,75	70	19,59	160	38,39
96	44,30	71	19,87	161	38,63
97	44,85	72	20,15	162	38,87
98	45,40	73	20,43	163	39,11
99	46,02	74	20,71	164	39,35

CADERAS		ABDOMEN		ALTURA	
Centímetros	Constante A	Centímetros	Constante B	Centímetros	Constante C
100	46,65	75	20,99	165	39,59
101	47,19	76	21,27	166	39,83
102	47,66	77	21,55	167	40,07
103	48,21	78	21,83	168	40,31
104	48,77	79	22,11	169	40,55
105	49,24	80	22,39	170	40,79
106	49,86	81	22,67	171	41,03
107	50,39	82	22,95	172	41,27
108	50,90	83	23,23	173	41,51
109	51,51	84	23,51	174	41,75
110	52,00	85	23,79	175	41,99
111	52,67	86	24,07	176	42,23
112	53,14	87	24,35	177	42,47
113	53,71	88	24,63	178	42,72
114	54,26	89	24,91	179	42,96
115	54,81	90	25,19	180	43,20
116	55,38	91	25,48	181	43,44
117	55,91	92	25,75	182	43,68
118	56,46	93	26,03	183	43,92
119	57,00	94	26,31	184	44,26
120	57,56	95	26,59	185	44,40
121	58,14	96	26,87	186	44,64
122	58,66	97	27,15	187	44,88
123	59,18	98	27,43	188	45,12
124	59,72	99	27,71	189	45,36
125	50,36	100	27,99	190	45,60

Apéndice 4

CADERAS		ABDOMEN		ALTURA	
Centímetros	Constante A	Centímetros	Constante B	Centímetros	Constante C
126	60,87	101	28,27	191	45,84
127	61,42	102	28,55	192	46,08
128	61,96	103	28,83	193	46,32
129	62,50	104	29,11	194	46,56
130	63,06	105	29,39	195	46,80
131	63,61	106	29,67	196	47,04
132	64,16	107	29,95	197	47,18
133	64,70	108	30,23	198	47,42
134	65,26	109	30,51	199	47,66
135	65,81	110	30,79	200	47,90
136	66,36	111	31,07		
137	66,91	112	31,35		
138	67,46	113	31,64		
139	68,01	114	31,92		
140	68,55	115	32,20		
141	69,11	115	32,48		
142	69,66	117	32,75		
143	70,17	118	33,03		
144	70,76	119	33,31		
145	71,31	120	33,59		
146	71,86	121	33,87		
147	72,41	122	34,15		
148	72,96	123	34,43		
149	73,51	124	34,71		
150	74,06	125	34,99		

Tabla 2
Cálculo del porcentaje de grasa corporal en los hombres

Cintura – muñeca (cm):

Peso (kg)	56	57	58	59	60	61	62	63	64
55	4	6	8	10	11	12	14	16	17
57	4	6	7	9	10	11	13	15	16
59	3	5	7	9	10	11	12	14	15
61	3	5	7	8	9	10	12	13	14
63	3	5	5	8	9	10	11	13	14
65		4	6	7	8	9	11	12	13
67		4	6	7	8	9	10	11	12
69		4	5	7	8	9	10	11	12
71		4	5	6	7	8	10	11	12
73		4	5	6	7	8	9	10	11
75		3	5	6	7	8	9	10	11
77		3	4	6	7	7	9	10	11
79			4	6	6	7	8	9	10
81			4	5	6	7	8	9	10
83			4	5	6	6	8	9	10
85			4	5	6	6	7	8	9
87			4	5	5	6	7	8	9
B9			3	4	5	6	7	8	9
91			3	4	5	6	7	8	8
93				4	5	5	6	7	8
95				4	5	5	6	7	8
97				4	4	5	6	7	8
99				4	4	5	6	7	8
101				3	4	4	6	7	8
103				3	4	4	6	7	8
105				3	4	4	5	5	7
107				3	3	4	5	5	7
109					3	4	5	6	6
111					3	4	5	6	6
113						4	5	6	6
115						3	4	5	6
117						3	4	5	6
119						3	4	5	6
121						3	4	5	6
123							4	5	6
125							4	5	e
127							4	5	5
129							4	4	5
131							3	4	4
133							3	4	4
135							3	4	4

Cintura – muñeca (cm):

Peso (kg)	65	66	57	68	69	70	71	72	73
55	18	20	21	22	23	25	27	29	30
57	17	19	20	21	22	24	26	28	30
59	16	18	20	21	22	23	25	27	28
61	15	17	19	20	21	22	24	26	27
63	15	16	18	19	20	21	23	24	26
65	14	15	17	18	19	20	22	23	24
67	14	15	16	17	18	19	21	23	24
69	13	15	16	17	18	19	20	22	23
71	13	14	16	17	18	19	20	21	22
73	12	14	15	17	18	18	19	20	21
75	12	13	14	16	17	17	19	20	21
77	12	13	14	15	16	17	18	19	20
79	11	12	13	14	15	16	17	19	19
81	11	12	13	14	15	16	17	18	19
83	11	11	12	13	14	15	15	18	19
85	10	11	12	13	14	15	15	17	18
87	10	11	12	13	14	15	16	17	18
89	10	11	12	13	14	14	15	16	17
91	9	10	11	12	13	14	15	16	17
93	9	10	11	12	13	13	14	15	16
95	9	9	10	11	12	13	14	15	16
97	9	9	10	11	12	12	13	14	15
99	9	9	10	11	11	12	13	14	14
101	9	9	10	11	11	12	13	14	14
103	9	9	10	11	11	12	13	14	14
105	7	8	9	10	10	11	12	13	13
107	7	8	9	10	10	11	12	13	13
109	7	8	9	10	10	11	12	13	13
111	7	8	9	9	9	10	11	12	12
113	5	7	8	9	9	10	11	12	12
115	6	7	8	9	9	10	11	12	12
117	6	7	8	9	9	10	10	11	12
119	6	7	8	8	9	10	10	11	12
121	6	7	8	8	8	9	10	11	12
123	6	7	7	8	8	9	10	11	11
125	5	6	7	8	8	9	10	10	11
127	5	6	7	8	8	9	9	10	10
129	5	6	7	8	8	8	9	10	10
131	5	6	7	7	8	8	9	10	10
133	5	5	5	7	7	8	9	10	10
135	5	5	5	6	7	8	9	9	10

Cintura – muñeca (cm):

Peso (kg)	74	75	76	77	78	79	80	81	82
55	31	33	35	37	38	39	41	43	45
57	31	32	33	35	36	37	39	41	43
59	29	30	32	34	35	36	37	39	41
61	28	29	31	32	33	34	36	38	39
63	27	28	29	31	32	33	34	36	38
es	25	27	28	29	30	31	33	35	36
67	24	26	27	28	29	30	32	33	35
69	23	25	26	27	28	29	31	32	34
71	23	25	26	27	28	29	31	32	34
73	22	24	25	26	27	28	30	31	33
75	22	23	24	26	27	28	29	30	31
77	21	22	24	25	26	27	28	29	30
79	20	21	23	24	25	26	27	28	29
81	20	21	22	23	24	25	26	27	28
83	19	20	21	22	23	24	25	26	27
85	18	19	21	22	23	24	25	26	27
87	18	19	20	21	22	23	24	25	26
89	18	19	20	21	22	23	24	25	26
91	18	18	19	20	21	22	23	24	25
93	17	18	19	20	21	21	22	23	24
95	16	17	18	19	20	21	22	23	24
97	16	17	18	19	20	20	21	22	23
99	15	16	17	18	19	19	20	21	22
101	15	16	17	18	19	19	20	21	22
103	15	16	17	18	18	19	20	21	21
105	14	15	16	17	18	18	19	20	21
107	14	15	16	17	18	18	19	20	21
109	14	15	16	17	17	17	18	19	20
111	13	14	15	16	17	17	18	19	20
113	13	14	15	16	17	17	18	18	19
115	13	14	14	15	16	16	17	18	19
117	13	13	14	15	16	16	17	18	19
119	13	13	14	14	15	16	17	18	19
121	13	13	14	14	15	16	16	17	18
123	12	13	13	13	14	15	16	17	18
125	11	12	13	13	14	15	16	16	17
127	11	12	13	13	14	14	15	16	17
129	11	12	12	13	13	14	15	16	17
131	11	11	12	13	13	14	15	15	16
133	10	11	12	13	13	14	14	15	16
135	10	11	12	12	12	13	14	15	15

Cintura – muñeca (cm):

Peso (kg)	83	84	85	86	87	88	89	90	91
55	46	47	49	50	51	52	54		
57	44	45	46	48	49	50	52	54	
59	42	43	44	46	47	48	50	52	53
61	40	41	43	44	45	46	48	50	51
63	39	40	41	43	44	44	46	48	49
65	37	38	39	41	42	43	44	46	47
67	36	37	38	39	40	41	43	45	46
69	35	36	37	38	39	40	42	44	45
71	35	36	37	37	38	39	41	43	44
73	33	34	35	36	37	38	40	41	43
75	32	33	34	35	36	37	38	40	41
77	31	32	33	34	35	36	37	38	39
79	30	31	32	33	34	35	36	37	38
81	29	30	31	32	33	34	35	36	37
83	28	29	30	31	32	33	34	35	36
85	28	29	29	30	31	32	33	34	35
87	27	28	29	30	31	32	33	34	34
89	27	28	28	29	30	31	32	33	33
91	26	27	28	29	30	30	31	32	33
93	25	25	27	28	29	29	30	31	32
95	25	25	26	27	28	28	29	30	31
97	24	25	25	26	27	28	29	30	31
99	23	24	25	26	27	27	28	29	30
101	23	24	24	25	26	26	28	28	29
103	22	23	24	25	26	26	27	28	29
105	22	22	23	24	25	25	26	27	28
107	22	22	23	24	25	25	26	27	28
109	21	22	22	23	24	24	25	26	27
111	21	22	22	23	23	24	25	26	26
113	20	21	21	22	23	23	24	25	26
115	20	21	21	22	22	23	24	24	25
117	19	20	20	21	22	22	23	24	25
119	19	20	20	21	22	22	23	24	24
121	19	19	20	21	22	22	23	23	24
123	19	19	19	20	21	21	22	23	23
125	18	18	19	20	21	21	22	22	23
127	18	18	19	19	20	20	21	22	22
129	17	17	18	19	20	20	21	21	22
131	17	17	18	19	19	19	20	21	21
133	17	17	17	18	19	19	20	21	21
135	16	16	17	18	18	19	19	20	20

Cintura – muñeca (cm):

Peso (kg)	92	93	94	95	96	97	98	99	100
55									
57									
59	54	55							
61	52	53	55						
63	50	51	53	54					
65	48	49	51	52	53	54	55		
67	47	48	49	51	52	53	54	55	
69	46	47	48	50	51	52	53	54	55
71	45	46	47	49	50	51	52	53	54
73	44	45	46	47	48	49	50	51	53
75	42	43	44	45	47	48	49	50	51
77	40	41	43	44	45	46	47	48	49
79	39	40	41	43	44	45	46	47	48
81	38	39	40	41	42	43	44	45	47
83	37	38	39	40	41	42	43	44	46
85	36	37	38	39	40	41	42	43	45
87	35	36	37	38	39	40	41	42	44
89	34	35	36	37	38	39	40	41	43
91	34	35	36	37	38	39	40	40	41
93	33	34	35	36	37	38	39	39	40
95	32	33	34	35	36	37	38	38	39
97	31	32	33	34	35	36	37	37	38
99	30	31	32	33	34	35	36	36	37
101	30	31	32	33	34	35	36	36	37
103	29	30	31	32	33	34	35	35	36
105	29	30	31	32	33	34	35	35	35
107	28	29	30	31	32	33	34	34	35
109	27	28	29	30	31	32	33	33	34
111	27	27	28	29	30	31	32	32	33
113	26	27	28	29	30	30	31	31	32
115	25	26	27	28	29	30	31	31	32
117	25	26	27	27	28	29	30	30	31
119	25	26	27	27	28	29	30	30	31
121	24	25	26	27	28	28	29	29	30
123	24	25	25	26	27	28	29	29	30
125	23	24	25	25	26	27	28	28	29
127	23	24	24	25	26	27	27	28	29
129	22	23	24	25	26	26	26	27	28
131	22	23	23	25	26	26	26	27	27
133	21	22	23	24	25	25	26	26	27
135	21	22	22	23	24	24	25	26	26

Apéndice 4

Cintura – muñeca (cm):

Peso (kg)	101	102	103	104	105	106	107	108	109
55									
57									
59									
61									
63									
65									
67									
69									
71	55								
73	54	55							
75	52	53	54	55					
77	51	52	53	54	55				
79	49	50	51	52	53	54	55		
81	48	49	50	51	52	53	54	54	
83	47	48	49	50	51	52	53	53	54
85	46	47	48	48	49	50	51	51	53
87	45	46	47	47	48	49	50	50	52
89	44	45	46	46	47	48	49	49	50
91	42	43	44	45	46	47	48	48	50
93	41	42	43	44	45	46	47	47	48
95	40	41	42	43	44	45	46	46	47
97	39	40	41	42	43	44	45	45	46
99	38	39	40	41	42	43	44	44	45
101	38	39	40	40	41	42	43	43	44
103	37	38	39	40	40	41	42	43	44
105	37	37	38	39	40	40	41	42	43
107	36	36	37	38	39	39	40	41	42
109	35	35	36	37	38	39	40	40	41
111	34	34	35	36	37	38	39	39	40
113	33	34	35	35	36	37	38	38	39
115	33	33	34	34	35	36	37	37	38
117	32	33	33	34	35	35	36	36	37
119	32	32	33	33	34	34	35	36	37
121	31	31	32	33	34	34	35	35	36
123	31	31	32	32	33	34	34	35	36
125	30	30	31	32	32	33	33	34	35
127	29	30	30	31	32	32	33	33	34
129	29	29	30	30	31	31	32	33	34
131	28	28	29	30	31	31	31	32	33
133	27	28	28	29	30	30	31	32	32
135	27	27	28	29	29	30	30	31	32

474   MÉXICO ENTRA EN LA ZONA

Cintura – muñeca (cm):

Peso (kg)	110	111	112	113	114	115	116	117	118
55									
57									
59									
61									
63									
65									
67									
69									
71									
73									
75									
77									
79									
81									
83	55								
85	54	55	55						
87	53	54	54	55					
89	52	53	53	54	55	55			
91	51	52	52	53	54	55	55	55	
93	49	51	51	52	53	54	54	55	55
95	48	50	50	51	52	53	53	54	55
97	47	49	49	50	51	52	52	53	54
99	45	48	48	49	50	51	51	52	53
101	45	47	47	48	49	50	50	51	52
103	45	46	46	47	48	49	50	51	51
105	44	45	45	46	47	48	49	50	50
107	43	44	44	45	45	47	48	49	49
109	42	43	43	44	45	46	47	47	47
111	41	42	42	43	44	45	45	46	45
113	40	41	41	42	43	44	44	45	45
115	39	40	40	41	42	43	43	44	44
117	38	39	39	40	41	42	42	43	43
119	38	39	39	40	40	41	41	42	43
121	37	38	38	39	39	40	40	41	42
123	37	37	37	38	39	40	40	41	42
125	36	36	37	38	38	39	39	40	41
127	35	35	36	37	38	38	38	39	40
129	34	34	35	36	37	38	38	39	39
131	34	34	35	35	36	37	37	38	39
133	33	33	34	35	36	36	36	37	38
135	33	33	33	34	35	36	36	36	37

Apéndice 4

Peso (kg)	Cintura – muñeca (cm):								
	119	120	121	122	123	124	125	126	127
55									
57									
59									
61									
63									
65									
67									
69									
71									
73									
75									
77									
79									
81									
83									
85									
87									
89									
91									
93									
95	55								
97	54	55							
99	53	54	55	55					
101	52	53	54	54	55				
103	52	53	53	53	54	55	55		
105	51	52	52	52	53	54	55	55	56
107	50	51	51	51	52	53	54	54	55
109	48	49	50	50	51	52	53	53	54
111	47	48	49	49	50	51	52	52	53
113	46	47	48	48	49	50	51	51	52
115	45	4b	47	47	48	49	50	50	51
117	44	45	46	46	47	48	49	50	50
119	44	44	45	45	46	47	48	49	49
121	44	44	45	45	46	47	48	48	49
123	43	43	44	44	45	46	47	48	48
125	42	42	43	43	44	45	46	47	47
127	41	42	42	43	43	44	45	46	46
129	40	41	42	42	43	43	44	45	45
131	39	40	41	41	42	43	43	44	44
133	39	39	40	40	41	42	43	43	43
135	38	39	39	39	40	41	42	43	43

Datos de contacto

Para mayores informes de **ZONEDIET MÉXICO, S.A DE C.V.** y afines, favor de acceder a las siguientes páginas web y correos electrónicos:

www.zonediet.com.mx

www.zoneliving.com

www.drsears.com

drasilviaorozco@zonediet.com.mx

infozp@zonediet.com.mx

javierpini@zonediet.com.mx

Teléfonos de contacto: (01-33) 3640 4900/01

Lada sin costo del interior de la República: 01800 777 9662